es 1351

edition suhrkamp

Neue Folge Band 351

W0068444

Moderne Sozialarbeit in Deutschland – jene eigentümliche Form beratend-kontrollierender Dienstleistung – hat ihre historischen Wurzeln im Kaiserreich. Sie ist im Zusammenhang zweier zeitgenössischer Emanzipationsbewegungen entstanden: der bürgerlich-kommunalen Sozialreform und der bürgerlichen Frauenbewegung. Die kommunale Sozialreform fand ihren praktischen Niederschlag in vielfältigen Neuerungen städtischer Fürsorge- und Bildungseinrichtungen, die auf die Integration der städtischen Armutsbevölkerung in die autoritär verfaßte Gesellschaft des kaiserlichen Deutschland zielten. Die bürgerliche Frauenbewegung hat die zeitgenössischen Bestrebungen kommunaler Sozialreform mit ihrem konservativen Emanzipationsideal der »sozialen Mütterlichkeit« verbunden und soziale Arbeit als weibliche Emanzipation konzipiert. Erst in der Folge der sozialen Umwälzungen von Weltkrieg, Revolution und Inflation hat sich aus diesem, ursprünglich feministisch-emanzipativen Reformkonzept ein eher schlecht bezahlter, bürokratisch überformter, weiblicher Dienstleistungsberuf entwickelt. Nachdem in den zwanziger Jahren unseres Jahrhunderts ihre gesetzlichen und administrativen Grundlagen reformuliert waren, kam der Entwicklungsprozeß beruflicher Sozialarbeit in Deutschland zu einem vorläufigen Abschluß.

Christoph Sachße, Dr. jur., geb. 1944, ist Professor für Sozialpädagogik am Fachbereich Sozialwesen der Gesamthochschule Kassel.

Christoph Sachße
Mütterlichkeit als Beruf

Sozialarbeit,
Sozialreform und Frauenbewegung
1871–1929

Suhrkamp

edition suhrkamp 1351
Neue Folge Band 351
Erste Auflage 1986
© Suhrkamp Verlag Frankfurt am Main 1986
Erstausgabe
Alle Rechte vorbehalten, insbesondere das der Übersetzung,
des öffentlichen Vortrags
sowie der Übertragung durch Rundfunk und Fernsehen,
auch einzelner Teile.
Satz: Gutfreund, Darmstadt
Druck: Nomos Verlagsgesellschaft, Baden-Baden
Umschlagentwurf: Willy Fleckhaus
Printed in Germany

1 2 3 4 5 6 – 91 90 89 88 87 86

Inhalt

Einleitung

In der Bundesrepublik gab es 1984 ca. 355 000 berufliche Sozialarbeiter. Noch um die Jahrhundertwende waren es nur einige Dutzend im ganzen Deutschen Reich. Diese bemerkenswerte Expansion eines neuen Berufes war jahrzehntelang begleitet von optimistischen Prognosen und Forderungen, die – wenn nur mehr Stellen, eine qualifiziertere Ausbildung und verbesserte Arbeitsbedingungen für Sozialarbeiter geschaffen würden – die sozialen Probleme moderner Industriegesellschaften alsbald zu bewältigen versprachen. Dieser Optimismus ist in den letzten Jahren sichtlich gedämpft worden. Im Zuge der ökologischen Fundamentalkritik am industriegesellschaftlichen Fortschritt sind auch die sozialen Dienste Gegenstand kritischer Auseinandersetzung mit den disziplinierenden und entmündigenden Effekten ausufernder Expertenkulturen geworden – ohne daß ihnen die soziale Anerkennung, die z. B. ärztliche und psychotherapeutische Dienstleistungsberufe genießen, je zuteil geworden wäre. Die Überschneidung fortbestehender sozialstruktureller Diskriminierungen und Notstände mit den negativen Folgen eben der Tätigkeiten, die zu ihrer Abhilfe geschaffen wurden, erzeugen weithin Unbehagen an den überkommenen Formen sozialer Arbeit. Die vorliegende Studie versucht, die Wurzeln dieses Unbehagens historisch zu bestimmen.

Die Anfänge beruflicher Sozialarbeit in Deutschland weisen zurück in das deutsche Kaiserreich, eine Epoche, der die Geschichtswissenschaft in den letzten zwei Jahrzehnten viel Aufmerksamkeit gewidmet hat. War das Kaiserreich zunächst von der überwiegenden Mehrheit deutscher Historiker als Vollendung deutscher Nationalstaatlichkeit und Beginn deutscher Weltmachtstellung gepriesen worden, so begann seit Anfang der sechziger Jahre eine radikale Neuinterpretation, die insbesondere in Hans-Ulrich Wehlers wegweisender Studie *Das deutsche Kaiserreich 1871–1918* pointiert zusammengefaßt wurde[1]: In den ungelösten inneren Spannungen des Reiches, in der Unfähigkeit, die sozialen Konflikte rapider Industrialisierung im Rahmen eines neo-feudalen, autoritären politischen Systems zu lösen, wird der Beginn einer unseligen deutschen Sonderentwicklung gesehen, in der der deutsche Faschismus seine historischen Wurzeln hat.[2]

Die Kritik an Wehlers Arbeit hat das Fehlen jeglicher Auseinandersetzung mit den großen Reform- und Emanzipationsbestrebungen der Zeit bemängelt. »Das Bewußtsein, in einer epochalen Wendezeit zu leben, hat damals in massenhaften gesellschaftlichen Vorgängen Ausdruck gefunden, von denen Wehlers Buch kaum eine Ahnung vermittelt. Von der Unterbelichtung der Arbeiterbewegung war schon die Rede. Aber auch die großen bürgerlich initiierten Reformbewegungen der Zeit werden kaum gestreift«, schrieb Hans-Günther Zmarzlik in der *Historischen Zeitschrift*.[3] Und in der Tat: weder die Frauenbewegung noch die bürgerliche Sozialreform werden bei Wehler erwähnt. Beide Bereiche sind inzwischen Gegenstand fruchtbarer Forschungen geworden.[4] Die wissenschaftliche Auseinandersetzung mit der *kommunalen* Sozialreform jedoch, mit der Vielfalt sozialer Maßnahmen und Einrichtungen, die seit den neunziger Jahren des letzten Jahrhunderts insbesondere in den deutschen Großstädten entstanden, um die Lage der »notleidenden Volksschichten« auf lokaler Ebene zu verbessern, steckt immer noch in den Anfangsgründen.

Für beide, die bürgerliche Sozialreform wie die bürgerliche Frauenbewegung, ist charakteristisch, daß sie noch in ihren reformerischen und emanzipativen Bestrebungen die für das Kaiserreich spezifische Spannung zwischen hochindustriell-kapitalistischer Gesellschaft und neo-feudaler politischer Verfassung widerspiegeln. Sie verbanden ihre Reformbestrebungen nicht mit der Vorstellung einer grundlegenden Demokratisierung des politischen Herrschaftssystems. Die Forderung nach sozialer Reform trat vielmehr an die Stelle jener nach bürgerlich liberaler Umgestaltung der politischen Verfassung. Gegen die zunehmenden Spannungen im Gefolge von Industrialisierung und Verstädterung setzte die bürgerliche Sozialreform das Modell einer sozialen Integration der Unterschichten in die vorgegebene Gesellschaftsordnung; setzte sie die Integrationskraft einer sozialen Verpflichtung des bürgerlichen Mittelstandes, die am gesellschaftlichen Ganzen, der »Einheit der Nation« orientiert und in der zeitgenössischen Nationalökonomie als »ethischer« Sozialwissenschaft ausformuliert war.

In dieser Entwicklung reflektiert sich die Krise des zeitgenössischen Liberalismus in Deutschland. Der »Gründerkrach« von 1873 hatte die Überzeugungskraft der klassisch-liberalen Wirtschaftsdoktrin ausgehöhlt. Seit der konservativen Wende der deutschen Innenpolitik in den Jahren 1878 und 1879 wurde der deutsche Liberalismus zunehmend politisch und organisatorisch geschwächt. Seit dem Durchbruch der Industrialisierung in den achtziger Jahren beunruhigte die unübersehbare Tatsache, daß Industrie und Markt nicht gesellschaftliche Harmonie, sondern Spaltung und Not hervorgebracht hatten, zunehmende Teile des Bürgertums. All dies stärkte das Bedürfnis nach einer Reformulierung der Ziele und Mittel liberaler Politik und führte nicht nur auf der liberalen Rechten zu einer Annäherung an konservativ-machtstaatliche Politikkonzeptionen, sondern auch zu einer Öffnung des Linksliberalismus für sozialreformerische Innovationen und namentlich zu einer Neudefinition der Rolle des Staates in der Sozialreform.[5] In diesem Zusammenhang ist vor allem das Konzept einer »national-sozialen« Gesellschaftsreform von Bedeutung, wie es von Friedrich Naumann und Max Weber entworfen wurde.[6] Dieses Konzept rückte explizit von der klassisch-liberalen Verbindung von Sozialreform und bürgerlicher Demokratie ab und verknüpfte die soziale Reform im innerstaatlichen Bereich mit einem Votum für nationale Machtpolitik nach außen. Gerade dieses Konzept – und vor allem Naumann und Weber selbst – waren in der bürgerlichen Frauenbewegung in Deutschland einflußreich. Ihr Einfluß hat zum Abrücken einer wachsenden Zahl führender Frauen von den liberal-demokratischen Emanzipationsforderungen der »Radikalen« im »Bund Deutscher Frauenvereine« (BDF) und zu einer konservativen Reformulierung weiblicher Emanzipation als spezifischer Kulturaufgabe der Frau durch die »Gemäßigten« nicht unerheblich beigetragen.

Aus der Verbindung bürgerlicher Sozialreform und bürgerlicher Frauenbewegung ist auch die moderne, berufliche Sozialarbeit in Deutschland hervorgegangen: aus einer Verknüpfung des eigentümlich konservativen Emanzipationsideals der bürgerlichen Frauenbewegung, des Leitbildes der »geistigen Mütterlichkeit«, mit den vielfältigen Ansätzen des Ausbaues und der Ausdifferenzierung kommunaler Wohlfahrtspflege. Die Existenz der eben begründeten Sozialversicherung, der einsetzende Konjunkturaufschwung und das politische Klima des »Neuen Kurses« erlaubten in den neunziger Jahren tiefgreifende Reformen und Verbesserungen kommunaler Fürsorgeleistungen für die städtischen Unterschichten. In Jugend-, Wohnungs- und Gesundheitsfürsorge entwickelten sich kommunale Sozialleistungen, in denen neben finanzieller Existenzsicherung die persönlich-pädagogisierende Betreuung und Beratung der Hilfsbedürftigen eine immer bedeutendere Rolle einnahm; eine Betreuung, die zunehmend besondere Kenntnisse und Fertigkeiten und eine entsprechende Ausbildung voraussetzte. Während die herkömmliche ehrenamtliche Armenfürsorge eine Domäne der Männer war, entwickelten sich die neu entstehenden Fürsorgebereiche als exklusive Tätigkeitsfelder der Frau. Sie galten als spezifisch »wesensgeeignet« für Frauen. Und hier sah die bürgerliche Frauenbewegung *einen* zentralen Hebel, um ihr Ideal von der geistigen Mütterlichkeit in der Gesellschaft zur Geltung zu bringen, um weiblichem Wesen und weiblicher Kultur in einer patriarchalisch-industriellen Gesellschaft heilsame Wirkung und den Frauen selbst gesellschaftliche Emanzipation zu verschaffen. Aus der Verknüpfung des Konzeptes der geistigen Mütterlichkeit mit dem der bürgerlichen Verantwortung für die gesellschaftlichen Unterschichten ergab sich dann die Vorstellung einer besonderen Verpflichtung der bürgerlichen *Frau*, die gesellschaftliche Integration durch persönliches soziales Engagement zu sichern: soziale Arbeit als spezifisch weibliche, persönliche Dienstleistung, als Dienst der bürgerlichen Frau am »Volksganzen«.

In das Konzept sozialer Arbeit als weiblicher Emanzipation, wie es von Alice Salomon entworfen wurde, sind Elemente angloamerikanischen Reformdenkens eingeflossen. Nicht der Staat ist hier Subjekt sozialer Reformen, sondern die bürgerliche Mittelschicht selbst. Auch hier wurde jedoch die Emanzipation der Frau von der politischen Demokratie abgekoppelt und auf die Ebene weiblicher Persönlichkeitsbildung und kultureller Erneuerung verlagert. Die um die Bildung der weiblichen Persönlichkeit zur »sozialen Gesinnung« zentrierten emanzipativen Elemente der sozialen Arbeit traten dabei von Anfang an in Spannung zu den praktisch-alltäglichen Anforderungen sozialer Hilfe. Das mütterlich-weibliche Sozialengagement konnte auf Bürokratie und Arbeitsteilung nicht gänzlich verzichten, wenn es halbwegs verläßliche Hilfe bieten wollte. Kooperation mit der lokalen Sozialbürokratie war je schon sein fester Bestandteil. Und auch das Konzept eines rein ehrenamtlichen Engagements der bürgerlichen Frau war von Beginn an brüchig. Bereits vor dem Weltkrieg nahm die Zahl der Frauen, die soziale Arbeit als besoldete Berufstätigkeit ausübten, beständig zu. Bis zum Ende des Kaiserreiches blieb dieses

Spannungsverhältnis jedoch ungelöst.

Erst in der Folge der politischen und sozialen Umwälzungen in Revolution und Inflation setzten sich die bürokratischen und professionellen Elemente sozialer Arbeit vollends durch. In der neuen Republik wurden soziale Sicherung und Fürsorge zur expliziten staatlichen Reformaufgabe. Die kommunalen Fürsorgebürokratien expandierten rapide. Die wohlhabenden und gebildeten Damen des Mittelstandes, auf die Alice Salomons Konzept weiblicher Sozialarbeit zielte, hörten auf, als eigenständige soziale Schicht zu existieren. Immer mehr Frauen aus den Unterschichten strömten in die neuen weiblichen Tätigkeitsfelder, und der ursprünglich exklusive Frauenberuf wurde schließlich auch für Männer geöffnet. Sozialarbeit wurde zu einem – eher schlecht bezahlten – »Erwerbsberuf« auf den unteren Rängen der kommunalen Sozialbürokratie. Gerade in dem Maße also, wie Sozialarbeit sich gesellschaftlich ausbreitete, ging sie ihrer feministischen, kultur- und gesellschaftskritischen Elemente verlustig. Trotz dieses tiefgreifenden Wandels wurden die alten, aus dem Kaiserreich überkommenen, feministischen Ideale auch weiterhin beschworen. Vor allem die seit dem Kriege in Deutschland zahlreich entstandenen Schulen für soziale Arbeit pflegten beharrlich die Theoreme sozialer Mütterlichkeit und des Dienstes an der Volksgemeinschaft, die den alltäglichen Berufsvollzügen immer äußerlicher wurden. Von einer Theorie sozialer Reform als weiblicher Emanzipation entwickelten sie sich zu einer Berufsideologie, die mit den gesellschaftlichen Aufgaben des Sozialarbeiters nur noch wenig zu tun hatte, die Ausbildung einer neuen, demokratischen Theorie sozialstaatlicher Dienstleistungen jedoch nachhaltig verhindert hat. Die feministischen Ideale aus der Pionierzeit erstarrten so zunehmend zu sinnentleerten Worthülsen, die schließlich dem nationalsozialistischen Mißbrauch wenig entgegenzusetzen hatten.

Der Untersuchungszeitraum der vorliegenden Arbeit umfaßt die Zeit von der Reichsgründung bis 1929. Die kommunalen Sozialreformen, aus denen sich die Sozialarbeit entwickelt hat, datieren im wesentlichen zwar erst aus den neunziger Jahren. Der Gesamtzusammenhang sozialer und politischer Entwicklung seit der Reichsgründung ist für ihr Verständnis jedoch unverzichtbar. Mit dem Ende der zwanziger Jahre unseres Jahrhunderts kam der Entwicklungsprozeß beruflicher Sozialarbeit in Deutschland dann zu einem vorläufigen Abschluß. Die gesetzlichen Grundlagen waren im Jugendwohlfahrts- und im Jugendgerichtsgesetz, der Fürsorgepflichtverordnung und den Reichsgrundsätzen reformuliert; die entsprechenden organisatorischen Reformen der kommunalen Sozialverwaltung durchgeführt. Der Aufbau und die Standardisierung der Ausbildung waren abgeschlossen. Sozialarbeit hatte die Form erhalten, die sie bis heute kennzeichnet: soziale Arbeit als fester Bestandteil öffentlicher Sozialverwaltung, als persönlicher Dienstleistungsberuf mit fester Besoldung, eigener Fachausbildung und eigenen Berufsorganisationen.

Obwohl auf dem Gebiet kommunaler Fürsorge und Sozialarbeit in den letzten Jahren eine Reihe historischer Arbeiten vorgelegt wurden[7], fehlt bisher eine Geschichte der Sozialarbeit als *Beruf*.[8] Die besondere Problematik einer solchen Darstellung besteht darin, daß sie sich keinesfalls auf eine Rekonstruktion der Institutionen kommunaler *Fürsorge* beschränken kann, sondern ganz unterschiedliche gesellschaftliche und sozialpolitische Traditionsstränge aufzunehmen hat.

Neben wirtschafts- und sozialgeschichtlichen Zusammenhängen, rechts- und verwaltungshistorischen Aspekten sind insbesondere geistesgeschichtliche Traditionen und Einflußlinien nachzuzeichnen, aus deren Zusammentreffen die moderne berufliche Sozialarbeit entstand. Die historische Entstehung der beruflichen Sozialarbeit in Deutschland ist nur aus einer Gesamtschau sozialpolitischer Entwicklungen im späten Kaiserreich gleichsam herauszudestillieren. Das ist ein hoher Anspruch, dem die vorliegende Arbeit nur ungenügend Rechnung trägt. Sie beschränkt sich auf eine Untersuchung der Faktoren und Entwicklungslinien, die für die Entstehung sozialer Arbeit *als Beruf* bestimmend wurden, und blendet demgegenüber eine ganze Reihe von Problemen und Bereichen aus, die für die Entwicklung der Fürsorge *insgesamt* von großer Bedeutung waren. Die Entwicklung der konfessionellen Fürsorgeträger, die Vielfalt bedeutsamer sozialpolitischer Vereinigungen und die Biographien der führenden Persönlichkeiten der Wohlfahrtspflege im Untersuchungszeitraum werden vernachlässigt; ebenso die interessenpolitische Einflußnahme auf die Fürsorgegesetzgebung des Reiches in der Weimarer Zeit, die Wechselbeziehungen zwischen kommunaler und zentralstaatlicher Ebene im Fürsorgesektor der gleichen Zeit und die gesamte Finanzierungsproblematik. Die detaillierte Auseinandersetzung mit diesen Problemen soll einer späteren Arbeit zur Geschichte der Fürsorge in Deutschland von 1914 bis 1945 vorbehalten bleiben. Die vorliegende Arbeit behandelt dagegen ausschließlich die Entwicklung der Formen und Inhalte des sozialen *Berufes*.

Sie basiert vor allem auf einer Auswertung der zeitgenössischen Literatur zum Thema, insbesondere auch »grauer«, nicht publizierter Schriften, Eigendrucke und Prospekte, auf Archivstudien und auf Interviews mit Pionieren aus der Frühzeit sozialer Arbeit in Deutschland. Diesen Interviews verdanke ich eine Fülle wichtiger Hinweise auf »Verkehrskreise«, Zusammenhänge und Beziehungen, die sich aus der Literatur nicht ohne weiteres erschließen lassen. Da die Erinnerungen meiner Interviewpartner z.T. sehr persönliche Züge tragen, habe ich auf Nachweise im einzelnen verzichtet. Um so herzlicher sei allen, die meiner Arbeit Geduld und Mühe geopfert haben, an dieser Stelle noch einmal gedankt. Mein Dank gilt: Else Cohn, Kfar Saba; Dr. Paula Eskeles, Haifa; Prof. Dr. Walter Friedländer†, Berkeley; Isa Gruner, Berlin; Nora Hackel, New York; Dr. Erika Hoffmann, Göttingen; Ruth Hilda Loewenherz, Jerusalem; Bertha Katz, Tel Aviv; Ella Kay, Berlin; Prof. Dr. Harry Maór†, Tel Aviv; Prof. Dr. Erna Magnus, Baltimore; Prof. Dr. Henry Maier, Seattle; Thea Nathan, Jerusalem; Dr. August Oswalt†, Frankfurt; Regina Schaechter, Jerusalem; Dr. Ellen Simon†, Berlin; Jetty und Walter Zadek, Holon/ Frankfurt.

Meine Untersuchung wurde von zahlreichen Archiven und Bibliotheken aufs freundlichste unterstützt. Ich danke insbesondere den Mitarbeitern des »Leo-Baeck-Instituts« in Jerusalem und New York; der »Central Zionist Archives«, Jerusalem; des Archivs und der Bibliothek des »Deutschen Caritas Verbandes«, Freiburg; des Archivs und der Bibliothek des »Diakonischen Werkes«, Berlin; der Bibliothek des »Deutschen Vereins für öffentliche und private Fürsorge« in Frankfurt; des Archivs des »Instituts für Gemeinwohl« in Frankfurt; des »Instituts für Sozialarbeit e.V.« in Frankfurt; des Stadtarchivs in Frankfurt; des Stadtarchivs in München; der Bibliothek und des Archivs des Pestalozzi-Froebel-Hauses in Berlin und des »Deutschen Zentralinstituts für soziale Fragen« in Berlin.

Jochen-Christoph Kaiser verdanke ich kritische Anregungen und Hinweise. Florian Tennstedt hat meine Arbeit durch kontinuierliche Kritik und Anregung tatkräftig unterstützt. Das Manuskript wurde von Barbara Arlt erstellt. Ihnen allen gilt mein herzlicher Dank. Die Grundthesen der vorliegenden Arbeit habe ich im März 1985 den Teilnehmern des Forschungsseminars »Charity and Welfare« des Davis Center for Historical Studies an der Princeton University vorgestellt. Auch ihnen danke ich für Anregung und Kritik. Mein Dank gilt – last not least – der Deutschen Forschungsgemeinschaft, die die Fertigstellung meiner Arbeit durch Gewährung eines Forschungsfreijahres erheblich beschleunigt hat.

C. S.

I

Die Wurzeln beruflicher Sozialarbeit im deutschen Kaiserreich

1. Soziale Frage und Sozialpolitik im Kaiserreich: Die Ausgangslage

Mit dem »Gründerkrach« des Jahres 1873 brach nicht nur ein durch die französischen Reparationsmilliarden angeheizter, künstlich aufgeblähter Wirtschaftsboom zusammen. Gleichzeitig endete die Ära liberal-kapitalistischer Expansion in Deutschland. Er bildete den Auftakt für eine bis in die Mitte der neunziger Jahre anhaltende ökonomische Depressionsphase. In dieser Zeit der »Großen Depression«, einer Zeit tiefgreifenden ökonomischen, sozialen und politischen Wandels, politischer und sozialer Spannungen und Kämpfe, vollzog sich der »Durchbruch« Deutschlands zur industriellen Großmacht, der Übergang vom Agrarstaat zur Industriegesellschaft.

Zur Zeit der Reichsgründung hatte Deutschland die erste Phase der Industrialisierung zwar bereits vollzogen, von einer Industriegesellschaft konnte indes keine Rede sein. Noch 1871 wohnten zwei Drittel der 41 Millionen Einwohner Deutschlands in ländlichen Gemeinden, nur 4,8 % dagegen in den vier Großstädten mit mehr als 100000 Einwohnern. Bis 1910 hatte sich die Bevölkerung auf 64,6 Millionen vermehrt, wovon nunmehr 21,3 % in den inzwischen 48 Großstädten lebten. Im gleichen Zeitraum unterlag auch die Beschäftigungsstruktur erheblichen Veränderungen. In den Jahren von 1882 bis 1907 stieg die Erwerbsquote der Bevölkerung von 41,9 % auf 45,5 %. 1882 waren von insgesamt 18,957 Millionen Erwerbstätigen 43,3 % in Land- und Forstwirtschaft, 33,7 % in Handwerk und Industrie, 8,3 % in Handel und Verkehr und 14,5 % im Dienstleistungsbereich tätig. 1907 war der Anteil der Land- und Forstwirtschaft auf 35,2 % von insgesamt 28092000 Erwerbstätigen zurückgegangen, überflügelt von Handwerk und Industrie mit einem Anteil von 40,1 %. Die Steinkohleförderung stieg von 11571 Tsd. Tonnen 1870 auf 114225 Tsd. Tonnen 1913, die Roheisenerzeugung von 1391 Tsd. Tonnen 1870 auf 19309 Tsd. Tonnen im gleichen Zeitraum. Die Grundstoff- und Investitionsgüterindustrien gewannen zunehmend gegenüber der verarbeitenden Industrie an Bedeutung. Ein immer größerer Prozentsatz der Erwerbstätigen war in immer größeren Betrieben beschäftigt. Waren noch 1875 ca. zwei Drittel aller Beschäftigten in Industrie und Handwerk in Kleinstbetrieben mit fünf und weniger Mitarbeitern tätig, so waren es 1907 nur noch ein Drittel, während in Großbetrieben, die insgesamt nur 1,3 % aller Betriebe ausmachten, bereits 42,4 % der Beschäftigten arbeiteten.[1]

Die industrielle Entwicklung wurde flankiert und unterstützt durch einen Ausbau des Eisenbahn- und Straßennetzes, die Etablierung eines Systems von Großbanken, das Kreditgeschäfte neuer Größenordnungen ermöglichte, und durch neue juristische Formen der Unternehmensorganisation, insbesondere die Aktiengesellschaft, die eine solide Kapitalausstattung für expandierende Großunternehmen gewährleistete. Unter dem Druck der wirtschaftlichen Stagnation in der Depression begannen neben Rationalisierungsmaßnahmen und Konzentrationsbewegungen auch Kartellbildungen, die auf Beschränkung des Wettbewerbs und Beherrschung des Marktes abzielten. Parallel vollzog sich die Organisation wirtschaftlicher Interessen in zentralen Interessenverbänden. 1876 wurde der »Zentralverband Deutscher Industrieller« gegründet, der sich in der Folge immer mehr zu einer Interessenvertretung der Schwerindustrie entwickelte. 1895 bildete sich der »Bund der Industriellen«, der vor allem die Unternehmen der Konsumgüterindustrie zusammenschloß. Insgesamt kann die ökonomische Entwicklung in Deutschland während der »Großen Depression« als Prozeß der Formierung, Rationalisierung und Konzentration, als Beginn der Herausbildung hochorganisierter wirtschaftlicher Großeinheiten verstanden werden.[2]

Auf der anderen Seite formierte sich die Arbeiterbewegung. Die seit den sechziger Jahren gegründeten überregionalen Gewerkschaften entwickelten sich bis zum Beginn des 20. Jahrhunderts zu Massenorganisationen. Und mit der Sozialistischen Arbeiterpartei Deutschlands, die 1875 auf dem »Gothaer Einigungsparteitag« aus einer Vereinigung des 1863 in Leipzig konstituierten »Allgemeinen Deutschen Arbeitervereins« und der 1869 in Eisenach gegründeten Sozialdemokratischen Arbeiterpartei hervorging, erhielt die deutsche Arbeiterklasse eine einheitliche politische Organisation, die bis zur Jahrhundertwende ständig an Einfluß gewann.

Das politische Aktionsfeld der Sozialdemokratie war allerdings verfassungsrechtlich beschränkt. Zwar bestand das allgemeine Wahlrecht zum Reichstag, dessen Befugnisse aber nur gering waren. Unmittelbaren Einfluß auf Bildung, Zusammensetzung und Politik der Reichsregierung hatte er nicht. Die Exekutive lag beim Kaiser und seinem Kanzler. Und auch die gesetzgeberischen Kompetenzen des Reichstags hielten sich in engen Grenzen. Demokratische Einflußnahme auf die Politik des Reiches über Parlament und Parteien war also nur beschränkt möglich. Mit Recht hat man das Verfassungssystem des Reiches als »Scheinkonstitutionalismus« bezeichnet, der Sozialdemokratie *und* Bürgertum politisch entmachtete.

Begleitet und ermöglicht wurde der Prozeß der Industrialisierung und Verstädterung Deutschlands von einer Binnenwanderung enormen Ausmaßes. In Scharen verließen die Menschen in den Jahren und Jahrzehnten nach der Reichsgründung ihre seit Jahrhunderten angestammten Verhältnisse, um in den neuen industriellen Zentren Arbeit und Auskommen zu finden. Die Hauptströme der Wanderung gingen von Ost nach West, vom Land in die Stadt. Die größten Einwohnerverluste hatte Ost- und Westpreußen, Posen, Schlesien, Pommern und Mecklenburg zu verzeichnen, die größten Zuwanderungsraten Berlin, Hamburg, das Königreich Sachsen sowie die preußischen Westprovinzen Rheinland und Westfalen. Mit Abstand am heftigsten waren von der Zuwanderung die Städte, insbesondere die Großstädte, betroffen. Die Zuwanderung hatte solche Ausmaße, daß nach der Volkszählung von 1900 die Bevölkerung der Großstädte nicht einmal mehr zur Hälfte aus Einheimischen, am Ort Geborenen bestand: 57% waren Zugezogene. Im einzelnen waren dabei die Prozentsätze noch ungleich höher. In den großen Berliner Vorstädten Rixdorf, Charlottenburg, Schöneberg und Wilmersdorf betrug der Anteil der Gebürtigen an der Bevölkerung 1880 immerhin noch: 36,4%, 33,3%, 23,7% und 44,1%. Bis 1905 sank er auf 22,2%, 18,9%, 13,1% und 9,7%![3]

Industrialisierung und Verstädterung bedeuteten zugleich also Entwurzelung und Heimatlosigkeit. Aus dem seit Generationen vertrauten ländlichen Milieu wurden die Menschen in die fremde und bedrohliche Welt der Städte verschlagen. Die wirtschaftliche Depression hat dabei den Entwurzelungsprozeß verstärkt und beschleunigt. Nach der hektischen Überproduktion der Gründerjahre setzte der »Gründerkrach« ein Heer von Erwerbslosen frei, die auf der Suche nach neuer Arbeit rastlos umherzogen. Die Zahl der Nicht-Seßhaften, Wanderbettler und Vagabunden stieg sprunghaft an. Genaue Daten existieren nicht. Schätzungen sprechen von 200 000 bis 500 000 für das Jahr 1880. Fest steht jedenfalls, daß die Zahl der wegen Wanderbettelei in Arbeitshäuser eingelieferten Personen sich von 1874 bis 1883 verdreifachte und daß die wegen Bettelei verhängten Haftstrafen ebenfalls drastisch zunahmen.

»Woher kamen diese 200 000 Männer, welche damals schlecht genährt, in Lumpen gekleidet, gedankenlos, zwecklos, hoffnungslos unser deutsches Vaterland durchwanderten? Wie kam es, daß in Möhringen die Zahl der mit Nachhaft Bestraften 1872 bis 1884 von 177 auf 1284 täglich anstieg, in der Westfälischen Zwangsarbeitsanstalt Brauweiler sogar von 785 auf 2281, es sind bekanntlich Bettler, Landstreicher, Trinker und Dirnen, um die es sich hier handelt. Wie kam es, daß ihre Zahl in ganz Preußen sich 1882 auf 24 424 beziffert, so daß auf 100 000 Einwohner immer 86 Korrektionäre kamen? Was für ein böser Teufel war denn ins deutsche Volk gefahren, daß es seit 1870 so der Vagabondage und dem Bettel zuneigte?... Die eigentliche Ursache war eine äußere... Alles strömte in die pilzartig aufschießenden Fabriken und Aktiengründungen. Aber ebenso schnell wie der Aufschwung kam der ›Krach‹. Tausende von der Scholle losgelöste, heimatlos gewordene Arbeiter ohne Spargut, ohne Verdienst, standen unvermutet auf den Landstraßen. Keine Hilfe bot sich dar. Wider Wunsch und Willen hat damals mancher zuerst ein Bettler und dann ein Vagabund werden müssen.«[4]

Aber nicht nur das Heer der Vagabunden verstörte die Bürger. Auch die Zusammenballung der Armut in den Arbeiter- und Elendsvierteln der Städte nahm bedrohliche Ausmaße an. Bevölkerungswachstum und Binnenwanderung hatten zu städtischen Ballungszentren bislang unbekannter Größenordnung geführt. Berlin z. B. wuchs in den Zeitintervallen von 1850 bis 1880 und 1910 von 419 000 auf 1 122 000 und schließlich 2 071 000 Einwohner – in 60 Jahren ein Zuwachs von rd. 1,5 Millionen Menschen! Zugleich veränderte sich das Bild der Städte einschneidend: Immer deutlicher wurde die Stadt in unterschiedliche Bezirke, Viertel aufgespalten, die der Armen von denen der Reichen säuberlich getrennt, so daß der Präsentation von Wohlstand und Reichtum auf der einen die Zusammenballung von Elend auf der anderen Seite entsprach. Das schrankenlose Privateigentum an Grund und Boden, die Organisation der Wohnungsversorgung als kapitalistischer Wohnungsmarkt in Einklang mit der immens verstärkten Nachfrage führten zu Wohnungsknappheit, überteuerten Mieten, Überbelegung, untragbaren baulichen und sanitären Mängeln. Die

»Wohnungsfrage« wurde bis zur Wende zum 20. Jahrhundert zum beherrschenden sozialpolitischen Thema. Im Jahre 1900 gab es in Berlin 27792 Wohnungen mit höchstens einem heizbaren Zimmer und sechs oder mehr Bewohnern sowie 485 Wohnungen mit höchstens zwei heizbaren Zimmern und 11 oder mehr Bewohnern. Erst bei dieser Belegungsdichte galten Wohnungen als »überfüllt«. 7759 Personen teilten sich 4086 Wohnungen, die nur eine Küche hatten; 7412 Personen 2419 Wohnungen, die nur aus einem nicht heizbaren Zimmer bestanden; 59746 Personen 32812 Wohnungen, die nur ein heizbares Zimmer hatten, und 726723 Personen standen 197394 Wohnungen zur Verfügung, die nur aus einer Küche und einem Zimmer bestanden. Zählt man zu diesen über 900000 Mietern noch die 38118 Bettgänger und 4481 »Chambregardisten« hinzu, so beschreiben diese Zahlen die Wohnsituation von etwa der Hälfte der Berliner Mieter. Die gesamte Anzahl der Schlafgänger in Berlin stieg von 77962 im Jahre 1871 auf 104081 im Jahre 1905, die sich auf 63425 Haushalte verteilten. Schließlich: 1905 lebten 46% der Einwohner Berlins in Hinterhäusern, in Charlottenburg waren es 44,6%. Auf ein bewohntes Gebäude kamen im Jahre 1900 in Berlin 50,1, in Charlottenburg 52,6, in Bremen zum Vergleich dagegen nur 8 Bewohner durchschnittlich.[5] Derartige Wohnverhältnisse sowie generell die sanitären Verhältnisse in den dicht bevölkerten Arbeiter- und Armutsvierteln bargen große gesundheitliche Risiken. Immer wieder brachen Seuchen und Epidemien, Typhus und Cholera, vor allem in den Vierteln der Armen aus und griffen auf die bürgerlichen Quartiere über. Noch 1892/93 wütete in Hamburg eine Cholera-Epidemie, der innerhalb kurzer Zeit 8683 Menschen zum Opfer fielen.[6] Später, um die Jahrhundertwende, wurde die Tuberkulose zur stärksten gesundheitlichen Bedrohung für die Armen und Arbeiter. Schlechte Ernährung, neuartige übergroße Belastungen industrieller Fabrikarbeit, überlange Arbeitszeiten und Unfallgefahren, aber auch Alkoholismus und Geschlechtskrankheiten taten ein übriges, um die Gesundheitsverhältnisse der Armen- und Arbeiterbevölkerung zu einem unübersehbaren sozialpolitischen Problem werden zu lassen.

Binnenwanderung und Zuzug in die Städte hatten Folgen für die Familienverhältnisse der Betroffenen, an denen vor allem Kinder und Jugendliche zu leiden hatten. Erwerbstätigkeit von Frauen und Müttern, Zunahme nichtehelicher Geburten, hohe Säuglingssterblichkeit, Unterernährung und mangelnde Betreuung von Kleinkindern, Verwahrlosung und Kriminalität von Jugendlichen, diese Stichworte mögen zur Charakterisierung der Erziehungsnotstände von Kindern und Jugendlichen genügen.

In Arbeitslosigkeit, Wohnungs-, Gesundheits- und Erziehungsproblemen manifestierten sich die sozialen Folgen der Entwicklung der bürgerlich-kapitalistischen Gesellschaft in Deutschland. Gesellschaftliche »Modernisierung« und ökonomisches Wachstum hatten ihren Preis; einen Preis, der überdeutlich machte, daß die liberalen Prinzipien des »Laissez-faire« keineswegs die gesamtgesellschaftliche Harmonie gleichsam automatisch hervorbrachten.

Mit dem »Gründerkrach« begann auch das »Ende des Liberalismus«, eine Epoche tiefsitzenden Unbehagens, der Unsicherheit und der Angst. Die Erfahrungen der sich radikalisierenden Revolution von 1848, bewaffnete Arbeiter, Barrikaden, der Aufruhr des »Pöbels«, hatten beim Bürgertum eine nahezu traumatische Furcht vor Umsturz, Chaos und Revolution hinterlassen. In den sozialen Umwälzungen der »Großen Depression« wurden all diese Ängste von neuem mobilisiert. Die Entwurzelung großer Bevölkerungsteile durch Binnenwanderung und Krise, die Zerstörung der traditionellen Lebenszusammenhänge, der Dorfgemeinschaft, der Zunft, der Familie, der Verlust der Heimat erzeugten eine bedrohliche Unrast und Bindungslosigkeit. Und in der sich eben formierenden politischen Arbeiterbewegung deutete sich bereits ein Kristallisationspunkt für die Unzufriedenheit der Ausgestoßenen und Entwurzelten an, der die Revolutionsfurcht weiter schürte. Soll man denn, so fragte 1880 der Verfasser eines Artikels über »Unsere Bettlernoth«, warten, »bis das Heer der Müßiggänger auf der Landstraße zu der Armee der socialistischen Arbeiter stößt, wenn diese einmal die Arbeit einstellen, um vereint über die geordneten Bürger herzufallen und sie auszuplündern«.[7]

Der »Verlust der Heimat« betraf aber nicht nur die entwurzelten Unterschichten, er erfaßte auch das Bürgertum selbst.

»Das Bewußtsein der einsamen Masse, Unbehaustheit und Suche nach Sinn wurden, nachdem zuerst Gott und seine Heiligen gestürzt waren und die Könige ihnen nach mußten, Signatur des Zeitalters. Dem Glauben an einen ins Unendliche sich verlängernden Fortschritt traten Furcht und Faszination kommender Untergänge und Katastrophen zur Seite.«[8]

Die Dynamik gesellschaftlicher Entwicklung produzierte nicht nur ökonomisches Wachstum und technischen Fortschritt, sondern auch Krisen und Ungewißheiten, sie zerstörte die überkommenen Verläßlichkeiten und schürte die Angst vor der Zukunft. Gerade dieses Gefühl der Unsicherheit war es, das neurotische Wahrnehmungen von den Gefahren, die die gesellschaftliche Integration bedrohten, begünstigte.

»In recht weitgehendem Maße war die Trendperiode von 1873 bis 1896 ein zu Wahnvorstellungen neigendes Zeitalter der Neurose. Zu seinen hervorstechendsten Merkmalen gehörte die groteske Angst vor den ›Roten‹ und dem ›Umsturz‹, der Klassenhaß und der Judenhaß, die leidenschaftliche Verschärfung der konfessionellen Gegensätze, die wüste Hetze gegen das ›mobile Kapital‹ und den ›kosmopolitischen‹ Handel, die zunehmende Lautstärke des nationalistischen Gebrülls, die weit verbreitete Tendenz zur Radikalisierung, selbst bei den Konservativen, die Diskreditierung und das Zurückweichen der gemäßigten Mittelgruppen.«[9]

Der Historiker Karl Lamprecht hat den Begriff der »Reizsamkeit« zur Charakterisierung der sozio-psychischen Befindlichkeit seiner Zeit geprägt.

»Die Reizsamkeit ist ein besonderer seelischer Zustand, in dem große Massen von Reizen oder Eindrücken, die in früheren Entwicklungszeitaltern der Völker der europäischen Staatengemeinschaft unter der Schwelle des Bewußtseins blieben, bewußt zu werden beginnen: sie bedeutet also eine Intensivierung der Leistungen des Nervensystems. Wesentliche Folgen sind: eine andere Erkenntnis, künstlerische Wiedergabe und praktische Beherrschung der Außenwelt, eine feinere Analyse der menschlichen Innenwelt, eine stärkere Aktivität des Einzelsubjekts gegenüber der Umwelt, insbesondere auch ein intensiveres Einwirken der menschlichen Mikrokosmen aufeinander.«[10]

Die Erschließung neuer Verfügungspotentiale durch Wirtschaft, Technik und Wissenschaft, neue künstlerische Ausdrucksformen und philosophische Denkweisen, vertiefte Erkenntnisse der menschlichen Persönlichkeit, die »Entdeckung« des Unbewußten, all dies vermittelte neben einem neuartigen gesellschaftlichen Selbstbewußtsein auch neue Ängste und Unsicherheiten, die dem Zeitgeist eine eigenartig hektische Zerrissenheit verliehen.

»Der Erfolg ist der des Ahnungsvollen, des unklar Erwartenden, des sehnsuchtsvollen Dranges ins Neue, Dämmernde, Unheimliche, Ungeheure, Symbolische, Mystische im Falle stärkerer Erregtheit, die unbestimmte Empfindung der Angst, der Furcht und verwandter Gefühle.«[11]

Es war eine Zeit der Polarisierung der Gesellschaft, des Aufbaus von Feindbildern, innerstaatlichen Feinderklärungen, in der die Abkehr vom Liberalismus auch innenpolitisch vollzogen wurde. Das Sozialistengesetz des Jahres 1878, die Schutzzollgesetzgebung von 1879 und die Arbeiterversicherungsgesetze der achtziger Jahre markieren die zentralen Punkte in diesem politischen Formierungsprozeß, den man später als »innere Reichsgründung« bezeichnet hat. Die nach 1873 einsetzende, lang anhaltende ökonomische Depressionsphase traf insbesondere die deutsche Schwerindustrie und machte sie zum Hauptagitator für eine protektionistische Wirtschaftspolitik. Seit 1876 trat zur Krise der Schwerindustrie eine strukturelle des Agrarsektors. Die vor allem betroffenen preußischen Großagrarier – bislang exportorientiert und freihändlerisch eingestellt – schlugen binnen kurzem einen antiliberalen, protektionistischen Kurs ein und vollzogen damit jenes für das deutsche Kaiserreich charakteristische Bündnis von feudalem Junkertum und Schwerindustrie. Zum ersten Mal in parlamentarische Aktion trat dieses Bündnis beim Erlaß des Sozialistengesetzes 1878. Der erste Entwurf für ein Sozialistengesetz – nach einem Attentat auf den betagten Kaiser eilig und unsorgfältig zusammengestellt – wurde vom Reichstag im Mai 1878 abgelehnt. Als kurz darauf ein zweiter Anschlag auf den Kaiser verübt wurde, löste der Kanzler den Reichstag auf. In den daraufhin stattfindenden Neuwahlen konnten die konservativen Parteien als einzige beachtliche Stimmengewinne verbuchen. Zwar kam die stattliche Mehrheit, die der neue Entwurf des Sozialistengesetzes im neuen Reichstag erhielt, nur dadurch zustande, daß auch die Nationalliberalen *für* das Gesetz stimmten. Damit wurde der Bruch zwischen Bismarck und den Liberalen allerdings nur verschoben und seine Annäherung an die Konservativen nicht aufgehalten.

Seit der Reichsgründung hatte Bismarck mit einer liberalen Parlamentsmehrheit regiert. In der Frage der verfassungsmäßigen Rechte des Reichstags und in der Wirtschafts- und Finanzpolitik kam es jedoch zu permanenten Auseinandersetzungen. Bismarck wollte das Reich, das im wesentlichen durch Matrikularbeiträge der Mitgliedsstaaten finanziert wurde, finanziell unabhängiger machen. Die Liberalen waren zur Zustimmung zu den finanzpolitischen Plänen nur unter der Bedingung konstitutioneller Konzessionen (sie forderten eine verstärkte parlamentarische Kontrolle der Regierung) bereit, was wiederum Bismarck strikt ablehnte und nach alternativen Finanzierungsquellen Ausschau halten ließ. Die Auseinandersetzung um Schutzzoll oder Freihandel hatte also außer dem protektionistischen immer auch einen finanzpolitischen Aspekt. Der Zolltarif, der schließlich am 12. Juli 1879 mit den Stimmen beider konservativer Parteien und gegen die Stimmen der überwiegenden Mehrheit der Liberalen angenommen wurde, schützte vor allem die Eisenindustrie und die Landwirtschaft, benachteiligte zugleich aber die auf billige Rohstoffe angewiesene Fertigwaren- und Leichtindustrie und verteuerte (durch Abschottung des Binnenmarktes gegen sinkende Weltmarktpreise) die Lebenshaltungskosten für die einheimische Bevölkerung. Die Einführung der Schutzzölle von 1879 ist daher weniger außenwirtschaftlich als innenpolitisch zu interpretieren: Die Subventionierung der Landwirtschaft gewährleistete erneut die Aufrechterhaltung der politischen Dominanz des ostelbischen Adels. Die industriellen Zölle sicherten die erwähnten Kartellierungs- und Konzentrationsbewegung der Schwerindustrie.[12]

Die innenpolitische Abkehr vom Liberalismus führte auch zu einer Neuorientierung staatlicher Sozialpolitik. Mit der Gründerkrise endete auch die Herrschaft der liberalen ökonomischen Doktrin, der Schule, die – seit 1858 im »Kongreß deutscher Volkswirte« organisiert – in der Tradition der englischen Klassiker von den »Naturgesetzen« des Marktes die optimale Wirtschaftsentfaltung und Gesellschaftsentwicklung erwartete. Die historische Schule der Nationalökonomie, die »Kathedersozialisten« im »Verein für Sozialpolitik« gewannen rasch an Einfluß.

Der »Verein für Sozialpolitik« wurde nach einer ersten vorbereitenden Besprechung am 8. Juli 1872 in Halle und einer vielbeachteten Versammlung am 6./7. Oktober 1872 in Eisenach am 13. Oktober 1873 in Eisenach formell gegründet. Es handelte sich um eine Gründung, die – im bewußten Gegensatz zur Organisation der Anhänger der Freihandelsschule im Kongreß Deutscher Volkswirte – die Vertreter der Auffassung vereinte, daß die Gesellschaft durch bewußte und planmäßige Sozialreform so umgestaltet werden müsse, daß die krassen sozialen Benachteiligungen der Arbeiterschaft beseitigt, diese in die bürgerliche Gesellschaft integriert und dadurch eine soziale Revolution vermieden würde. Der

»Verein für Sozialpolitik« schloß Universitätslehrer, hohe Verwaltungsbeamte, Unternehmer und Angehörige freier Berufe zusammen. Er war also keineswegs nur eine Vereinigung akademischer Wissenschaftler – diese stellten im Durchschnitt nicht mehr als ein Sechstel der Mitglieder. Sie haben dennoch den Verein und seine Arbeit entscheidend beeinflußt und ihm das Gepräge einer Organisation der »Kathedersozialisten« verliehen. Die Aufgabenstellung des »Vereins« umriß Gustav Schmoller in seiner Eröffnungsrede auf der Eisenacher Versammlung im Oktober 1872:

»Wir wollen keine Aufhebung der Gewerbefreiheit, keine Aufhebung des Lohnverhältnisses... Wir treten für eine maßvolle, aber mit fester Hand durchgeführte Fabrikgesetzgebung auf, wir verlangen, daß nicht ein sogenannter freier Arbeitsvertrag in Wahrheit zur Ausbeutung des Arbeiters führe, wir verlangen die vollste Freiheit für den Arbeiter, bei Feststellung des Arbeitsvertrages mitzureden, selbst wenn er da Ansprüche erheben sollte, die scheinbar mit dem alten Zunftwesen eine gewisse Analogie haben. Wir verlangen, daß die Freiheit überall durch die Öffentlichkeit kontrolliert werde und daß, wo die Öffentlichkeit tatsächlich fehlt, der Staat untersuchend eintrete und, ohne in die Unternehmungen sich zu mischen, das Resultat publiziere. Wir verlangen von diesem Standpunkt ein Fabrikinspektorat, ein Bank- und Versicherungskontrollamt, wir fordern von diesem Standpunkt hauptsächlich Enquêten in bezug auf die soziale Frage. Wir verlangen nicht, daß der Staat den unteren Klassen Geld zu verfehlten Experimenten gebe, aber wir verlangen, daß er ganz anders als bisher für ihre Erziehung und Bildung eintrete, wir verlangen, daß er sich darum kümmere, ob der Arbeiterstand unter Wohnungsverhältnissen, unter Arbeitsbedingungen lebt, die ihn notwendig noch tiefer herabdrücken.«[13]

Damit war der Konsens aller Beteiligten bezeichnet. Im übrigen verbarg sich hinter dem Begriff »Kathedersozialismus« ein breites Spektrum unterschiedlicher politischer und wissenschaftlicher Positionen, die sich grob zwei Lagern zuordnen lassen. Die konservative Richtung – an ihrer Spitze Gustav Schmoller und Adolf Wagner – zielte vor allem auf die Herstellung und Wahrung der Einheit der Gesamtgesellschaft, auf »eine gewisse Einheit der Gesittung und Gesinnung in jedem Volk« (Schmoller). Durch die sozial desintegrierenden Folgen der kapitalistischen Entwicklung, durch Klassenspaltung und Klassenkampf war diese Einheit in höchstem Maße gefährdet. Die Sozialreform sollte daher durch Maßnahmen kollektiver Sicherung und Ausgestaltung der Lebenssituation der Unterklassen ihre Wahrung und Wiederherstellung erreichen. Diese Aufgabe konnte nur von der Staatsgewalt als einheitsstiftender Macht über den gesellschaftlichen Interessen geleistet werden. Die konservative historische Schule Schmollers strebte also eine patriarchalische Form staatszentrierter Sozialpolitik an, in der die Betroffenen auf den Status von Objekten staatlichen Gestaltungswillens reduziert wurden. Die liberale Position dagegen, für die hier Lujo Brentano, Karl Bücher und Ignaz Jastrow stehen mögen, zielte primär auf die Befreiung und Gleichstellung des einzelnen benachteiligten Individuums, dessen Benachteiligung im wesentlichen in der Ungleichheit des Besitzes in der bürgerlichen Gesellschaft begründet sei. Sozialreformerische Maßnahmen mußten daher auf eine gerechte Einkommensverteilung gerichtet sein, und zwar unter maßgeblicher Beteiligung der Betroffenen selbst. Die liberalen Kathedersozialisten lehnten staatliche Reformmaßnahmen zwar nicht rundweg ab, sie betonten daneben aber immer die Beteiligung und Selbsttätigkeit der Betroffenen.

Die gemeinsame Basis fanden die unterschiedlichen Richtungen in der Auffassung, daß die Nationalökonomie einer *ethischen* Fundierung bedürfe, um einen wissenschaftlichen Beitrag zur Lösung der sozialen Frage zu leisten, und der daraus resultierenden deutlichen Abgrenzung nach rechts und links, gegenüber dem sozial-reaktionären Manchestertum genauso wie gegenüber dem sozial-revolutionären Sozialismus. Ansonsten bewegten sich die differierenden Positionen innerhalb des »Vereins« zwischen produktiver Auseinandersetzung und innerverbandlicher Zerreißprobe. Um den Zusammenhalt des »Vereins« nicht zu gefährden, wurde 1881 die Endabstimmung über Resolutionen in der Generalversammlung, 1905/06 das Resumée des Verhandlungsleiters abgeschafft. So entwickelte sich der »Verein« von einem sozialpolitischen Agitationsverein, der in den siebziger Jahren, in der Frühphase seiner Tätigkeit, mittels wissenschaftlicher Forschung und Information versuchte, direkt auf die gesetzgeberische Formulierung der Sozialpolitik einzuwirken, langsam eher zu einer Vereinigung mit primär wissenschaftlichen und aufklärerischen Zielsetzungen. Auch die Richtungsstreitigkeiten der »zweiten Generation« waren zunehmend wissenschaftlicher Art bis hin zu dem berühmten Werturteilsstreit, der 1911 zur Gründung einer eigenen Vereinigung neben dem »Verein« führte, der »Deutschen

Gesellschaft für Soziologie«.[14]

Die Ziele der konservativen historischen Schule von Schmoller und Wagner stimmten dabei in wesentlichen Teilen mit den ebenfalls konservativen politischen Plänen des Reichskanzlers überein. Daß die »Arbeiterfrage« nicht mit repressiven Mitteln alleine gelöst werden könne, hatte Otto von Bismarck stets betont. Ebenso unmißverständlich machte er aber deutlich, daß das Hauptziel seiner sozialpolitischen Vorstellungen die Vernichtung der sozialistischen Arbeiterbewegung und die Integration der Arbeiter in die bürgerliche Gesellschaft war. Nicht auf die Sozialdemokratie sollte das Proletariat seine Hoffnungen richten, sondern auf das Reich als wohltätige Institution. Dabei ging Bismarck im wesentlichen von drei Überlegungen aus: zum einen sah er sehr deutlich, daß der Lohn allein zur Existenzsicherung des besitzlosen Arbeiters nicht ausreichte, dieser daher ergänzender sozialer Sicherung bedurfte. Zum zweiten hielt er die Heimat- und Bindungslosigkeit der Arbeiterklasse für das zentrale sozialpolitische Problem. Die alten Bindungen waren durch Binnenwanderung und kapitalistische Gesellschaftsentwicklung zerstört, neue konnte die Existenz des Fabrikarbeiters nicht schaffen. Die Armenfürsorge als bislang einzige öffentliche Unterstützungsleistung förderte durch das Prinzip des Unterstützungswohnsitzes die Mobilität und verschärfte mit ihren diskriminierenden Auswirkungen die Bindungslosigkeit der Arbeiter. Sie mußte daher drittens durch eine nicht diskriminierende Versorgung ersetzt werden, als deren Träger nur das Reich in Frage kommen konnte. Nur das Reich konnte als künstlich geschaffene Heimat dem Besitzlosen durch die Aussicht auf eine kleine Rente das Gefühl der Geborgenheit geben und dadurch verhindern, daß die Sozialdemokratie dauerhaft zur *politischen* Heimat der Arbeiterklasse würde. Bismarcks ursprüngliche Überlegungen zur sozialen Sicherung der Arbeiterbevölkerung knüpften also an vorliberale Ideen eines sozialen Königtums und an sozialpolitische Maßnahmen Napoleons III. an. Sie standen zunächst noch ganz in der Tradition der Armenfürsorge: der Arbeiter als eine besondere, privilegierte Form des Armen, dem eine spezifische »Reichsbürgerversorgung« gewährt wird.[15] In der weiteren Entwicklung wurden diese Gedanken jedoch immer mehr in eine andere Richtung modifiziert: Aus der Arbeiterversorgung wurde die Arbeiterversicherung.

Während der erste Entwurf für ein Unfallversicherungsgesetz

1881 im Reichstag scheiterte, wurde das Gesetz über die Kranken-versicherung im ersten Anlauf 1883 verabschiedet. Es trat 1884 in Kraft. Die damit eingeführte gesetzliche Krankenversicherung basierte auf Versicherungszwang und entsprechenden Zwangsbei-trägen, die zu einem Drittel von den Arbeitgebern, zu zwei Dritteln von den Arbeitnehmern zu tragen waren. Sie gewährte den Versicherten weitgehende Selbstverwaltung und einen Rechts-anspruch auf die Versicherungsleistungen. In deren Zentrum stand der finanzielle Ausgleich des krankheitsbedingten Lohnausfalles: Krankengeld in Höhe von mindestens 50% des Lohnes für 13 Wochen. Daneben sah sie freie ärztliche Behandlung und die Gewährung von Arzneien und sonstigen Heilmitteln vor. Das Unfallversicherungsgesetz wurde schließlich 1884 im Reichstag verabschiedet. Es löste das Reichshaftpflichtgesetz von 1871 ab, dessen Haftungs- und Beweisregelungen vor allem die Unterneh-mer begünstigt hatte, dem verletzten Arbeiter neben dem Schaden auch noch den Haftungsprozeß zur Last legte und ihn – oft genug – zu Unrecht hatte leer ausgehen lassen. Die nunmehr gesetzlich vorgeschriebene Unfallversicherung gewährte dem im Rahmen seiner Tätigkeit verletzten Arbeiter freie Heilbehandlung und Heilmittel; im Falle der Erwerbsunfähigkeit oder Minderung eine Rente; im Todesfall eine solche für die Hinterbliebenen – auch hier Zwangsmitgliedschaft und Zwangsbeiträge, die in diesem Falle von den Unternehmern allein zu tragen waren. Den vorläufigen Abschluß der Arbeiterversicherungsgesetzgebung bildete mit ei-nem gewissen zeitlichen Abstand das »Gesetz zur Invaliditäts- und Altersversicherung«: 1889 im Reichstag mit knapper Mehrheit verabschiedet, trat es 1891 in Kraft. Die Voraussetzungen für die Rentenzahlungen im Fall von Invalidität und Alter waren dabei außerordentlich restriktiv. Zwangsversichert waren alle Arbeiter und Angestellte vom 16. Lebensjahr an. Die Beiträge wurden von Arbeitern und Unternehmern getragen und vom Reich bezu-schußt.[16]

Parallel zum Aufbau der Arbeiterversicherung wurde auch die Armenfürsorge Gegenstand von Reorganisations- und Vereinheit-lichungsbestrebungen.[17] Während die gesetzgeberische Einfüh-rung der Arbeiterversicherung auf Reichsebene sich vor dem Hintergrund einer auf einen qualifizierten, verläßlichen Arbeiter-stamm angewiesenen und zu entsprechenden Reformen bereiten, politisch konservativen Großindustrie einerseits und der durch die Sozialdemokratie erzeugten Furcht vor Revolution und Umsturz andererseits vollzog, war im Bereich der kommunalen Fürsorge vor allem das städtische Bürgertum, der wirtschaftliche und intellektuelle Mittelstand, Motor und Träger der Reformen. Als nach der innenpolitischen Wende von 1878/79 der Einfluß der liberalen Parteien im Reichstag rapide nachließ, begann sich der politische Liberalismus verstärkt der lokalen Ebene der Politik, insbesondere den Großstädten, zuzuwenden. Hier sicherte – anders als im Reichstag – das restriktive Wahlrecht auch weiterhin die politische Dominanz des gehobenen Mittelstandes.[18] Und in der kommunalen Sozialreform fand das städtische Bürgertum ein Betätigungsfeld, auf dem sich die bürgerliche Verantwortung für die Gesamtgesellschaft auch ohne durchgreifende politische Demokratisierung demonstrieren ließ.

Ein erster Schritt zur Vereinheitlichung der kommunalen Armenfürsorge erfolgte durch die Gründung des »Deutschen Vereins für Armenpflege und Wohltätigkeit« 1880 in Berlin.[19] Mit der bislang unbekannten Bevölkerungsmobilität im Zuge der Industrialisierung Deutschlands, mit der Konzentration einer massenhaften Armutsbevölkerung in den industriellen Ballungszentren und den Entwurzelungs- und Verelendungserscheinungen im Gefolge der Gründerkrise stürmten eine Fülle neuartiger, ungelöster Probleme auf die städtischen Armenverwaltungen ein. Es entstand eine weitläufige Literatur wissenschaftlicher, populärwissenschaftlicher und politischer Art zum »Armenproblem«, ohne daß dadurch jedoch Lösungsmöglichkeiten näher rückten. In dieser Situation sollte der »Deutsche Verein«, ein Zusammenschluß vorwiegend der städtischen Armenverwaltungen, vor allem das »Bedürfnis, sich über diese Frage zu unterrichten, einmal tatsächlichen Grund unter die Füße zu bekommen, die Bestrebungen auf dem Gebiet des Fürsorgewesens zu stützen, zu fördern, sich wechselseitig darüber zu unterrichten«, befriedigen. Diesem Interesse nach Information, Koordination und Systematisierung dienten insbesondere die von einzelnen Vereinsmitgliedern zu brennenden Fragen der Armenfürsorge angefertigten Berichte und durchgeführten Untersuchungen, die anschließend auf den Jahresversammlungen diskutiert wurden, wobei die Diskussion meist mit der Annahme einer Resolution zum Thema abgeschlossen wurde. Auf diese Weise wurden im »Deutschen Verein« bis zum

Ausbruch des Ersten Weltkriegs sämtliche relevanten Probleme der Armenfürsorge – zum Teil mehrfach – diskutiert und in Form der Berichte systematisch aufgearbeitet.[20]

Die eigentliche Reformphase in der städtischen Armenfürsorge setzte allerdings erst mit dem Beginn der neunziger Jahre ein. Nach dem Außerkrafttreten des Sozialistengesetzes im Jahre 1890 und der Demission Bismarcks im selben Jahr, im Reformklima des »Neuen Kurses« und dem allmählich beginnenden ökonomischen Aufschwung wurden auch die kommunalen Administrationen von einem gewissen Reformeifer erfaßt, der auf eine »soziale Ausgestaltung« der Fürsorge – wie es damals hieß – drängte: auf präventive, die Verarmung hindernde Maßnahmen, auf eine positive Gestaltung der Lebensverhältnisse der städtischen Unterschichten. Der Ausbau fürsorgerischer Leistungen erfolgte vor allem auf den Gebieten der Wohnungs- und Gesundheitsfürsorge, der Fürsorge für Erwerbslose, Säuglinge, Kleinkinder und Jugendliche. Im Rahmen dieser Entwicklung erfuhr auch der »Deutsche Verein« eine gewisse Wandlung: vom Honoratioren-Gremium, das zuallererst dem Bedürfnis nach Austausch und Information seiner Mitglieder diente, zu einem Forum der Diskussion von Innovationen und Anregung von Reformen der städtischen Armenfürsorge, denen die Mitgliedsstädte allerdings häufig nur sehr zögernd folgten.[21]

Seit Ende der achtziger Jahre standen in Deutschland somit zwei Systeme sozialer Sicherung nebeneinander, die unterschiedlichen Funktionsmechanismen folgen: Versicherung und Fürsorge.

Die Arbeiterversicherung knüpfte unmittelbar an den Lohnarbeiter-Status der Versicherten an. Sie setzte deren Lohnarbeiterqualität also voraus, Nicht-Lohnarbeiter werden von vornherein nicht erfaßt. Von diesem Grundsatz gibt es durch die immer weitere Ausdehnung der Sozialversicherung auch auf selbständig Tätige und – in der Krankenversicherung – auf Familienmitglieder von Versicherten inzwischen Ausnahmen. Das Prinzip bleibt gleichwohl bestehen: Sozialversicherung geht vom Beschäftigungsverhältnis aus, nicht z. B. von der Qualität als Staatsbürger.

Die Leistungen der Sozialversicherung sind als Einkommensersatz konzipiert, d. h. sie bestehen aus Geldleistungen, die sich nach der Höhe und der Dauer der Beitragszahlung, nicht jedoch nach dem je konkreten Bedarf richten. (Ausnahmen auch hier bei den Sachleistungen der Krankenversicherung.) Die Leistungen sollen gegen *spezifische* Risiken der Lohnarbeiterexistenz, wie Krankheit, Unfall, Alter, Invalidität, absichern. Diese Risiken sind in gesetzlichen Tatbeständen abschließend festgeschrieben, d. h. nur wenn ein solcher Tatbestand feststellbar ist, tritt die Leistung ein. *Liegt* allerdings ein Tatbestand vor, so hat der Versicherte einen einklagbaren Rechtsanspruch auf die Leistung. Es wird also gesetzlich, d. h. hoheitlich festgelegt, wer, wann, wie lange etc. öffentlich reproduziert wird. Dagegen bleibt die Entscheidung für die private marktförmige Reproduktion oder die öffentliche versicherungsförmige dem Betroffenen nicht selbst überlassen. Die Grenzziehung zwischen öffentlicher und privater Reproduktion erfolgt technisch durch unbestimmte Rechtsbegriffe (»Krankheit«, »Erwerbsunfähigkeit«, »zumutbare Arbeit«), bürokratische Verfahren und die Heranziehung professioneller (insbesondere ärztlicher) Kompetenzen. Das Prinzip der Sozialversicherung läßt sich demnach als »tatbestands*spezialistisch* mit Rechtsanspruch« charakterisieren. Obwohl nicht markt*förmig*, hat es sich in besonderer Weise als marktadäquat erwiesen und daher eine enorme Ausweitung erfahren. Es gewährleistet die Integration der Arbeitskräfte und zugleich die Stabilisierung des Arbeitsverhältnisses. Eingriffe in das Produktionsverhältnis selbst sind nicht erforderlich, dies allerdings um den Preis, daß die Risiken der Lohnarbeit nicht abgebaut, sondern lediglich ex-post »versichert« werden.

Völlig anders ist die Fürsorge strukturiert.

»Der moderne Staat hat wesentlich drei große Institutionen ausgebildet, durch welche Jedem im Staat ... die Fristung des Lebens ermöglicht sein soll. Diese sind der *Arbeitsvertrag*, das *Privateigentum*, die *Familie*. Wem keine dieser drei Institutionen zu Gebote steht..., der verfällt der Armenpflege; sie ist insofern das Supplement unserer gesamten staatlichen und gesellschaftlichen Organisation. Sie ist also unentbehrlich, wo der einzelne plötzlich von diesen Grundlagen abgedrängt wird. Sie füllt aber auch alle Lücken aus, und sie ist – eben weil sie in alle Lücken eindringt – in hohem Maße geeignet, *das gesamte Spiel des sozialen Mechanismus zu stören.*«

So beschrieb 1901 der Frankfurter Sozialpolitiker Karl Flesch die Rolle der Armenfürsorge in der Gesellschaft.[22] Die Fürsorge ist demnach sekundär, d. h. sie greift erst ein, wenn die primär vorausgesetzten Reproduktionsweisen versagen, und sie ist »systemfremd«, gehorcht also anderen Gesetzen als die vorherrschenden, privaten Reproduktionsweisen. Fürsorgeleistungen knüpfen nicht an den spezifischen Status des Lohnarbeiters an, sondern an den allgemeinen des Bürgers. Sie sichern auch nicht spezifische, genau abgegrenzte Risiken, sondern das allgemeine Risiko des Scheiterns privater Reproduktion. Demgemäß sind auch die Leistungen nicht genau umschrieben und im vorhinein in generalisierten Risikotatbeständen festgelegt. Sie richten sich vielmehr nach dem konkreten Bedarf im einzelnen Fall. Insofern ist die Fürsorge also »markt*fern*«. Sie ist nicht komplementär auf Lohnarbeit bezogen, sondern stellt eine *alternative* Reproduktionsform zur Lohnarbeit dar. Andererseits sind in die Armenfürsorge eine Reihe von Mechanismen eingebaut, die verhindern, daß sie zur attraktiven Alternative zur Lohnarbeit wird. Als erstes ist hier der generelle Nachrang der Fürsorge zu nennen. Daneben die Pflicht, zugewiesene Arbeiten zu übernehmen, was bis zum Zwangsaufenthalt im Arbeitshaus führen konnte. Zudem war in dem von uns betrachteten Zeitraum der Bezug von Armenunterstützung mit dem Verlust bürgerlicher Ehrenrechte, insbesondere des Wahlrechts, verbunden. Die Leistungen der Armenfürsorge sind grundsätzlich so zu bemessen, daß sie unterhalb der Schwelle der Arbeitseinkommen unterer Lohngruppen verbleiben, um zu verhindern, daß das Bedarfsprinzip der Fürsorge gegen marktförmiges Arbeitseinkommen ausgespielt wird (Prinzip der »less eligibility«). Schließlich beinhaltet der Zuschnitt der Leistungen auf die individuelle Gegebenheit des einzelnen Falles als Kehrseite die dauernde und umfassende Kontrolle von Art und Ausmaß des Bedarfs. Die Individualisierung der Leistung bedingt also die Ungewißheit über Art und Maß ihrer Erbringung. All diese Mechanismen erklären den eigentümlichen Widerspruch von Versorgung und Repression in der Fürsorge. Soziale Sicherung nach dem Muster der Fürsorge ist also einerseits »bedürfnis-*universalistisch*« angelegt, andererseits enthält sie eine Fülle von Strukturen, die gewährleisten sollen, daß sie nur zeitlich befristet in Anspruch genommen wird und den Betroffenen alsbald wieder zu privater marktförmiger Reproduktion zurückführt.[23]

Aufgrund ihrer unterschiedlichen Funktionsweisen mußten beide Systeme notwendig in ein Spannungsverhältnis zueinander treten, das sich in mehrere Aspekte auffächern läßt:

Mit der Entstehung einer privilegierten, nichtdiskriminierenden sozialen Sicherung in Gestalt der Arbeiterversicherung wurde die

Armenfürsorge zum »Unterstock« der sozialen Sicherung, zum letzten Auffangnetz, dessen diskriminierende Wirkungen durch die Existenz der Arbeiterversicherung verstärkt hervorgehoben wurde. Zugleich wurde die Armenfürsorge durch die Leistungen der Arbeiterversicherung – trotz zunächst magerer Ausstattung und kleinem Adressatenkreis – spürbar entlastet. Auf der anderen Seite ging von der Arbeiterversicherung ein »Qualitätsdruck« auf die Armenfürsorge aus, der die Einsparungen mehr als aufwog.

»Mit Erstaunen nahm man wahr, daß trotz der erheblichen Leistungen für Personen, die bis dahin im Falle von Krankheit, Unfall, Alter und Invalidität auf die Armenpflege angewiesen waren, die Armenlasten nicht nur nicht wesentlich zurückgingen, sondern vielmehr erheblich zunahmen. Nicht, daß die Empfänger von Renten- und Kassengeldern diese Wohltat als solche nicht empfunden hätten und die Armenkasse nicht um so viel entlastet worden wäre, als diese Leistungen betrugen. Aber gleichzeitig wurde in Verfolg der durch die Versicherungsgesetzgebung hervorgerufenen Heilmethoden, um Krankheit und Invalidität zu verhüten, eine Fülle von neuen Einrichtungen geschaffen, an denen die Armenpflege nicht achtlos vorübergehen konnte. Sie mußte nun auch ihrerseits mit Heil- und Heimstätten, mit Krankenhäusern und Genesungsheimen und mit dem ganzen modernen Apparat krankenpflegerischer Fürsorge die ihr verbliebenen Armen bedenken, mußte versuchen, die Bedürftigen nicht mit einem kargen Almosen abzufinden, sondern sie, wenn sie nicht mehr arbeitsfähig waren, in menschenwürdiger, dem Zufall entrückter Weise zu versorgen und sie wieder arbeitsfähig zu machen ... Aus diesem ›sozial‹ gesinnten Geiste erklärt sich namentlich die unvergleichlich gesteigerte Fürsorge für Kinder und Jugendliche und die Fürsorge für Kranke und Gebrechliche.«[24]

Schließlich konnte die Fürsorge aufgrund ihrer tatbestandsmäßig offenen Bedarfsorientierung eine Pfadfinderrolle beim Aufspüren neuer gesellschaftlicher Notlagen wahrnehmen und so ihrerseits Druck auf die Sozialversicherung ausüben, bestimmte neue Leistungstatbestände einzuführen.

Für die hier darzustellenden Zusammenhänge der historischen Entstehung beruflicher Sozialarbeit ist aber die bedeutsamste Konsequenz des Nebeneinanders von Armenfürsorge und Arbeiterversicherung, daß mit der Arbeiterversicherung ein ökonomisches Transfersystem geschaffen war, das die Aufgaben der Fürsorge in diesem Bereich zunehmend einschränkte, tendenziell obsolet machte. Der Verlust der Aufgabe, finanzielle Transferleistungen zu erbringen, hat nun keineswegs das Verschwinden der

Fürsorge nach sich gezogen. Er stellte vielmehr die Voraussetzungen dafür her, daß sich die Fürsorge zunehmend zu einem System persönlicher Dienstleistungen entwickeln konnte. Dies bedeutet nicht, daß sie ihre repressiv-kontrollierenden Züge verloren hätte, sondern lediglich, daß sie sich künftig immer mehr auf Beratung, Belehrung und persönliche Beeinflussung spezialisieren wird. Dieser Entwicklungsprozeß ist es, dem die moderne Sozialarbeit ihre Entstehung verdankt. Seine Stufen sollen nun im einzelnen rekonstruiert werden. Dabei sind mehrere Entwicklungslinien zu unterscheiden: Zum einen die Entwicklung vorwiegend organisatorischer Reformen im Bereich der traditionellen Armenfürsorge selbst, die an den schrittweisen Veränderungen vom Elberfelder zum Straßburger System dargestellt werden sollen (Kapitel 2); zum anderen die Entwicklung des Ausdifferenzierens spezifischer Armutsrisiken durch den Ausbau der kommunalen Fürsorge jenseits der klassischen Armenfürsorge, der als Spezialisierung, Rationalisierung und Verwissenschaftlichung von Fürsorge zu begreifen ist (Kapitel 3); zum dritten schließlich die Entwicklung der bürgerlichen Frauenbewegung in Deutschland, die die vorgenannten Tendenzen aufgriff, mit ihrem spezifischen Ideal weiblicher Emanzipation verband und zu einem Konzept sozialer Arbeit als Frauenberuf fortentwickelte (Kapitel 4). Es ist vorab zu betonen, daß diese Entwicklungen keineswegs aufeinander folgten, sondern zeitlich parallel verliefen. Sie vollzogen sich allesamt im letzten Jahrzehnt des 19. und im ersten Jahrzehnt des 20. Jahrhunderts. Die Entstehung der modernen Sozialarbeit ist nur aus dem Nebeneinander dieser Zeitströmungen angemessen zu begreifen.

2. Die Krise der Quartiersarmenpflege und ihre Reorganisation: Vom Elberfelder zum Straßburger System

Die gesetzliche Grundlage der Armenfürsorge im Deutschen Reich bildete das »Reichs-Gesetz über den Unterstützungswohnsitz«. In seiner ursprünglichen Fassung vom 6. Juni 1870 war dieses zunächst als Gesetz des Norddeutschen Bundes erlassen worden. Nach der Gründung des Deutschen Reiches wurde das Gesetz dann zum Reichsgesetz. Es trat am 16. April 1871 in Kraft und galt nunmehr in allen Staaten des Deutschen Reiches mit Ausnahme von Württemberg, Baden, Bayern und Elsaß-Lothringen. In Württemberg und Baden wurde das Reichsgesetz bereits nach kurzer Zeit – am 1. Januar 1873 – übernommen. Elsaß-Lothringen und Bayern dagegen hielten noch länger an ihren Sonderregelungen fest: In Elsaß-Lothringen trat das Reichsgesetz – inzwischen durch Novellen vom 12. März 1894 und vom 30. Mai 1908 abgeändert und ergänzt – am 1. April 1910, in Bayern schließlich am 1. Januar 1916 in Kraft.[1] Mit dem »Reichs-Gesetz über den Unterstützungswohnsitz« wurde das Prinzip des Unterstützungswohnsitzes als Anknüpfungspunkt für Unterstützungsleistungen der Armenfürsorge, das im preußischen Gesetz über die Verpflichtung zur Armenfürsorge vom 31. Dezember 1842 erstmals gesetzlich eingeführt worden war, für das Deutsche Reich verallgemeinert und damit das traditionelle Heimatprinzip einheitlich aufgegeben.[2] Im Vordergrund der gesetzlichen Regelungen standen daher Vorschriften über Erwerb und Verlust des Unterstützungswohnsitzes (§§ 5, 9–27). Daneben beinhaltete das Gesetz Regelungen über die Zuständigkeit für die Armenfürsorge, die den Orts- und subsidiär den Landarmenverbänden übertragen wurden (§§ 5, 3–8), sowie über Streitigkeiten zwischen den verschiedenen Armenverbänden über Zuständigkeit und Kostentragung (§§ 5, 34 ff.). Art und Umfang der Unterstützung wie auch die Organisation der Durchführung der Armenfürsorge in den einzelnen Armenverbänden wurden dagegen nicht reichsgesetzlich geregelt, sondern der Landesgesetzgebung übertragen (§ 8). Auch diese war insoweit allerdings äußerst zurückhaltend. So bestimmte das preußische Gesetz betreffend die Ausführung des »Reichs-Gesetzes über den Unterstützungswohnsitz« vom 8. März 1871 zwar vage, daß »jedem hilfsbedürftigen Deutschen ... von dem zu seiner Unterstützung verpflichteten Armenverbande Obdach, der unentbehrliche Lebensunterhalt, die erforderliche Pflege in Krankheitsfällen und im Falle seines Ablebens ein angemessenes Begräbnis zu gewähren« sei, bezüglich der Organisation der Fürsorgeverwaltung im Rahmen der Ortsarmenverbände wurde dagegen pauschal auf die »Gemeinde-Verfassungsgesetze« und die bereits existierenden Gemeindebehörden verwiesen.[3] Den Ortsarmenverbänden stand somit ein weiter Spielraum für die konkrete Ausgestaltung der Armenfürsorge offen, und dementsprechend vielfältig waren die organisatorischen Formen der Armenfürsorge von Städten und Gemeinden.

In der zweiten Hälfte des 19. Jahrhunderts setzten jedoch Vereinheitlichungsbestrebungen ein: In der Mehrzahl der deutschen Städte wurde eine Neuorganisation der Armenfürsorge vorgenommen, die sich durchweg am Vorbild des berühmten *Elberfelder Systems* orientierten, der Armenordnung der Stadt Elberfeld vom 9. Juli 1852, die am 1. Januar 1853 in Kraft getreten war.[4] Diese Ordnung organisierte die Armenfürsorge zunächst konsequent als *kommunale* Angelegenheit, d. h. sie wurde von der öffentlichen Kommunalverwaltung durchgeführt und – unbeschadet privater Spenden- und Hilfstätigkeit – aus öffentlichen Mitteln finanziert.[5] Die Elberfelder Armenordnung unterschied die offene Armenpflege von der geschlossenen (Anstalts-)Pflege. In unserem Zusammenhang ist die offene Armenpflege von Interesse. Zu ihrer Durchführung wurde die Stadt in zehn Bezirke, jeder Bezirk wiederum in 15 – später 14 – Quartiere eingeteilt. Jedem Quartier wurde ein ehrenamtlicher Armenpfleger zugeordnet, der selbst im Quartier wohnen sollte und eine geringe Zahl von Unterstützungsfällen (in der Regel drei bis vier Familien) zu betreuen hatte. An der Spitze eines Bezirks stand ein – ebenfalls ehrenamtlicher – Bezirksvorsteher. Pfleger und Vorsteher eines Bezirkes bildeten die Bezirksversammlung, die zweiwöchig zusammentrat und in der der Bezirksvorsteher den Vorsitz führte. Dieser übergeordnet war die sogenannte Armenverwaltung, d. h. ein Ausschuß, der aus vier Stadtverordneten und vier stimmfähigen Bürgern, die von der Stadtverordnetenversammlung gewählt wurden, sowie dem Oberbürgermeister als Vorsitzendem bestand.

Ein Antrag auf Unterstützung war beim zuständigen Armenpfleger zu stellen. Dieser »hat sich dann sofort durch eine sorgfältige persönliche Untersuchung Kenntnis von den Verhältnissen des Bittstellers zu verschaffen«[6] und daraufhin das Gesuch mit einem entsprechenden Vorschlag der Bezirksversammlung zur Entscheidung vorzulegen. In Not- und Ausnahmefällen durfte der Armenpfleger sofort geringe Beträge selbständig vorschießen. Die Kompetenz zur Entscheidung über Unterstützungsgesuche lag also bei den Pflegern eines Bezirks. Der Bezirksvorsteher leitete die entsprechenden Gelder der Armenverwaltung an die einzelnen Pfleger zur Auszahlung weiter und schuldete der Armenverwaltung Rechnungslegung. Er konnte Beschlüsse der Bezirksversammlung beanstanden und der Armenverwaltung zur Entscheidung unterbreiten. Deren Aufgabe beschränkte sich im wesentlichen auf die Rechtsaufsicht, das Kassen- und Rechnungswesen und die Aufstellung des Etats der Armenpflege. Im Zentrum der reformierten Armenfürsorge der Stadt Elberfeld standen die ehrenamtlichen Armenpfleger. Ihnen oblag sowohl der unmittelbare Kontakt mit den Armen als auch die Entscheidung über deren Gesuche. Sie sollten den jeweiligen Unterstützungsfall intensiv prüfen, überwachen, aber auch beraten und unterstützen und damit eine möglichst genaue Anpassung der Unterstützung an die Bedürfnisse des Einzelfalls erreichen. Die kleine Zahl von zu betreuenden Familien und die kurze Bewilligungsdauer der Unterstützung – sie wurde grundsätzlich nur für 14 Tage gewährt – boten die Voraussetzungen hierfür. Dabei ist hervorzuheben, daß die Zuständigkeit der Pfleger ausschließlich an das räumliche Kriterium des Quartiers anknüpfte und an keinerlei inhaltliche Kriterien, etwa die spezifische Art des Notstandes. Die Befähigung des Pflegers zur Fürsorgetätigkeit wurde in der Denkweise des Elberfelder Systems also wesentlich durch intime, nachbarliche Kenntnis der sozial-räumlichen Lebensverhältnisse der unterstützten Familien nachgewiesen und nicht durch eine spezifische »fachliche Kompetenz«.

Die Pfleger machten aber nicht nur Vorschläge für die Behandlung des jeweiligen Falles an ein zentrales Entscheidungsgremium, sondern hatten selbst über die Vergabe von Unterstützungsleistungen in ihrem Zuständigkeitsbereich zu bestimmen. Die Pfleger hatten damit eine doppelte Aufgabe: Sie sollten Freund und Helfer der Armen sein, zugleich aber gegenüber diesen die (finanziellen)

Interessen der Stadt vertreten. Sie hatten »mit wohlwollendem Herzen und Freundlichkeit die Bitte des Armen zu hören, mit Ernst den unberechtigten Anspruch abzuweisen, durch sorgfältige Prüfung das Maß der nothwendigen Unterstützung zu finden und zu verhindern, daß durch das gewährte Almosen Müßiggang und Sittenlosigkeit gefördert werden«.[7] Offenbar sah man diese widersprüchlichen Anforderungen bei ehrenamtlichen Organen, in deren Rolle das Nebeneinander von Bürger und Funktionär unübersehbar hervortritt, besonders gut aufgehoben. »Die Bürger selbst sind diejenigen, welche die Bedürftigkeit prüfen, die Unterstützung zusprechen und das Almosen in die Hand des Armen geben. Diese glückliche Verbindung, welche der bestunterrichteten Stelle die Entscheidung anvertraut, ist aber nur möglich beim Ehrenamt des Pflegers, und in seinem unabhängigen Urteil finden die Ansprüche der Bedürftigen und die fiskalischen Rücksichten des Gemeinwesens ihre Lösung«, lobte noch 1900 der Beigeordnete Dr. Kayser aus Worms die Vorzüge des Ehrenamts.[8] Vier Prinzipien sind es also, die das Elberfelder System kennzeichnen:
– die *Individualisierung* der Unterstützungsleistung,
– die *Dezentralisierung* der Entscheidungskompetenz,
– die *ehrenamtliche* Durchführung von Aufgaben *öffentlicher* Verwaltung,
– die Bestimmung von Zuständigkeiten nach rein *räumlichen* Kriterien.[9]

Die konsequente Durchführung dieser Prinzipien in der Elberfelder Armenfürsorge beschieden dem neuen System rasch beachtliche Erfolge. Die Straßenbettelei verschwand zumindest zunächst, die Zahl der Unterstützungsfälle ging so weit zurück, daß trotz steigender Einwohnerzahl die Aufwendungen der Stadt für die Armenfürsorge sanken und dennoch die Leistungen im einzelnen Unterstützungsfall zunahmen.[10] Diese Erfolge und die unermüdliche Propaganda der Elberfelder »Erfinder« des Systems selbst wie später auch des 1880 gegründeten »Deutschen Vereins für Armenpflege und Wohltätigkeit«, der hier die konstitutiven Prinzipien einer recht verstandenen Armenfürsorge schlechthin verwirklicht sah[11], führten dazu, daß das Elberfelder System in der Folge zum Vorbild für Reformen der städtischen Armenfürsorge in ganz Deutschland wurde. So konnte Emil Münsterberg zum 50jährigen Bestehen des Elberfelder Systems im Jahre 1903 schreiben: »Heute gibt es keine größere rheinische, ja man darf sagen, keine größere deutsche Stadt, die nicht das Elberfelder System eingeführt oder wenigstens der Frage seiner Einführung näher getreten wäre.«[12]

Dabei war die Übernahme des Elberfelder Systems auf die Verhältnisse anderer Städte keineswegs unproblematisch. Die Elberfelder Konzeption einer »Hilfe von Mensch zu Mensch« – entwickelt um die Jahrhundertmitte – war noch ganz auf übersichtliche, statische soziale Verhältnisse angelegt. Das Bild des ehrenamtlichen Bezirksarmenpflegers als eines wahren »Freundes der Armen« basierte auf einer überschaubaren Größe der Stadt und des Quartiers, auf der Seßhaftigkeit der Bevölkerung und einer sozialen Mischung von Arm und Reich, die die Verwirklichung des Grundsatzes, daß der Pfleger selbst im Quartier wohnen sollte, erst ermöglichte. Es ging schließlich – wie erwähnt – davon aus, daß auch die zu behebenden Notstände so beschaffen waren, daß erfolgversprechende Abhilfe lediglich den bürgerlichen Gemeinverstand und nachbarschaftliche Vertrautheit mit »den Verhältnissen« erforderte. All diese sozialen Voraussetzungen wurden aber durch den Prozeß rapider Industrialisierung und Verstädterung in Deutschland in der zweiten Hälfte des 19. Jahrhunderts zunehmend obsolet: Städte bislang unbekannter Größenordnung entstanden, und mit ihrem Wachstum veränderte sich auch die soziale Topographie der Stadt. Prozesse sozialer Segregation schieden die Viertel der Reichen deutlich von denen der Armen.

»Aber mit der fortschreitenden Entwicklung fangen, wie dies in England und Amerika schon seit langer Zeit und in weit größerem Maßstab geschehen, jetzt auch unsere Großstädte an, die einzelnen Berufsstände von einander zu sondern; man trennt mehr und mehr die industriellen Viertel, die Arbeiterviertel, die Handelsviertel, Luxus- und Villenviertel usw. Wenn diese Entwicklung einen weiteren Umfang erreicht, dann erwachsen allerdings unserem Elberfelder System ganz außerordentliche Schwierigkeiten, dann wird es Stadtviertel geben, wo zwar viele zum Armenpflegeramte befähigte Personen, aber keine Armen wohnen, und umgekehrt, Viertel, die von sehr zahlreichen Armen bewohnt werden, in denen aber keine oder nur wenige zur Ausübung des Armenpflegeramtes geeignete Personen vorhanden sind.«[13]

Zugleich verstärkte sich die Fluktuation insbesondere der Arbeits- und Armutsbevölkerung. Die Hoffnung auf Arbeit trieb sie vom Land in die Städte, zu den industriellen Produktionsstätten. Und nur für wenige erfüllte sich die Hoffnung auf dauerhafte Anstellung. Die übrigen zogen von Beschäftigung zu Beschäftigung, innerhalb der Stadt oder von Stadt zu Stadt, immer wieder arbeitslos, am Rande des Hungers und der Kriminalität.

»Wer ständige Arbeit und darum auch ständige Wohnung hat, pflegt nur selten die Armenpflege in Anspruch zu nehmen. Der nicht-ständige Arbeiter fällt ihr eher zur Last. Er soll sich aber gerade, und zwar aller Orten, wo er hoffen kann, Arbeit zu finden, nach ihr umsehen. Weisen wir ihn doch selbst durch Schaffung und Zentralisierung von Arbeitsnachweisen darauf hin, eventuell auch außerhalb Arbeit anzunehmen. Die in den letzten Jahrzehnten hervorgetretene Fluktuation der arbeitenden Bevölkerung wird hierdurch und durch andere Ursachen voraussichtlich noch mehr zunehmen, und damit ist dem gemütlichen und herzlichen Verkehr der Armen mit ihrem Pfleger mehr und mehr der Boden entzogen«,

schrieb 1894 ein Kenner der städtischen Armenfürsorge.[14] Schließlich hatte die Entwicklung der Armenfürsorge und der Arbeiterpolitik selbst neue Schwierigkeiten hervorgebracht, die von einem ehrenamtlichen Pfleger ohne besondere Sachkenntnisse kaum noch zu bewältigen waren. Unter Bedingungen hoher Bevölkerungsmobilität konnte die Ermittlung des Unterstützungswohnsitzes und damit des zuständigen Armenverbandes aufwendige Nachforschungen erfordern. Seit dem Bestehen der Arbeiterversicherung der achtziger Jahre gab es ähnliche Probleme auch hier: Hatte der Hilfsbedürftige irgendwelche Ansprüche, z.B. auf Rente oder Krankenversorgung aus einem der Sozialversicherungsgesetze? Welche Konsequenzen für die kommunale Fürsorge waren daraus zu ziehen? Ergaben sich Rückforderungsansprüche an Verwandte oder an andere Behörden? Auch solche Fragen waren ohne spezifische Kenntnisse kaum zu beantworten. Bei der Pflege kranker Armer war das Problem offensichtlich: Wer hätte noch im Ernst über ehrenamtliche Krankenversorgung diskutiert, seit immer mehr Städte studierte Armenärzte eigens zu diesem Zweck einstellten?[15]

Das Prinzip der Ehrenamtlichkeit kommunaler Armenfürsorge, ja das Elberfelder System überhaupt, wurde daher mit zunehmender Ausbreitung in Deutschland zugleich von verschiedenen Seiten zum Gegenstand der Kritik. Der »Siegeszug« des Elberfelder Systems in Deutschland in der zweiten Jahrhunderthälfte stellt sich so bei näherem Hinsehen als ein Prozeß dar, in dem eine Vielzahl deutscher Städte die Organisation der Armenfürsorgeverwaltung modernisierten und dabei einzelne Elemente der Elberfelder Konzeption übernahmen, andere nicht, je nach eigenen Bedürfnissen und Traditionen. Die Berufung auf Elberfeld diente dabei der Legitimation eigener Neuorganisationen, indem sie die Neuerungen mit dem Anschein der Einführung des Altbewährten und allseits Geschätzten versah. Faktisch verbargen sich dagegen hinter der Sammelbezeichnung »Elberfeld« eine Fülle heterogener Organisationsformen. Bei aller Vielfalt im einzelnen lassen sich dabei drei Bereiche bestimmen, in denen die ursprünglichen Elberfelder Grundsätze modifiziert wurden[16]:

Erstens: Das Quartiersystem wurde von einer Vielzahl von Städten nicht übernommen.[17] Segregationsprozesse, Schwierigkeiten, eine ausreichende Anzahl ehrenamtlicher Pfleger zu bestellen, und das Bedürfnis, die je spezifische Eignung des Pflegers mehr zu berücksichtigen, führten zu einer Ansiedlung der ehrenamtlichen Pfleger auf Bezirksebene und der Zuweisung der Betreuungsfälle je nach Art des Notstandes an den hierfür am ehesten Geeigneten, also nicht mehr nach räumlichen, sondern nach fachlichen Kriterien. Mit der Hervorhebung fachlicher Aspekte gegenüber der räumlichen Zuständigkeit wurde allerdings die völlige Selbständigkeit des Pflegers zugunsten der Befugnisse des Bezirksvorstehers, der diese Einteilung vorzunehmen hatte, beschnitten. Schon hier zeigten sich Tendenzen der Zentralisierung.[18]

Zweitens: Zentralisierungsbestrebungen fanden auch auf der Ebene der Befugnis zur Entscheidung über die Unterstützungsleistungen statt. Eine ganze Reihe von Städten verlagerte diese zur zentralen Armenverwaltung und belieẞ der Bezirksversammlung oder Bezirkskommission (also dem Kollektiv der ehrenamtlichen Pfleger) lediglich ein Vorschlags- oder Antragsrecht. *Faktisch* mußte der Unterschied zur formellen Entscheidungskompetenz nicht groß sein, wenn die Armenverwaltung den Vorschlägen der Pfleger regelmäßig folgte. Und die Kompetenz zur Beanstandung von Beschlüssen der Pfleger war ihr ja auch im Elberfelder System eingeräumt. *Juristisch* allerdings war die Differenz erheblich, da sie den Pflegern die rechtliche Selbständigkeit nahm.

Drittens: Von besonderer Bedeutung in unserem Zusammenhang war die Aufgabe des Prinzips der *reinen* Ehrenamtlichkeit der Armenfürsorge und der Einsatz beruflicher Kräfte seitens einer Anzahl von Städten. Da die Ehrenamtlichkeit als Kernstück des

Elberfelder Systems angesehen wurde, war dies besonders umstritten. Der »Deutsche Verein« machte das Problem wiederholt zum Gegenstand seiner Tagungen, und die hier vorgelegten Berichte und geführten Diskussionen verdeutlichen die zeitgenössischen Positionen in dieser Frage sehr anschaulich.[20]

Bereits 1894 führte der Beigeordnete Zimmermann aus Köln im Auftrag des »Deutschen Vereins« eine Befragung der deutschen Städte über 30000 Einwohner über die Beschäftigung beruflicher Kräfte in der Armenfürsorge durch. 50 Städte antworteten, und aus ihren Antworten ergab sich, daß die Heranziehung beruflicher Kräfte im einzelnen zwar sehr unterschiedlich war, insgesamt aber bereits ein beachtliches Ausmaß angenommen hatte.[21] In die Wege geleitet wurde die Entwicklung dadurch, daß in einigen Städten mit der Übernahme der prinzipiellen Ehrenamtlichkeit der Fürsorge aus dem Elberfelder System die Aufwendungen für Unterstützungsleistungen nicht – wie seinerzeit in Elberfeld selbst – sanken, sondern erheblich anwuchsen. Der Verdacht wurde laut, daß dies auf eine allzu große Bewilligungsbereitschaft der ehrenamtlichen Pfleger zurückzuführen sei, und das Bedürfnis nach Kontrolle kam auf.[22] Die ersten beruflichen Armenfürsorger übernahmen also Kontroll- und Aufsichtsbefugnisse im Auftrag der kommunalen Zentralinstanz, die schlichte Mitteleinsparungen bezweckten und oft wohl auch bewirkten. Es ist naheliegend, daß derartige Aktivitäten Empfindlichkeiten bei den ehrenamtlichen Pflegern hervorriefen und die Motivation zur Übernahme eines solchen Ehrenamtes nicht gerade förderten. Auf der anderen Seite wurde auch deutlich, daß die Berufskräfte durch Einholung von Informationen, Übernahme von Schreibarbeiten und sonstiger bürokratischer Verrichtungen den ehrenamtlichen Pflegern die Arbeit erleichtern, diese mehr für die eigentliche Betreuung und Pflege der Armen freistellen und damit positiv auf ihre Motivation einwirken konnten. »Meine Herren«, äußerte der Bürgermeister Würmeling aus Münster auf der 14. Jahresversammlung des »Deutschen Vereins« in der Diskussion zu diesem Problem,

»wenn Sie diese Ehrenbeamten mit den umständlichen bürokratischen Sachen, großen Vernehmungsbogen usw. belasten wollen, da wird den Leuten die Sache vielfach leid. Man hat es darum bei uns gerade aus dem Gesichtspunkt der Entlastung mit Freuden begrüßt, als wir die Armenwarte einführten. Es ist das ja auch ganz natürlich bei diesen ehrenamtlichen Herren, die den ganzen Tag in der Arbeit stehen – und gerade solche Leute sind oft eminent geeignet, der Armenpflege zu dienen – ich sage also, es ist den Leuten, die am Tage nicht viel Zeit übrig haben, damit durchaus gedient, wenn wir ihnen die Ermittlung bei den Behörden, das Einziehen von Auskünften von Krankenkassen usw. abnehmen.«[23]

Und Emil Münsterberg sekundierte:

»Ich würde es also für denkbar halten, daß man Beamte einführt, und namentlich in großen Städten mit fluktuierender Bevölkerung, die man bereithält, wenn der Armenpfleger oder Armenvorsteher sagt: wir wollen mit dieser Person nichts zu tun haben, – oder wenn Personen, die schon bei der Armenverwaltung bekannt sind als Trinker, als Thunichtgute, als Arbeitsscheue oder lüderliche Personen, – daß die, sobald sie auftauchen, nach dem Verzeichnis sofort diesem Armenaufseher überwiesen werden. Aber, verstehen Sie wohl: dann ist es in diesem Fall keine Thätigkeit nebeneinander und durcheinander, sondern dann ist es gewissermaßen eine ganz reinliche Scheidung aus einem, wie ich zugebe, armenpolizeilichen Geischtspunkte.«[24]

Und ähnlich war auch die Argumentation der Referenten Brinkmann und Zimmermann in ihren der Diskussion zugrunde liegenden Berichten: Die berufliche Tätigkeit in der städtischen Armenfürsorge war zwar »systemwidrig«, andererseits aber unter gewandelten sozialen Verhältnissen und bei zunehmender Komplexität des Systems sozialer Sicherung nicht völlig verzichtbar und wurde von einer Reihe von Städten ja auch bereits mit Erfolg angewendet. Die Lösung des Widerspruchs wurde darin gefunden, die ehrenamtlichen Pfleger von allen polizeilich-bürokratischen Schreib- und Verwaltungsaufgaben zu entlasten, sie von der Entgegennahme von Anträgen, der Anstellung von Ermittlungen über Unterstützungswohnsitz und Sozialversicherung zu befreien und ihre Aufmerksamkeit ganz auf den persönlichen Kontakt mit den Hilfsbedürftigen, deren Betreuung und Beratung zu konzentrieren, die damit zunehmend als der »eigentliche« Wirkungskreis des ehrenamtlichen Pflegers herauspräpariert wurde. Schreib-, Verwaltungs- und Ermittlungsarbeiten dagegen konnten beruflichen Kräften übertragen werden, ohne den elementaren Grundsätzen des Elberfelder Systems zu widersprechen.[25]

In dieser Argumentation, die verbal an dem unverzichtbaren Grundsatz der Ehrenamtlichkeit festhielt, faktisch aber eine funktionale Arbeitsteilung von ehrenamtlichen und beruflichen Aufgaben einführte, in dieser Unterscheidung von (beruflich wahrzunehmender) bürokratisch/administrativer Funktion und (ehrenamtlich wahrzunehmender) pädagogisch beratender Funktion deutet sich historisch erstmals die Trennung von Verwaltung und Sozialarbeit, von Innen- und Außendienst an, die die spätere Struktur sozialer Dienste beherrschen sollte.

Eine explizite und systematisch ausformulierte Neuordnung erfuhr das Verhältnis von ehrenamtlicher und berufsamtlicher Tätigkeit in der Armenfürsorge im sogenannten *Straßburger System*. Daß diese Weiterentwicklung des Elberfelder Systems gerade von Straßburg ihren Ausgang nahm, erklärt sich aus den Besonderheiten der Armenfürsorge in Elsaß-Lothringen. Dort galt – wie erwähnt – das Reichs-Gesetz über den Unterstützungswohnsitz nicht. Die Armenfürsorge basierte auf gesetzlichen Grundlagen, die auf die Zeit der Französischen Revolution zurückgingen. Die Revolution hatte den Charakter der Armenfürsorge als öffentliche Aufgabe betont, zugleich aber den Grundsatz aufgestellt, daß die öffentliche Armenpflege ausschließlich aus freiwillig aufgebrachten Mitteln finanziert werden sollte. Die revolutionäre und nachrevolutionäre Gesetzgebung hielt an diesem Grundsatz fest, was Rudolf Schwander zu der Bemerkung veranlaßte: »Also finden wir in der heutigen Verfassung des Unterstützungswesens nichts anderes, als eine gesetzliche Organisation der privaten Wohltätigkeit.«[26] In der Praxis führte dies dazu, daß die Armenunterstützung nicht von wie immer definierten Bedürfniskriterien her bestimmt wurde, sondern vom Vorhandensein von Mitteln. Dies zog erhebliche Ungleichheiten der Unterstützung in Stadt und Land, armen und reichen Gemeinden nach sich. Die Unsicherheiten der Finanzierung schlugen auch auf die Organisation der Armenfürsorge durch. Das Gesetz vom 7. Frimaire V (27. November 1792) bestimmte die offene Armenfürsorge als Aufgabe der Gemeinden, die zum Zwecke der Durchführung Armenräte (»bureaux de bienfaisance«) zu bilden hatten. Die Gemeinden konnten ihre Unterstützung auf solche Personen beschränken, die am Ort ihren Unterstützungswohnsitz hatten, dessen Modalitäten im Gesetz vom 24. Vendémiaire II (15. Oktober 1793) geregelt waren. Da die Aufgaben der Armenräte von vornherein auf die Verteilung der *vorhandenen* Mittel beschränkt waren, wurden sie in einer Vielzahl von Gemeinden gar nicht erst eingerichtet. 1905 gab es in den 1705 Gemeinden Elsaß-Lothringens lediglich 755 Armenräte.

»Unter den 956 (?) Gemeinden, die keine Armenräte haben, sind 16 Gemeinden mit mehr als 2000 Einwohnern, 73 Gemeinden mit 1000 bis 2000 Einwohnern. Die 755 Armenräte, die als bestehend aufgeführt werden, sind zu einem beträchtlichen Teil ganz oder fast ganz außer Wirksamkeit. So gibt es darunter 180 ohne Mittel, die also nicht unterstützen, 138 mit weniger als 50 Mark im Jahr! Es kommen auf die Städte Straßburg, Mühlhausen, Metz und Colmar, deren Einwohnerzahl 19,48 % der gesamten Landeseinwohnerschaft ausmacht, nicht weniger als 60,11 % aller von sämtlichen Armenräten ausgegebenen Unterstützungen.«[27]

Diese Zustände wurden in Deutschland seit längerem heftig kritisiert.[28] In den größeren Städten wurde das System auch bereits dadurch unterlaufen, daß den Armenräten erhebliche öffentliche Zuschüsse gewährt wurden.[29] Dadurch wurde die Ungleichheit der Unterstützung im Verhältnis von Stadt und Land zwar weiter verstärkt. Es entstand in den Städten zugleich aber ein zunehmendes Interesse an einer rationelleren Organisation der Armenverwaltung. In diesem Kontext sind auch die Reformvorschläge zu sehen, die Rudolf Schwander während seiner Tätigkeit als Beigeordneter für das Armenwesen in Straßburg erarbeitete. Sie wurden 1905 nach gründlicher Vorarbeit in einer Denkschrift vorgelegt[30], 1906 in die Tat umgesetzt und sind später unter dem Namen »Straßburger System« berühmt geworden.

Das gesamte Stadtgebiet wurde in Bezirke eingeteilt. Eine weitere Quartierseinteilung entfiel. Die Bezirke sollten so gebildet werden, daß sie in der Regel nicht mehr als 600 Unterstützte umfaßten. Die ehrenamtlichen Armenpfleger wurden auf Bezirksebene angesiedelt: für jeden Bezirk so viele, daß der einzelne drei Arme zu betreuen hatte.

Für jeden Bezirk wurde eine Bezirkskommission gebildet, die aus dem Vorsitzenden und acht Mitgliedern bestand. Die Mitglieder wurden vom Armenamt aus dem Kreise der ehrenamtlichen Pfleger des Bezirks bestellt. Zum Vorsitzenden ernannte der Armenrat eines seiner Mitglieder. Den Bezirkskommissionen übergeordnet war der Armenrat, der aus dem Bürgermeister als Vorsitzendem und acht vom Gemeinderat gewählten ehrenamtlichen Mitgliedern bestand. Beim Armenrat wurde das Armen*amt* geschaffen, das hauptberufliche Kräfte beschäftigte, von denen je eine für einen Bezirk zuständig war. Anträge auf Unterstützung waren zentral beim Armenamt zu stellen. Der zuständige *Berufs*armenpfleger wurde daraufhin mit der Überprüfung des Falles und der Einholung der erforderlichen Informationen betraut. Auf dieser Grundlage erarbeitete er eine Stellungnahme und leitete den Fall an die Bezirkskommission weiter, die über die Gewährung der Unterstützung zu entscheiden hatte. Die Auszahlung erfolgte durch das Armenamt. Die Bezirkskommission entschied zugleich darüber, ob es sich um einen Fall handelte, der durch eine einmalige Unterstützung kurzfristig zu lösen war (etwa bei nur momentaner Arbeitslosigkeit des Familienvaters, nach deren Ende er ohne weiteres wieder in der Lage sein würde, für seine Familie zu sorgen), oder aber um eine Situation, die langfristige, kontinuierliche Unterstützung und Beratung erforderte. Im ersten Fall blieb der berufliche Armenpfleger zuständig, im zweiten wurde ein ehrenamtlicher Pfleger bestellt, der die Unterstützten dauerhaft zu betreuen hatte (etwa bei gebrechlichen alten Menschen oder unvollständigen Familien etc.). Die Zuweisung dieser sogenannten Armenpflegschaft erfolgte an den ehrenamtlichen Pfleger, der nach Art des Falles am geeignetsten erschien, also nicht nach Grundsätzen örtlicher Zuständigkeit, sondern nach fachlichen Gesichtspunkten. Die Aufgaben des Armenrates bestanden in der Abgrenzung der Armenbezirke, der Ernennung der Armenpfleger wie auch der besoldeten Beamten, der Vermögensverwaltung und Rechnungsführung wie auch der neuerlichen Befassung mit Entscheidungen, die vom Vorsitzenden der Bezirkskommission gerügt worden waren.[30] Durch das Straßburger System wurden die Elberfelder Grundsätze in mehrfacher Hinsicht modifiziert: Zum einen wurde die Unverzichtbarkeit beruflicher und besoldeter Kräfte in der großstädtischen Armenpflege ausdrücklich anerkannt und Berufsarmenpfleger wurden an zentraler Stelle in das System der offenen Armenpflege eingebaut. Zum zweiten wich das Straßburger System von der klassischen Elberfelder Dezentralisierung ab und setzte an ihre Stelle eine eigentümliche Mischform: Obwohl die formelle Kompetenz zur Entscheidung über Unterstützungsanträge bei der Bezirkskommission verblieb, ist doch eine faktische Zentralisierung von Kompetenzen beim Armenamt mit seinen berufsamtlichen Kräften unübersehbar. Zum dritten schließlich legte das Straßburger System eine klare Arbeitsteilung von beruflichen und ehrenamtlichen Kräften in der Armenpflege fest. Die beruflichen Kräfte waren für die polizeilich/administrativen Aufgaben (Entgegennahme und Bearbeitung von Anträgen, Auszahlung der Unterstützung, Ermittlung und Kontrolle) zuständig, die ehrenamtlichen dagegen für die pädagogische Beratung und Betreuung, die »erzieherische Beeinflussung der Unterstützten«.[31] Zugleich wurden die fachlichen Aspekte der ehrenamtlichen Tätigkeit betont. Der Reformentwurf hob hervor, »daß fortan nicht wie bisher nach Maßgabe amtlicher Grenzen, sondern nach individuell begründeter, von Fall zu Fall erwogener Zuweisung die Arbeit für ihn (den ehrenamtlichen Pfleger, C. S.) bestimmt wird«.[32] Zugleich sollten fachliche Ausbildungskurse zunächst für die Mitglieder der Bezirkskommissionen, später – wenn möglich – für *alle* ehrenamtlichen Pfleger eingerichtet werden.[33]

Im Straßburger System gewann also – erstmals in der deutschen Fürsorgegeschichte – das Berufsbild des künftigen Sozialarbeiters klare Konturen, wobei hervorzuheben ist, daß nicht die damals bereits beruflich wahrgenommenen Funktionen, sondern die immer mehr auf pädagogische Beratung und Betreuung reduzierte *ehrenamtliche* Tätigkeit als Vorbild diente. Auch die Unterscheidung von administrativer und fachlich/sozialer Arbeit in der Fürsorge war in der Arbeitsteilung von beruflichen und ehrenamtlichen Tätigkeiten im Straßburger System festgelegt, ohne allerdings bereits die verhärtete Form des Gegensatzes von Innen- und Außendienst späterer Zeiten zu erhalten. Denn einmal wurden Ermittlungen und Kontrolle, also Aufgaben im Außenbereich, von den beruflichen Kräften selbst wahrgenommen, zum anderen hatten die ehrenamtlichen Kräfte bedeutsame formelle Entscheidungskompetenzen, deren Fehlen später vielfach beklagt wurde. Die Entwicklung moderner Sozialarbeit stand im Straßburger System erst an ihrem Anfang.

3. Von der Fürsorge zur Wohlfahrtspflege: Modernisierung, Spezialisierung und Verwissenschaftlichung städtischer Fürsorge

Die geschilderten Reformen der städtischen Armenfürsorge waren Ausdruck einer Überforderung durch soziale Probleme neuer Art und neuen Ausmaßes. Dies galt aber nicht nur für die Verwaltungsorganisation, sondern auch für Art und Umfang der Fürsorgeleistungen und ihrer Erbringung. Seit Beginn der neunziger Jahre begann parallel zu den eben geschilderten Reformen ein Ausbau neuer Fürsorgemaßnahmen und -leistungen jenseits des klassischen Kernbereichs der überkommenen Armenfürsorge, indem sich zugleich ein tiefgreifender Wandel der Anschauungen über die gesellschaftlichen Aufgaben öffentlicher Fürsorge ausdrückte. Ihrem Selbstverständnis nach handelte es sich bei dem neuen Typus »sozialer Fürsorge« darum, der Verarmung durch planmäßige Maßnahmen vorzubeugen, die Lebensverhältnisse der städtischen Armutsbevölkerung sozialpolitisch zu gestalten, ohne Diskriminierung und politischen Zwang. Gerade in der Kritik am Prinzip der Ehrenamtlichkeit des Elberfelder Systems war deutlich geworden, daß auch die bürgerlich-patriarchalische Form oder – wenn man so will – Mentalität der Armenbetreuung nicht mehr als der »neuen Armut« angemessen betrachtet wurde. Ihr Vorbild fanden die kommunalen Fürsorgereformen im englischen *»Municipalsozialismus«* ihrer Zeit, einer Schöpfung der »Fabian Socialists« um das Ehepaar Webb, G. B. Shaw und H. G. Wells.[1] Die Vorstellung vom »Municipalsozialismus« zielte auf die Kommunalisierung städtischer Versorgungs- und Verkehrsbetriebe, also auf öffentliche Gestaltung der lokalen Lebensbedingungen durch die Kommune als die Instanz, deren Einfluß die konkreten Reproduktionsbedingungen der Menschen unterlagen. Mit dem »Municipalsozialismus« – genauer: dem seinen Leitvorstellungen folgenden Ausbau kommunaler Wirtschafts- und Sozialpolitik – wurde erstmals ein neuartiger Typus von Verwaltung geschaffen, den Ernst Forsthoff später mit dem Begriff der »Daseinsvorsorge« zu erfassen suchte und für den sich heute der Begriff »Leistungsverwaltung« eingebürgert hat.[2] Die Vermehrung des kommunalen

Leistungsangebotes und die damit einhergehende Bürokratisierung und Professionalisierung der Kommunalverwaltung ist also historisch entstanden als eine zwangsläufige Folge des Prozesses der Industrialisierung und Verstädterung, der »Trennung der Menschen von den Lebensgütern« (Forsthoff). Wie wohl dem Gedankengut einer englischen Variante des Reformsozialismus entstammend, wurden die Vorstellungen vom »Municipalsozialismus« in Deutschland zunächst vorwiegend vom städtischen Bürgertum und seinen Verwaltungen rezipiert und umgesetzt.[3] Während auf Reichsebene wenigstens das allgemeine Wahlrecht zum Reichstag verwirklicht war, ließen die Kommunalverfassungen mit ihrer krassen Privilegierung der grundbesitzenden und begüterten Bürger sozialdemokratischer Politik einen derartig geringen Spielraum, daß die Sozialdemokratie sich bis etwa zur Jahrhundertwende kaum grundsätzlich mit kommunalpolitischen Problemen überhaupt oder Problemen kommunaler Fürsorge insbesondere auseinandersetzte.[4] Für das städtische Bürgertum bot sich die kommunale Sozialpolitik als kompensatorisches Betätigungsfeld für den schrumpfenden Einfluß auf Reichsebene geradezu an. Hinzu kommt eine gewisse Verwandtschaft des »Municipalsozialismus« mit dem Gedankengut des »Kathedersozialismus« in Deutschland, die die Rezeption erleichtert haben mag. So waren es vor allem die städtischen Fürsorgeverwaltungen, die eine Weiterentwicklung der Armenfürsorge zur kommunalen Wohlfahrtspflege propagierten und in Ansätzen bis zur Jahrhundertwende bereits verwirklichten.

3.1 »Sociale Ausgestaltung der Fürsorge« oder »communale Socialpolitik«?

Die zeitgenössischen Diskussionen um eine Neubestimmung und Neuorganisation der kommunalen Armenfürsorge, die sich am anschaulichsten in den Berichten und Verhandlungen des »Deutschen Vereins« niedergeschlagen haben, machen deutlich, daß in den Kreisen der Experten neue Formen kommunaler, sozialpolitischer Leistungen und Maßnahmen für unabweisbar gehalten wurden. Wie im einzelnen diese jedoch zu organisieren seien, war umstritten. Im wesentlichen kann man in dieser Auseinandersetzung zwei Positionen feststellen. Für die erste mögen hier die

Überlegungen des Frankfurter Sozialpolitikers Karl Flesch stehen. Karl Flesch wurde 1853 in Frankfurt geboren. Nach dem Studium der Rechtswissenschaften in Heidelberg und Berlin ließ er sich in Frankfurt zunächst als Rechtsanwalt nieder. 1884 wurde er dort zum Stadtrat gewählt und als solcher zunächst stellvertretender Direktor, später Direktor des Frankfurter Armenamtes. Obwohl also von Berufs wegen vor allem mit Problemen des städtischen Armenwesens befaßt, greifen seine theoretischen, sozialpolitischen Überlegungen wie auch seine praktische Reformarbeit weit über das Gebiet der Armenfürsorge im engeren Sinne hinaus.[5]

Daß unter den Bedingungen industriell-kapitalistischer Produktion, die sich zu seiner Zeit in Deutschland bereits weitgehend durchgesetzt hatte, das Schicksal der Masse der Bevölkerung die Lohnarbeit sein mußte, bildete den Ausgangspunkt von Fleschs sozialpolitischen Überlegungen. Der Arbeitsvertrag, neben Familie und Privateigentum *die* Säule gesellschaftlicher wie individueller Reproduktion, stand daher im Zentrum seiner Aufmerksamkeit. Der Umgestaltung des Arbeitsvertrages »aus einem Gewaltverhältnis zu einem Rechtsverhältnis«, der Konstituierung also einer sozialpolitischen und juristischen Materie, die wir heute Arbeitsrecht nennen, galt der Schwerpunkt seines Wirkens. Flesch ging dabei von der Erkenntnis aus, daß selbst im glücklichen Falle fester Anstellung und leidlicher Bezahlung der durchschnittliche Arbeiterlohn für die durchschnittliche Arbeiterfamilie gerade unter normalen Bedingungen zum Leben reichte. Der Eintritt unvorhergesehener Ereignisse oder spezifischer Risiken dagegen, wie Krankheit, Unfall oder Arbeitslosigkeit, aber auch überdurchschnittlicher Kinderreichtum oder Obdachlosigkeit, mußte das Budget der durchschnittlichen Arbeiterfamilie überfordern und diese in Armut stürzen, sofern nicht öffentliche Sicherungsmaßnahmen bereitstanden. Flesch forderte daher Arbeiterwohlfahrtseinrichtungen, die er »Lohnergänzungen« nannte. Wichtige Lohnergänzungen sah er in den verschiedenen Bereichen der eben gesetzlich geregelten Arbeiterversicherung, deren Ausdehnung auf das Risiko der Arbeitslosigkeit er verlangte. Daneben aber gab es ein breites Wirkungsfeld für kommunale Einrichtungen und Maßnahmen, unter denen die Bereiche Kinder- und Jugendfürsorge, Volksbildung und vor allem Wohnungswesen für Flesch die wichtigsten waren. Nur wo solche lohnergänzenden Sicherungen vorhanden waren, konnte verhindert werden, daß der Arbeiter

und seine Familie bei Eintritt besonderer Notfälle in die Armutsbevölkerung absanken und auf Armenfürsorge angewiesen waren.[6] Bei den Lohnergänzungen sollte es sich also nach Fleschs
Vorstellungen um sozialpolitische Maßnahmen neben und außerhalb der herkömmlichen Armenfürsorge handeln. Die Armenfürsorge sah Flesch als Bereich punktueller, individualisierender
Linderung bereits eingetretener Notstände, als patriarchalisch-
bevormundende Betreuung ohne fest umgrenzte Rechtsansprüche
der Betroffenen. Die sozialpolitischen Arbeiterwohlfahrtseinrichtungen dagegen als festorganisierte Einrichtungen öffentlicher
Politik mit generalisierten, auf präventive Armutsverhinderung
zielenden Strukturen und fest umrissenen Rechtsansprüchen.

»Die scharfe Scheidung zwischen Sozialpolitik und Armenpflege war in
den Formen begründet, in denen beide ausgeübt wurden. Die Armenpflege, auf das Notwendigste beschränkt, verlor auch in den fortschrittlichsten
Gemeinden nicht den Anstrich reiner Almosengewährung, bei der trotz
aller Bemühungen Fleschs, auch Arbeiter als Armenpfleger zu gewinnen,
der Unterstützungsempfänger nie anders als Objekt der Fürsorge auftrat.
Bei den sozialpolitischen Einrichtungen war er mitbestimmendes Organ.
Dort gab es nur Gnade, hier Rechtsansprüche.«[7]

Bei der von Flesch postulierten »socialen Ausgestaltung der
Armenpflege«[8] handelte es sich in Wahrheit um strikte Abgrenzung von Armenpflege und Sozialpolitik, und die Forderung nach
Ausbau sozialpolitischer Maßnahmen beabsichtigte ein tenden-
zielles Überflüssigwerden der Armenfürsorge bzw. ihre Zurück-
drängung auf Restbereiche der Individualisierung.
   Die Gegenposition wurde nie so systematisch und pointiert
ausformuliert, war aber dennoch nicht ohne Einfluß. So vermerkte
der Mannheimer Bürgermeister v. Hollander in der Einleitung zu
seinem Referat über »Die Fürsorge für Erhaltung des Haushalts,
insbesondere durch Hauspflege« eher nebenbei:

»Die sozialpolitische Gesetzgebung wird aber auch im Falle ihres weiteren
Ausbaus niemals imstande sein, auch nur die Fälle unverschuldeter Not zu
beseitigen, ganz abgesehen davon, daß die außerordentlich zahlreichen
Fälle der Not und des Elends, die dem eigenen Verschulden zuzuschreiben
sind, durch keine Maßregel jemals vermieden werden können. Es wird
immer ein weites, umfangreiches Gebiet übrig bleiben, auf dem die
Wohlfahrtspflege des Staates und der Gemeinden die öffentliche Armenpflege, die Wohlthätigkeitsbestrebungen der kirchlichen und weltlichen
Vereine und die private Wohlthätigkeit ihr Arbeitsfeld zu finden haben

werden. Diese Arbeit wird aber nur dann eine wirklich segensreiche sein, sie wird nur dann einen bleibenden Nutzen schaffen, wenn sie sich nicht damit begnügt, der im einzelnen konkreten Fall eintretenden Not durch Gewährung von Gaben Abhilfe zu schaffen, sondern wenn sie das Übel an der Wurzel anfaßt, wenn sie die Not als soziale Erscheinung dadurch bekämpft, daß sie Maßregeln trifft, die ihr Auftreten verhüten, wenn sie auch im einzelnen Falle durch pflegerische Thätigkeit vorbeugend diejenigen Anordnungen zu treffen weiß, die das äußerste Elend abzuwenden geeignet sind.«[9]

Der Ausbau sozialer Sicherung wird also auch hier befürwortet, nur soll er nicht als selbständiger Bereich außerhalb, sondern innerhalb der Armenfürsorge stattfinden.

Diese zunächst etwas formal anmutende Kontroverse wird erst recht verständlich, wenn man drei Probleme im Hintergrund mit einbezieht. Hier ist einmal auf die Zuständigkeitsregelung des »Reichs-Gesetzes über den Unterstützungswohnsitz« vom 6. Juni 1870 zu verweisen, das grundsätzlich die Gemeinden als Ortsarmenverbände bestimmte. Dies führte zum Vorhandensein von kleinen, wenig leistungsfähigen Verbänden insbesondere auf dem Lande, die schon den klassischen gesetzlichen Fürsorgeaufgaben kaum gewachsen waren, geschweige denn einem weitergehenden »sozialen« Ausbau der Leistungen der Armenfürsorge. Die Diskussion über den Ausbau der Armenfürsorge war daher immer zugleich eine über die Neuregelungen von Zuständigkeiten und die Neuverteilung der Armenlasten.[10]

Zum zweiten ging es um die negativen juristischen Sanktionen, mit denen die Inanspruchnahme von Unterstützungsleistungen der Armenfürsorge verbunden war, insbesondere um die Beeinträchtigungen der Freizügigkeit des Unterstützungsempfängers gemäß §§ 4 und 5 des Freizügigkeitsgesetzes vom 1. November 1867 und den Verlust des Reichstags-, Landtags- und Gemeindewahlrechts gemäß § 3 des Reichs-Wahlgesetzes vom 31. Mai 1869 und der entsprechenden landesgesetzlichen und kommunalen Bestimmungen. Diese Sanktionen bildeten gewissermaßen den harten Kern des gesellschaftlichen Negativ-Images der Armenfürsorge, das Abwehr und Verbitterung bei den potentiell Leistungsberechtigten erzeugte.

»Vergegenwärtigt man sich aber, welch hoher Wert in unserer politisch so lebhaft interessierten Zeit gerade seitens der Angehörigen der unbemittelten Klassen dem Vollbesitz der politischen Rechte beigemessen wird, so erscheint es in der Tat mehr als zweifelhaft, ob es gerechtfertigt ist, eine Fürsorge, deren planmäßige Entfaltung im hohen Maße gerade auch im öffentlichen Interesse liegt, Unbemittelten in einer Form angedeihen zu lassen, welche den öffentlich rechtlichen Status derselben in so unverkennbarer Weise mindert«,

gaben zeitgenössische bürgerliche Beobachter zu bedenken.[11] Für die neue, »soziale« Fürsorge verschärfte sich dieses Problem, da ihre Wirksamkeit von einer breiten Inanspruchnahme abhing, die durch negative Konsequenzen derselben aber gerade verhindert wurde. Von daher sprachen pragmatische Gründe für eine Ausgliederung dieser neuen Bereiche aus der Armenfürsorge, wiewohl sie doch systematisch dem Bereich der Fürsorgeleistungen zuzuordnen waren.

Gerade die Diskussion um die »soziale Ausgestaltung der Fürsorge« war es also, die die traditionelle polizeiliche Organisation der Armenfürsorge immer mehr zum Gegenstand der Kritik machte. In diesen Zusammenhang gehört auch die Auseinandersetzung um die Rechtsposition der Unterstützungsberechtigten. Gemäß der polizeilichen Tradition der Armenfürsorge gewährten ihnen die gesetzlichen Grundlagen der Armenfürsorge in Reich und Ländern keinerlei einklagbaren Rechtsanspruch. Der Verpflichtung der Armenverbände korrespondierte kein entsprechendes subjektives Recht auf seiten der Betroffenen. Dieser Zustand wurde insbesondere von Rudolf Schwander wiederholt kritisiert, und auch der »Deutsche Verein« forderte die gesetzliche Einführung eines Rechtsanspruchs für die Unterstützungsberechtigten – erfolglos! Ein solcher Anspruch wurde erst unter Geltung des Grundgesetzes durch die Rechtsprechung des Bundesverwaltungsgerichts anerkannt.[12]

Diese finanzielle, verwaltungsorganisatorische und juristische Hintergrundproblematik macht verständlich, daß der Ausbau der Armenfürsorge, der von den Meinungsmachern im »Deutschen Verein« übereinstimmend befürwortet wurde, nur zögernd und – in Organisationsstruktur und Leistungsniveau – außerordentlich ungleichmäßig vonstatten ging. Die Untersuchung von Buehl und Flemming über *Die heutigen Anforderungen an die öffentliche Armenpflege im Verhältnis zur bestehenden Armengesetzgebung*[13] aus dem Jahre 1905 und eine in diesem Zusammenhang durchgeführte Befragung von 143 städtischen Armenverwaltungen zeigen deutlich, daß um die Jahrhundertwende zwar bemerkenswerte Ansätze einer kommunalen Sozialpolitik jenseits der klassischen Armenfürsorge vorhanden waren, daß diese Reform- und Ausweitungsprozesse kommunaler Fürsorge aber auf wenige Großstädte beschränkt waren und zahlreiche mittlere und kleinere Städte wie vor allem die Landgemeinden völlig unberührt ließen.

»Von einer grundsätzlichen Erweiterung der Leistungen der öffentlichen Armenpflege in dem Sinne, daß die neuerdings in dieselbe eingeführten Fürsorgezweige in gleicher Weise als im Kreise der gesetzlichen Verpflichtungen anerkannt werden, wie die von alters her betätigten Formen, kann somit im allgemeinen überhaupt nicht gesprochen werden. Es ist vielmehr nur eine kleine Minderheit von Verwaltungen, welche in dieser Weise bewußt und grundsätzlich ihren Aufgabenkreis erweitert haben, und auch sie weisen bezüglich der Leistungen auf den einzelnen Gebieten der Fürsorge die weitestgehenden Unterschiede auf. Man ist somit höchstens berechtigt, von einer Tendenz, den Wirkungskreis der öffentlichen Armenpflege zu vergrößern, zu reden, einer Tendenz, die sich bisher nur in bescheidenen Grenzen durchgesetzt und auf die Praxis der Verwaltungen Einfluß genommen hat.«[14]

Dies ist zu beachten, wenn im folgenden Ausbau- und Ausdifferenzierungsprozesse städtischer Armenfürsorge um die Jahrhundertwende näher beschrieben werden: Die dargestellten Prozesse sind charakteristisch für die Entwicklungs*tendenzen* städtischer Armenfürsorge, sie sind keineswegs repräsentativ für den faktischen Ausbau der Armenfürsorge in den zeitgenössischen deutschen Städten.

3.2 Die Ausdifferenzierung kommunaler Fürsorgeleistungen: Arbeits- und Obdachlosigkeit, Krankheit und Jugend als »besondere« Armutsrisiken

Arbeitsvermittlung und Erwerbslosenfürsorge

»Nicht-Arbeit« bildete für die Armenfürsorge immer schon ein zentrales Problem mit historisch wechselnden Lösungsperspektiven: Arbeitszwang in den Zucht- und Arbeitshäusern des absolutistischen Staates; öffentliche Arbeitsbeschaffung als Form der Armenunterstützung in der Hamburger Armenanstalt von 1788.

Mit der Durchsetzung bürgerlich-liberaler Gesellschaft und industriell-kapitalistischer Produktion im Laufe des 19. Jahrhunderts wurde die Arbeit zum Gegenstand des Arbeits*marktes*, des Austauschs von Lohnarbeit und unternehmerischem Kapital. Staat und Kommune verloren damit die Legitimation und die Kompetenz für die Organisation der Arbeit, blieben jedoch mit den negativen Konsequenzen der Unsicherheit des Arbeitsmarktes auch weiterhin befaßt: bei saisonaler oder konjunktureller Arbeitslosigkeit war die Armenfürsorge das einzige Auffangnetz für die Erwerbslosen. Aus der Armenfürsorge haben sich daher im ausgehenden 19. Jahrhundert spezifische Strategien zur Bearbeitung des Lohnarbeiterrisikos »Arbeitslosigkeit« ausdifferenziert.[15]

Die seit den sechziger Jahren des 19. Jahrhunderts in Deutschland von privatwohltätigen Vereinigungen zur Bekämpfung der Wanderbettelei ins Leben gerufenen Naturalverpflegungsstationen, Wanderarbeitsstätten und Arbeiterkolonien erwiesen sich als hilflos gegenüber den Problemen einer saisonal oder konjunkturell bedingten Massenarbeitslosigkeit.[16] Die Verantwortung für Not und Elend der Arbeitslosen fiel immer deutlicher den Kommunen zu. Insbesondere in den großen Städten nahmen die Probleme der Massenarbeitslosigkeit bedrohliche Formen an, die die lokalen Magistrate und Parlamente zu Abhilfemaßnahmen drängten. So kam es im Januar 1902 in Frankfurt zu tagelang anhaltenden Demonstrationen von Arbeitslosen, zunächst einigen hundert, später einer nach Tausenden zählenden Menge, die sich trotz harter Einsätze von berittener Polizei mit blankem Säbel immer wieder zu neuen Demonstrationszügen formierte. Diese Demonstrationen erregten weit über die Grenzen der Stadt hinaus Aufsehen und wurden schließlich Anlaß einer sozialdemokratischen Appelation im Reichstag, in der das Fehlen von wirkungsvollen Methoden zur Bekämpfung von Arbeitslosigkeit scharf kritisiert wurde.[17] Zu dieser Zeit hatten die deutschen Städte, insbesondere die Großstädte, im wesentlichen drei Strategien zur Bekämpfung der Arbeitslosigkeit entwickelt, die alle ohne durchschlagende Wirkung blieben.

Als erstes sind hier die sogenannten Notstandsarbeiten zu nennen, die im ausgehenden 19. Jahrhundert bereits auf eine lange Tradition zurückblicken konnten. Sie dienten insbesondere der Beschäftigung von saisonalen Arbeitslosen und wurden vorwiegend im Winter durchgeführt. Die Kommune veranstaltete also ein öffentliches Arbeitsprogramm für erwerbslose Bedürftige. Die Problematik dieser Arbeiten lag darin, daß sie meist außerordentlich hart (Steine schlagen, Erdarbeiten), für Ungeübte und Schwache kaum zu ertragen, zudem schlecht bezahlt waren, also Strafcharakter hatten und daher, wo irgend möglich, gemieden wurden. Für die Kommunen waren sie trotz geringer Bezahlung aufwendig, da sie von geübten Fachkräften für erheblich geringere Summen hätten verrichtet werden können. Schließlich hatten sie keinerlei Auswirkungen auf die Ursachen der Arbeitslosigkeit, beeinflußten den Arbeitsmarkt in keiner Weise und lebten von der Hoffnung, daß sich dort die Verhältnisse von allein wieder bessern würden.[18]

Zum zweiten ist auf Ansätze kommunaler Arbeitslosenfürsorge in Form einer Arbeitslosen*versicherung* zu verweisen, die in einer Reihe von Städten praktiziert wurden. Hierbei sind zwei verschiedene Formen zu unterscheiden: die Errichtung eigenständiger, kommunaler Versicherungskassen, sei es auf freiwilliger Basis, sei es als Zwangskassen. Die erste Einrichtung dieser Art in Deutschland war die 1896 gegründete »Stadtkölnische Versicherungskasse gegen Arbeitslosigkeit im Winter«. Die Versicherung war freiwillig, der Mitgliederbestand daher relativ gering. Die zu kleine Risikogemeinschaft bildete daher das zentrale Problem dieser Kölner Kasse wie auch paralleler Einrichtungen in anderen Städten: 1905 wurden in Leipzig, 1911 in Schwäbisch Gmünd, 1912 in Kaiserslautern ähnliche städtische Arbeitslosenkassen geschaffen, 1911 wurde die Kölner Kasse grundsätzlich neu organisiert. Insgesamt war diese Form der Arbeitslosenunterstützung auf der Ebene der Kommunen wenig erfolgversprechend, ihre praktische Bedeutung daher gering.[19]

Daneben gab es das Modell des sogenannten Genter Systems, dessen Verbreitung größer war. Es sah die Gewährung kommunaler Zuschüsse an Gewerkschaften vor, die eine Arbeitslosenversicherung als Selbsthilfeeinrichtung gebildet hatten, wobei sich die Höhe der Zuschüsse nach der der Unterstützungsleistungen errechnete. Als Argumente gegen dieses System wurden immer wieder angeführt, daß es die organisierten Arbeiter bevorzuge, also eine Art Organisationszwang darstelle, und im übrigen einseitig für die *Arbeiter*organisationen Partei nehme. Vor allem aber sei es nur in Städten mit einem geringen Industrialisierungsgrad durchführbar. Insbesondere in Städten mit Saisongewerben müsse es zum Ruin der Gemeindefinanzen führen.[20] Insgesamt läßt sich festhalten, daß alle Ansätze, das Problem der Arbeitslosenversicherung auf kommunaler Ebene zu lösen, wegen der allzu kleinen Risikogemeinschaft und der dadurch bedingten geringen Leistungsfähigkeit der Kassen äußerst problematisch und nur wenig verbreitet waren. Immer wieder wurde daher eine Organisation auf Reichsebene gefordert, die jedoch erst nach Ausbruch des Ersten Weltkriegs durch Aufbau einer privilegierten Erwerbslosenfürsorge durch die Gemeinden bei teilweiser Übernahme der Kosten durch das Reich in Angriff genommen wurde.[21] Bereits vor der Jahrhundertwende erwiesen sich die Ansätze zur Einrichtung kommunaler, paritätischer Arbeitsvermittlungsstellen als erfolgreicher und massenwirksamer. Den kommunalen Arbeitsvermittlungsstellen, denen gewerkschaftliche und unternehmerische Arbeitsvermittlungen sowie solche privater Vereine zur Bekämpfung von Arbeitslosigkeit in heilloser Zersplitterung vorausgingen, lag die Idee zugrunde, daß die Arbeitsvermittlung öffentlich organisiert, gleichsam neutral sein sollte, jedoch nur mit Leben gefüllt werden und wirklich in Anspruch genommen würde, wenn sie von Arbeitern und Unternehmern paritätisch verwaltet würde. Es mußte daher eine Organisationsform gefunden werden, die sowohl den kommunalen Charakter der Einrichtung betonte als auch den Rahmen der bisherigen, von der Gemeindeverfassung vorgesehenen kommunalen Ausschüsse erweiterte. Als Anknüpfungspunkt boten sich dazu die sogenannten gewerblichen Schiedsgerichte an. Die erste Einrichtung dieser Art wurde am 1. Juni 1886 in Frankfurt auf Initiative von Oberbürgermeister Miquel und Stadtrat Flesch gegründet.[22] Es handelte sich dabei um einen Vorläufer der heutigen Arbeitsgerichte, der für spezifische, aus dem Arbeitsvertrag resultierende Rechtsstreitigkeiten zwischen Arbeitern und Unternehmern zuständig war. Für unseren Zusammenhang ist nun wichtig, daß das gewerbliche Schiedsgericht paritätisch zusammengesetzt war: Neben dem Vorsitzenden, der vom städtischen Magistrat aus seiner Mitte ernannt wurde, bestand das Gericht aus insgesamt 60 Beisitzern, die je zur Hälfte von Arbeitern und Unternehmern gewählt wurden.[23] Damit war eine kommunale Einrichtung geschaffen, in der sich erstmals auch die Arbeiterschaft hinreichend vertreten sah. Ihrer konnte man sich daher auch für die Wahl einer paritätischen Aufsichtskommission für den städtischen Arbeitsnachweis bedienen. Seit durch Gesetz vom 29. Juni 1890 die gewerblichen Schiedsgerichte unter dem Namen »Gewerbegericht« reichsweit eingeführt wurden[24], verstärkten sich diesbezügliche Initiativen. Als erste führte die Stadt Esslingen 1894 auf dieser Grundlage ein »städtisches Arbeitsamt« ein. 1895 folgten Stuttgart und Frankfurt und in den folgenden Jahren eine große Anzahl weiterer Städte.[25] Zum Teil trugen die neugeschaffenen Arbeitsvermittlungsstellen von Anfang an den Namen »städtisches Arbeitsamt« (wie in Esslingen), zum Teil erhielten sie diesen Namen erst nach einem entsprechenden Ausbau.[26] Die paritätischen, kommunalen Arbeitsvermittlungsstellen konnten insbesondere in den größeren Städten schon bald nach ihrer Gründung beachtliche Vermittlungserfolge erzielen und begannen, sich zunehmend gegenüber ihren gewerblichen und sonstigen Konkurrenten durchzusetzen.[27]

Insgesamt wurde die Arbeitslosigkeit als spezifisches Lohnarbeiterrisiko bereits um die Jahrhundertwende recht deutlich aus der diffusen Allzuständigkeit der Armenfürsorge ausgegliedert. Eine eigenständige Organisationsstruktur und besondere Bearbeitungsformen sind in Ansätzen geschaffen. Die Entwicklung der Arbeitslosenfürsorge wird von nun an eigene, von der Armenfürsorge getrennte Wege gehen, bis sie schließlich 1927 in den Bereich der Arbeitslosenversicherung überführt werden wird.[28]

Wohnungsfürsorge

Auch Obdachlosigkeit gehörte seit jeher zu den klassischen Notständen, mit denen die Armenfürsorge konfrontiert war. So zählt der bereits erwähnte § 1 des »Preußischen Gesetzes, betreffend die Ausführung des Reichs-Gesetzes über den Unterstützungswohnsitz« vom 8. März 1871 die Gewährung von Obdach zu den Standardaufgaben der Armenfürsorge. Die Bekämpfung von Obdachlosigkeit erfolgte dabei wesentlich nach polizeilichen Gesichtspunkten. Wer ohne Obdach ist, stört die öffentliche Ordnung – ein Mißstand, der umgehend zu beseitigen ist. Wer es schuldhaft unterläßt, sich nach Kräften um ein Obdach zu bemühen, macht sich gar strafbar (§ 361 Ziff. 8 RStGB). Die Zuständigkeit zur Bearbeitung des Obdachlosen-Problems war daher zwischen Fürsorgeverbänden und Polizeibehörden verteilt. Daneben gab es eine Fülle von privatwohltätigen Vereinigungen, die Obdachlosenasyle, Herbergen zur Heimat und Naturalverpflegungsstationen betrieben.

Das Instrumentarium der öffentlichen, kommunalen Armenfürsorge reichte von besonderen Mietunterstützungen, Mietgarantien und Mitteln zur Beschaffung von Hausrat für die sogenannten seßhaften Obdachlosen, der Einweisung obdachloser Familien in Exmittiertenhäuser oder ein Familienobdach bis hin zur Einweisung der Nichtseßhaften in ein Asyl, wobei die Unterbringung stets auf kurze Zeit beschränkt war: eine, bestenfalls mehrere Nächte. Die Grenze zwischen seßhaften und nichtseßhaften Obdachlosen war dabei keineswegs scharf zu ziehen. Dazwischen existierte insbesondere in den Ballungsgebieten eine Grauzone, die Emil Münsterberg die »unstete Bevölkerung der Großstädte« genannt hat[29]: Arbeits- und Mittellose, die ihre Wohnung nicht länger bezahlen konnten, die auf der Suche nach Arbeit oder sonstigen Erwerbsquellen durch die Armutsviertel trieben, sich in öffentlichen Anstalten durchzubringen suchten: vom Asyl in die Herberge zur Heimat, von dort in die Korrektionsanstalt, in die Krankenanstalt, in die Arbeiterkolonie, um schließlich im Polizeigewahrsam oder im Gefängnis zu enden. Knapp 450000 Männer, Frauen und Kinder erhielten im Berliner städtischen Obdach allein in der Abteilung für »nächtliche Obdachlose« 1893/94 für kurze Zeit Quartier.[30] Besonders stark war die Nachfrage im Winter, wenn die Arbeit knapp und die Kälte groß waren.

Beseitigen konnten die polizeilichen und fürsorgerischen Maßnahmen die Obdachlosigkeit nicht. Bevölkerungswachstum und Binnenwanderung, die Entstehung großstädtischer Ballungszentren bislang unbekannten Ausmaßes auf der einen, die Organisation der Wohnungsversorgung als kapitalistischer »Wohnungsmarkt«, die auf maximale Rendite und spekulative Profite ausgerichtet war, auf der anderen Seite, bewirkten eine strukturelle und anhaltende Wohnungsknappheit, von der die Armen, die Arbeiter und insbesondere die kinderreichen Familien am nachhaltigsten betroffen waren. Die »Wohnungsfrage« wurde bis zum Beginn des 20. Jahrhunderts zum beherrschenden sozialpolitischen Thema, das eine ganze Reihe von bürgerlichen Reformbestrebungen und Reformmaßnahmen gerade auch der Städte auf den Plan rief:

Der »Bund Deutscher Bodenreformer« (gegründet 1898) trat dafür ein, »daß der Grund und Boden, diese Grundlage aller nationalen Existenz, unter ein Recht gestellt werde, das seinen

Gebrauch als Werk- und Wohnstätte befördert, das jeden Mißbrauch mit ihm ausschließt und das die Wertsteigerung, die er ohne die Arbeit des einzelnen erhält, möglichst dem Volksganzen nutzbar macht«.[31] Der »Bund« konnte mit der Anwendung des Kommunalabgabengesetzes in Preußen (1893) und mit der Einführung des Zuwachssteuergesetzes des Deutschen Reiches (1911) gewisse Erfolge im Kampf gegen spekulative Steigerungen des Bodenpreises erzielen. Als erste führte die Stadt Frankfurt am Main 1904 die Zuwachssteuer bei Bodenbesitzwechsel ein, mehrere Berliner Vorstädte, Breslau und andere Städte folgten.[32]

Der ebenfalls 1898 gegründete »Verein Reichswohnungsgesetz« – ab 1904 »Deutscher Verein für Wohnungsreform« genannt – wollte vor allem durch wissenschaftliche Tätigkeit, durch Agitation, Schaffung und Förderung von Organisationen u.ä. auf eine Verbesserung der Wohnungsverhältnisse im ganzen Reich hinwirken. Sein Hauptziel, die Schaffung eines Reichswohnungsgesetzes, hat der Verein allerdings nie erreicht. Immerhin wurden in einer ganzen Reihe von deutschen Staaten derartige Wohnungsgesetze erlassen, und das Wirken des Vereins hat sicherlich mit dazu beigetragen, daß Wohnungsinspektion und Wohnungspflege sich seit dem Ende des Jahrhunderts zu eigenständigen kommunalen Fürsorgezweigen entwickelten.[33]

In der zweiten Hälfte des 19. Jahrhunderts entstanden in Deutschland die ersten gemeinnützigen Bauvereine und Baugenossenschaften. Diese setzten nicht – wie die Bodenreformer – am Boden-, sondern am Baupreis an. Sie versuchten, durch Standardisierung und Massenbau die Kosten niedrig zu halten, um so auch für Arbeiter erschwingliche, angemessene Wohnungen zu erstellen. Aufschwung erhielt diese Bewegung seit dem Bestehen der gesetzlichen Invalidenversicherung dadurch, daß die kapitalkräftigen Versicherungsanstalten zinsgünstige Darlehen gewährten und damit zur Verbilligung des Wohnungsbaues beitrugen.

Schon vor dem Inkrafttreten entsprechender gesetzlicher Regelungen begannen eine Reihe deutscher Städte über die herkömmliche Obdachlosenfürsorge hinaus zusätzliche Maßnahmen zur Bekämpfung des Wohnungselends der armen und arbeitenden Bevölkerungsschichten zu entwickeln. Zwei »Maßnahmen-Bündel« sind dabei zu unterscheiden. Einmal die »Wohnungsfürsorge«, zum anderen »Wohnungsaufsicht und Wohnungspflege«. Unter Wohnungsfürsorge wurden dabei die verschiedenen Formen der Förderung des Neubaus von Wohnungen verstanden. »Der letzte Zweck kommunaler Wohnungsfürsorge ist die Beschaffung gesunder, ausreichender Wohngelegenheiten zu angemessenen Mietpreisen, insbesondere für die arbeitenden Klassen.«[34] Neben dem Eigenbau durch die Gemeinde – sei es zum Verkauf, sei es zur Vermietung (insbesondere an die kommunalen Arbeiter und Angestellten oder spezifische Problemgruppen wie Lungenkranke, Kinderreiche, Alte) – kam hier die Förderung und Unterstützung des gemeinnützigen Wohnungsbaus durch Bereitstellung billigen Bodens und/oder günstige Kreditmöglichkeiten in Betracht. In diesen Zusammenhang gehören auch die von der Kommunalverwaltung initiierten Gründungen von privatrechtlichen Wohnungsbaugesellschaften wie der 1888 auf Initiative von Karl Flesch ins Leben gerufenen Aktienbaugesellschaft für kleine Wohnungen in Frankfurt. Flesch strebte damit nicht nur billigen Wohnraum, sondern auch die von ihm so genannten »Wohnergänzungen« an[35]: Gemeinschaftseinrichtungen wie Lesesäle, Vereinszimmer, Kinderkrippen und Horte, Bade- und Wascheinrichtungen wie auch Mitbestimmungsmöglichkeiten für die Bewohner. Durch die Aktienbaugesellschaft wurde vieles und für die damalige Zeit vorbildlich verwirklicht.

Wohnungsaufsicht und Wohnungspflege beabsichtigten dagegen eine Verbesserung bzw. Erhaltung des bestehenden Wohnraumes: die Wohnungsaufsicht durch Überwachung mit dem Ziel der Verhinderung oder Beseitigung *baulicher* Mängel, die Wohnungspflege durch Beaufsichtigung und Beratung zum Zweck der Verhinderung oder Beseitigung von sogenannten *Benutzungs*mängeln. Die Durchführung von Wohnungsaufsicht und Wohnungspflege wurde besonderen kommunalen Wohnungsämtern übertragen, die außerdem die Wohnungsstatistik anlegen und führen sowie Anregungen im weitesten Sinne zur Förderung des Wohnungswesens, insbesondere der kommunalen Wohnungsfürsorge liefern sollten. Das erste Wohnungsamt in Deutschland wurde 1899 in Essen gegründet, es folgten in den nächsten Jahren Bielefeld, Breslau, Dortmund, Dresden, Charlottenburg 1911, Frankfurt 1912 und Berlin 1913.[36]

Mit dem Ausbau von Wohnungsaufsicht und Wohnungspflege in den Großstädten wurde früh schon die Forderung nach hauptamtlichen Mitarbeitern für diesen Bereich erhoben. Ehrenamtliches Engagement allein würde den zeitraubenden Anforderungen der

Tätigkeit nicht gerecht. Für die Aufgaben der Wohnungs*aufsicht* wurden daher zunehmend hauptamtliche männliche Mitarbeiter mit einer – dem Aufgabenbereich entsprechenden – technischen Vorbildung eingestellt. Für die Aufgaben der Wohnungs*pflege* dagegen mit ihren primär sozialen und beratenden Aspekten wurden Frauen bevorzugt, die nach Möglichkeit eine Haushaltungsschule, später dann eine soziale Frauenschule besucht haben sollten.

Daß die Aufgaben insbesondere der Wohnungs*pflege* nur in enger Zusammenarbeit mit anderen Fürsorgezweigen: Säuglingsfürsorge, Kindergärten, Trinkerfürsorge, Tuberkulosefürsorge etc. wahrgenommen werden konnten, ist offensichtlich. So war das Bedürfnis nach einer besonderen Wohnungspflege entstanden, weil ansonsten andere Fürsorgemaßnahmen so lange wirkungslos blieben, wie die Wohnungszustände der Betroffenen nicht verändert werden konnten. Von der Wohnungsfürsorge ging daher eine gewisse Tendenz zur Vereinheitlichung der verschiedenen Fürsorgemaßnahmen aus, und sie gab noch vor dem Kriege die ersten Anstöße für eine systematische Zusammenfassung der verschiedenen Spezialfürsorgen in einer Hand unter dem Stichwort »Familienfürsorge«.[37]

Gesundheitsfürsorge

Öffentliche Maßnahmen von Städten und Gemeinden auf dem Gebiet der Gesundheitsfürsorge, der Seuchenbekämpfung und der Hygiene haben eine bis ins Mittelalter zurückreichende Tradition. Zur Überwachung der öffentlichen Gesundheit angestellte Stadtärzte sind in deutschen Städten bereits im 13. Jahrhundert nachweisbar und seit dem ausgehenden 16. Jahrhundert hatten zumindest die größeren deutschen Städte eigene Medicinalordnungen.[38] Neben der Seuchen- und Medizinalaufsicht zählte die unentgeltliche Behandlung der Armen zu den Aufgaben der Stadtärzte. Sie hatten also immer schon auch therapeutische Aufgaben im Rahmen der kommunalen Armenfürsorge.[39]

Industrialisierung und Verstädterung, die tiefgreifende Umwälzung vor allem der Arbeits- und Wohnungsbedingungen des sich formierenden Industrieproletariats stellten die deutschen Städte bis zum Ende des 19. Jahrhunderts vor völlig neuartige Gesundheitsprobleme von ebenso neuartigen Ausmaßen. § 1 des Preußischen Ausführungsgesetzes zum »Reichs-Gesetz über den Unterstützungswohnsitz« machte den Gemeinden die Behandlung von mittellosen Kranken zur Pflicht, ohne daß die traditionelle Armenfürsorge über die Mittel zur Bekämpfung von Seuchen und Epidemien wie der Cholera, von ansteckenden Massenkrankheiten wie der Lungentuberkulose oder Geschlechtskrankheiten verfügt hätte. Seit dem ausgehenden 19. Jahrhundert begannen daher wiederum zunächst die Großstädte mit dem Aufbau einer eigenständigen Gesundheitsfürsorge, die vom Odium der Armenfürsorge befreit werden sollte und zunehmend eigenständige, organisatorische Gestalt gewann. Dieser Ausbau kann als Prozeß der Ausdifferenzierung eines spezifischen Risikos »Krankheit« aus dem unspezifischen Armutsrisiko verstanden werden. Die kommunalen Einrichtungen und Maßnahmen konzentrierten sich in diesem Rahmen auf Risiken und Probleme, die von der gesetzlichen Krankenversicherung, die ja an den Status des Lohnarbeiters anknüpft, nicht erfaßt wurden. Sie bezogen sich einmal auf besonders gefährdete Adressatengruppen (die gerade Nicht-Lohnarbeiter waren): Säuglinge, Kleinkinder, Schüler, Schwangere und Wöchnerinnen; zum anderen auf besondere Krankheitstypen, die die Betroffenen oder die Öffentlichkeit spezifischen Gefährdungen aussetzten: Tuberkulose, Geschlechtskrankheiten, Alkoholismus, psychische Leiden, Körperbehinderungen.

Begleitet wurde der Ausbau kommunaler Gesundheitsfürsorge durch eine – zunächst vor allem von Ärzten und Ingenieuren getragene – Gesundheitsbewegung, die Hygiene und Sozialhygiene als eigenständige medizinische Disziplinen hervorbrachte. Ihr erstes Sprachrohr fand diese Bewegung in der *Deutschen Vierteljahresschrift für Öffentliche Gesundheitspflege*, die seit 1869 aus dem Kreise der im »Niederrheinischen Verein für öffentliche Gesundheitspflege« organisierten Ärzte um Georg Varrentrapp und Gustav Spiess herausgegeben wurde. In einem programmatischen Einführungsartikel entwickelte Carl Reclam die Arbeitsperspektiven:

»Die öffentliche Gesundheitspflege gewährt dem Gesetzgeber die ihm mangelnde Kenntnis von dem Umfange des Naturbedürfnisses, welches den Staatsbürgern gewahrt und gesichert werden muß, wenn durch ihre Leistungen das Gedeihen des Staates gewahrt und gesichert sein soll.
Zur Aufstellung des Naturbedürfnisses als Norm der Gesetzgebung gehört aber die exakte Feststellung desselben in Maß, Zahl und Gewicht.

Dies ist bereits in den letzten Jahren das Mühen aller strebsamen Hygieniker gewesen. Der Kubikraum guter Luft für Kranke, Schüler und Gefangene – die nöthige Quadratfläche für Gräber und die richtige Zeitdauer ihres Turnus nach der Bodenlast... die Quadratfläche Fensterglas für genügende Beleuchtung und die Heizfläche bestimmter Temperatur für genügende Erwärmung – das richtige Verhältnis zwischen Häuserhöhe und Straßenbreite, zwischen Bewohnerzahl, Baufläche und grüner Vegetation, sowie noch manches Andere... Diese Forderungen können nur von ärztlicher Seite erhoben werden, weil nur der physiologisch gebildete Arzt den Umfang und die Bedeutung des Naturbedürfnisses selbständig ermessen kann, mit dem nur er in jedem einzelnen Fall die Fragen zu stellen vermag, in deren Lösung er allerdings vielfach von Beihülfe der Mitstrebenden abhängig ist... Für diese Ausführungen müssen sich alle verbinden, welche an dem Bau der Gesundheitspflege als selbständiger Wissenschaft Interesse haben und welche auf einem Gebiete derselben Fachkenntnisse besitzen. Die Physiologen, Physiker und Chemiker liefern die Vorarbeiten; die Ärzte, Verwaltungsbeamten, Ingenieure, Bautechniker, Offiziere, Schiffskapitäne, Lehrer, Fabrikanten haben dieselben zu verwerten und durch ihre Einzelerfahrungen auszubauen.«[40]

Aus dem Kreis um die *Deutsche Vierteljahresschrift* entstand der 1873 gegründete »Deutsche Verein für öffentliche Gesundheitspflege«. Er versuchte, Reclams Programm in die Tat umzusetzen und vor allem mittels Untersuchungen und Enqueten auf Gesetzgeber und Kommunalverwaltungen Einfluß zu nehmen. Die dominanten Themen waren Wohnungswesen, Trinkwasserversorgung und Kanalisation, wo hygienische Maßnahmen zur Seuchenbekämpfung am dringendsten geboten schienen.

Im Rahmen dieser gesundheitspolitisch-hygienischen Bewegung entwickelten sich in der Folgezeit die Bakteriologie als medizinisch-naturwissenschaftliche Disziplin, die mit Robert Kochs Entdeckung des Tuberkelbazillus den wohl bedeutsamsten Erfolg erzielte und die es fortan ermöglichte, die stadthygienischen Bestrebungen mit soliden naturwissenschaftlichen Argumenten zu begründen und zu verbessern. Als gleichsam sozialwissenschaftliche Kehrseite begann sich die Sozialhygiene im engeren Sinne zu profilieren, die die Zusammenhänge von sozialen Lebensumständen und Gesundheit bzw. Krankheit in den Mittelpunkt ihrer Bemühungen stellte und nach der Jahrhundertwende, verstärkt dann in der Weimarer Republik, zunehmend Einfluß auf die kommunale Gesundheitsfürsorge gewann. Organisatorisch verfestigte sich die Sozialhygiene in einem eigenen Verein, dem »Verein für soziale Medizin, Hygiene und Sozialstatistik«, der 1905 in Berlin gegründet wurde. Die führenden Persönlichkeiten der Sozialhygiene waren sicherlich Alfred Grotjahn und Alfons Fischer. Sie fand (anders als sonstige bürgerliche Reformbestrebungen) aber auch in Kreisen sozialdemokratischer Ärzte und führender Sozialdemokraten Interesse. Ignaz Zadek, Benno Chajes, Friedrich Kleeis und Albert Kohn seien hier genannt.[41]

Gemeinsam war all den – im einzelnen heterogenen – geschilderten gesundheitspolitischen Bestrebungen der Versuch einer Humanisierung der Lebensverhältnisse der (insbesondere städtischen) Unterschichten durch eine »Verwissenschaftlichung des Alltags«. Gesundheit wurde primär als Resultat wissenschaftlicher Anstrengung verstanden und sollte daher mit wissenschaftlichen Argumenten und Maßnahmen verbessert werden. Die gesundheitspolitisch-hygienischen Forderungen hatten dabei eine doppelte Stoßrichtung: Sie wandten sich zum einen kritisch gegen eine gesellschaftliche Entwicklung, die einem Großteil der Bevölkerung das »Naturbedürfnis« vorenthielt, gleichzeitig aber auch gegen die angestammten Lebens- und Verhaltensgewohnheiten der Unterschichten im Umgang mit Krankheiten, Körperreinigung, Fäkalien, Essen und Trinken, kurz: dem eigenen Körper schlechthin. Die überkommenen Körpergewohnheiten wurden so einem »Normalisierungszwang« unterworfen, der gegen anhaltenden Widerstand durchgesetzt werden mußte.[42] Die Maßnahmen städtischer Hygiene und Sanierung, zeitgenössisch Stadt-Assanierung genannt, machten dabei den Anfang. Seit den späten fünfziger Jahren begannen die deutschen Großstädte mit der Anlage zentraler Trinkwasser-Versorgungssysteme: 1856 wurde in Berlin das erste Wasserwerk in Betrieb genommen, zunächst nur für die Rinnsteinbewässerung, ab 1860 gab es die ersten Hausanschlüsse. Dennoch dauerte es bis zur Jahrhundertwende, bis nahezu alle Berliner Wohnungen an das zentrale Netz angebunden waren. Mit dem Aufbau eines zentralen Kanalisationssystems wurde in Berlin in den siebziger Jahren begonnen; etwa 1885 war der überwiegende Teil der Berliner Häuser an die Kanalisation angeschlossen.[43] Ähnlich verlief die Entwicklung in anderen deutschen Großstädten, nicht jedoch auf dem Lande und in den Kleinstädten, wo noch um die Jahrhundertwende die seit Jahrzehnten kritisierten Mißstände bei der Trinkwasserversorgung und Abwasserbeseitigung vorherrschten.

Auch die zweite Phase gesundheitspolitischer Maßnahmen: der Aufbau von ambulanten Beratungs- und Behandlungsstellen für eine Vielzahl gesundheitlicher Probleme, beschränkte sich zunächst auf die Großstädte. An erster Stelle sind hier Maßnahmen zur Bekämpfung der Säuglingssterblichkeit zu nennen: die um die Jahrhundertwende beginnende Einrichtung von Mütter- und Säuglingsfürsorgestellen. 1905 wurden die ersten dieser Beratungsstellen in München und Berlin eröffnet.[44] 1907 gab es in ganz Deutschland bereits 73 derartige Institutionen.[45] Die Aufgabe der Säuglingsfürsorgestellen bestand in der gesundheitlichen Beratung und Betreuung von Mutter und Kind, möglichst von Geburt an. Die Mütter wurden angehalten, ihre Kinder möglichst selbst zu stillen – unterstützt wurde diese Aufforderung durch die Gewährung von Stillprämien. Für Säuglinge, die künstlich ernährt werden mußten, wurde hygienisch einwandfreie nahrhafte Kindermilch ausgegeben. Die Arbeit der Beratungsstellen, die eigentümliche Mischung aus Beratung, Betreuung und »Zwangssozialisation« wird in einem zeitgenössischen Bericht plastisch verdeutlicht:

»Hier im Beratungszimmer walten die Ärzte ihres Amtes. Der Säugling wird inspiziert, bei irgendwelchen Störungen genau untersucht, der Befund kurz im Journal notiert und darauf der Mutter aufs eingehendste Aufklärung, Belehrung, Anordnung zuteil. Zweifellos ruht in dieser Unterhaltung der Kern der Wirkung, welche die Säuglingsfürsorgestelle ausübt... Der Arzt also belehrt die Mutter (oder Haltefrau) des Kindes aufs eingehendste und versichert sich durch Zwischenfragen des mütterlichen Verständnisses. Das Hauptgerüst wird auf die mündliche Beratung gelegt, Merkblätter werden indes zu ihrer Unterstützung nicht verschmäht... Der Arzt trägt ferner die Ordination, soweit sie Leistungen der Fürsorgestelle betrifft, in eine dafür vorhandene Rubrik der Gewichtstabelle ein, also bei stillender Mutter die Höhe der Geldunterstützung oder die ihr zugebilligte Milchquantität usw.; bei künstlich genährten Säuglingen wird hier die Menge der Milch, sowie der Preis, den die Mutter dafür zahlen soll, eingetragen. Die Journale wandern in einen anderen Raum, das Abfertigungszimmer. Hier händigt die Schwester, den Anordnungen des Arztes entsprechend, den Müttern gegen Quittung die Stillunterstützung aus oder diese erhalten einen Ausweis, der sie für eine bestimmte Zahl von Tagen zum Abholen einer bestimmten Milchmenge beim Milchlieferanten berechtigt. Hiermit ist die Frau entlassen mit dem ausdrücklichen Hinweis, sich nach einer bestimmten Frist (von 8-14 Tagen) wieder vorzustellen; auch werden ihr Milchmarken oder Geldunterstützungen nur für diese

Frist ausgehändigt; der Frau wird eingeschärft, aber auch vorher sogleich die Fürsorgestelle aufzusuchen, falls im Befinden des Kindes irgendwelche Störungen auftreten sollten.«

Flankiert wurde die ärztliche Beratung durch die Arbeit der »Recherche-Schwester«, die die Wohnungen der Klienten aufsuchte, um sich ein Bild von deren sozialer Lage zu machen, aber auch, um die Durchführung der ärztlichen Anordnungen zu kontrollieren.

»Es fehlt den Müttern öfter an gutem Willen hierzu, öfters an der Fähigkeit... Mütter, die andauernd die ärztliche Anordnung unbeachtet lassen, werden nicht weiter behandelt... Die Fürsorgestelle hat das größte Interesse daran, die Autorität des Arztes zu stärken und den Müttern den Unterschied zwischen dem sachkundigen, wohlüberlegten Rat des Arztes und den unverbindlichen und unüberlegten Meinungen der Nachbarinnen und Großmütter darzutun.«[46]

Im Zentrum der Säuglingsfürsorge stand also die Tätigkeit des Arztes, daneben wurden aber berufliche Pflegerinnen im Innen- und Außendienst (»Recherche«) beschäftigt, die für die reibungs- lose Durchführung ärztlicher Anordnungen zuständig waren. Ergänzt wurde die Säuglingsfürsorge durch die Fürsorge für Wöchnerinnen, mit deren Aufbau bereits eine ganze Reihe von Städten begonnen hatten.[47]

Daneben ist die kommunale Fürsorge für die Gesundheit von Schulkindern zu erwähnen. Dazu zählten schulärztliche Untersu- chungen, besondere zahnärztliche Untersuchungen und Behand- lungen, die Einrichtung von Schulbrausebädern, gesundheitliche und hygienische Aufklärung und Unterweisung und schließlich und vor allem die Schulspeisung, d. h. die unentgeltliche Gewäh- rung von Frühstück und Mittagessen an bedürftige Kinder. Schul- speisungen wurden ursprünglich vorwiegend von privatwohltäti- gen Vereinigungen organisiert, seit der Jahrhundertwende zuneh- mend aber auch in kommunale Verantwortung übernommen. Hier wurde das eingangs erwähnte Problem, diese gesundheitsfürsorge- rische Maßnahme außerhalb der Armenfürsorge zu organisieren, besonders drängend, da die Inanspruchnahme von Leistungen der Schulspeisung sonst negative Auswirkungen für die Eltern der Schüler haben konnte und daher von diesen zum Schaden der Kinder möglicherweise verhindert würde.[48]

Weiter ist hier auf Maßnahmen zur Bekämpfung bestimmter

Datum: ....   **Säuglingsfürsorgestelle Nr. V.**   Nr. ....

Name des Kindes:... geb. am: ....

Ehel.: ....   Wohnung der Eltern: ....

Unehel.: ....   In Pflege bei: ....

Name des Vaters bezw. d. Mutter: ....

Ledig, verh., eheverl., verwitw.: ....

Tag u. Ort d. Geburt d. Vaters: ....

Tag u. Ort d. Geburt d. Mutter: ....

Seit wann in Berlin: ....

Beruf (möglichst speziell): ....

Wochenverdienst: .... Regelm.: .... Schulden: ....

Verdienst der Frau: .... Abverm.: .... für .... Mk.

Monatliche Miete: ....

Wieviel Kinder: .... wie alt: ....

Grund der Bedürftigkeit: ....

....

....

Lage der Wohnung (Himmelsrichtung): ....

Wieviel Räume: ....

Größe der Räume

Raum	Fenster — Fläche	Länge	Breite	Höhe
„	„ — „	„	„	„ ......
„	„ — „	„	„	„ ......
„	„ — „	„	„	„ ......

	a	b	c	d
Bodenfläche				
Kubikinhalt				
% Fensterfläche der Bodenfläche				

Wieviel Personen teilen den Raum mit dem Säugling bei Tage: .... bei Nacht: ....

Beschaffenheit der Wohnung: durchlüftbar, teilw. durchlüftbar, undurchlüftbar, hell, dunkel, feucht, sauber, heiß, kalt.

Wieviel Betten: .... Wo schläft der Säugling: ....

Wird im Zimmer gekocht: .... Wo ist die Wasserleitung: ....

Haltung des Kindes: ....

Nahrung: ....

Auskunft von: ....

Recherche-Bogen einer Säuglingsfürsorgestelle

Krankheiten zu verweisen. Im Vordergrund stand dabei die Tuberkulose, die sich um die Jahrhundertwende zur vorrangigen Proletarierkrankheit entwickelt hatte; zu ihrer Bekämpfung wurden kommunale Fürsorgestellen für Lungenkranke eingerichtet.

»Die eigentliche Fürsorgetätigkeit in den Familien wird durch den Hausarzt bzw. den Armenarzt mit Hilfe von vier Fürsorgeschwestern ausgeübt... Das Schwergewicht wird dabei einmal auf die Wohnungshygiene und dann auf das frühzeitige Erkennen der Anfangsstadien der Tuberkulose in der Umgebung des Kranken gelegt. In zahlreichen Fällen wird durch Mietbeihilfen das Anmieten einer besseren und größeren Wohnung ermöglicht. Die leichter Erkrankten werden dem Hospital, einer Lungenheilstätte oder einer Walderholungsstätte zur Heilung überwiesen. Für die schwerer Erkrankten kommt die Überweisung ins Hospital oder ins Tuberkuloseheim infrage. In ihrer Wohnung werden die an offener Tuberkulose Erkrankten nach Möglichkeit so isoliert, daß sie für ihre Umgebung ungefährlich werden. Dies wird zu erreichen gesucht durch besondere Schlafzimmer, zumindest aber besondere Betten, besonderes Eß- und Trinkgeschirr, Belehrung über die unschädliche Beseitigung des Auswurfs und dergleichen.«[49]

Auch hier also wieder das Zusammenspiel von ärztlicher Oberverantwortung und einer spezifischen Fürsorgetätigkeit, die von beruflichen und bezahlten Pflegerinnen wahrgenommen wurde. Daneben wurden Fürsorgestellen für Alkoholkranke eingerichtet, besondere Beratungen für Körperbehinderte (Krüppelfürsorge) und psychisch Kranke (Pschopathenfürsorge) aufgebaut.[50] Insgesamt entstand so in den großen deutschen Städten eine Vielfalt gesundheitsfürsorgerischer Maßnahmen und Einrichtungen. Kompliziert wurde die Situation dadurch, daß es neben den kommunalen noch privatwohltätige Einrichtungen der Gesundheitsfürsorge gab und schließlich die staatliche Medizinalaufsicht, die in Preußen durch das Gesetz betreffend die Dienstaufgaben des Kreisarztes vom 16. September 1899 neu geregelt worden war. Dieses Gesetz wies nun auch dem *staatlichen* Gesundheitswesen gesundheitsfürsorgerische Aufgaben zu, schrieb die Bildung von sogenannten Gesundheitskommissionen in Städten über 50000 Einwohnern zwingend vor und ermöglichte schließlich die organisatorische Verzahnung des staatlichen mit dem kommunalen Gesundheitswesen, so daß sich eine fast unüberschaubare Vielfalt von Organisationsformen in den verschiedenen Gemeinden und Kreisen herausbildete.[51] Diese verwirrende Situation wurde häufig als unproduktiv und einer rationellen Fürsorgetätigkeit abträglich beklagt, als Alternative die Zusammenfassung der verschiedenen Maßnahmen der Gesundheitsfürsorge in einer einheitlichen kommunalen Organisation gefordert[52]: die Schaffung kommunaler Gesundheitsämter unter ärztlicher Leitung. Dennoch fanden entsprechende Gründungen vor dem Ersten Weltkrieg nur selten statt. Das Gesundheitsamt als zusammenfassende Organisation des kommunalen Gesundheitswesens setzte sich erst in der Weimarer Republik durch.[53]

Jugendfürsorge

Industrialisierung und Verstädterung, die dominanten sozialen Entwicklungen in Deutschland in der zweiten Hälfte des 19. Jahrhunderts, hatten außerordentlich schwerwiegende Folgen für die Jugend der von den sozialen Entwurzelungs- und Umschichtungsprozessen betroffenen Bevölkerungsschichten. Gegenüber diesem »Erziehungsnotstand« hatte die herkömmliche Armenfürsorge kaum geeignete Maßnahmen und Leistungen ausgebildet. Aufwendungen für Erziehung und Ausbildung von Kindern und Jugendlichen gehörten nur in einigen deutschen Staaten zu den gesetzlichen Aufgaben der Armenfürsorge. In zahlreichen anderen, namentlich in Preußen, dagegen nicht. Kinder und Jugendliche wurden dort nur von der Armenfürsorge miterfaßt, soweit es sich um materielle Notstände handelte.[54]

Die Entwicklung eines eigenständigen Bereiches der Kinder- und Jugendfürsorge, der die Notlagen der Kinder und Jugendlichen vor allem als erzieherische Notstände begriff, vollzog sich in Deutschland daher zu guten Teilen außerhalb der Armenfürsorge im engeren Sinne, sei es auf der Grundlage spezialgesetzlicher Regelungen, sei es als freiwillige Leistungen von Armenverbänden oder privaten Wohltätigkeitsvereinen. Kristallisationspunkt der zeitgenössischen Diskussionen und Reformansätze war auch in diesem Bereich der »Deutsche Verein für Armenpflege und Wohltätigkeit«, der die verschiedenen Probleme der Kinder- und Jugendfürsorge wiederholt zum Gegenstand seiner Jahresversammlungen machte sowie Berichte und Enqueten anfertigen ließ. So konnte Emil Münsterberg 1905 in seinem Generalbericht über die Tätigkeit des »Deutschen Vereins« in seinen ersten 25 Jahren feststellen: »Kaum ein Gegenstand ist mit gleicher Ausführlichkeit und gewiß keiner vom Verein mit größerer Liebe behandelt worden als Schutz und Fürsorge für Kinder.«[55]

Um die Jahrhundertwende existierten – einstweilen ohne zusammenfassende Organisation und gesetzliche Grundlage – bereits eine Fülle von Ansätzen und Versuchen in diesem Bereich. Wegbereiter waren auch hier einige Großstädte, während die kleinen Armenverbände insbesondere auf dem Lande aufgrund ihrer geringen Leistungsfähigkeit ihre Maßnahmen auf das unabdingbare Minimum beschränkten. Seit der Jahrhundertwende kam es dann in Deutschland zu einer regelrechten »Jugendfürsorgebewegung«, die Jugendfürsorge als Aufgabe öffentlicher Erziehung begriff und auf eine organisatorische Vereinheitlichung der zersplitterten Ansätze unter diesem Aspekt drängte. Zunächst jedoch einen Blick auf den Beginn der Entwicklungen in den einzelnen Bereichen:

Die *Fürsorgeerziehung*, d. h. öffentliche Zwangserziehungsmaßnahmen für »verwahrloste« Jugendliche, ist aus den Ansätzen zu einer strafrechtlichen Sonderbehandlung von Kindern und Jugendlichen hervorgegangen, die erstmals im Reichsstrafgesetzbuch von 1871 enthalten waren: Kinder bis zum vollendeten 12. Lebensjahr waren nicht, Jugendliche bis zum vollendeten 18. Lebensjahr nur bedingt strafmündig. Der durch die Novelle von 1876 ergänzte § 55 RStGB sah vor, daß Kinder unter 12 Jahren nach Maßgabe landesrechtlicher Vorschriften in einer Erziehungs- oder Besserungsanstalt untergebracht werden konnten, wenn durch die zuständige *Vormundschafts*behörde (nicht den Strafrichter!) die Begehung einer Straftat festgestellt wurde. Auf der Grundlage von § 65 RStGB ergingen dann in der Folge in zahlreichen deutschen Staaten Ausführungsgesetze. Während etliche dieser Gesetze über die engeren Ausführungsbestimmungen zu § 55 hinaus die Grundlage zum Einschreiten bei Vernachlässigung von Kindern oder Mißbrauch der elterlichen Gewalt vorsahen, beschränkte das preußische Zwangserziehungsgesetz vom 13. März 1878 die Möglichkeiten der Anordnung von öffentlicher Zwangserziehung auf Fälle des Vorliegens strafbarer Handlungen durch Kinder unter 12 Jahren. Dieses Gesetz ist dennoch für die Entwicklung der Fürsorgeerziehung von Bedeutung, weil es erstmals spezifische Erziehungsbehörden vorsah: die Provinzialverbände, die Fürsorgeerziehung also ausdrücklich außerhalb der Armenfürsorge ansiedelte.

Mit dem Inkrafttreten des BGB am 1. 1. 1900 wurde die elterliche Gewalt erstmals reichseinheitlich geregelt. Maßnahmen der öffentlichen Zwangserziehung waren nach den privatrechtlichen Regelungen des BGB nur möglich, wenn ein Mißbrauch der elterlichen Gewalt (§ 1666) oder ein Versagen des Vormunds (§ 1838) vorlag. Artikel 135 des Einführungsgesetzes zum BGB ließ aber daneben dem Landesgesetzgeber die Möglichkeit offen, die Fürsorgeerziehung auch in weiteren Fällen vorzunehmen, soweit sie zur Abwendung des »völligen sittlichen Verderbens« erforderlich war. Auf der Grundlage von Artikel 135 EGBGB ergingen nun erneut Länderausführungsgesetze, von denen wohl das berühmteste das preußische »Gesetz für die Fürsorgeerziehung Minderjähriger« vom 2. Juli 1900 ist. Dieses Gesetz verdient Beachtung nicht nur wegen seiner »modernen« Terminologie: Fürsorgeerziehung statt Zwangserziehung, sondern auch weil es in Grundzügen, insbesondere bezüglich des Verfahrens, die späteren Regelungen des RJWG von 1922 bereits vorwegnahm.[56] Ausführungsbehörden blieben die Provinzen, die Fürsorgeerziehung blieb also aus der Zuständigkeit der lokalen Armenverbände ausgenommen.[57] Das Gesetz sah ausdrücklich vor, daß das Beziehen von Fürsorgeerziehungsleistungen nicht die negativen Sanktionen der Inanspruchnahme von Armenfürsorgen nach sich zog. Die Gemeindevorstände, die diese Aufgaben zumeist den Armenverwaltungen übertrugen, wirkten aber durch Antrags- und Anhörungsrechte im Verfahren mit.

Die öffentliche Fürsorge für *Pflegekinder* (zeitgenössisch Zieh- oder Haltekinder genannt), also für Kinder, die in fremden Familien zur Pflege untergebracht waren, ist ihrer Herkunft nach polizeirechtlicher Natur. Sie ist im Kontext von Maßnahmen zur Bekämpfung der Säuglingssterblichkeit zu sehen. Bereits 1840 hatte ein Bericht des preußischen Innenministers die traurige Lage der Ziehkinder in Berlin in schwärzesten Farben geschildert. Daraufhin ergingen – zunächst für Berlin, später in den übrigen Landesteilen – Verfügungen, die die Aufnahme von Zieh- oder Haltekindern von einer polizeilichen Erlaubnis abhängig machten. § 6 der Reichsgewerbeordnung vom 17. Juni 1869 nahm die Erziehung und Pflege von Kindern gegen Entgelt reichseinheitlich von der Gewerbefreiheit aus und gab dadurch dem Landesgesetzgeber bzw. den lokalen Polizeibehörden die Möglichkeit, Pflegestellen polizeilicher Aufsicht zu unterwerfen. Von daher war also eine polizeiliche Zuständigkeit für die Aufsicht über die Zieh- und Haltekinder gegeben.[58] Da ein Großteil der Ziehkinder nicht-ehelich geboren oder Waisen waren und daher unter Vormundschaft standen, hat die Pflegekinder-Problematik auch noch einen vormundschaftsrechtlichen Aspekt. Die vormundschaftsrechtlichen Regelungen im BGB entsprachen weitgehend denen der preußischen Vormundschaftsordnung vom 5. Juli 1875. Danach war die zentrale Behörde in allen Vormundschaftssachen das Vormundschaftsgericht als Teil des Amtsgerichts. Ihm war als Hilfsorgan der sogenannte Gemeindewaisenrat zur Seite gestellt. Seine Aufgabe war die Beaufsichtigung von Vormund und Mündel zur Unterstützung des Vormundschaftsgerichts. Die Organisation der Gemeindewaisenräte im einzelnen war Sache der Landesgesetzgebung, die häufig die Städte und Gemeinden ermächtigte, die Aufgaben des Gemeindewaisenrates auf die Armenverwaltung zu übertragen. Aufgrund seiner vormundschaftsrechtlichen Aufgaben war der Gemeindewaisenrat auch für die Aufsicht der Pflegestellen zuständig, so daß sich eine Doppelzuständigkeit ergab, die allgemein als untunlich angesehen wurde.[59]

»Die Zweiteilung der Aufsichtsinstanzen bewirkt, daß viele Ziehmütter sich der Kontrolle ohne Schwierigkeiten entziehen können. Dabei machen sie sich die in vielen deutschen Staaten geltende Vorschrift zu Nutze, daß Ziehmütter, welche Kinder unentgeltlich aufgenommen haben, von der Aufsicht befreit sein sollen. Ob die Angaben über die unentgeltliche Aufnahme richtig und die Motive zur Aufnahme lauter sind, wird dabei sehr oberflächlich oder gar nicht geprüft.«[60]

Insbesondere in den Städten wurden verschiedenartige Versuche gemacht, diesen unzuträglichen Zustand zu überwinden.

»In Berlin ist nun der Ausgleich getroffen, daß die Beaufsichtigung durch den Gemeindewaisenrat ruht, solange die Polizei die Kinder beaufsichtigt. Es ist aber augenscheinlich, daß dieser Modus den Vorschriften des bürgerlichen Gesetzbuches, welches den Gemeindewaisenräten die Beaufsichtigung der Mündel vorschreibt, nicht entspricht ... In Halle a. d. S. ist, um Kollisionen zwischen den Polizeiorganen und dem Gemeindewaisenrat zu vermeiden, der Ausweg getroffen, daß die Funktionen der Polizeibehörde, soweit sie sich auf Konzessionierung und Beaufsichtigung des Ziehkinderwesens erstrecken, dem Leiter des Armenwesens, der zugleich die Geschäfte des Gemeindewaisenrats zu leiten hat, zu übertragen sind. Damit ist eine einheitliche Beaufsichtigung gesichert ... In Hamburg sind durch Gesetz die Wirkungskreise der Polizeibehörde und der Waisenpflege dahin abgegrenzt, daß die Polizeibehörde die Aufgabe der Konzessionierung, die Waisenpflegebehörde die der Beaufsichtigung des Kostkinderwesens hat. Theoretisch sind bei diesem Verhältnis Konflikte möglich, indem z. B. eine Pflegestelle, die von der Polizeibehörde genehmigt ist, von der Waisenpflegebehörde als mangelhaft bezeichnet wird. Solche Konflikte sind aber dadurch ausgeschaltet, daß die Polizeibehörde vor Erteilung der Erlaubnis zum Halten von Kostkindern ein Gutachten der später die Aufsicht führenden Waisenpflegebehörde einholt.«[61]

Wegweisend für die Weiterentwicklung des Ziehkinderwesens von der überwiegend polizeilich verstandenen Aufsicht zu einem fürsorgerischen Leistungsangebot war die Organisation in der Stadt Leipzig. Dort hatte 1883 der Arzt Dr. Max Taube die Leitung der bereits 1825 gegründeten Ziehkinderanstalt übernommen und diese in der Folge beispielhaft ausgebaut.

»Das Ziehkinderwesen untersteht dem Armenamt. Neben der polizeilichen Anmeldung sind alle Einwohner, welche uneheliche Kinder in Pflege nehmen, verpflichtet, das Kind am nächsten Freitag Nachmittag unter Vorlegung der notwendigen Papiere betreffend Herkunft des Kindes an der Amtsstelle des Armenamtes anzumelden; die Kinder sind, soweit es das Wetter und der Gesundheitszustand erlaubt, mitzubringen. Zugegen sind der Ziehkinderarzt, die acht besoldeten Pflegerinnen und ein Beamter zur Besorgung der schriftlichen Arbeiten. Das Kind wird untersucht, Unregelmäßigkeiten besprochen und dabei die Kenntnisse der Pflegerinnen über das gesunde und kranke Kind zu erweitern gesucht: denn das Erkennen von Krankheiten und vom mangelhaften Gedeihen des Kindes ist für die Stellung der Pflegerinnen erforderlich, die Mehrzahl der Ziehmütter verlangt Rat und Hilfe. Auch schwächliche und kranke Kinder werden an diesem Tag vorgestellt. Der Registrator bewirkt eine Aufnahme über Kind, Eltern und Zieheltern. In den nächsten Tagen wird dann das Kind von der Pflegerin besucht. Sie besichtigt genau die Wohnung, das Kind, dessen Lager und Kleidungsstücke, Nahrung sowie die dazugehörigen Gegenstände. Gedeiht das Kind bei der dargereichten Nahrung, so ist dagegen nichts einzuwenden, eine allgemein gleichmäßige Nahrung ist nicht einzuführen, die Kinder müssen individuell behandelt werden. Über den Befund erstattet die Pflegerin kurzen Bericht, ungeeignete Familien werden vom Arzt besucht und nötigenfalls Wegnahme des Kindes beantragt. Jedes der Syphilis verdächtige Kind wird sofort gemeldet und ins Krankenhaus geschrieben. Um arme und schwächliche Kinder zu unterstützen, stehen zum Ankauf von Wein, Lebertran, Kindernährmitteln und Kleidungsstücken aus einer Stiftung 1.000 Mark jährlich zur Verfügung. Die Kontrollbesuche der Pflegerin finden bei schwächlichen Kindern mehrere Male, sonst einmal monatlich statt. Der Besuch wird in das bei den Leuten befindliche

Ziehkinderbuch eingetragen, einen Personalbogen führt die Pflegerin. Alljährlich finden Ziehkindervorstellungen statt, bei denen Ziehmütter, die sich mit besonderer Hingabe und besonderem Erfolg der Pflege unterzogen haben, Prämien erhalten.«[62]

Beispielhaft war auch die Lösung der – wie erwähnt – mit dem Ziehkinderwesen verbundenen vormundschaftsrechtlichen Probleme. Die vormundschaftsrechtlichen Regelungen der verschiedenen deutschen Staaten vor Inkrafttreten des BGB ging grundsätzlich von der Einzelvormundschaft (der Übertragung der Aufgaben des Vormunds für ein Kind auf eine einzelne Person) aus. Daneben gab es allerdings die Tradition der Anstaltsvormundschaft, d. h., die in einer Anstalt untergebrachten Kinder unterstanden der Vormundschaft des Leiters der Anstalt. An diese Tradition knüpfte Taube an und entwickelte sie zur Berufsvormundschaft weiter: für alle der Ziehkinderanstalt unterstellten Kinder übernahm grundsätzlich der Leiter die Vormundschaft. Zunächst wurden nur die gegen Entgelt in fremden Familien lebenden Kinder erfaßt, später auch die bei Verwandten lebenden, und 1900 schließlich wurde das System auf alle in Leipzig lebenden nicht-ehelichen Kinder ausgedehnt, gleich ob sie zur Pflege untergebracht waren oder bei der Mutter wohnten. Es handelte sich hier also um einen direkten Vorläufer der gesetzlichen Amtsvormundschaft des Jugendamtes über nicht-eheliche Kinder, die das RJWG einführte.[63]

Um die Jahrhundertwende – so läßt sich resümieren – gab es in den deutschen Großstädten auf allen Gebieten der Kinder- und Jugendfürsorge neue Ansätze und innovative Bemühungen. Neben den bereits geschilderten Entwicklungen der Fürsorgeerziehung, des Ziehkinderwesens und der Berufsvormundschaft ist insbesondere auf die im Rahmen der Gesundheitsfürsorge bereits erwähnten zahlreichen Anstrengungen der Säuglingsfürsorge, auf den Gebieten der Mütterberatung, der Säuglingsernährung und -erholung sowie auf die Bemühungen um die Einrichtung von Schulspeisungen, Schülererholung und Kinderhorten zu verweisen.

Das Ergebnis dieser vielfältigen Bemühungen war eine hochgradige organisatorische Zersplitterung der Kinder- und Jugendfürsorge. Verschiedene öffentliche Behörden: Polizei, Armenverwaltung, Gemeindewaisenrat, Fürsorgeerziehungsbehörden arbeiteten nebeneinander her, zusätzlich noch eine Fülle privat-wohltätiger Vereine und Einrichtungen. Die organisatorische Vereinheitlichung wurde daher seit etwa 1900 immer deutlicher zum Leitthema neuer Reformbestrebungen. Damit verbunden war die Forderung nach Loslösung der neuen Aufgaben der Jugend- von der Armenfürsorge, deren administrativer Unterbau – wie oben dargestellt – immer noch die wichtigste organisatorische Grundlage der neuen Fürsorgeaufgaben für Kinder und Jugendliche bildete. Die praktischen Reformansätze, die versuchten, dieser doppelten Aufgabe – Loslösung von der Armenfürsorge und organisatorische Zusammenfassung in einer einheitlichen Verwaltung – gerecht zu werden, zentrierten sich dabei um die Weiterentwicklung der Berufsvormundschaft. Seit der Jahrhundertwende wurden in einigen Städten Einrichtungen ähnlich der Taubeschen Ziehkinderanstalt in Leipzig ins Leben gerufen. Der Wortführer dieser Bewegung war Christian Jasper Klumker, der in zahlreichen Schriften immer wieder betonte, daß eine erzieherisch verstandene und arbeitende Berufsvormundschaft am besten geeignet sei, den Sammelpunkt, alle Aufgaben der Kinder- und Jugendfürsorge und die Grundlage ihrer planvollen Organisation zu bilden.[64] Im Jahre 1906 gründete Klumker das »Archiv Deutscher Berufsvormünder« und schuf damit ein organisatorisches Zentrum für seine Bestrebungen.[65]

In seinem umfangreichen Bericht über *Die Organisation der Jugendfürsorge* für die Jahresversammlung des »Deutschen Vereins« im Jahre 1910 erhob der Mainzer Bürgermeister Georg Schmidt erstmals ausdrücklich die Forderung nach einem eigenständigen Jugendamt, das er »Städtische Zentrale für Jugendfürsorge« nannte.[66] Bereits im selben Jahr wurde in Hamburg eine solche Behörde unter dem Titel »Behörde für öffentliche Jugendfürsorge« und unter Leitung des bisherigen Waisenhausdirektors Johannes Petersen institutionalisiert. Schmidt selbst hatte schon 1909 in Mainz eine ähnliche Einrichtung geschaffen, Breslau und Lübeck folgten 1912 und 1913. Bis zum Ersten Weltkrieg gab es also schon mehrere solcher Behörden, die der Kinder- und Jugendfürsorge als eigenständigem Fürsorgebereich außerhalb der Armenfürsorge ein organisatorisches Profil verliehen, lange bevor das RJWG von 1922 dem Jugendamt eine einheitliche Rechtsgrundlage für das ganze Deutsche Reich gab.[67]

Für unseren Zusammenhang sind die geschilderten Entwicklungen im Bereich der Kinder- und Jugendfürsorge deshalb wichtig, weil aus diesem Bereich ein besonderer Bedarf an beruflichen und ausgebildeten Fachkräften artikuliert wurde. Insbesondere in der Säuglingsfürsorge und im Ziehkinderwesen wurde die ehrenamtliche Tätigkeit als ungenügend angesehen und neben dem Arzt »als Mittelpunkt der Aufsicht« die geschulte Fürsorgerin gefordert:

»So sehr die freiwillige Pflege von wohltätigen Frauenvereinen an sich anerkannt werden muß, für die Pflegekinder ist dieselbe nicht mit Nutzen anwendbar. Es sind in der Mehrzahl kleinste Kinder, welche die Beaufsichtigung erfordern. Es handelt sich nicht allein um Reinlichkeit und moralische Erziehung, sondern vor allem um die Unterstützung des Gedeihens und das schnelle Erkennen von Krankheiten. Diese Kenntnisse müssen erst theoretisch erlernt, dann aber durch hunderte von Besuchen auf die Praxis übertragen werden. Denn es gehört zu den größten Schwierigkeiten, auf diesem Gebiet Wahrheit und Heuchelei, ein schlecht gepflegtes und ein angeboren schwaches Kind zu unterscheiden... Nicht jede Dame ist geeignet zur Beaufsichtigung, es entsteht die Neigung, individuelle Ansichten auf den fremden Säugling zu übertragen... Es ist auch schwer, die nötige Anzahl von Pflegerinnen zu erhalten, für ältere Damen ist die Anstrengung zu groß, jüngere sind nicht geeignet... Diese Umstände drängen auf Anstellung besoldeter Pflegerinnen hin.«[68]

Hier wurde also neben der Notwendigkeit der beruflichen Wahrnehmung von Fürsorgefunktionen ganz deutlich das Element spezifischer Fachkenntnisse und einer entsprechenden Schulung betont.

Fassen wir zusammen:
Bereits im ersten Jahrzehnt des 20. Jahrhunderts wies die öffentliche Armenfürsorge zumindest in einigen deutschen Großstädten einen erheblichen Differenzierungsgrad auf: Die Bereiche Arbeitslosen-, Wohnungs-, Gesundheits- und Jugendfürsorge wurden als eigenständige Bereiche aus der undifferenzierten Gesamtzuständigkeit der Armenfürsorge ausgegliedert. Die reinliche Scheidung der verschiedenen Bereiche wurde hier allerdings nur zum Zwecke einer übersichtlichen Darstellung vorgenommen. Faktisch gab es eine Reihe von Überschneidungen: Teile der Wohnungsfürsorge, insbesondere die Wohnungspflege, werden gelegentlich der Gesundheitsfürsorge zugeordnet, da sie von außerordentlicher gesundheitlicher Relevanz sind, und in der Säuglings- und Kleinkinderfürsorge überschneiden sich die Problembereiche »Jugend«

und »Gesundheit« unübersehbar. Dennoch setzte sich die hier vorgenommene Unterscheidung auf Dauer in entsprechenden organisatorischen Strukturen durch: Es entstanden – z. T. mit erheblicher Verspätung – das kommunale Arbeits-, Wohnungs-, Gesundheits- und Jugendamt neben der klassischen Armenverwaltung.

Die skizzierten Differenzierungsprozesse der städtischen Armenfürsorge können mit den Stichworten »Rationalisierung« und »Verwissenschaftlichung« gekennzeichnet werden. Insbesondere im Gesundheitswesen ist eine verstärkte Durchdringung der Probleme und Organisation von Maßnahmen nach dem Muster wissenschaftlicher Erkenntnis und Belehrung deutlich. Und aus diesem Bereich – wie auch den angrenzenden der Wohnungs- und Jugendfürsorge – kam auch der stärkste Druck im Hinblick auf eine berufliche Wahrnehmung von Aufgaben der sozialen Fürsorge. Differenzierung und Verwissenschaftlichung waren also mit Verberuflichung und Verfachlichung verbunden. Das Elberfelder Prinzip der Ehrenamtlichkeit wurde jetzt als »Dogma« kritisiert[69], und die »gemischten Systeme« setzten sich durch.

3.3 Ein neuer Typus von Privatwohltätigkeit: Wilhelm Merton und das »Institut für Gemeinwohl«

Der Ausbau der kommunalen Fürsorge mußte Konsequenzen für ihr Verhältnis zu privaten Fürsorgebestrebungen, deren Aufgabenbereich und Selbstverständnis nach sich ziehen. Noch 1869, als im Norddeutschen Bund die Übernahme des preußischen Gesetzes über den Unterstützungswohnsitz und damit der dort festgelegten Prinzipien öffentlicher Zwangsfürsorge auf das Bundesgebiet erörtert wurde, gab es namhafte Stimmen, die sich für eine Auflösung der öffentlich-polizeilichen Armenfürsorge zugunsten umfassender Privatwohltätigkeit, für eine Finanzierung der Armenlast durch freiwillige Spenden statt öffentlicher Armenbesteuerung aussprachen. Dahinter stand die Vorstellung von einer Art Elberfelder System, das ganz in die Hände bürgerschaftlicher Selbstorganisation zurückgelegt würde und auf die Mitarbeit hoheitlichen Zwanges verzichtete.[70] Durch die Einführung der preußischen Prinzipien des Unterstützungswohnsitzes im Norddeutschen Bund und später im Reich wurden diese Überlegungen

obsolet. Da andererseits nirgendwo beabsichtigt war, die vielfältigen Aktivitäten der Privatwohltätigkeit durch die öffentlich-
kommunale Armenfürsorge zu verdrängen, zielten die Diskussionen nun auf die Etablierung eines geordneten Nebeneinanders
beider Fürsorgebereiche. Anlaß zu solchen Anstrengungen gab es
genug, denn in den meisten Städten, den größeren zumal, existierte ein buntes Durcheinander von öffentlichen Maßnahmen und
Anstalten, privaten Stiftungen, Vereinen und Einrichtungen für
verschiedene Adressatengruppen und Konfessionen, die auch für
den Eingeweihten kaum noch überschaubar waren und dem
versierten Arbeitsscheuen – so jedenfalls wurde immer wieder
unterstellt – zahlreiche Möglichkeiten boten, doppelte und drei-
fache Unterstützung zu erschleichen. Bereits auf·dem ersten
Armenpflege-Kongreß 1880 in Berlin, dem Treffen, auf dem die
Gründung des »Deutschen Vereins« beschlossen wurde, kam das
Problem des Verhältnisses von öffentlicher und freier Fürsorgetätigkeit zur Sprache. Die Formel, die hier geprägt wurde, war die
von der »Anlehnung«.[71] Unter diesem Stichwort wurden in der
Folge Versuche diskutiert, öffentliche und private Fürsorge nach
unterschiedlichen Aufgabenbereichen gegeneinander abzugren-
zen, zum zweiten aber organisatorische Maßnahmen zur Rationalisierung und Koordination des gesamten Spektrums von Unterstützungsmaßnahmen auf kommunaler Ebene besprochen. Zum
ersten Punkt bildete sich im Laufe der achtziger und neunziger
Jahre ein gewisser Konsens dahingehend heraus, daß die Aufgabe
der öffentlichen Armenfürsorge, die auf klar umschriebenen
gesetzlichen Voraussetzungen und Verpflichtungen beruhe
(»Zwangsarmenpflege«), das Eingreifen in Fällen akuter Notlage,
d. h. in Situationen bereits eingetretener Verarmung sei. Sie habe
sich dabei auf die Gewährung des zum Überleben unabdingbar
Erforderlichen zu beschränken, dies andererseits aber stets und
ohne Ansehen der Person zu leisten. Der privaten Fürsorge von
Stiftungen, Vereinen und Einzelpersonen dagegen, die frei vom
gesetzlichen Zwang ihre Aufgaben bestimme (»freie Liebestätigkeit«), käme ihrer Natur nach eher die Ergreifung präventiver
Maßnahmen zur Verhütung von Verarmung und eine über das
Allernotwendigste hinausgehende Unterstützung von »würdigen«
Bedürftigen zu. Unangemessene Doppelunterstützungen, die dem
Empfänger womöglich ein lockeres Leben erlauben, seien aller-
dings zu vermeiden.[72] Auf dieses letztgenannte Problem zielten die

organisatorischen Überlegungen zur Vereinheitlichung aller Fürsorgebestrebungen auf kommunaler Ebene. Eine strikte Zentralisation wurde als unangemessen verworfen, Koordination und Zusammenfassung nach sachlichen Gesichtspunkten dagegen befürwortet. Nach eingehender Diskussion der Probleme faßte der »Deutsche Verein für Armenpflege und Wohltätigkeit« auf seiner 12. Jahrestagung folgenden Beschluß:

»1. Die im Wege freier Verständigung zu vollziehende Regelung eines ständigen Benehmens zwischen den Organisationen der öffentlichen und der privaten Armenpflege ist, zumal für größere Gemeinwesen, als ein Bedürfnis zu bezeichnen.

2. Die Centralisation der gesamten öffentlichen und privaten Armenpflege oder der letzteren allein ist nicht nur als ungeeignetes Mittel zur Herstellung solcher Verbindung zu erachten, sondern auch im Hinblick auf den Anlaß und Zweck der Armenpflege als schädlich zu verwerfen.

3. Es ist dagegen anzustreben:

a) Eine Zusammenfassung durchaus gleichartiger Wohltätigkeitsbestrebungen durch Verschmelzung; nicht gleichartiger, aber verwandter Bestrebungen durch Herstellung einer gemeinsamen Oberleitung.

b) Die wechselseitige Vertretung der Organe der öffentlichen und privaten Armenpflege in der Leitung der öffentlichen und privaten Armenpflegeeinrichtungen.

c) Die Herstellung eines geregelten Meinungsaustauschs zwischen den sämtlichen Organen der öffentlichen und privaten Armenpflege ...

d) Die Herstellung einer allen Organen der Armenpflege und Wohltätigkeit zugänglichen Auskunftsstelle.

e) Eine Zusammenfassung der privaten Armenpflege in betreff der Beschaffung der Mittel für dieselbe.

f) Daß sich die öffentliche Armenpflege in geeigneten Fällen der privaten Armenpflege bedient ...«[73]

Die zentrale Auskunftsstelle war dabei als das organisatorische Instrument zur Koordination, Information und Vermeidung von Doppelunterstützungen geplant. Derartige Stellen wurden in der Folge auch von mehreren Städten eingerichtet, nicht immer allerdings mit dem gewünschten Erfolg.[74]

Mit dem im vorstehenden Abschnitt skizzierten Ausbau differenzierter *kommunaler* Fürsorgemaßnahmen für spezifische Armutsrisiken wurde die nach Arbeitsgebieten vorgenommene Unterscheidung der Zuständigkeitsbereiche von öffentlicher und privater Fürsorge in Frage gestellt. Expandierte damit die kommunale, öffentliche Fürsorge doch in Sektoren, die nach der eben geschilderten Einteilung gerade dem (präventiven) Handeln der privaten Fürsorge vorbehalten sein sollte. Und in der Tat hatten insbesondere auf den Gebieten der Gesundheits- und Jugendfürsorge private Vereinigungen und Einrichtungen bedeutsame Pionierarbeit geleistet, ehe um die Jahrhundertwende der Ruf nach einer Kommunalisierung immer lauter wurde, weil die punktuellen und höchst heterogenen Aktivitäten der Privatwohltätigkeit als ungenügend angesehen wurden und daher der breiteren und systematischeren Wirksamkeit kommunaler Arbeit Platz machen sollten.[75] In dieser Situation gewannen Überlegungen an Bedeutung, die genau diesen Prozeß der Übernahme vormals privat organisierter Fürsorgeaufgaben durch die öffentliche Fürsorge thematisierten. Danach zählten zu den unbestrittenen Vorzügen der privaten Armenfürsorge eher Flexibilität und Innovationsfähigkeit, während die öffentliche Fürsorge aufgrund ihrer gesetzlichen Verpflichtungen und ihrer bürokratischen Organisation starrer und unbeweglicher sei. Aufgabe der privaten Wohltätigkeit sei daher vor allem die experimentelle Erprobung neuartiger Maßnahmen, die Reaktion auf neuartige Bedürfnisse und Notstände, während die öffentliche Fürsorge die feste Grundlage bilde, auf der diese Innovationen durchgeführt werden könnten. Eine Arbeitsteilung von öffentlicher und privater Fürsorge wurde hier nicht mehr nach Arbeitsgebieten, sondern nach Funktionen vorgenommen.[76] Noch vor dem Krieg wurden diese – in Deutschland nur sporadisch geäußerten – Überlegungen in England zu einer systematischen Theorie ausgearbeitet. Sidney und Beatrice Webb verglichen in ihrem Buch *The Prevention of Destitution*[77] das Verhältnis von öffentlicher und privater Fürsorge mit einer Ausziehleiter. Ausgehend von der gesicherten Basis öffentlicher Fürsorgeleistungen sei es Aufgabe der privaten Wohltätigkeit, durch Innovationen und Experimente ein höheres Niveau von Fürsorgeleistungen zu schaffen, die – sofern sie sich bewährten – dann in die öffentliche Fürsorge übernommen werden sollten, womit die Kräfte der privaten Fürsorge wieder für neue Aufgaben frei würden und so fort. 1912 wurde das Werk der Webbs von Helene Simon ins Deutsche übertragen, so daß diese Überlegungen nun auch hier weiter an Einfluß gewannen.[78]

Mit dieser Vorstellung einer funktionalen Arbeitsteilung wurde also im Vorkriegsjahrzehnt versucht, das Verhältnis von öffentlicher und privater Fürsorge so zu ordnen, daß sich aus dem

Nebeneinander beider Bereiche keine Hindernisse für eine Rationalisierung der Fürsorge ergaben, ohne daß dabei die Eigenständigkeit privater Fürsorge, die allgemein als unverzichtbar galt, angetastet wurde. Insgesamt zeichnet sich hier bereits das Verständnis eines einheitlichen Fürsorgekomplexes ab, der nur noch funktional in öffentlichen und privaten Sektor getrennt wird.

Rationalisierungsbestrebungen zielten aber nicht nur auf diesen Gesamtkomplex, auch die Organisationen der Privatwohltätigkeit selbst wurden von einem Rationalisierungsdruck erfaßt, durch den bestimmte, überkommene Formen der Mildtätigkeit grundsätzlich in Frage gestellt wurden.

»Ernsteste Bedenken erwachsen aus dem Umfange, der seit einiger Zeit so sehr Mode gewordenen Veranstaltungen zu Wohltätigkeitszwecken; was wird nicht alles zum Besten der Armen, zu Gunsten dieses oder jenes wohltätigen Zweckes inszeniert und veranstaltet! Hier dekolltiert man sich zum Besten der Ferienkolonien, dort tanzt man zu Gunsten einer Rettungsanstalt für gefallene Mädchen, heute ist man so selbstlos, zum Besten der Überschwemmten einen Skatabend abzuhalten und morgen kostümiert sich die Damenwelt, um in dem Basar für die Gründung eines Mädchenheims ihre Rolle als Verkäuferin zu spielen. Wer könnte sie aufzählen, die Lieder-, Kneip-, Theater-, Lese-, Tanz- usw. Abende, auf welche man sich um der Armen und Elenden willen opfert und dabei doch ein klein wenig amüsiert... Es wäre sehr empfehlenswert, wenn man sich bemühte, bei allen Wohltätigkeitsunternehmungen solche Elemente, die oberflächlich genug sind, eine soziale Thätigkeit als Zeitvertreib aufzufassen, möglichst fern zu halten, auch auf die Gefahr hin, daß alsdann diese oder jene Dame die bislang geöffnete Hand verschließt, und wir glauben, daß man in dieser Richtung bei weitem nicht streng genug in der Auswahl und Heranziehung von Hilfskräften für die Wohlthätigkeit verfuhr.«[79]

Hinter dieser völlig berechtigten Kritik an den Auswüchsen eines »Wohltätigkeitsrummels« steht zugleich eine sehr viel allgemeinere Kritik an Dilettantismus und Planlosigkeit in der privaten Wohltätigkeit überhaupt. Die private Fürsorge begann, sich gleichsam selbst eine neue Motivationsbasis zu schaffen: Systematik, wissenschaftliche Erkenntnis und planmäßiges Handeln. Ein neuer Typus privater wohltätiger Einrichtungen begann sich zu etablieren. Als Beispiel für diesen neuen Typus systematischer Privatwohltätigkeit sei im folgenden die Arbeit des »Instituts für Gemeinwohl« in Frankfurt und der aus diesem hervorgegangenen »Centrale für private Fürsorge« etwas näher geschildert.

Das »*Institut für Gemeinwohl*« war eine Schöpfung des Frankfurter Großunternehmers und Sozialpolitikers Wilhelm Merton, dessen Strukturen nur im Zusammenhang der gesamten, insbesondere der wirtschaftlichen Unternehmungen des Gründers recht zu verstehen sind.[80]

Wilhelm Merton wurde am 14. Mai 1848 in Frankfurt geboren. Sein Vater – Ralph Merton – war 1834 im Alter von 17 Jahren aus London zugewandert. Von 1834 bis 1837 machte er eine Lehre im Hause Philipp Abraham Cohen in Frankfurt, das sich mit Metallhandel und damit zusammenhängenden Bankgeschäften befaßte. 1837 heiratete Merton die Tochter seines Prinzipals, Sarah Amalie. Der älteste Sohn der Mertons – Henry – wurde 1838 geboren. Wilhelm war das achte und vorletzte Kind. 1855 – nach dem Erwerb des Frankfurter Bürgerrechts – übernahm Vater Merton das Unternehmen seines Schwiegervaters, das sich in der Folge ganz dem Metallhandel zuwandte. Bereits 1860 gründete Sohn Henry mit Unterstützung des Vaters einen selbständigen Metallhandel in London, der dem Frankfurter Unternehmen eng verbunden blieb. Wilhelm arbeitete von 1873 bis 1876 im Unternehmen des Bruders in London, ab 1876 im väterlichen Unternehmen in Frankfurt, dessen Leitung er bald übernahm. Die Geschäfte entwickelten sich unter seiner Leitung erfolgreich. 1881 wurde das Unternehmen auf breitere Kapitalbasis gestellt und in eine Aktiengesellschaft umgewandelt. Die Metallgesellschaft war gegründet.

Die enormen wirtschaftlichen Erfolge der Metallgesellschaft waren – neben der offenkundigen kaufmännischen Begabung ihres Gründers – vor allem zwei großen wirtschaftlichen Veränderungsprozessen zu verdanken: Zum ersten einer gewaltigen Steigerung der Nachfrage nach Nicht-Eisenmetallen, insbesondere Elektrolyt-Kupfer, vor allem durch die rasch expandierende Elektroindustrie; zum zweiten der Erschließung überseeischer Erzvorräte, die die europäischen Lager zur Bedeutungslosigkeit verurteilten. Parallel und im Zusammenhang damit entwickelten sich sowohl die Metallproduzenten (Gruben und Hütten) als auch die Verbraucher (Metallindustrie) zu kapitalistischen Großbetrieben, die sich leicht über den Weltmarkt »kurzschließen« konnten und damit die Gefahr boten, den Metallhandel auszuschalten. Die Metallgesellschaft reagierte in dieser Situation mit einer zielstrebigen Expansion in beide Bereiche, insbesondere mit vielfältigen überseeischen Beteiligungen – wobei ihr die kosmopolitische Orientierung des

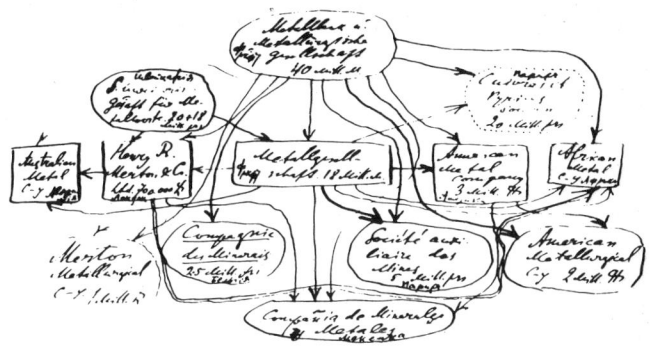

W. I. Lenins Skizze des Mertonschen Konzerns

Unternehmens und die weitgespannten internationalen Beziehungen entgegenkamen –, um die Handelsgeschäfte abzusichern. Daneben entwickelte Merton einen neuen Ansatz, der seine unternehmerische Perspektive recht deutlich zeigt: Die Metallgesellschaft begann mit dem Aufbau spezifischer Dienstleistungen für Lieferanten und Abnehmer, die deren geschäftliche Risiken beträchtlich senken konnten: metallurgische Spezialabteilungen, Labors, chemotechnische Prüfeinrichtungen, wissenschaftlich-technische Innovationen im Bereich der Metallproduktion; mit der Produktion eines neuartigen Sachverstandes also, der die Dienste der Metallgesellschaft unentbehrlich machen sollte und den Merton als die »mehr wissenschaftliche Behandlung des Geschäfts« bezeichnet hat. Ähnliche Absichten verfolgte der seit 1893 vorangetriebene Aufbau eines eigenen statistischen Dienstes der Metallgesellschaft: Transparenz und systematische Planung als Grundlage guter Geschäfte, dies war Mertons spezifische Arbeitsweise und Begabung. 1897 gewannen die Ansätze metallurgischer Innovation und Produktion eine eigenständige ökonomische und rechtliche Gestalt in der »Metallurgischen Aktiengesellschaft«, auf deren Wirken Merton als Generaldirektor auch weiterhin ausschlaggebenden Einfluß ausübte. Schließlich wurden auch die mit den weitgespannten Unternehmungen verbundenen Finanzierungsgeschäfte ausgebaut und 1906 in der »Berg- und Metallbank A. G.« institutionalisiert. 25 Jahre nach ihrer Gründung war die

Metallgesellschaft so zu einem Konzern mit weltweiten Beteiligungen, Niederlassungen und Geschäftsbeziehungen im Bereich des Metallhandels, der Metallproduktion und -verarbeitung sowie den damit zusammenhängenden Finanzierungsgeschäften herangewachsen.

Mit derselben »disziplinierten Rationalität« (Hans Achinger) wie seine wirtschaftlichen verfolgte Wilhelm Merton auch seine sozialen Unternehmungen, in die er Zeit seines Lebens nicht nur beträchtliche Teile seines riesigen Vermögens, sondern auch sehr viel Zeit und Energie investierte. Den Gravitationspunkt dieser Unternehmungen bildete das »Institut für Gemeinwohl«, dessen Gründung allgemein auf 1890 datiert wird, das aber – nach Mertons eigener Aussage – zunächst nicht mehr als die »Flagge, unter der ich anonym meine sozialen Geschäfte besorge«, war. Zu Beginn gab es lediglich einen Vertrag mit Nathanael Brückner, dem ersten und zunächst einzigen Mitarbeiter des Instituts. Brückners erste größere Arbeit für das »Institut« bestand in der Anfertigung einer umfänglichen Studie über die öffentliche und private Fürsorge im zeitgenössischen Frankfurt, die 1892 veröffentlicht wurde.[81] In einem mit »Institut für Gemeinwohl« gezeichneten Vorwort, das aber nachweislich von Merton selbst stammt[82], skizziert dieser das Programm für die Arbeit des Instituts:

»Gegenüber der Regellosigkeit und Stümperhaftigkeit, die nun gar zu leicht bei der Entwicklung einer Thätigkeit, deren Ursprünge und Ziele so vielfältig sind, ihr Spiel treiben, vermögen nur solche Einrichtungen zu helfen, welche ordnend und aufklärend einwirken. Das allgemeine Verständnis kann erst kommen mit der Gelegenheit einer fortlaufenden, unschwierigen Orientierung über die bisherigen Erfahrungen und deren Zusammenhang mit anderen Erscheinungen. Von ihm allein ist ein dauerhaft heilsamer Einfluß auf die Art und das Maß der Bethätigung zu erwarten. Regelmäßige Veröffentlichungen, richtig begründete Anregungen, die von einer Stelle ausgehen, die in diesem Sinne wirkt und sich eine unbefangene, eingehende Prüfung angelegen sein läßt, vermögen sowohl eine größere und intensivere freiwillige Mitwirkung der Wohlhabenden als ein harmonisches Zusammenarbeiten mit der öffentlichen Fürsorge herbeizuführen. Nur gelegentliche Arbeiten können hierfür nicht genügen, sondern es bedarf Einrichtungen, die derartig ausgestaltet sind, daß sie von Dauer sein können, deren Geschäfte nicht unähnlich jenen von wissenschaftlichen Instituten, Handelskammern, landwirtschaftlichen und gewerblichen Vereinen unter Zuhülfenahme von Arbeitskräften,

die gegen Entgelt ihre volle Thätigkeit einzusetzen haben, geführt werden.«[83]

Stetige und planvolle Organisation, wissenschaftliche Durchdringung sozialer Probleme und berufliche Wahrnehmung der Aufgaben: das sind Mertons zentrale Forderungen an eine moderne
Fürsorgetätigkeit, gerade auch an die private. Dem trug er 1896
zunächst durch die Reorganisation des »Instituts« selbst Rechnung. Es erhielt die Rechtsform einer GmbH – ungewöhnlich für
eine Wohlfahrtsorganisation, so daß das Königliche Amtsgericht
in Frankfurt zunächst auch Schwierigkeiten bei der Eintragung ins
Handelsregister machte. Zu dieser Zeit waren die Aktivitäten des
»Instituts« – gemessen an seinem anspruchsvollen Programm –
noch recht bescheiden. Sie weiteten sich in der Folge aber beständig aus, wobei für die einzelnen Arbeitsfelder immer eigenständige
Organisationen geschaffen wurden. Das »Institut« selbst bildete
gewissermaßen eine »Holding«, über die Merton die Arbeit der
»Töchter« steuerte.

Bereits 1891 war in Frankfurt die »Gesellschaft für Wohlfahrtseinrichtungen« als Aktiengesellschaft unter maßgeblicher finanzieller Beteiligung von Wilhelm Merton bzw. des »Instituts für
Gemeinwohl« gegründet worden. Die Gesellschaft betrieb zu-
nächst mehrere Speiseanstalten in Frankfurt, in denen billiges
Essen an Bedürftige abgegeben wurde, eine davon war eigens für
die mit Notstandsarbeiten (Steineschlagen) befaßten Arbeitslosen
errichtet worden. Im Jahre 1900 wurde die Gesellschaft in eine
GmbH umgewandelt. Das »Institut für Gemeinwohl« wurde
Gesellschafter. Seine Stammeinlage von 102000 Mark war mit
Abstand die größte. Die Tätigkeit der Gesellschaft wurde in der
Folge ausgeweitet – auch über die Grenzen Frankfurts hinaus.
Kurz vor dem Weltkrieg verfügte sie über 35 Speiseanstalten, ein
Kontor, eigene Bäckerei, Waschanstalt, Warenlager und Kellerei.

Im November 1895 wurde die »Auskunftsstelle für Arbeiteran-
gelegenheiten« gegründet, die – zunächst als Rechtsauskunftsstelle
in Arbeiter- und Versicherungsangelegenheiten geplant – sich
immer mehr zu einer allgemeinen Beratungsstelle für Rechtspro-
bleme im weitesten Sinne und den Umgang mit Behörden entwik-
kelte. Seit 1902 wurde die »Auskunftsstelle« zu einer umfassende-
ren Einrichtung mit dem heute eigenartig anmutenden Namen
»Soziales Museum« ausgebaut. Das »Soziale Museum« war eine
Idee des damaligen Geschäftsführers des Instituts für Gemein-

wohl, Philipp Stein, und zielte auf eine umfassende Sammlung von Materialien und Publikationen auf dem Gebiet der Wohlfahrtspflege im weitesten Sinne, beabsichtigte deren Erschließung und Bereitstellung für Interessenten und Ratsuchende, auf Vorträge, Lehrgänge und Tagungen, Auskunft und Beratung.

»Das Soziale Museum entwickelte sich um diese Zeit zu einem allgemeinen politischen Büro. Es wendet sich gegen jeden Mißbrauch, der die Leute drückt, gegen die Ausbeutung von Lehrlingen im Handwerk oder der Arbeiterinnen des Konfektionsgewerbes. Man beschäftigt sich mit neuen Vertragsformen für kaufmännische Angestellte, man will den Krankenkassen bei der Fassung ihrer Statuten helfen, Walderholungsstätten im Krankenversicherungswesen verankern, Einzelheiten der Unfallversicherung verbessern, soziale Mietverträge propagieren und die Überlegenheit des Hausbesitzers mildern, und was dergleichen mehr ist.«[84]

Das »Soziale Museum« gliederte sich in vier Abteilungen: soziales Archiv und soziales Anschauungsmaterial, soziale Auskunftsstelle, Rechtsauskunftsstelle, Besorgung der Geschäfte gemeinnütziger Vereine und Institute. Daneben entwickelte sich die Bibliothek des »Sozialen Museums« im Laufe der Jahre zu der wohl bedeutendsten sozialpolitischen Sammlung in Deutschland. Bereits seit 1893 gab das »Institut für Gemeinwohl« die *Blätter für Sociale Praxis* heraus. In den Anfangsjahren besorgte dies der erste Mitarbeiter des Instituts, Nathanael Brückner. 1894 siedelte die Redaktion nach Berlin über, und Ignaz Jastrow übernahm die Herausgabe für das »Institut«. 1895 wurden die *Blätter* mit dem *Sozialpolitischen Centralblatt* verschmolzen zur *Sozialen Praxis. Centralblatt für Sozialpolitik.* Die Zeitschrift wurde in eine eigenständige GmbH umgewandelt, die sich zunächst ganz im Besitz des »Instituts« befand. Geschäftsführer wurde Ignaz Jastrow, der weiterhin Herausgeber und verantwortlicher Redakteur blieb. 1896 trat eine Gruppe von Sozialpolitikern um den soeben aus dem Dienst geschiedenen preußischen Handels- und Sozialminister von Berlepsch mit Anregung einer Zusammenarbeit, insbesondere im Rahmen der *Sozialen Praxis* an das »Institut« heran. Merton zeigte sich an einer solchen Kooperation interessiert. Jastrow opponierte und legte sein Herausgeberamt nieder.[85] Neuer Geschäftsführer der »Sozialen Praxis GmbH« wurde Ernst Francke. Berlepsch wiederum gehörte zu den zentralen Gründern der im Januar 1901 ins Leben gerufenen »Gesellschaft für soziale Reform«, deren Vorsitzender er wurde. Zu den Mitgliedern der Gesellschaft gehörte auch Wilhelm Merton. Ihr Geschäftsführer war Ernst Francke, der Herausgeber der *Sozialen Praxis*. 1903 wurde nun in Zusammenarbeit des »Instituts für Gemeinwohl«, der »Gesellschaft für soziale Reform«, des »Vereins für Sozialpolitik« und der »Sozialen Praxis« das »Büro für Sozialpolitik« in Berlin gegründet, das Anfang 1904 seine Arbeit aufnahm. Das Büro firmierte zugleich als Berliner Geschäftsstelle des »Instituts für Gemeinwohl« und brachte damit sehr deutlich die enge Verbindung der Unternehmungen Mertons mit den sozialpolitischen Bestrebungen in der Hauptstadt zum Ausdruck. Leiter des Büros wurde Ernst Francke.[86]

Wissenschaftliche Durchdringung sozialer Probleme und entsprechende systematische Kenntnisse der mit ihrer Bearbeitung Betrauten gehörten – wie eingangs gesagt – zu den Kernelementen von Mertons sozialpolitischem Programm. Die Idee, eine Einrichtung zu schaffen, die neben wissenschaftlicher Forschung auf sozialpolitischem Gebiet auch Lehr- und Ausbildungsaufgaben übernehmen sollte, wurde daher schon früh im Rahmen des »Instituts« diskutiert. Seit 1898 strebte das »Institut« die Gründung einer Akademie an, die der wirtschaftlichen Ausbildung, der sozialen Aufklärung und Belehrung der in der Wirtschaft Tätigen und der ökonomischen Fortbildung von Juristen und Verwaltungsbeamten dienen sollte; eine Akademie, die Wirtschafts- und Sozialwissenschaften zu einem Ganzen verschweißte, gleichsam die Wirtschaftswissenschaft als Sozialwissenschaft konzipieren und lehren sollte. Die Gründung der »Akademie für Sozial- und Handelswissenschaften« erfolgte in Zusammenarbeit von Stadt, »Institut« und Handelskammer mit einer erheblichen finanziellen Beteiligung des »Instituts«. Das »Institut« stellte darüber hinaus einen wissenschaftlichen Beirat, dem Lujo Brentano, Karl Bücher, Georg Friedrich Knapp. J. Post, Gustav Schmoller, Max Sering und Max Weber angehörten. Diese eindrucksvolle Liste der damals wohl bedeutendsten Gelehrten der Wirtschafts- und Sozialwissenschaften verdeutlicht Mertons anspruchsvolles Programm. Sie zeigt deutlich, welches Ansehen Merton auch in Kreisen der akademischen Wissenschaft genoß.[87] Die Akademie nahm die Arbeit zum Wintersemester 1901 auf. Später wurde die Akademie in die Frankfurter Universität integriert und weiterentwickelt – wieder unter maßgeblicher konzeptioneller und finanzieller Beteiligung Mertons bzw. des »Instituts«. Die Universität nahm den Lehrbetrieb zum Wintersemester 1914 auf. Die Aufgaben der früheren Akademie wurden jetzt von der Sozial- und wirtschaftswissenschaftlichen Fakultät wahrgenommen, der ersten ihrer Art an einer deutschen Universität.[88]

Die für unseren Zusammenhang interessanteste und bedeutendste Tochtergründung des »Instituts« für Gemeinwohl war die »Centrale für private Fürsorge«.[89]

Zu Beginn der neunziger Jahre gab es ca. 200 Stiftungen und Wohltätigkeitsvereine in Frankfurt, deren Zersplitterung und mangelnde Koordination vielfach beklagt wurde.[90] Seit 1886 existierte zwar eine Auskunftsstelle. Sie umfaßte aber nur 21 der größeren Stiftungen und Vereine und änderte nichts Grundsätzliches an dem privaten Wohltätigkeitschaos. Die ordnende Initiative des »Instituts für Gemeinwohl« stand also in dem eingangs skizzierten Zusammenhang der Bemühungen um eine Rationalisierung und Koordination der zersplitterten Fürsorgeaktivitäten auf kommunaler Ebene. Bereits 1895 hatte Nathanael Brückner im Auftrag des »Instituts« mit der Sammlung und Systematisierung von Materialien auf dem Gebiet des Armenwesens begonnen: er legte Akten über ca. 2400 Unterstützungsfälle an. Zur gleichen Zeit gründete das »Institut« ein provisorisches »Büro für Armenpflege und Wohltätigkeit« in Berlin, dessen Leitung Emil Münsterberg übertragen wurde. Christian Jasper Klumker wurde von Merton beauftragt, an Münsterbergs Aktivitäten mitzuwirken; 1897 wurde er nach Frankfurt geholt, um die Leitung der neugegründeten Abteilung für Armenpflege des »Instituts für Gemeinwohl« zu übernehmen.[91] Nach einer gewissen Vorlaufphase wurde die Abteilung Armenpflege dann 1899 zur »Centrale für private Fürsorge« weiterentwickelt, die die Rechtsform eines eingetragenen Vereins erhielt. Die Finanzierung der »Centrale« wurde 1903 durch einen Vertrag mit dem »Institut für Gemeinwohl« auf eine gesicherte Grundlage gestellt: Das »Institut« stellte Klumker auf zehn Jahre als geschäftsführendes Vorstandsmitglied der »Centrale« mit 6200 Mark Jahresgehalt ein, außerdem einen Sekretär. Zudem gewährte es der »Centrale« einen jährlichen Beitrag von 8000 Mark. Die Leitung der Geschäfte des »Büros« übernahm Christian Jasper Klumker. § 1 der Satzung des Vereins sah folgende Aufgabenstellung vor:

»Der am 4. März 1899 errichtete Verein ›Centrale für Private Fürsorge‹ hat den Zweck, im Anschluß an die in Frankfurt/M. bestehenden Wohltätigkeitseinrichtungen eine planmäßige Organisation der privaten Fürsorge einzelner, wie der Vereine, Anstalten und Stiftungen zu fördern.

Der Verein gewährt keine Unterstützungen aus eigenen Mitteln, sondern er strebt:

1. eine nähere Fühlung aller in der privaten und öffentlichen Fürsorge tätigen Kreise, denen er als vermittelndes und verbindendes Organ dienen will,

2. ein Vorgehen nach gemeinsamen Gesichtspunkten bei größeren Unterstützungsfällen (Stipendien, Darlehen usw.), soweit sie von den bestehenden Frankfurter Organisationen nicht behandelt werden.

Der Verein sammelt zunächst die Berichte der hiesigen Institute und Vereine, die auf dem Gebiet der Fürsorge tätig sind und hält sich über deren Leistungen auf dem Laufenden, um sowohl den Unterstützungsuchenden als auch seinen Mitgliedern und anderen Interessenten jederzeit Auskunft geben zu können. Im ferneren Verlauf wird er durch Gründung einer Zeitschrift, durch Ausbildungskurse und dergleichen weiter zu arbeiten suchen.

Der Verein befaßt sich ferner damit, alle Gesuche, die ihm von seinen Mitgliedern überwiesen werden, nach häuslicher Untersuchung und persönlicher Prüfung zu begutachten. Er bemüht sich, diese Art der Behandlung der Gesuche auch bei anderen Vereinen zu verbreiten.«[92]

Damit war der zunächst wichtigste Bereich der Arbeit der »Centrale« benannt: die Prüfung von Bittgesuchen, die an Vereinsmitglieder gerichtet waren. Die Übung, sich mit Bittbriefen an wohlhabende Mitbürger zu wenden, gegebenenfalls auch mehrere auf einmal, war damals sehr verbreitet, so daß vermögende Zeitgenossen gelegentlich mit solchen Gesuchen überschwemmt wurden. Eine vordringliche Aufgabe sah die »Centrale« daher darin, hier durch individuelle Nachprüfung ordnend einzugreifen – offenbar mit einigem Erfolg. Anfänglich wurden zur Prüfung der Bittgesuche ehrenamtliche Vermittler, bald jedoch hauptberuflich tätige Personen eingesetzt. Daneben wurden in den folgenden Jahren weitere Arbeitsbereiche aufgebaut.

1902 wurde eine besondere Abteilung für Kinderfürsorge an der »Centrale« eingerichtet, die sich vor allem mit der Fürsorge für nicht-eheliche Kinder, mit der Pflegestellenvermittlung und Pflegestellenaufsicht befaßte. Vor allem wurden hier auch Versuche mit der Sammelvormundschaft als Berufsvormundschaft durchgeführt. 1904 wurde die Abteilung Kinderfürsorge in einen selbständigen, neugegründeten Verein, den »Verein Kinderschutz e. V.«, überführt. Seit Ende 1903 arbeitete Othmar Spann als »wissenschaftlicher Hülfsarbeiter« der »Centrale« an einer Untersuchung über das Schicksal nicht-ehelicher Kinder unter Einzelvormundschaft. Mit dieser Untersuchung wurde erstmals breites statistisches Material über die Lage der nicht-ehelichen Kinder bekannt, das die durchgeführten Versuche mit der Berufsvormundschaft wirksam unterstützte und eine Bewegung zugunsten einer allgemeinen Einführung und gesetzlichen Regelung der Berufsvormundschaft auslöste.[93] Im Zuge dieser Bewegung wurde – mit aktiver und finanzieller Unterstützung Mertons – nach einer von der »Centrale« veranstalteten Tagung in Frankfurt das bereits erwähnte »Archiv deutscher Berufsvormünder« etabliert, dessen Vorsitz von Christian Jasper Klumker, dem Leiter der »Centrale«, übernommen wurde. 1907 begannen die Vorarbeiten für die Einrichtung des ersten deutschen Jugendgerichts, das unter der Ägide des damaligen Oberlandesgerichtspräsidenten Hagens am 1. Januar 1908 in Frankfurt die Arbeit aufnahm. Der »Verein Kinderschutz« übernahm dabei die Ermittlungstätigkeit der Jugendgerichtshilfe, auf deren Einführung er gedrungen hatte, bis diese 1915 auf das inzwischen gegründete Jugendamt überging. 1906 wurde ein besonderer Kindergarten für »schwach befähigte und sprachgebrechliche Kinder« eröffnet, 1907 eine Beobachtungsanstalt für Kinder und Jugendliche, die im Verdacht psychischer Störungen standen, beide unter ärztlicher Leitung. 1909 wurde eine Fürsorgestelle für Trinker, 1911 eine besondere Fürsorge für Kinderreiche, 1914 eine Fürsorgestelle für Gemüts- und Nervenkranke gegründet. Außerdem übernahm die »Centrale« Verwaltungsaufgaben für ihre Mitgliedervereinigungen.

In allen Bereichen legte die »Centrale« Wert auf die Mitarbeit von qualifizierten, fachlich geschulten Kräften. Von daher lag es nahe, daß die »Centrale« selbst auch zu einer Ausbildungseinrichtung ausgebaut wurde. Seit Aufnahme des Lehrbetriebes an der Akademie für Sozial- und Handelswissenschaften im Jahr 1901 hielt Christian Jasper Klumker dort Vorlesungen über Armenwesen und Jugendfürsorge und bot damit Fortbildungsmöglichkeiten auch für die Mitarbeiter der »Centrale« an. Seit 1903 wurden jährlich systematische Kurse für berufliche und ehrenamtliche Mitarbeiter gehalten, wobei der Schwerpunkt auch hier auf den Gebieten der Kinder- und Jugendfürsorge lag.[94] 1913 war die

»Centrale« an der Gründung des Frauenseminars für soziale Berufsarbeit beteiligt, dem das »Institut für Gemeinwohl« bis zu seiner Umwandlung in eine städtische Einrichtung jährlich erhebliche finanzielle Zuwendungen zukommen ließ.[95]

Mit vier Abteilungen (Auskunftserteilung und Registratur, Vereinsverwaltungen und Kasse, Kinderfürsorge, Fürsorgeseminar und Bibliothek), über 30 hauptamtlichen Mitarbeitern, fünf wissenschaftlichen Hilfsarbeitern und 14 ehrenamtlichen Mitarbeitern bot die »Centrale« bis zum Ende des ersten Jahrzehnts ihres Bestehens »das Bild eines lebenskräftigen Baumes, der mit den Jahren organisch gewachsen, die leitenden Grundgedanken, denen die »Centrale« ihre Entstehung verdankt, zur Blüte und Reife gebracht hat«, wie Wilhelm Polligkeit anläßlich des 25jährigen Bestehens der »Centrale« festlich-metaphorisch formulierte.[96]

Wilhelm Polligkeit war 1902 von Wilhelm Merton unter ca. 1100 (!) Bewerbern als Privatsekretär ausgewählt worden. Bereits 1903 finden wir ihn (damals noch Referendar) neben Merton und Klumker im Vorstand und schon 1904 neben Klumker in der Geschäftsleitung der »Centrale«. Nach diesem raschen Aufstieg kam es offenbar zu Spannungen zwischen Klumker und Polligkeit. Jedenfalls zögerte Klumker nicht, als ihm Wilhelm Merton die Möglichkeit anbot, an die Akademie für Sozial- und Handelswissenschaften überzuwechseln und sich künftig ausschließlich der wissenschaftlichen Arbeit zu widmen. Nach entsprechenden Vorverhandlungen zwischen Merton, Klumker und der Akademie wurde am 1. Oktober 1912 ein Vertrag zwischen Klumker und der Akademie geschlossen, der die lebenszeitliche Einstellung als Dozent bei einem Jahresgehalt von 9000 Mark vorsah: Der erste Lehrstuhl für Fürsorgewesen in Deutschland war gegründet.[97] Später wurde der Lehrstuhl dann als Extraordinariat in die Universität übernommen, wobei es zu unerquicklichen Differenzen zwischen Merton und Klumker kam, da Klumker nun leicht überzogene Forderungen bezüglich Gehalt und Ausstattung des Lehrstuhls stellte.[98] Seit 1911 jedenfalls leitete Polligkeit die »Centrale« alleine. Ebenfalls 1911 wurde er als Vertreter des »Instituts für Gemeinwohl« im »Deutschen Verein für Armenpflege und Wohltätigkeit« aktiv, 1918 in den Vorstand desselben gewählt. 1920, nachdem die Geschäftsstelle des »Deutschen Vereins« von Berlin nach Frankfurt (in das Haus der »Centrale« in der Stiftstraße!) übersiedelt war, wurde Polligkeit Geschäftsführer, 1921 zweiter und 1922 schließlich erster Vorsitzender des »Deutschen Vereins«.[99]

Die Frankfurter »Centrale für private Fürsorge« kann nun keineswegs beanspruchen, einzigartig in der Fürsorgegeschichte zu sein. Sie verdankt ihre Entstehung Rationalisierungsbestrebungen, die für die Armenfürsorge um die Jahrhundertwende insgesamt charakteristisch waren und auch andernorts zu ähnlichen Ergebnissen führten. So gab es auch in Berlin eine »Zentrale für private Fürsorge«, die aus der bereits 1893 auf Initiative von Jeanette Schwerin gegründeten Auskunftsstelle der »Deutschen Gesellschaft für ethische Kultur« hervorgegangen war. Aus der ursprünglichen Auskunftsstelle entwickelte sich – wie in Frankfurt – eine städtische Fürsorgezentrale, die – neben der Prüfung der Bittgesuche ihrer Mitglieder – Material über alle Wohlfahrtseinrichtungen und Fürsorgeprobleme sammelte und aufbereitete, die privaten Fürsorgebestrebungen zu koordinieren und stärken suchte und vor allem auch um die Aus- und Weiterbildung ihrer eigenen Mitarbeiter wie auch sonstiger interessierter Personen bemüht war. Auch hier findet sich das Drängen auf ein »vertieftes Verständnis« sozialer Probleme als Voraussetzung wirksamer Abhilfe. In der ersten Auflage der Vorrede zu dem von der Berliner Zentrale 1896 herausgegebenen Auskunftsbuch *Die Wohlfahrtseinrichtungen von Groß-Berlin* heißt es:

»Auch auf dem Gebiet der Armenpflege und Wohlthätigkeit bricht sich erfreulicherweise mehr und mehr die Anschauung Bahn, daß nicht ein gutes Herz und ein gefüllter Geldbeutel in erster Linie zu ersprießlicher Thätigkeit befähigen. Nach den vorgeschrittenen Anschauungen unserer Zeit bedarf es eines weiten Blickes und tiefdringenden Verständnisses der sozialen Gesamtverhältnisse, wenn die üble Lage des einzelnen erkannt und gebessert werden soll.«[100]

Ähnlich arbeitete die »Hamburgische Gesellschaft für Wohlthätigkeit«, die allerdings erst Ende 1913 gegründet wurde.[101] Schließlich ist in diesem Zusammenhang die »Deutsche Zentrale für Jugendfürsorge« zu nennen. Diese ging 1907 aus der bereits seit 1901 existierenden »Berliner Centralstelle für Jugendfürsorge« hervor, eine Entwicklung, die nicht zuletzt den unermüdlichen Aktivitäten von Frieda Duensing zu danken ist, die 1904 die Leitung der »Centralstelle« übernommen hatte und deren Arbeit zu überlokaler Bedeutung verhalf. Die »Deutsche Zentrale« kann als eine – für die Jugendfürsorge – bereichsspezifische Variante der Frankfurter »Centrale« verstanden werden, die mehr noch als diese überregionale Aktivitäten stimulierte und koordinierte, daneben aber – genau wie diese – um wissenschaftliches Systematisieren des Feldes und eine fachliche Ausbildung der Mitarbeiter bemüht war.[102]

Einzigartig dagegen waren fraglos Wilhelm Mertons soziale Unternehmungen, in deren Mittelpunkt das »Institut für Gemeinwohl« stand. In ihrer urbanen Weltläufigkeit, konzernartigen Verflochtenheit und inhaltlichen Spannbreite blieben sie ohne Parallele in der Geschichte der Privatwohltätigkeit in Deutschland und waren auch der öffentlichen, kommunalen Fürsorge ihrer Zeit in vielem weit überlegen. Gerade in dieser Einmaligkeit sind sie aber charakteristisch für die Entwicklungstendenzen des zeitgenössischen Fürsorgewesens. In Mertons Bestrebungen zeigt sich die zunehmende Distanz sowohl gegenüber dem traditionellen, polizeilich-repressiven Fürsorgeverständnis wie auch gegenüber unreflektiert-spontaner, caritativer Hilfsmotivation, die durch den nüchternen Geist rationaler Organisation und wissenschaftlicher Analyse ersetzt werden sollen, der bei Merton in der häufigen – sonst unüblichen – Verwendung juristischer Organisationsformen, die dem Wirtschaftsleben entstammen, deutlich hervortritt: wissenschaftliche Analyse, straffe, effektive Organisation, fachliche Ausbildung und hauptberufliches Engagement, in diesen Elementen deutet sich ein Verständnis von sozialer Arbeit an, das deren zukünftige Entwicklung bestimmen und sich auch in dem Bereich durchsetzen wird, den man bislang Privatwohltätigkeit nannte. So unübersehbar sich in Mertons sozialem Engagement die großbürgerliche Verantwortung für das gesellschaftliche Ganze ausdrückt, so unübersehbar wurde er auch zum Wegbereiter einer bürokratisch verselbständigten apparativen Sozialarbeit.[103]

Exkurs: Sozialreform und Wissenschaft

In den geschilderten Reformen der öffentlichen wie der privaten Armenfürsorge seit dem letzten Jahrzehnt des 19. Jahrhunderts ist das Bedürfnis nach einer Verwissenschaftlichung des Fürsorgewesens unübersehbar. Sozialreformerische Bestrebungen und

Wissenschaft waren in den zeitgenössischen Diskussionen und Aktivitäten eng miteinander verknüpft. In der bereits zitierten Forderung Wilhelm Mertons nach »Einrichtungen, die derartig ausgestaltet sind, daß sie von Dauer sein können, deren Geschäfte nicht unähnlich jenen von wissenschaftlichen Instituten, Handelskammern, landwirtschaftlichen oder gewerblichen Vereinen... geführt werden«[104], wird das Bemühen um eine praktisch wirksame Wissenschaft vom »Sozialen« deutlich. So geläufig der Begriff der zeitgenössischen Diskussion ist, so vieldeutig bleiben die mit der »Wissenschaftlichkeit« von Fürsorge bezeichneten Inhalte. Der Begriff ist kritisch gleichermaßen gegenüber den herrschenden sozialen Zuständen wie auch den fürsorgerischen Abhilfemaßnahmen. Seine Gehalte bleiben dennoch verschwommen.

Der Versuch, das Verhältnis von Wissenschaft und Sozialpolitik um die Jahrhundertwende genauer zu bestimmen, läßt mehrere Dimensionen erkennen.

Erstens: Zunächst ist hier auf die Anstrengungen der Nationalökonomie zu verweisen, Sozialpolitik als Sozialwissenschaft zu konzipieren.[105] Das wissenschaftliche Selbstverständnis der in der Zeit der Reichsgründung sich neu konstituierenden Nationalökonomie wurde dabei bis zur Jahrhundertwende wesentlich von der historischen Schule Gustav Schmollers geprägt. Schmollers Konzept zufolge sollte die Nationalökonomie eine »moralisch-politische Wissenschaft« sein, d. h. wissenschaftliche Erkenntnis beinhaltete zugleich immer die Aufstellung verbindlicher Normen für die politische Ausgestaltung der Sozialbeziehungen. Damit war ein untrennbarer Zusammenhang von Sozialwissenschaft und Sozialreform hergestellt. Den Anspruch auf Verbindlichkeit der Normen des sozialen Zusammenlebens bezog dieses Wissenschaftskonzept aus der Orientierung an einem Gemeinwohlbegriff, der an den Normen von Sittlichkeit und Gerechtigkeit ausgerichtet war und auf der einheitsstiftenden Vorstellung der »Kulturnation« beruhte. Von daher mußte Sozialwissenschaft als Gesellschaftslehre konzipiert werden, die auf die ,Verwirklichung der Einheit der Kulturnation drängte. Da diese von der industriellen Entwicklung und deren sozialen Folgen: Klassenspaltung und Klassenkampf bedroht war, mußte sie durch sozialreformerische Maßnahmen gewahrt bzw. wiederhergestellt werden, die eine Integration der industriellen Arbeiterschaft in die bürgerliche

Gesellschaft ermöglichten. Der Gemeinwohlbegriff der Nationalökonomie war also in Abgrenzung sowohl vom ökonomischen
Liberalismus als auch dem revolutionären Sozialismus gewonnen.[106]

Die politisch-reformerischen Dimensionen dieses Wissenschafts-
verständnisses nahmen ihrerseits Bezug auf die Vorstellung einer
gesellschaftlichen Doppelrolle des akademischen Lehrers, der
nicht nur »Wissenschaftler«, also Produzent disziplinärer wissenschaftlicher Erkenntnis, sondern als Bürger von universaler Bildung, beispielhaftem Charakter und sittlichem Adel zugleich
»Gelehrter« ist. Als solcher ist er im besonderen Maße mit sozialer
Verantwortung begabt und zur Verwirklichung der sozialreformerischen Postulate seiner Wissenschaft berufen. Hier finden wir
jene Identifikation von Gemeinwohl mit einer spezifischen sozialen Schicht: dem »akademischen Gebildeten«, der dem Konzept
des »Kathedersozialismus« zugrunde liegt.[107] Organisatorisch
wurde diese Vorstellung zum einen von dem zeitgenössischen
Selbstverständnis der Universität, also nicht nur der Nationalökonomie, getragen, politisch-moralische Instanz zu sein, »das öffentliche Gewissen der Nation in Absicht auf Gut und Böse in der
Politik« (Friedrich Paulsen). Die Universität definierte ihre gesellschaftliche Aufgabe nicht primär aus einem autonom vorgestell-
ten, disziplinären Erkenntnisinteresse, sondern aus gesellschaftspolitischer Verantwortung im Kontext eines disziplinübergreifen-
den bürgerlichen Bildungsideals. Daneben drängte das Wissen-
schaftsverständnis zu eigenständiger Organisation außerhalb der
Universität, eine Organisation, wie sie im »Verein für Sozialpolitik« beispielhaft verwirklicht wurde: eine Organisation der akademisch Gebildeten, die durch die Produktion wissenschaftlicher
Erkenntnisse, durch empirische Sozialforschung und normative
Reformpostulate – jedenfalls in ihrer Frühzeit – auf die praktische
Sozialpolitik unmittelbar Einfluß zu nehmen suchte. Das Konzept
der Nationalökonomie als einer »ethischen Wissenschaft« bildete
in den ersten Jahrzehnten der Arbeit des »Vereins für Sozialpolitik« das einigende Band für die verschiedenen, im »Verein«
vertretenen, wissenschaftlich-politischen Richtungen. Es wurde
zwar von der konservativen historischen Schule, insbesondere
Schmoller selbst, am weitestgehenden ausgearbeitet und propagiert, aber durchaus von den Liberalen um Brentano akzeptiert
und geteilt. Es blieb einer späteren Generation von Sozialwissen-

schaftlern, den seit der Jahrhundertwende sich zunehmend als Vertreter einer eigenständigen Disziplin verstehenden Soziologen um Max Weber und Werner Sombart überlassen, an die Stelle der Einheit von Sozialwissenschaft und Sozialreform die schroffe Abgrenzung von wissenschaftlicher Erkenntnis und politischer Norm zu setzen.

Das Konzept der Einheit von Sozialwissenschaft und Sozialreform, der wissenschaftlichen Begründung sozialreformerischer Maßnahmen, fand seine unmittelbare Realisierung in der Arbeit des »Vereins für Sozialpolitik«, der sich mit Problemen der städtischen Armenfürsorge bestenfalls am Rande beschäftigte. Zielte doch die Konzeption einer einheitsstiftenden Sozialreform ganz auf die Integration der Arbeiterklasse in die bürgerliche Gesellschaft. Die »Soziale Frage« wurde daher im »Verein für Sozialpolitik« weitgehend mit der »Arbeiterfrage« identifiziert und von der »Armenfrage« als dem Problem randständiger Gruppe getrennt. Der »Deutsche Verein für Armenpflege und Wohltätigkeit«, der mit dem Problem der Armenfürsorge befaßt war, war sehr viel pragmatischer orientiert als der »Verein für Sozialpolitik«; er war keine wissenschaftliche Vereinigung, in ihm waren statt dessen Verwaltungspraktiker tätig, die eine ähnlich geschlossene, theoretische Konzeption ihrer Arbeit nie entwickelt haben. »Arbeiterfrage« und »Armenfrage« wurden so im ausgehenden 19. Jahrhundert auch organisatorisch nebeneinander und getrennt voneinander behandelt. Im Rahmen des »Deutschen Vereins« gab es allerdings Ansätze zur Überwindung dieser Trennung. So wurde das Verhältnis von Arbeiterversicherung und Armenfürsorge mehrfach zum Gegenstand von Untersuchungen und Verhandlungen gemacht.[108] Insbesondere in den Fürsorge-Reformkonzepten von Karl Flesch, der Mitglied sowohl im »Verein für Sozialpolitik« als auch im »Deutschen Verein« war, in den praktischen Reformen Wilhelm Mertons wie in den oben skizzierten Reformen der städtischen Armenfürsorge ist der Einfluß des »Kathedersozialismus« unverkennbar.

Zweitens: Wissenschaft sollte nicht nur die Notwendigkeit sozialer Reformen mit wissenschaftlicher Autorität begründen, sie sollte auch detaillierte Informationen über die zu lösenden Probleme und die Art der erforderlichen Maßnahmen bereitstellen und damit eine gesicherte Basis für Reformen schaffen. Die normative Dimension einheitsstiftender Sozialreform war in der Nationalökonomie untrennbar mit der Produktion detaillierter Informationen über soziale Probleme, Zustände und Lebenslagen verbunden. Im Rahmen des »Vereins für Sozialpolitik« wurde daher mit großem Aufwand eine umfangreiche Enquete-Forschung zu einer Vielzahl aktueller und brennender sozialer Fragen der Zeit betrieben, deren Ergebnisse in den Schriften des »Vereins« publiziert wurden. Max Webers berühmte Untersuchung über *Die Verhältnisse der Landarbeiter im ostelbischen Deutschland* ist in diesem Zusammenhang entstanden, ebenso die von Alfred Weber angeleiteten Monographien zur Hausindustrie und die Arbeiten von Johannes Fuchs zur Wohnungsfrage.[109] Mit dieser Enquete-Forschung knüpfte der »Verein« an englische und französische Traditionen empirischer Forschung an. Dort gehörte es schon im Laufe des 19. Jahrhunderts zur Normalität, zur Fundierung gesetzgeberischer Entscheidungen, insbesondere im Bereich der Sozialpolitik, Kommissionen einzusetzen oder Parlamentsausschüsse zu bilden, denen die Erarbeitung eines Gesamtbildes des zu regelnden Problems aufgetragen war. Im Unterschied zur Statistik ging es dabei nicht lediglich um quantitative Daten, sondern auch und gerade um die subjektive, »moralische« Seite des Problems, also um qualitative Aspekte. In der Enquete-Forschung des »Vereins für Sozialpolitik« ist eine der wichtigsten Wurzeln empirischer Sozialforschung in Deutschland zu sehen. Zentrales Instrument der Enqueten war die Befragung, sei es mündlich als Anhörung, sei es schriftlich mit Hilfe eines Fragebogens, der an alle möglichen Beteiligten verschickt und anschließend ausgewertet wurde.[110] Das methodische Problembewußtsein war dabei zunächst gering. Aufgrund von unpräzisen Fragestellungen wurden Antworten erhoben, die kaum miteinander vergleichbar waren, pauschale Verallgemeinerungen der Befragten konnten ebenso wenig auf ihre Zulässigkeit überprüft werden wie die Zuverlässigkeit von Zahlenangaben. Von daher war die Datenbasis der Enqueten nicht allzu präzise. »The mixture of fact and fancy, opinion and hear-say which makes up a good part of these answers, even on matters upon which figures were probably available, was typical of the early Verein für Sozialpolitik surveys.«[111] Die Bemühungen um eine Präzisierung methodischer Probleme und eine systematische Verfeinerung der Erhebungsinstrumente blieben gleichwohl gering. Gottfried Schnapper-Arndts Arbeit *Zur Methodologie sozialer Enqueten* aus dem Jahre 1888 blieb auf lange Zeit die einzige dieser Art, bis später in der sich formierenden Soziologie das Interesse an und die Auseinandersetzung mit methodologischen Fragen stärker wurde.[112]

Ähnliche Bedeutung wie die Enqueten für den »Verein für Sozialpolitik« hatten die Berichte und Umfragen für den »Deutschen Verein für Armenpflege und Wohltätigkeit«. Sie zielten vor allem auf Bestandsaufnahme und Information der Mitglieder. Zugleich enthielten sie aber häufig stark normative Elemente und waren auf Anregung von Reformen gesetzgeberischer oder verwaltungsorganisatorischer Art gerichtet, was sich vor allem in den Resolutionen zu verschiedenen Problemen niederschlug. Das methodische Problembewußtsein war im »Deutschen Verein« noch erheblich geringer als im »Verein für Sozialpolitik«. Diskussionen über methodologische Probleme der Befragung hat es, soweit ersichtlich, nie gegeben. Sie hätten auch nicht dem Selbstverständnis des Vereins entsprochen, der trotz aller Bemühungen um Systematisierung und Präzisierung der Probleme der Armenfürsorge eher eine Organisation von Verwaltungspraktikern als von Wissenschaftlern war. Im übrigen waren auch die Probleme der Umfragen bedeutend schlichter als die der Enqueten beim »Verein für Sozialpolitik«. Ging es doch im »Deutschen Verein« zumeist nicht um »Lebenslagen«, sondern um bürokratisch-administrative Maßnahmen und Zustände, die sehr viel leichter zu quantifizieren waren. Besondere Bedeutung hatte daher auch die Statistik für die Arbeit des »Vereins«. Victor Böhmert, führendes Mitglied in der Frühzeit des »Vereins«, war Direktor des Königlich Sächsischen Statistischen Amtes in Dresden. Seine Arbeiten über das Armenwesen haben die Bedeutung genauer statistischer Daten für die Reformen des Armenwesens sehr deutlich gemacht. Und die Reichsarmenstatistik von 1885, die einzige, die im Reich je publiziert wurde, ging auf das Drängen des »Deutschen Vereins« zurück.[113]

In den Anstrengungen um eine gesicherte »wissenschaftliche« Basis sozialer Reformen wird das Bemühen um eine »Versachlichung«, »Entideologisierung« deutlich, eine Abgrenzung gegen die Politisierung sozialer Reformen von rechts und links, in der sich nochmals das wissenschaftliche und politische Konzept der Nationalökonomie spiegelt: Sozialreform als Sache der »Mitte«, der über den politischen und ökonomischen Interessenkampf stehenden »akademisch Gebildeten«. In diesem Zusammenhang fällt der Wissenschaft die Aufgabe zu, Argumente von neutraler, eben »wissenschaftlicher« Autorität zu liefern, einen objektiven Standpunkt zu begründen, der über jeden Parteienstreit erhaben ist.

Drittens: Neben diesen sozialwissenschaftlichen Dimensionen des Verhältnisses von Wissenschaft und Sozialreform läßt sich noch eine naturwissenschaftliche ausmachen, die bereits im Zusammenhang der Reformen der städtischen Gesundheitsfürsorge angesprochen wurde: die Bedeutung der Hygiene für die Sozialreform.[114] Dabei ging es um die Aufhellung der Zusammenhänge von Lebenssituation und Krankheitserscheinungen, des Verhältnisses von Kanalisation, Wasserversorgung, Wohnung und Ernährung mit Gesundheitsgefahren für die Betroffenen. Auch hier wurde also wissenschaftliche Forschung und Erkenntnis als Argumentation für die Notwendigkeit von Reformen und zugleich für die Art und den Umfang der zu treffenden Maßnahmen benutzt. Wie im Falle des »Vereins für Sozialpolitik« und des »Deutschen Vereins« bestand auch beim »Deutschen Verein für öffentliche Gesundheitspflege« ein großer Teil seiner Tätigkeit in der Erarbeitung von Untersuchungen und Enqueten. Allerdings waren hier die Akzente etwas anders gesetzt: Die hygienisch-medizinische Forschung zielte auf die Ermittlung von *Natur*bedürfnissen der Menschen, deren Befriedigung für die unterprivilegierten Volksschichten von der gesellschaftlichen Entwicklung verhindert wurde. Wissenschaftliche Forschung hatte also das »Natürliche« festzustellen und zugleich für seine Gewährleistung durch soziale Reformen zu sorgen. Die Ergebnisse der hygienischen Forschung waren aber nicht nur kritisch gegen die bestehenden gesellschaftlichen Zustände gerichtet, die den Unterschichten das Naturnotwendige verwehrten, sondern auch – wie oben bereits erwähnt – gegen das Verhalten der Unterschichten selbst, das häufig genug ebenfalls nicht der wissenschaftlich ermittelten Norm entsprach. Von daher nahm Wissenschaft in diesem Zusammenhang Züge eines Mediums der »Zwangssozialisation« der Betroffenen an, der zwangsweisen Gewöhnung an die wissenschaftlich ermittelten Verhaltensnotwendigkeiten, was zugleich die Zerstörung alternativer Problembearbeitungsmechanismen durch die Betroffenen selbst bedeutete.[115] Wissenschaft zielte hier also auf die Initiierung sozialer Reformen, zugleich aber auf Kontrolle und Überwachung von Verhalten, und wird dadurch zum Medium eines »Normalisierungszwanges«.

Betrachten wir die drei skizzierten Dimensionen des Verhältnisses von Wissenschaft und Sozialreform zusammen, so ergibt sich ein eigentümlich ambivalentes Bild. Einerseits diente Wissenschaft als politisches Druckmittel für die Initiierung von Reformen, wie dies von der Nationalökonomie als einer »ethischen Wissenschaft« konzipiert war. Andererseits jedoch sollte Wissenschaft die angestrebten Reformen versachlichen, entpolitisieren, entideologisieren; sollte sie eine objektive, sachgerechte Sozialpolitik jenseits politischer Parteienstreitigkeiten und sozialer Interessengegensätze begründen. Hinter dieser scheinbar interessenunabhängigen, neutralen Position läßt sich unschwer der soziale Träger dieser Reformvorstellungen erkennen: der bürgerliche Mittelstand mit den »akademisch Gebildeten« als argumentativem Zentrum, der seine Position gleichermaßen nach rechts und links abgrenzt. Die zeitgenössische Nationalökonomie als »Wertwissenschaft«, die neuen medizinisch-naturwissenschaftlichen Erkenntnisse, die in der Gesundheitsbewegung auf soziale Wirksamkeit drängten, und die Strömungen des zeitgenössischen Protestantismus verbanden sich zu einer Reformbewegung, die eine ethische Grundhaltung mit wissenschaftlichem Rüstzeug praktisch wirksam zu machen suchte. Den Höhepunkt ihrer Wirksamkeit erreichte diese Bewegung in der Zeit des »Neuen Curses« zu Beginn der neunziger Jahre. Die »Soziale Frage« rückte in den Mittelpunkt des gesellschaftlichen Interesses der gebildeten Mittelschicht und erzeugte eine Reformbegeisterung, die nicht nur in den zeitgenössischen sozialpolitischen Vereinigungen – vom »Verein für Sozialpolitik« über den evangelisch-sozialen Kongreß bis zum »Deutschen Verein für Armenpflege und Wohltätigkeit« – bedeutsame Diskussionsplattformen fand, sondern sich auch und vor allem in den geschilderten Ansätzen praktischer kommunaler Sozialreform niederschlug. Im »Sozialismus der Gebildeten« der neunziger Jahre erreichte die Nationalökonomie als zeitgenössische »Hauptwissenschaft« (Friedrich Naumann) eine Breitenwirkung, die das deutsche Bildungsbürgertum kurzfristig zu einer einheitlichen Reformkraft zusammenschloß, bevor es dann seit der Jahrhundertwende allmählich und seit dem Weltkrieg rapide als durch gemeinsame Werte und Dispositionen verbundene soziale Schicht zerfiel.

Wissenschaft diente dabei als Instrument zur Stärkung der bürgerlich-mittelständischen sozialen Normen, die hier gleichsam als ruhender Pol in einer unruhigen Gesellschaft profiliert werden. Die Rolle der Wissenschaft in der sozialen Reform, wie sie um die Jahrhundertwende konzipiert wurde, blieb so an die Ambivalenzen ihres sozialen Trägers gebunden: Zwar diente sie als Wegbereiter bürokratisch exekutierbarer Normalitätsstandards und damit als Grundlage für eine Bürokratisierung und Professionalisierung sozialer Reformen, einstweilen aber war sie geknüpft an eine spezifische Form sozialer Verantwortung für das Gemeinwohl, für das »Volksganze«, der sich der gehobene bürgerliche Mittlestand verpflichtet fühlte.

Fassen wir die Ergebnisse der Untersuchung bis hierher zusammen:

Mit der Absicherung zentraler Lohnarbeiterrisiken in Form der Arbeiter*versicherung* war eine zentrale Voraussetzung dafür gegeben, daß sich die herkömmliche Armenfürsorge tendenziell zu einem System persönlicher Dienstleistungen entwickeln konnte. Diese Tendenz wurde verstärkt durch die Etablierung einer funktionalen Arbeitsteilung zwischen bürokratisch-administrativer und pädagogisch-beratender Kontrolle im Rahmen der Armenfürsorge selbst (Straßburger System). In den Prozessen der Ausdifferenzierung und Rationalisierung kommunaler wie privater Fürsorge im Laufe der neunziger Jahre des 19. Jahrhunderts begann Sozialarbeit als System persönlicher sozialer Dienste vollends Gestalt anzunehmen. Der Ausbau kommunaler und privater Fürsorgeleistungen wurde im Reformklima des »Neuen Curses« – nach Außerkrafttreten des Sozialistengesetzes und dem Rücktritt Bismarcks – vor allem vom gehobenen städtischen Bürgertum gefordert und auch getragen. Er zielte auf die öffentliche Gestaltung und Verbesserung der lokalen Lebensbedingungen insbesondere der städtischen Unterschichten und führte zur Etablierung eines neuen Typus von »Daseinsvorsorge«, der kommunalen Leistungsverwaltung. Die Ausweitung öffentlicher, kommunaler Aufgaben, die Einrichtung neuer sozialer Dienste wie Gesundheits-, Jugend-, Arbeitslosen- und Wohnungsfürsorge, aber auch die Einführung kommunaler Schlachthöfe, Gas-, Wasser- und Elektrizitätswerke, öffentlicher Straßenreinigung und kommunaler Verkehrsbetriebe führten zu einer quantitativen Vergrößerung und qualitativen Veränderung der Verwaltungsapparate. Die kontinuierliche Erfüllung der neuartigen Aufgaben erforderte hauptamtliches und zunehmend auch sachkundiges Personal. Das Prinzip der Ehrenamtlichkeit wurde zurückgedrängt zugunsten von Prozessen der Bürokratisierung und Professionalisierung. Dies galt keineswegs nur für die Bereiche kommunaler Sozialpolitik, war hier aber besonders deutlich. Mit der zunehmenden Komplexität des Systems sozialer Sicherung selbst und der Etablierung der Hygiene als Leitwissenschaft im Bereich sozialer Probleme entstand nicht nur ein Fachlichkeits- und Verberuflichungsdruck, es entstand auch die Sozialarbeit als jene eigentümlich helfend-kontrollierende Dienstleistung, die man als Zwangssozialisation bezeichnen kann. So gerieten die traditionellen Prinzipien patriarchalischer, ehrenamtlicher Fürsorge in den neunziger Jahren von verschiedenen Seiten unter Druck. Die Entwicklung der Sozialarbeit als Beruf deutete sich an. Die Zusammenfassung dieser verschiedenen Entwicklungstendenzen war die Leistung der bürgerlichen Frauenbewegung in Deutschland, die ein spezifisches Konzept sozialer Arbeit ausformulierte und diese als Frauenberuf auf den Weg brachte.

4. Sozialarbeit als Frauenberuf: Die bürgerliche Frauenbewegung und das Konzept der »geistigen Mütterlichkeit«

4.1 Frauenbewegung und Frauenemanzipation im Deutschland des 19. Jahrhunderts: Von der Gleichberechtigung zur Gleichbewertung

Die im Laufe des 19. Jahrhunderts in Europa sich formierenden Emanzipationsbestrebungen von Frauen thematisieren einen zentralen Widerspruch bürgerlicher Gesellschaft: ihre Forderung nach Freiheit und Gleichheit für alle Menschen bei gleichzeitiger Vorenthaltung gleicher Rechte für einen Großteil der Bevölkerung. »Staaten, die zum Schutz der Menschenrechte entstanden, entziehen ihn der Hälfte ihrer bürgerfähigen Einwohner«, schrieb Theodor Gottlieb von Hippel in seiner 1793 erschienenen Kampfschrift *Über die bürgerliche Verbesserung der Weiber*.[1] Im selben Jahr erschien in England die Schrift von Mary Wollstonecraft *A Vindication of the Rights of Women*, und bereits 1791 hatte in Frankreich Olympe Marie de Bouge den in der revolutionären Verfassung proklamierten »Droits de l'Homme« die »déclaration des droits de la femme et de la citoyenne« entgegengestellt.

Während in Frankreich erste politische Frauenvereine bereits im ausgehenden 18. Jahrhundert gegründet wurden, regten sich die ersten Ansätze einer organisierten Frauenbewegung in Deutschland erst im Zusammenhang der liberalen Bestrebungen während der Revolution von 1848. Die aktive Teilnahme von Frauen an den revolutionären Auseinandersetzungen schuf die Basis für Gleichberechtigungsforderungen, demokratische Frauenvereine wurden gegründet. Der »Hamburger Frauenverein« richtete zeitweilig sogar eine »Hochschule für das weibliche Geschlecht« ein, deren Leitung Carl Fröbel, Neffe des berühmten Pädagogen, innehatte.[2] Diese Anfänge organisierter Frauenbewegung sind untrennbar mit Namen und Persönlichkeit von Louise Otto verbunden, deren publizistischen Aktivitäten die frühe Frauenbewegung entscheidende Anstöße verdankt und die mit der von ihr zwischen 1849 und 1852 herausgegebenen und redigierten *Frauenzeitung* der Frauenbewegung ein erstes Diskussionsforum verschaffte.[3]

Den ersten organisierten Ansätzen weiblicher Emanzipation war nur kurze Dauer beschieden. Sie endeten mit der Niederschlagung der Revolution. Die demokratischen Frauenvereine wurden verboten. Die *Frauenzeitung* – bereits 1850 mit einem Verbot belegt – mußte 1852 ihr Erscheinen endgültig einstellen. Erst 1865 wurde mit der Gründung des »Allgemeinen Deutschen Frauenvereins« (ADF) in Leipzig ein organisatorischer Neuansatz gemacht, der allerdings über die Person einer der zentralen Gründerpersönlichkeiten – Louise Otto – in Kontinuität zu den früheren Ansätzen stand. Frauenarbeit und Frauenbildung waren die zentralen Themen dieses Zusammenschlusses, und sie werden die Arbeit der sich entfaltenden Frauenbewegung bis in die neunziger Jahre dominieren.

Bis 1889 bildeten sich insgesamt ca. 20 Lokalorganisationen des »Allgemeinen Deutschen Frauenvereins«. 1866 wurde in Berlin der »Verein zur Förderung der Erwerbsfähigkeit des weiblichen Geschlechts« gegründet, nach seinem Initiator und erstem Vorsitzenden kurz »Lette-Verein« genannt. Auch hier stand die weibliche Erwerbstätigkeit im Zentrum. Frauen waren allerdings nur Objekte der Vereinsaktivitäten. Sie durften zwar mitarbeiten, die Lenkung des Vereins lag aber ausschließlich in männlicher Hand. Auf männliche Initiative ging daher auch 1869 die vom »Lette-Verein« initiierte Gründung des »Verbandes Deutscher Frauenbildungs- und Erwerbsvereine« zurück, dem in der Folge 17 lokale Vereine beitraten, so daß in den achtziger Jahren bereits eine ansehnliche Vielfalt von Frauenorganisationen in Deutschland bestand. Ende der achtziger Jahre entstanden die ersten Frauenberufsorganisationen: 1889 der »Kaufmännische und gewerbliche Hilfsverein für weibliche Angestellte« auf Initiative von Minna Cauer, 1890 der »Allgemeine Deutsche Lehrerinnen-Verein«, dessen Vorsitzende Helene Lange war. 1894 schließlich wurde in Berlin der »Bund Deutscher Frauenvereine« (BDF) gegründet, der den immer zahlreicheren und heterogeneren Frauenorganisationen zumindest formal einen vereinheitlichenden Rahmen gab. Zu den wichtigsten Gründungsvereinen zählten der »Lette-Verein«, der »Allgemeine Deutsche Frauenverein«, der »Allgemeine Deutsche Lehrerinnen-Verein« und der »Kaufmännisch-gewerbliche Hilfsverein für weibliche Angestellte«. Zur ersten Vorsitzenden des BDF wurde Auguste Schmidt gewählt – Mitbegründerin und langjährige Vorsitzende des ADF. Die Gründung des BDF bildete nicht nur den organisatorischen Schlußpunkt der ersten Entwicklungsphase der organisierten Frauenbewegung in Deutschland, er signalisierte auch die Verlagerung des Zentrums der Frauenbewegung – bisher vom ADF und mitteldeutschen Städten wie Leipzig und Dresden markiert – in die Hauptstadt.[4]

Eine Gruppe von Frauenorganisationen war bewußt aus dem BDF ausgeschlossen worden: die sozialistischen. Als Argument wurde von führenden Gründungsmitgliedern des BDF das preußische Vereinsgesetz angeführt, dessen § 8 Frauen die Mitgliedschaft in »politischen« Vereinigungen verbot. Das war arg fadenscheinig, denn gerade *wegen* des preußischen Vereinsgesetzes hatten sich die existierenden Organisationen sozialdemokratischer Frauen genau wie die der bürgerlichen einen unpolitischen Anstrich als Bildungs-, Lese- oder Erwerbsvereine gegeben. Andererseits ist nicht zu übersehen, daß auch die sozialistischen Frauen, jedenfalls die tonangebenden, Wert auf deutliche Abgrenzung legten. Clara Zetkins Politik der »reinlichen Scheidung« – seit ca. 1890 Doktrin der proletarischen Frauenbewegung – schloß die bürgerlichen Frauen nicht nur als Verbündete aus, sondern betrachtete sie z. T. sogar als Gegnerinnen.

Diese Haltung entsprach zu dieser Zeit generell dem Denken der politischen Arbeiterbewegung, die sich seit den sechziger Jahren aus der Bevormundung durch bürgerlich-liberale Organisationen zu lösen begonnen hatte. Entsprechend hatten auch die proletarischen Frauen – mit einer gewissen zeitlichen Verschiebung – mit dem Aufbau eigenständiger Organisationen begonnen. Noch im Laufe der achtziger Jahre – unter der Geltung des Sozialistengesetzes – wurden in mehreren deutschen Städten reine Arbeiterinnenvereine gegründet. Und auch nach Aufhebung des Sozialistengesetzes mußten die sozialistischen Frauen aufgrund des preußischen Vereinsrechts überwiegend eigenständige Organisationen neben der Partei beibehalten, bis schließlich 1908 das preußische Vereinsrecht durch das Reichsversammlungsgesetz abgelöst wurde.[5]

Für die sozialistische Theorie und die Organisationen der Arbeiterbewegung war die Frauenfrage stets ein schwieriges Terrain, auf dem – nach dem »proletarischen Antifeminismus« der Frühphase – erst durch das Vordringen des Marxismus in der Arbeiterbewegung etwas Klarheit geschaffen wurde. »So furchtbar und ekelhaft nun die Auflösung des alten Familienwesens innerhalb des kapitalistischen Systems erscheint«, hatte Marx schon 1867 im Kapital geschrieben, »so schafft nichtsdestoweniger die Großindustrie mit der entscheidenden Rolle, die sie den Weibern... jenseits der Sphäre des Hauswesens zuweist, die neue ökonomische Grundlage für eine höhere Form der Familie und des Verhältnisses beider Geschlechter.«[6] Die Industriearbeit ist danach die Grundlage der Emanzipation der Frau, ganz wie sie die Grundlage der Emanzipation der Arbeiterklasse überhaupt ist. Die »Frauenfrage« ist also zuallererst »Arbeiterfrage«. Dies deutete sich in den wenigen Äußerungen Marx' zur Frauenproblematik schon an und wurde dann später von August Bebel und vor allem Clara Zetkin zu einer sozialistischen Theorie der Frauenemanzipation ausgearbeitet, in der der Hauptgegner der Arbeiterinnen der Kapitalismus, nicht der Mann ist. Vor diesem Hintergrund sind Zetkins scharfe Zurückweisungen der Ansätze der bürgerlichen Frauenbewegung als luxurierende »Frauenrechtelei« und ihre Politik der »reinlichen Scheidung« durchaus konsequent. Von daher lassen sich auch die konsequenten Forderungen der Sozialdemokratie hinsichtlich der staatsbürgerlichen Stellung der Frauen erklären: Die Sozialdemokratie war die einzige politische Partei in Deutschland, die unzweideutig das volle Wahlrecht für Frauen forderte. Seit 1891 war dies im Erfurter Programm verankert. Dem entsprach auf der anderen Seite ein hohes Maß an Unklarheit und Unentschlossenheit in allen Fragen der Ehe, Familie, Erziehung und Sexualität. Auf diesen Gebieten wurde niemals eine konsequente, nicht-bürgerliche, feministische Theorie entwickelt, wurde niemals konkretisiert, was die von Marx angesprochene »höhere Form der Familie und des Verhältnisses der Geschlechter« sein könnte und sein sollte.[7] So entwickelte die sozialistische Frauenbewegung auch keine eigenständigen Konzepte auf dem Gebiet der sozialen Fürsorge und ihrer Reform. Obwohl die destruktiven Konsequenzen der industriell-kapitalistischen Entwicklung für die Familie und den sozialen Lebenszusammenhang sehr genau gesehen wurden – die Arbeiterschaft war schließlich Hauptleidtragende dieser Entwicklung – überließen die sozialistischen Frauen hier das Feld völlig den bürgerlichen Frauenorganisationen und deren konzeptionellen Entwürfen. Und von der bürgerlichen Frauenbewegung wurde jenes spezifische weibliche Emanzipationsideal entworfen, auf dessen Grundlage Sozialarbeit als Frauenberuf konzipiert und realisiert wurde.

Drei große Problemkreise waren Gegenstand der Arbeit der bürgerlichen Frauenbewegung: Die Stellung der Frau in Berufs- und Bildungswesen, die Stellung der Frau in Ehe und Familie, die Stellung der Frau im politischen Leben. Zwar argumentierte die bürgerliche Frauenbewegung in ihren Frühphasen in Deutschland liberal: Selbstbestimmung, Freiheit und Gleichheit auch für Frauen. Die Probleme von Frauenbildung und Frauenarbeit wurden hier im Zusammenhang der Forderung nach gleichen Rechten auch für Frauen diskutiert. So hieß es im § 1 des Programms des ADF:

> »Wir erklären... die Arbeit, welche die Grundlage der ganzen neuen Gesellschaft sein soll, für eine Pflicht und Ehre des weiblichen Geschlechts, nehmen dagegen das Recht der Arbeit in Anspruch und halten es für notwendig, daß alle der weiblichen Arbeit entgegenstehenden Hindernisse entfernt werden.«[8]

Im Rahmen des BDF gewann im Laufe der neunziger Jahre der sogenannte radikale Flügel in der bürgerlichen Frauenbewegung zunehmend an Bedeutung; jene Frauen also, die für die liberalen, feministischen Zielsetzungen in der Frauenbewegung eintraten: für ein volles Frauenwahlrecht, für eine Reform des strafrechtlichen Abtreibungsverbots, für eine Verbesserung der rechtlichen Situation nicht-ehelicher Mütter.[9] Dennoch: Trotz aller aufsehenerregender Diskussionen und Aktionen, trotz einer erheblichen Zunahme an Einfluß in den späten neunziger Jahren blieben die »Radikalen« im BDF immer eine Minderheit, während die »Gemäßigten« eine völlig kontroverse Auffassung von weiblicher Emanzipation vertraten. Ihnen galt die Forderung nach gleichen Rechten für Frauen als bloße »Gleichmacherei« und »Frauenrechtelei«, während es gelte, das spezifische »Wesen der Frau« zu stärken und ihm in der Gesellschaft zu weiterer Durchsetzung zu verhelfen. »Nicht um formale Gleichberechtigung als letztes Ziel, sondern um die gleich lebendige, gleich volle und reiche Wirkung aller weiblichen Werte auf die Kultur, um ein reicheres Einströmen spezifisch weiblicher Kräfte in die Gesamtanschauung der Welt« müsse es der Frauenbewegung gehen, forderte Gertrud Bäumer 1905 in ihrer polemischen Auseinandersetzung mit den Zielen des »radikalen Flügels«.[10] Schon Louise Otto hatte 1851 in der *Frauenzeitung* gefordert, das »Ewig-Weibliche«, Einfühlung, Emotionalität, Aufopferung müsse gegenüber dem »einseitigen

Verstandesdespotismus« der Männer zur Geltung gebracht werden. »Was dem Weibe von der Gottheit als Erbe übergeben worden, in seiner ganzen Macht und Heiligkeit zur Geltung zu bringen gegen die Übermacht einer entweder kalten oder brutalen Kraft – dies ist das eigentlich erhabene und schöne Ziel.«[11] Und an diese Vorstellungen knüpften die »Gemäßigten« um Helene Lange und Gertrud Bäumer nun an. Ins Zentrum dieser »spezifisch weiblichen Kräfte« stellten sie die *Mütterlichkeit* als Inbegriff der erzieherischen, hegenden und pflegenden Potenzen der Frau, ihre Fähigkeit zu gefühlvoller Emotionalität und Wärme. Mütterlichkeit ist also nicht identisch mit leiblicher Mutterschaft. Nicht nur die Mutter ist mütterlich, sondern die Frau schlechthin. Mit der Mütterlichkeit als Kern des spezifischen Wesens der Frau griff die bürgerliche Frauenbewegung ein Frauenbild auf, das sich im Laufe des 19. Jahrhunderts allererst herausgebildet hatte.

In der zweiten Hälfte des 18. Jahrhunderts begann sich in Deutschland ein neues, *bürgerliches* Familienleitbild auszuprägen, in dessen Zentrum eine veränderte Auffassung von Liebe und Ehe stand. Das nüchtern-sachliche Kalkül, das herkömmlicherweise die Gründe für die Eingehung einer Ehe bestimmte, machte zunehmend der Auffassung Platz, daß die liebevolle Zuneigung der Partner die unverzichtbare Voraussetzung einer glücklichen Ehe sei. In dieser Emotionalisierung von Ehe und Familie reflektierte sich die Auflösung der traditionalen Hauswirtschaft, die Trennung der Erwerbs- von der Familiensphäre, wie sie in bestimmten Teilen des deutschen Bürgertums, namentlich der Beamtenschaft, bereits üblich war und zunehmend an Ausbreitung gewann. Der Intensivierung des Erwerbslebens entsprachen die Trennung von Erwerbs- und Wohnbereich und die Ausgestaltung des familiären Zusammenlebens als Erholung, Freizeit und Refugium.[12] Die bürgerliche Neudefinition des Verhältnisses der Ehepartner zueinander ging einher mit der Neubestimmung des Verhältnisses der Eltern zu ihren Kindern. In der zweiten Hälfte des 18. Jahrhunderts stabilisierte sich eine bürgerliche Konzeption von Kindheit, die vor allem von der sich aus Theologie und Philosophie emanzipierenden Pädagogik als wissenschaftlicher Disziplin entwickelt wurde. Diese Vorstellung beinhaltet zwei zentrale Dimensionen: zum einen die »Entdeckung« der Kindheit als einer höchst sensiblen und lebensgeschichtlich folgenreichen Phase der Entwicklung, zum anderen die Verbindung von Kindheit und Mütterlichkeit als Komplementärbegriffe, die innerhalb des privaten Raumes der Familie untrennbar miteinander verquickt sind. Da das Kleinkind für äußere Eindrücke sehr sensibel und ihm zudem der Trieb zu Selbsttätigkeit und Nachahmung angeboren ist, kommt dem »pädagogischen Raum« der Familie für die frühkindliche Entwicklung höchste Bedeutung zu. Er muß hinreichend Platz für die Selbstentfaltung lassen und durch gutes Vorbild den Entwicklungsprozeß positiv beeinflussen. Die hohe Verantwortung für dieses pädagogische Arrangement kann daher nur von der leiblichen Mutter angemessen übernommen werden, während das Gesinde nach Möglichkeit aus dem familiären Binnenraum zu verbannen ist, da von den Mägden und »geilen Ammen« negative Erziehungseinflüsse zu erwarten sind. Die bürgerlich-pädagogische Konzeption von Kindheit zielte also zugleich auf eine spezifische Rolle der Frau in der Familie. Ihre natürliche Mütterlichkeit, deren erzieherische Potenzen sich nur im privaten Schutzraum der Familie voll entfalten können, prädestinieren sie zur Übernahme der Erziehungsverantwortung, ja der Verantwortung für die Ausgestaltung der Familie als Ort häuslicher Ruhe und Erholung überhaupt, während der Familienvater für den außerhäuslichen Erwerb zuständig ist.[13] Damit war der Weg bereitet für die etwa zeitgleich sich vollziehende Verfestigung der familiären Arbeitsteilung von Mann und Frau zu geschlechtsspezifischen Wesenszügen, für die »Polarisierung von Geschlechtscharakteren«.[14] Während dem Mann die Rationalität, der Geist und die Aktivität wesenseigen sind, er sich daher in der Sphäre der Öffentlichkeit, der gesellschaftlichen Auseinandersetzung zu bewähren hat, repräsentiert die Frau Wärme, Emotionalität, Geborgenheit und ist daher von Natur aus für den häuslichen Wirkungskreis, die Familie, als Gegenpol zur kalten Rationalität der Gesellschaft bestimmt. So war von Natur aus das Wesen der Geschlechter verschieden, einseitig, unvollständig. Einheit und Vollendung konnten daher nicht für das einzelne Individuum, sondern erst in der Vereinigung der Geschlechter in Ehe und Familie hergestellt werden. Über die wesensmäßige Verschiedenheit der Geschlechtscharaktere konnte zugleich die bürgerliche Kleinfamilie als »natürliche Ordnung des Zusammenlebens« begründet werden. Dieses – auf geschlechtsspezifischer Arbeitsteilung und gesellschaftlicher Ausgrenzung beruhende – bürgerliche Familienbild beinhaltet eine hierarchische und eine utopische

Komponente. Über die Bestimmung des Wesens der Frau als eines »Familienwesens« ließ sich bei aller Betonung der Gleichwertigkeit der Geschlechtscharaktere die faktische Ungleichbehandlung der Frau, ihre juristische Entmündigung legitimieren.

»Kaum bedarf es nun wohl noch besonderer Beweisführungen, daß bei solchen Verschiedenheiten der Geschlechter, bei solcher Natur und Bestimmung ihrer Verbindung, eine völlige Gleichstellung der Frau mit dem Manne in den Familien- und in den öffentlichen Rechten und Pflichten, in der unmittelbaren Ausübung derselben, der menschlichen Bestimmung und Glückseligkeit widersprechen und ein würdiges Familienleben zerstören würde, daß dabei die Frauen ihre hohen Bestimmungen im häuslichen Kreise und für die Bildung der nachfolgenden Geschlechter, daß sie dem Schmucke und der Würde der Frauen, der wahren Weiblichkeit und ihrem schönsten Glücke entsagen und sich den größten Gefahren bloßstellen müßten ... Die, welche bei einseitiger Verfolgung einer abstracten Gleichheitsregel die Gesetze und Schranken der Natur übersehend, für die Frauen mehr Rechte in Anspruch nehmen, als diese nach jenen Gesetzen und Schranken nur wollen können, zerstören diese heiligste, festeste Grundlage menschlicher und bürgerlicher Tugend und Glückseligkeit aufs neue.«

Dies schrieb 1838 der liberale Staatsphilosoph Carl Welcker[15], und in der Entwicklung des Familien- und des öffentlichen Rechts im Laufe des 19. Jahrhunderts wurde die juristische Unmündigkeit der Frau festgeschrieben.

Daneben beinhaltet das bürgerliche Familienideal aber durchaus Elemente utopischer Verheißung eines besseren Lebens: die Familie als Ort der Harmonie, des friedlichen Behagens und der romantischen Liebe; als Ort, an dem sich der Mensch ganz als Mensch verhält, d. h. losgelöst von den Zwängen der Gesellschaft. Die Familie als Gemeinschaft, die auf gegenseitiger Liebe, Achtung und Toleranz beruht, wurde so einer bedrohlichen gesellschaftlichen Umwelt der Arbeit, des Konflikts und der Konkurrenz entgegengestellt: die Familie als Nicht-Gesellschaft, in der die weiblichen Verrichtungen der Haushaltsführung und Kindererziehung dann ebenfalls konsequent als Nicht-Arbeit erscheinen.[16] In der idealistischen Überhöhung der Rolle der Frau als Hüterin des häuslichen Friedens und des Nachwuchses bei gleichzeitiger juristischer und sozialer Diskriminierung wurden beide Elemente zu einem prekären Ausgleich gebracht. Die spezifische Bedeutung der »Mütterlichkeitspädagogik« von Pestalozzi über Fröbel bis hin zu Henriette Schrader-Breymann bestand nun darin, die erzieherischen Potentiale der Frau und Mutter zu systematisieren und zugleich als von der leiblichen Mutterschaft trennbare Elemente aufzuweisen.

»Indem das, was die Mutter mit ihrem Kinde tat, nicht mehr bloß als ›natürlicher‹, instinktmäßig vorgezeichneter Prozeß verstanden wurde, sondern als Ergebnis einer bewußten und vernunftgemäßen Erziehung, ergab sich auch die Möglichkeit einer ›Objektivierung‹ der mütterlichen Erziehungsfunktionen.«[17]

So finden sich bei Pestalozzi nicht nur genaue Anleitungen, wie die Mutter die Kinder zu unterweisen habe, sondern auch die Forderung, daß die Mütter selbst erzogen werden müßten, bevor sie die Kinder erziehen. Bei Fröbel wird ausführlich dargelegt, daß die spezifisch mütterlichen Eigenschaften der Frau zwar von Natur aus zu eigen sind, dennoch aber der Bildung und Pflege bedürfen, um voll zur Entfaltung zu kommen. Und in Fröbels Plan über die Einführung eines Kindergartens wird an der Person der Kindergärtnerin vollends deutlich, daß die mütterlichen Erziehungspotenzen nicht nur bildungsfähig und bildungsbedürftig, sondern auch von der leiblichen Mutterschaft unabhängig sind. Die »natürliche« Einheit von Mutter und Kind wurde im Kindergarten – auf dem Weg über eine besondere pädagogische Ausbildung des Personals – gewissermaßen künstlich reproduziert. Damit wurde erstmals die Möglichkeit aufgezeigt, die spezifisch mütterlichen Potenzen der Frau auch jenseits des engen Raumes der eigenen Familie in der Gesellschaft zur Geltung zu bringen.[18]

Henriette Schrader-Breymann nun hat die Fröbelschen Gedanken über den Kindergarten weiterentwickelt und erstmalig in größerem Umfang unter großstädtischen Bedingungen realisiert. Dabei trat der kompensatorische Charakter des Kindergartens verstärkt in den Vordergrund. Für die Kinder der städtischen Unterschichten konnte erst der Kindergarten mit seinem geschulten Personal jenes für eine gedeihliche Entwicklung erforderliche Maß an Geborgenheit herstellen, das die leibliche Familie aufgrund der Lebensbedingungen der städtischen Armutsbevölkerung gerade *nicht* gewährleisten konnte. Die »künstliche« Mütterlichkeit gewann damit sogar eine gewisse, zumindest potentielle pädagogische Überlegenheit gegenüber der leiblichen Mutterschaft. Im pädagogischen Lebenswerk Henriette Schrader-Breymanns, dem Pestalozzi-Fröbel-Haus in Berlin, das sie seit den siebziger Jahren zielstrebig aufbaute, wurden Kindergarten und Kindergärtnerinnenausbildung von Anfang an nebeneinander und ineinander greifend institutionalisiert. Hier wurde also die Möglichkeit geboten, in einem fest etablierten Ausbildungsgang »Mütterlichkeit« als Beruf zu erlernen. Und Henriette Schrader-Breymann war es auch, die die Tätigkeit ihrer Kindergärtnerinnen unter das Motto »Übet geistige Mütterlichkeit!« stellte und damit dem gemäßigten Flügel in der Frauenbewegung das Stichwort gab.[19] Dort wurde das Bild der Frau als eines mütterlichen Wesens aufgegriffen und kritisch gegen die zeitgenössische Gesellschaft gewendet. Gegen die auflösenden und zersetzenden Folgen der Industrialisierung immer weiterer Lebensbereiche, gegen die Verallgemeinerung sachlicher und technischer Rationalität sollte das weibliche Prinzip der Mütterlichkeit einen Schutzwall von Wärme, Emotionalität und sozialer Ganzheit aufrichten: Mütterlichkeit als Kritik der (männlich) kapitalistischen Prinzipien von Konkurrenz, Eigennutz, Spezialisierung und Bürokratisierung. Während ursprünglich also die Mütterlichkeit als spezifisches Wesen der Frau dazu gedient hatte, deren gesellschaftlichen Wirkungskreis auf Familie und Haushalt zu beschränken, greift die bürgerliche Frauenbewegung das zu diesem Zweck entwickelte Frauenbild auf, um Mütterlichkeit aus den engen Fesseln der privaten Familie zu befreien und in der gesamten Gesellschaft zur Geltung zu bringen. Im Zuge einer kulturpessimistischen Interpretation der erlebten Gegenwart der Jahrhundertwende wurde der Frauenbewegung die »geistige Mütterlichkeit« zum Inbegriff des Menschlichen, Lebendigen:

»So erleben wir überall, wie Zivilisation und Kultur sich befehden, wie die Zivilisation nicht unbedingt die Kultur erleichtert, sondern sie auf mannigfache Weise erschwert, beeinträchtigt, entwertet. Durch das Wesen unserer Zivilisation werden uns vielfach Lebensformen aufgedrängt, innerhalb deren Kultur sich nicht entfalten kann«,

diagnostizierte Gertrud Bäumer und setzte gegen diese Entwicklung die kulturelle Mission der Frau:

»Die Durchdringung der rein zivilisatorischen Leistungen mit Kulturwerten ist nicht durch eine mystische Fernwirkung aus der Geborgenheit des Hauses heraus zu erreichen; sie kann nur durch verantwortliche, bewußte Mitarbeit geschaffen werden. Erst wenn die Frau sich ihrer Mission ganz bewußt geworden ist, wenn die darin beschlossenen Aufgaben ihr zum kulturpolitischen Programm geworden sind, kann sie ihnen wirklich dienen. Man braucht nicht zu fürchten, daß sie dadurch als Medium persönlichen Lebens einbüßen wird. Denn was sie dazu bestimmt, ihre spezifischen Geschlechtserfahrungen, ist ja doch unvergänglich ein ewig neu sprudelnder Quell, der nicht zugeschüttet werden kann.«[20]

Nicht um die Herstellung formaler Gleichheit ging es also diesem Verständnis weiblicher Emanzipation. Die Ungleichheit von Mann und Frau wurde vielmehr emphatisch betont, zugleich aber die Gleichbewertung des männlichen und des weiblichen Prinzips in der Gesellschaft gefordert.

»Ich kann in dieser Rechtsgleichheit nichts weiter erblicken als eine – und nicht einmal die einzige – notwendige Voraussetzung für das Ziel, keineswegs das Ziel selbst. Sie ist die Schale, nicht der Kern; sie schafft der Frau nur einen Raum, und es kommt darauf an, wie sie ihn ausfüllt. Und dieses Wie kann nur aus der Verpflichtung abgeleitet werden, die allein dem Menschenleben Sinn und Würde gibt: die sittlichen Gesetze der eigenen Persönlichkeit in Lebensformen zum Ausdruck zu bringen. Auf die Frauen angewendet bedeutet das nichts anderes, als die volle Wirkung ihres Frauentums, ihrer Eigenart, auf alle Lebensäußerungen der Gesamtheit … Wäre die Welt des Mannes die beste der Welten, erfüllte sie tatsächlich wenigstens in ihren großen Richtlinien ein sittliches Ideal, so könnte man diesen Anspruch der Frauen bestreiten. Aber wenn die gewaltige wissenschaftliche und technische Kultur unserer Zeit als spezifische Leistung des Mannes anerkannt werden muß, so tragen doch auch die großen sozialen Mißstände, die mit dieser Kultur empor gewachsen sind, ebenso sein Gepräge. Und vieles von dem, was diesen sozialen Mißständen zugrunde liegt, hat seinen natürlichen Gegner in der Frau.«[21]

Damit waren die weiblichen Emanzipationsbestrebungen als Verwirklichung einer besonderen Kulturaufgabe der Frau reformuliert. Die im Prinzip Mütterlichkeit enthaltene Kapitalismuskritik legitimierte sich als Forderung nach der sittlichen Erneuerung der Gesellschaft. Die spezifische Definition weiblicher Emanzipation konkretisierte sich im Verhältnis von weiblicher Emanzipation und weiblicher Arbeit. Auch hier ging es nicht mehr – nicht primär jedenfalls – um formale Gleichheit, gleiche Chancen, gleiche Bedingungen. Die gesellschaftliche Arbeit der Frau – auch die Berufsarbeit – wurde nunmehr konsequent verstanden als Instrument zur Verwirklichung ihrer kulturellen Mission, zur Durchsetzung von Mütterlichkeit auch jenseits des engen Kreises der Familie.[22] Damit wurde zugleich versucht, das weibliche

Streben in bestimmte gesellschaftliche Tätigkeiten gegen Kritik und Konkurrenz abzuschirmen, um den Preis allerdings, daß es sich von vornherein auf ganz bestimmte, »wesensgemäße« Tätigkeiten einengte.

An dem Konzept sozialer Arbeit, wie es von Teilen der bürgerlichen Frauenbewegung entwickelt wurde, läßt sich dieser Zusammenhang von weiblicher Emanzipation, sittlicher Erneuerung der Gesellschaft und weiblicher Arbeit beispielhaft verdeutlichen. Die soziale Hilfstätigkeit bot sich geradezu an, um gesellschaftliche Emanzipation und berufliche Expansion als »Dienst am Volksganzen« zu legitimieren. Diesem Zusammenhang soll am Beispiel der »Mädchen- und Frauengruppen für soziale Hilfsarbeit« in Berlin und dem Typus sozialer Frauentätigkeit, der hier entwickelt wurde, gründlicher nachgegangen werden.

4.2 Sozialarbeit als weiblicher Dienst an der Gesamtheit: Die »Mädchen- und Frauengruppen für soziale Hilfsarbeit«

»Der wirtschaftliche und kulturelle Notstand in großen Bevölkerungsschichten des Vaterlandes, die zunehmende Verbitterung innerhalb weiter Kreise des Volkes rufen auch die Frauen gebieterisch zu sozialer Hilfstätigkeit auf. Es darf nicht länger verkannt werden, daß gerade die Frauen und Mädchen der besitzenden Stände vielfach eine schwere Mitschuld dafür trifft, jene Verbitterung durch den Mangel an Interesse und Verständnis für die Anschauungen und Empfindungen der unbemittelten Klassen, durch den Mangel jeden persönlichen Verkehrs mit diesen Volkskreisen gesteigert zu haben.«

Mit diesem beschwörenden Appell wandte sich im November 1893 das Gründungskomitee der »Mädchen- und Frauengruppen für soziale Hilfsarbeit« in Berlin an die Töchter der besseren Berliner Gesellschaft. »Es handelt sich um keinerlei ›Emanzipationsbestrebungen‹«, wurden die möglicherweise verunsicherten Eltern sogleich beruhigt, sondern »lediglich darum, junge Mädchen und Frauen zu ernster Pflichterfüllung im Dienste der Gesamtheit heranzuziehen«.[23] Die Initiative zu dieser Aktion kam vor allem von Minna Cauer, der Vorsitzenden des Berliner Vereins »Frauenwohl« und wohl profiliertesten Vertreterin des »radikalen Flügels« in der bürgerlichen Frauenbewegung, sowie von Jeanette

Schwerin, ebenfalls Mitglied im Verein »Frauenwohl«, zugleich aber in der Berliner »Gesellschaft für ethische Kultur«, deren Mitbegründerin sie war. Dem Gründungskomitee gehörten u. a. auch Karl Schrader, Ehemann der Initiatorin des Pestalozzi-Fröbel-Hauses in Berlin, Henriette Schrader-Breymann, und Reichstagsabgeordneter der freisinnigen Partei, an. Schon hier zeigen sich Querverbindungen von Frauenbewegung und Mütterlichkeitspädagogik. Ein Blick in die umfangreiche Liste der Sponsoren des Unternehmens macht die Verbindungen von Frauenbewegung, Sozialpädagogik und Sozialpolitik vollends deutlich. Hier finden wir u. a.: Henriette Goldschmidt und Lina Morgenstern, beide prominente Vertreterinnen der Fröbel-Bewegung; Ignaz Jastrow, Max Sering und Gustav Schmoller als bekannte Repräsentanten unterschiedlicher Richtungen des »Kathedersozialismus«; den Berliner Stadtältesten Eduard Eberty, Mitglied im Deutschen Verein für Armenpflege und Wohltätigkeit, und Prof. Wilhelm Foerster, Astronom, Freidenker und Mitbegründer der »Gesellschaft für ethische Kultur«. Obwohl die Hauptinitiatorinnen Minna Cauer und Jeanette Schwerin aus dem radikalen Lager der Frauenbewegung kamen, war der Wortlaut des Gründungsaufrufs ganz im Sinne des gemäßigten Flügels: keine »Emanzipationsbestrebungen«, ernste Pflichterfüllung der jungen Frauen und Mädchen, Dienst an der Gesamtheit. Das hatte sicherlich taktische Gründe. Man wollte die potentiellen Mitarbeiterinnen, genauer: deren Eltern nicht verschrecken. Hier zeigt sich aber auch, daß die Bedeutung, die in der Frauenbewegung der sozialen Tätigkeit beigemessen wurde, über alle Richtungsstreitigkeiten hinweg hohe Priorität genoß.

Der Aufruf fand lebhaften Widerhall. Etwa 50 bis 60 junge Damen folgten der Einladung in den Bürgersaal des Rathauses, wo sich am 8. Dezember 1893 die »Mädchen- und Frauengruppen für soziale Hilfsarbeit« konstituierten. Soziale Frauenarbeit war nun 1893 beileibe nichts Neues. Die ersten Vaterländischen Frauenvereine hatten sich bereits nach der Völkerschlacht bei Leipzig gebildet, seit Jahrzehnten gab es die Diakonische Arbeit von Frauen, gab es Kindergartenarbeit, Volksküchen und Vereine zur Unterstützung bedürftiger Wöchnerinnen. Aber gerade die ungeordnete Vielfalt dieser Aktivitäten, ihre spontane Planlosigkeit, wurde in den neunziger Jahren – wie bereits erwähnt – immer heftiger kritisiert, nicht nur im »Deutschen Verein für Armenpflege und Wohltätigkeit«, sondern auch und gerade in der Frauenbewegung. Die bürgerliche Frauenbewegung war es, die nicht müde wurde, den »gefährlichen Dilettantismus« jener Wohlfahrtsdamen anzuprangern, »die durch das Taschentuch den Armeleutegeruch fernhalten wollten« (Helene Lange), und dagegen ein vertieftes Verständnis planvoller sozialer Arbeit zu setzen.[24] Diesen Anspruch erhoben auch die »Gruppen«. »Organisiertes Vorgehen« sei zur Bekämpfung der sozialen Not der Zeit erforderlich, hieß es schon im Gründungsaufruf. Und eine neuartige Organisationsform sozialer Frauenarbeit boten die »Gruppen« in der Tat: ein systematisches Nebeneinander von praktischer Tätigkeit und theoretischer Ausbildung, die beanspruchte, nicht »einen neuen gelehrten Ballast der Frauenbildung«, sondern »Mittel zu dem Zwecke zu sein, die Frauen und jungen Mädchen zu einer umsichtigen und planmäßigen praktischen Tätigkeit anzuregen«.[25]

Die praktische Tätigkeit wurde in Zusammenarbeit mit verschiedenen Wohlfahrtseinrichtungen in und um Berlin organisiert. Die Wohlfahrtseinrichtungen wurden in vier Gebiete eingeteilt: öffentliche Armen- und Waisenpflege, private Wohlfahrtsanstalten, Blindenanstalten, Kindergärten und Horte, von denen jeder von einer Dame aus dem Gründungskomitee betreut wurde. Die Mitarbeiterinnen konnten sich ihr Arbeitsgebiet selbst aussuchen und auch ihren Arbeitsaufwand weitgehend selbst bestimmen. Die Mitarbeiterinnen eines Bereiches trafen sich in regelmäßigen Abständen zu Besprechungen. Später wurden auch gemeinsame Zusammenkünfte der Mitarbeiter *aller* Gruppen veranstaltet, die sich von einem lockeren Informationsaustausch immer mehr zu Sitzungen mit besonderen Themenschwerpunkten entwickelten. Seit 1903 wurden sie regelmäßig einmal im Monat abgehalten, gelegentlich unter Heranziehen auswärtiger Referenten. Seit 1901 wurden die Beziehungen zu den Praxiseinrichtungen durch eine alljährliche gemeinsame Konferenz intensiviert. Die Mitgliederzahl der »Gruppen« vergrößerte sich bereits 1894 auf 100, 1895 auf 127, stagnierte eine Weile, überschritt 1899 erstmals 200 und stieg dann kontinuierlich weiter. 1903 hatten die »Gruppen« 480, 1913 1151 Mitglieder. Die Entwicklung der Zahl der Vermittlungen von Mitarbeiterinnen zwischen 1899 und 1913 und die Verteilung der Mitarbeiterinnen auf die verschiedenen Wohlfahrtseinrichtungen im Jahre 1912/13 ergeben sich aus den folgenden Tabellen:

Arbeitsvermittlungen 1899-1913:

Jahr	Zahl der Arbeitsvermittlungen
1899	27
1900	41
1901	43
1902	75
1903	101
1904	101
1905	183
1906	127
1907	167
1908	196
1909	163
1910	180
1911	211
1912	240
1913	267

Quelle: Alice Salomon, *20 Jahre Soziale Hilfsarbeit*, Karlsruhe 1913, S. 24

Neben die Vermittlung von ehrenamtlichen Kräften, die weiterhin im Zentrum der Arbeit der »Gruppen« stand, trat seit 1902 auch die für beruflich Tätige in der sozialen Arbeit. Dies betraf zunächst nur einen sehr geringen Personenkreis, nahm seit 1908 immerhin auf ca. 25 bis 30 Stellen im Jahr zu. Die Verbindung zur Frauenbewegung wurde – über die personellen Verknüpfungen hinaus – auch organisatorisch gefestigt, als die »Gruppen« 1898 Mitglied im BDF wurden.[26]

Die theoretische Unterweisung war das eigentlich neue Element in der sozialen Frauenarbeit der »Gruppen«. Sie sollte das Verständnis sozialer Probleme fördern, eine planmäßige, qualifizierte Hilfstätigkeit ermöglichen und zugleich den Mitarbeiterinnen eine vertiefte Bildung verschaffen. Gerade diese Arbeit entwickelte sich jedoch nur sehr zögernd. Zwar konnten die Gruppen durchaus renommierte Lehrkräfte mobilisieren – gleich im ersten Jahr hielt Max Weber, damals noch Privatdozent in Berlin, einen Kurs über »Grundzüge der modernen sozialen Entwicklung«, und Theodor Weyl, später ein führender Vertreter der Sozialhygiene, unterrichtete die »Grundzüge der Hygiene (mit Besuch von Anstalten und m. Demonstrationen)«. Die Resonanz war dennoch bescheiden.

Verteilung der Arbeitskräfte auf die einzelnen Zweige
der Hilfstätigkeit 1913:

Auf folgenden Arbeitsgebieten waren neue Helferinnen tätig	Zahl der Helferinnen
Armenpflegevereine in Berlin Charlottenburg, Schöneberg und Wilmersdorf	37
Jugendfürsorge, Vormundschaft, Jugendgerichts- hilfe, Kinderrettungs-Verein, Freiwilliger Erziehungsbeirat	30
Jugendpflege	26
Arbeiterinnenfürsorge	17
Volksküche und Schulspeisung	11
Säuglingsfürsorge	40
Blindenpflege	8
Krüppelfürsorge	2
Kindergärten, Heime und Horte	64
Rechtsauskunft	2
Kliniken, Charité	17
Privat-Unterricht	9
Diverse: Berufsberatung, Bureauarbeit, Bibliothek	4
Gesamtzahl	267

Quelle: Ebd., S. 24

Außer dem Kurs von Max Weber, »der mit seiner glänzenden Beredsamkeit und seiner wuchtigen Darstellungsgabe den Hörerinnen neue Welten aufschloß«[27], litten die Kurse an geringer Teilnahme. Gelegentlich mußten sogar Angebote wegen mangelnder Nachfrage abgesagt werden. Die meisten der Mitarbeiterinnen gingen offenbar – anders als das Grundkonzept der »Gruppen« – davon aus, daß man für eine soziale Hilfstätigkeit keine besondere Belehrung brauche. Es bedurfte eindringlicher Aufklärungsarbeit seitens der führenden Mitglieder des Komitees und unermüdlicher Experiment mit den Inhalten und Formen der Ausbildungsarbeit, bis das Interesse sich so weit stabilisiert hatte, daß man 1899 an die Durchführung eines ersten Jahreskurses denken konnte.

Unter den knapp 60 jungen Frauen, die sich zur Gründungsversammlung der »Gruppen« am 8. Dezember 1893 eingefunden hatten, befand sich auch Alice Salomon, Tochter aus einer wohlhabenden jüdischen Kaufmannsfamilie, 21 Jahre alt. Ihr Alltag glich dem anderer Töchter aus gutem Hause: »Man fütterte Kanarienvögel, begoß Blumentöpfe, stickte Tablettdecken, spielte Klavier und wartete.«[28] Die Bedeutung, die eine Vereinigung wie die »Gruppen« und die Perspektive einer Mitarbeit für viele junge Frauen des gehobenen Bürgertums hatte, kann man wohl überhaupt nur ermessen, wenn man sich die Lebensbedingungen einer Tochter aus gutem Hause im ausgehenden 19. Jahrhundert kurz vergegenwärtigt, die im wesentlichen durch lähmende Untätigkeit bestimmt war. Eine Berufsausbildung galt nicht als standesgemäß, es gab auch im großen und ganzen keinerlei entsprechende Ausbildungsangebote und schon gar keine Berufsaussichten. Die einzige Perspektive des jungen Mädchens war vielmehr die angemessene Verheiratung, und der wurde die gesamte Lebensorganisation unterworfen. Insbesondere auch die Ausbildung der Töchter: etwas Sportunterricht, ein wenig Geschichte und Literatur, natürlich Anstandsunterricht und eventuell Haushaltsführung. Alles in allem kein Stoff, der die Begeisterung intelligenter und wißbegieriger junger Frauen allzusehr wecken konnte. Und vor allem: jenseits von Salonplaudereien fehlte jedes Betätigungsfeld für das Gelernte. So gleichen sich die Erinnerungen berühmter Frauen an ihre Jugend insoweit fast aufs Wort. »Ödland« nennt Helene Lange ihre Zeit als »Haustochter« im großväterlichen Hause. »Das bedeutet: ein wenig Haus- und Handarbeit, etwas Klavierspielen, einen Spaziergang durch den Schloßgarten... und Kaffeevisiten, bei denen häufig der rote kalte Pudding mit weißer oder der weiße mit roter Soße das wesentliche Unterscheidungsmerkmal bildete.«[29] Hedwig Wachenheim schreibt:

»Nach der Schulzeit bestand mein Leben großenteils im Anfertigen von Handarbeiten, in Besuchen bei meinen Großmüttern, Kaffeevisiten, Besuchen von Theateraufführungen und Bällen... Vier Jahre lang, bis ich 1912 von zu Hause wegging, habe ich im Sommerhalbjahr jeden Tag nur auf die Zeit gegen vier oder fünf Uhr gewartet, um auf den Tennisplatz zu gehen.«[30]

Und ganz ähnlich verlief die Jugend von Bertha Pappenheim und eben Alice Salomon, um nur einige prominente Frauen aus Wohlfahrtspflege und Frauenbewegung zu nennen.[31]

In einer solchen Situation also war der Gründungsaufruf der »Gruppen« eine Sensation – auch für Alice Salomon:

»Aus dieser Not riß uns die Gründung der ›Mädchen- und Frauengruppe für soziale Hilfsarbeit‹. Sie brachte den Mädchen den Ruf zur Arbeit, der ihnen so bitter Not tat; zu einer Arbeit, bei der sie gebraucht wurden, bei der auf sie gewartet wurde, bei der sie sich nötig fühlen konnten. Sie brachte ihnen damit einen Lebenszweck und einen Lebensinhalt.«[32]

Hier klingen bereits die Themen an, die die spätere Arbeit von Alice Salomon, die untrennbar mit der Entstehung sozialer Arbeit und insbesondere sozialer Ausbildung in Deutschland verknüpft ist, bestimmen sollten: soziale Arbeit als Sinnstiftung für all die gesellschaftlich brachliegenden weiblichen Energien der »nutzlosen« Frauen des gehobenen Mittelstandes.

Aber zunächst war Alice nur eine unter vielen. Prägend für die Arbeit der Gruppen in diesem frühen Stadium war Jeanette Schwerin, Mitbegründerin und von 1897 bis 1899 Vorsitzende des Komitees. Jeanette Schwerin war 1852 als Tochter eines angesehenen jüdischen Arztes in Berlin geboren. Zwanzigjährig heiratete sie ihrerseits einen Arzt, Dr. Schwerin, und widmete sich in der Folge ganz der Pflege ihres einzigen Kindes, eines Sohnes von anfälliger Gesundheit. Erst als dieser erwachsen war, begann sie – inzwischen vierzigjährig – in Frauenbewegung und Wohlfahrtspflege aktiv zu werden.[33] In der Frauenbewegung gehörte sie – wie erwähnt – eher zu den »Radikalen«. Allerdings war ihre Position nie ganz eindeutig, immer auf Kompromiß und Verständigung angelegt. Sie war sowohl Mitglied im »linken« Verein »Frauenwohl«, zugleich aber im »Berliner Frauenverein«, einer lokalen, 1894 von Helene Lange gegründeten Dependance des BDF. 1892 war Jeanette Schwerin auch – gemeinsam mit ihrem Mann – an der Gründung der »Deutschen Gesellschaft für ethische Kultur« beteiligt. Diese Gründung war das Produkt einer regelrechten »ethischen Bewegung«, die ihren Ausgang in den USA genommen hatte. Dort hatte Felix Adler bereits 1876 in New York eine »Gesellschaft für ethische Kultur« gegründet, weitere waren in anderen Großstädten gefolgt. Aus diesen Organisationen war eine recht umfangreiche Literatur hervorgegangen, die teilweise ins Deutsche übersetzt wurde und auch in Deutschland einen gewissen Einfluß auszuüben begann. 1892 unternahm Felix Adler eine Vortragsreise in Deutschland, und anläßlich dieser Reise wurde die Berliner Gesellschaft gegründet. Die führenden Gründungsmitglieder waren Wilhelm Foerster, der bereits erwähnte Astronom,

Georg v. Gizycki, das Ehepaar Schwerin, aber auch der National-ökonom Ignaz Jastrow und der Soziologe Ferdinand Tönnies. Die Gesellschaft gab seit 1893 eine Zeitschrift heraus, die *Zeitschrift für ethische Kultur*, die von Friedrich Wilhelm Foerster, dem Sohn Wilhelm Foersters, und Lily von Gizycki, der Ehefrau Georg von Gizyckis (die später als Lily Braun berühmt wurde), redigiert wurde. Weitere Gesellschaften wurden in der Folge in Magdeburg, Frankfurt/Main, Breslau, München, Leipzig gegründet. Ihre Ziel-setzung hat Friedrich Jodl, ebenfalls eines der Gründungsmitglie-der, wie folgt beschrieben:

»Sie wollen einer ethischen Denk- und Fühlweise freie Bahn schaffen; sie wollen zunächst das eigene Leben und die Kreise, auf welche sie zu wirken vermögen, mit ethischem Geist durchdringen; sie streben dahin, den Gedanken der Solidarität aller Volksgenossen wahrhaft lebendig und den Gesichtspunkt der allgemeinen Wohlfahrt in der Behandlung öffentlicher Angelegenheiten zum Herrschenden zu machen. Ethische Kultur bedeutet danach die Arbeit an einer beständigen Läuterung und Klärung der allgemeinen Denkweise. Es kann keine Reform der Institutionen geben ohne eine Reform der Gesinnung.«[34]

Gegenüber der individualistisch-egoistischen Grundrichtung des Manchester-Liberalismus wurden die soziale Verantwortlichkeit des Bürgertums, seine Verpflichtungen gegenüber den unteren Volksklassen betont. Ethische Kultur zielte auf die Überwindung der Klassengegensätze, auf die Herstellung sozialen Friedens durch ethische Pflichtbindung des Individuums wie der Gesell-schaft.

Es handelt sich also gewissermaßen um eine angelsächsische Variante des »Kathedersozialismus«, mit dem bedeutsamen Un-terschied allerdings, daß nicht der Staat als Fluchtpunkt sozialer Verantwortlichkeit angesehen wird, wie bei Schmollers histori-scher Schule, sondern im Gegenteil: die Gesellschaft. Bei den Bürgern selbst als Gliedern der Gesellschaft soll die Verantwor-tung liegen für die gesellschaftliche Integration, und dieses Verant-wortungsbewußtsein gilt es, systematisch und planmäßig zu bil-den und zu stärken.[35] Politisch standen die Mitglieder der »Gesell-schaft für ethische Kultur« dem Linksliberalismus und dem eben entstehenden Revisionismus in der Sozialdemokratie nahe, die weiblichen Mitglieder – wie gesagt – eher dem linken Flügel in der Frauenbewegung; die »Gesellschaft« galt zeitweilig als einer der

Kristallisationspunkte der Radikalen in der bürgerlichen Frauenbewegung. Die politisch praktischen Bestrebungen der »Deutschen Gesellschaft für ethische Kultur« beinhalteten einerseits eine erzieherisch-pädagogische Komponente, die insbesondere in dem pädagogisch-philosophischen Lebenswerk von Friedrich Wilhelm Foerster ausgearbeitet wurde[36], andererseits eine sozialreformerisch-wohlfahrtspflegerische Komponente, die im Mittelpunkt des Interesses von Jeanette Schwerin stand. Sie strebte eine neue, systematische Form sozialer Hilfe an. Die Gründung der »Auskunftsstelle« der »Gesellschaft«, des Vorläufers der Berliner »Zentrale für private Fürsorge«, ging auf ihre Initiative zurück[37], und sie war es auch, die die Hauspflegeorganisation des Berliner Frauenvereins initiierte.

MÄDCHEN UND FRAUENGRUPPEN FÜR · SOZIALE · HILFSARBEIT

Diese Frau wurde in den Jahren nach der Gründung der »Gruppen« zur mütterlichen Freundin und Mentorin von Alice Salomon. Sie brachte ihr die Ideen der ethischen Kultur nahe, sie drängte Alice zur persönlichen Weiterbildung, zur Lektüre bestimmter Autoren und Werke. Durch Jeanette Schwerin wurde Alice Salomon erstmals mit dem Denken Thomas Carlyles und John Ruskins vertraut, Autoren, die ihre weitere Arbeit nachhaltig beeinflussen sollten. Offenbar tat sich Alice Salomon auch in der praktischen Arbeit der »Gruppen« hervor. Jedenfalls wurde sie bereits 1897 zur Schriftführerin gewählt und kurz darauf – 1899 – nach Jeanette Schwerins frühem Tod im Alter von 47 Jahren zur Vorsitzenden. In dieser Eigenschaft wurde sie in den Vorstand des BDF aufgenommen, in dem die »Gruppen« Mitglied waren. Sie neigte zu den Vorstellungen der Gemäßigten um Helene Lange und Gertrud Bäumer und machte von nun an in beiden Bereichen – Frauenbewegung und sozialer Arbeit – Karriere, indem sie beide in ihrer Arbeit eng miteinander verband. Sie bestimmte in der folgenden Zeit die Entwicklung sozialer Arbeit und vor allem sozialer Ausbildung in Deutschland maßgeblich. Ihre besondere Leistung bestand darin, die Vorstellungen der bürgerlichen Frauenbewegung von der besonderen Kulturaufgabe der Frau mit dem Gedanken des sozialen Friedens und der sozialen Verantwortung der gehobenen Klassen, die sie aus den Werken Carlyles und Ruskins und der praktischen Arbeit der Settlement-Bewegung in England kannte, zu verbinden zu dem Konzept der besonderen Eignung *und* Verpflichtung der bürgerlichen Frau, durch soziale Arbeit an der Erhaltung des sozialen Friedens mitzuwirken. Damit entwarf sie das Leitbild, das die Entwicklung sozialer Arbeit als Frauenberuf bestimmen sollte.

Exkurs: Über sozialen Idealismus und soziale Settlements

»Zwischen den 70er und 80er Jahren des alten Jahrhunderts ward London vom ›Slum-Fieber‹ ergriffen, wie es Schriften aus jenen Tagen nennen. Das war nicht etwa eine bösartige Krankheit, die sich über den überbevölkerten, schmutzigen Gassen des Ostens über die Hauptstadt ausbreitete, vielmehr ein plötzliches, fieberhaftes Interesse der Gebildeten, die so lange ungeachtet gebliebenen Höhlen der Armut kennenzulernen, als wären sie nicht allmählich, im Laufe von Jahrzehnten, Stück für Stück entstanden und seit langem dagewesen, sondern eine völlig neue Entdeckung.«[38]

Pfarrer, berühmte Professoren, Studenten aus gutem Hause, Damen der höheren Kreise, die gesamte »bessere Gesellschaft« – so scheint es im nachhinein – fühlte sich magisch angezogen von den Elendsquartieren des Londoner Ostens. Die industrielle Entwicklung Englands hatte schon seit der Mitte des Jahrhunderts zur Zusammenballung einer riesigen Armutsbevölkerung in den Industriezentren geführt.

Um die Mitte des 19. Jahrhunderts war London mit über

2 Millionen Einwohnern die weitaus größte Stadt der Welt. Die Lebensformen und Probleme moderner industrieller Großstädte waren hier bereits ausgebildet: die funktionale Ausdifferenzierung der Stadt, die Trennung der Wohnviertel der Armen von denen der Reichen, hohe Anonymität des alltäglichen Lebens, Zerfall von Familie und Nachbarschaft im herkömmlichen Sinne, Zusammenballung großer Menschenmassen auf kleinem Raum. Friedrich Engels hat den Kontrast von Macht und Reichtum auf der einen und trostloser Armut auf der anderen Seite, der für den zeitgenössischen Betrachter von London bereits bei der Ankunft sichtbar wurde, in seiner berühmten Schrift *Die Lage der arbeitenden Klasse in England* eindringlich beschrieben.

Die Segregation von Arm und Reich in getrennten Bezirken der Stadt hatte soziale Folgen, insbesondere für die Armenfürsorge. Zunächst geriet die traditionell auf die lokale Selbstverwaltung der Armenbezirke gegründete Finanzierung der Unterstützungsleistungen in Schwierigkeiten. Die wenigen in den Armenvierteln verbleibenden Steuerzahler wurden hohen Belastungen durch die lokale Armensteuer (»poor rate«) ausgesetzt. Die aufgebrachten Mittel blieben gleichwohl gering. In den Vierteln dagegen, in denen überwiegend wohlhabende Bürger lebten, waren die Fürsorgeaufwendungen ohnehin gering und die Anforderungen für den einzelnen blieben bescheiden. Das System drängte nach einer Reorganisation auf höherer Ebene. Das fundamentale Übel der räumlichen Trennung lag jedoch in dem Zusammenbruch der sozialen Beziehungen zwischen den Klassen. Materielle Fürsorgeleistungen waren ja stets mit bestimmten Verhaltenserwartungen gegenüber den Armen verknüpft, die im engen persönlichen Kontakt zwischen Geber und Nehmer am besten durchgesetzt werden konnten. Im Elberfelder System hatte dieser Gedanke bereits eine konkret-organisatorische Ausgestaltung erfahren. Mit der geographischen Trennung wurde diese Fürsorgebeziehung zerstört. »The separation of classes had produced the deformation of the gift.«[39] Die Fürsorge wurde entpersönlicht, die normativen Erwartungen an die Spendenempfänger waren nicht mehr persönlich überprüf- und durchsetzbar. Die mit den Fürsorgeleistungen traditionellerweise verbundenen Elemente sozialer Kontrolle mußten zerfallen. Die Fürsorge konnte nicht mehr die ihr zugeschriebene erzieherisch-bessernde Wirkung ausüben. Im Gegenteil, das anonyme Spenden von Almosen würde die Armen weiter demoralisieren und ihnen die Selbständigkeit rauben.

Die seit den sechziger Jahren einsetzenden Ansätze einer Reorganisation der Londoner Armenfürsorge sind daher als Versuch zu begreifen, die Armenfürsorge aus der Anonymität wahllosen Almosengebens herauszulösen und die sozialen Elemente des »gift-relationship« (Stedman-Jones) bewußt zu rekonstruieren. Die 1869 gegründete »London Charity Organization Society« stellte die genaue Erfassung der persönlichen Lebensumstände der Armen und ihre persönliche Erziehung und Kontrolle gegenüber der materiellen Unterstützung in den Vordergrund. Armut wurde nicht länger als materielles, sondern als moralisches Problem gesehen; als Problem entmoralisierter Individuen, denen die bürgerlichen Werte und Normen durch persönliche Überwachung allererst anzuerziehen seien.[40]

Seit Beginn der achtziger Jahre wurde die Idee der Wiederherstellung persönlicher Kontakte zwischen den Klassen in der englischen Settlement-Bewegung konsequent zu Ende gedacht und praktiziert. Wenn die soziale Entwicklung zur räumlichen Trennung der Klassen geführt hatte, so galt es dieser Entwicklung durch die Wiederansiedlung der Gebildeten und Besitzenden in den Armenvierteln entgegenzuwirken. Studenten der bedeutenden englischen Universitäten – vor allem aus Oxford – begannen zumindest zeitweilig in die Elendsviertel des Londoner East End zu ziehen. Bildungsprogramme für die Armen wurden ersonnen, die ersten Settlements wurden gegründet: Zentren nachbarschaftlicher Hilfe, in denen Angehörige vor allem der gebildeten Schichten die persönlichen Beziehungen zu den Armen wiederherzustellen suchten.[41]

Verfolgt man die geistesgeschichtlichen Wurzeln des Settlement-Gedankens, so stößt man auf eine Bewegung, die Werner Picht »Sozialen Idealismus« genannt hat[42] und die vor allem von drei Männern repräsentiert wird: Thomas Carlyle, John Ruskin und Arnold Toynbee.

Thomas Carlyle bildete bis etwa zur Mitte des 19. Jahrhunderts die einzige gewichtige Gegenstimme im Gleichklang bürgerlich-liberalistischen Gesellschaftsdenkens in England, das unter dem beherrschenden Einfluß der Klassiker der Nationalökonomie und des Utilitarismus stand: Smith, Ricardo, Bentham, John Stuart Mill; unter dem Einfluß einer Theorie der Gesellschaft also, die von der ungehemmten Verfolgung der Individualinteressen, vom

System freier Konkurrenz zugleich die Herstellung der gesamtgesellschaftlichen Harmonie, des gemeinen Besten erhoffte. Carlyle[43] – 1795 in Schottland geboren – wuchs unter ärmlichen Verhältnissen auf dem Lande in einem stark religiös geprägten Elternhaus auf. Der puritanisch-calvinistische Einfluß des Elternhauses hat seine Arbeit zeitlebens bestimmt. Im Alter von 14 Jahren verließ er das Elternhaus, wanderte zu Fuß nach Edinburgh und begann dort zu studieren: zunächst Theologie, dann Jura, später wurde er Mathematiklehrer, und schließlich ließ er sich als freier Schriftsteller nieder. Während seines Studiums wurde er mit dem gesamten Gedankengut der Aufklärung vertraut, dem klassisch-liberalen Denken Englands, aber auch den Werken der deutschen Klassik. Insbesondere Goethes Bild der Gesellschaft als eines aus interdependenten Teilen bestehenden organischen Ganzen hat ihn stark beeinflußt. Mehrfach korrespondierte er mit dem großen Dichter. Carlyles Leben verlief äußerlich in ruhigen Bahnen. Er verwendete seine gesamte Energie auf einen wahren Feldzug gegen Individualismus, Utilitarismus und Materialismus, die geistigen Hauptströmungen seiner Zeit. Er starb 1881 in London.

Geschichte versteht Carlyle als einen Prozeß der zunehmenden Herausbildung von Gesellschaftlichkeit. Aus dem ursprünglichen, gesellschaftslosen Zustand des Individualismus entwickelt sich durch die wachsende Interdependenz der einzelnen Teile die Gesellschaft als ganzheitlicher Organismus. Dieser Prozeß der Gesellschaftsentwicklung setzt allerdings eine altruistische Orientierung der einzelnen auf die Gesamtheit voraus, die Carlyle »Loyalität« nennt. Diese Gemeinwohlorientierung wurzelt letztlich im religiösen Glauben, dem konstitutiven Element jeder altruistischen Motivation. Religion und Glaube werden von Carlyle allerdings sehr weit gefaßt. Hierzu zählt er auch Familie und Vaterland, alle soziale Ganzheit verheißenden Elemente. Die innere altruistische Motivation des einzelnen muß sich in tätigem Glauben entäußern, um die Gesellschaft als Ganzes zu konstituieren. Diese aus dem Glauben heraus geschehende Tätigkeit nennt Carlyle »Arbeit«. Arbeit ist also nicht jede zweckgerichtete Tätigkeit schlechthin, sondern nur eine solche, die um ihrer selbst willen geschieht. Wahrhaft große Leistungen können nicht um äußerlicher Vorteile willen vollbracht werden, sondern nur aufgrund eines inneren Strebens nach Vollendung. Durch Arbeit entwickelt sich der Mensch vom Einzel- zum Gesellschaftswesen, und nur durch Arbeit kann er des Glückes teilhaftig werden. »Der Mensch vervollkommnet sich durch die Arbeit... Bedenke, wie selbst bei den gewöhnlichsten Arbeiten die ganze Seele eines Menschen zu wahrhafter Harmonie gestimmt wird, in dem Augenblick, wo er die erste Hand anlegt.«[44] Die inneren Formen der Gesellschaftlichkeit, Altruismus und Glaube, entäußern sich so in »äußeren Formen«, in Sitten und Moral, die Carlyle blumig »social vestures« (gesellschaftliche Gewänder) nennt, das eigentlich bewegende Element sind jedoch die inneren Formen.

In seiner Weise ist Carlyles Geschichtsvorstellung durchaus optimistisch: Geschichte als Prozeß der Vergesellschaftung der Menschheit, des allmählichen Obsiegens der Gemeinwohlorientierung über den schnöden Egoismus. Die treibenden Kräfte dabei sind die inneren Formen, die altruistischen Motivationen des einzelnen Individuums, die es zu einem gesellschaftsnützlichen Handeln befähigen. Der Prozeß der zunehmenden Gesellschaftsorientierung verläuft allerdings nicht stetig, sondern zyklisch. »Positive Zeiten« und »negative Zeiten« wechseln einander ab. Die äußeren Formen der Gesellschaftlichkeit sind nur so lange lebensfähig, als sie von den inneren Formen mit Leben erfüllt werden. Da aber die innere Form, der Glaube, nur einer bestimmten Ausbildung fähig ist und danach abzusterben beginnt, werden die äußeren Formen sodann zu leeren Gehäusen, die sich überlebt haben und früher oder später zusammenbrechen müssen. Positive Zeiten sind daher die der Entwicklung des Glaubens, der Arbeit, die Zeiten gelebter Kollektivität, der Genossenschaftlichkeit, die auf der Einheit des Glaubens gründet. Diesen folgen Perioden des Unglaubens, des Egoismus, des Zerfalls, in denen der Individualismus Oberhand gewinnt. Arbeit ist in solchen Zeiten gar nicht möglich. Die Gesellschaft ist krank. Diese Entwicklung schreitet bis zu einem Punkt des Zusammenbruchs voran, an dem überdeutlich wird, daß die äußeren Formen zu leeren Hülsen erstarrt sind. In dieser Situation erstarken die radikalen und revolutionären Bewegungen, deren Bedeutung aber lediglich darin besteht, daß sie erneuten Aufbauzeiten zum Durchbruch verhelfen. Sie sind keineswegs selbst schon der beginnende Aufbau, der nicht aus Umsturz und Revolution, sondern nur aus einem erneuerten, inneren Altruismus resultieren kann. Individualismus und Altruismus wechseln einander im historischen Prozeß beständig ab, wobei der Individualismus aber immer negatives Durchgangsstadium auf dem Weg zu einer höheren Form der Gesellschaftlichkeit bleibt.

Vor dem Hintergrund dieser theoretischen Position mußte Carlyle die sozialen Entwicklungen seiner Zeit ausschließlich als Zerfall wahrnehmen, als Auflösung der alten Ordnung und ihrer Werte. Das Schlagwort von der Emanzipation bezeichnete für ihn nur die Auflösung der alten Abhängigkeits- und Verpflichtungsverhältnisse, die bislang die Klassen der Gesellschaft zu einer Einheit verflochten und daher auch den Schwachen Schutz gewährten. Die Industrie bringt zwar ungeahnte Reichtümer hervor, aber sie spaltet die Nation in zwei feindliche Lager. Sie dient den Reichen nur zur Mehrung des eigenen Reichtums und läßt die Armen schutzlos. Die »soziale Frage« steht daher im Zentrum von Carlyles Gesellschaftskritik. »Der Pauperismus ist die sichtbare Erscheinung der Sünde unseres sozialen Systems.«[45] Abhilfe ist – wie gesagt – von revolutionären Bewegungen nicht zu erhoffen, sie vertiefen die Spaltung nur. Abhilfe wird vielmehr nur dann möglich sein, wenn es den Besitzenden und den Herrschenden gelingt, den Individualismus zu überwinden und zu wahrer sozialer Verantwortung zu gelangen. Dies kann nur durch die Ausbildung gesteigerter sozialer Motivation gelingen, einer neuen Form sozialer Verpflichtung der Besitzenden gegenüber den Armen, durch die die Grenzen zwischen den Klassen überwunden werden. Carlyle fordert also vor allem soziale Gesinnung, die zunächst in einem verstärkten Interesse an den Problemen der Armen zum Ausdruck kommt: »Wir führen euch an die Küste eines ungeheuren Festlandes und fragen euch, ob ihr es nicht mit euren eigenen Augen sehen könnt, ob ihr nicht durch fremdartige Anzeichen wahrnehmt, wie massig dunkel, unerforscht, unvermeidlich es daliegt. Ihr müßt es betreten!«[46]

John Ruskin wurde 1819 in London geboren.[47] Er studierte Kunstgeschichte und wirkte zunächst als Kunstlehrer und Kunstkritiker. Zeitweilig unterrichtete er an dem seit 1854 in London bestehenden »Working Men's College«. In den Jahren von 1870 bis 1884 war er Professor der Schönen Künste in Oxford. Ruskins Werk[48] ist ganz überwiegend kunst- und architekturgeschichtlichen Problemen gewidmet. Er arbeitete über die italienische Malerei des Spätmittelalters und der Renaissance, insbesondere Giotto und Michelangelo, über Venezianische Kunst und Architektur, aber auch die englische Malerei des 19. Jahrhunderts, insbesondere William Turner. In den siebziger Jahren begann er außerdem, sich mit ökonomischen Problemen auseinanderzusetzen, u. a. hat er eine Politische Ökonomie der Kunst verfaßt.[49] Seine kunsthistorischen Studien, insbesondere seine Auseinandersetzung mit den Bauwerken des Mittelalters, konfrontierten Ruskin von einer ungewöhnlichen Seite mit dem Problem des Werts der Arbeit. In der mittelalterlichen Baukunst fand er eine sinnhafte Vergegenständlichung des Wirkens auch all der namenlosen Beteiligten, die ihrer Arbeit einen Wert verlieh. In der mechanisierten, kapitalistischen Industriearbeit dagegen war dieser Zusammenhang von Persönlichkeit, Arbeit und Produkt verlorengegangen, der Arbeiter mit dem Produkt auch seiner Arbeit beraubt. In seiner Schrift *Unto this Last* hat Ruskin diese Überlegungen zu einer nationalökonomischen Theorie ausgearbeitet[50], die – anders als die Arbeiten der Klassiker – nicht von der Produktion und der Verteilung der Güter, sondern von ihrer Konsumtion ausgeht. Nicht Profitmaximierung und Akkumulation von Kapital waren für Ruskin Ausdruck der Leistungsfähigkeit einer Volkswirtschaft, sondern der sinnvolle Verbrauch eines Gutes. Reichtum ist demnach der Besitz des Wertvollen, d. h. des zum Leben dienlichen Dinges. Anders als die klassische politische Ökonomie, die vom Individualismus der freien Konkurrenz die höchste Leistungsfähigkeit der Wirtschaft erwartete, plädiert Ruskin also für eine ethische Bindung der Produzenten an die Interessen der Gesamtheit. Dies schließt eine gerechte Ausgestaltung des Arbeitsverhältnisses ebenso ein wie verbesserte Bildung und Ausbildung. Auch hier findet sich – wie bei Carlyle – die Forderung nach einer sozialen Verantwortlichkeit der gehobenen für die unteren Volksklassen, auch hier der Rückgriff auf die christliche Sozialethik zur Begründung einer persönlichen Verantwortung der Besitzenden gegenüber ihrem besitzlosen Nächsten.

Arnold Toynbee – der Jüngste in der Reihe der geistigen Ahnen der Settlement-Bewegung – wurde 1852 in London geboren.[51] 1873 begann er sein Studium in Oxford. Zu seinen Lehrern gehörten der Philosoph Thomas Hill Green und – vor allem – John Ruskin, dessen engerem Schülerkreis er sich anschloß. Sein Interesse ging vornehmlich dahin, Carlyles und Ruskins soziales Denken in praktische Sozialreform umzusetzen, die akademische Bildung und wissenschaftlich-akademisches Denken über die engen Grenzen der Universität hinaus wirksam werden zu lassen und auf diesem Wege Sorge für die geistige und sittliche Hebung der pauperisierten Massen zu tragen. 1875 entschloß er sich, das soziale Elend aus eigener Anschauung kennenzulernen und bezog ein Zimmer in der Pfarrei von Reverend Samuel Canon Barnett in Whitechapel, einem der berüchtigsten Londoner Slum-Viertel. Sein Aufenthalt währte zwar nur zwei Wochen – aus gesundheitlichen Gründen mußte er Whitechapel wieder verlassen –, hinterließ aber einen bleibenden Eindruck. Die Idee, solchen Anschauungsunterricht für seinesgleichen systematisch zu verwirklichen, Studenten der vornehmen Universitäten und die Armutsbevölkerung nachbarschaftlich zu verbinden, hat ihn nicht mehr losgelassen. Seine wissenschaftliche Arbeit stand deutlich unter dem Einfluß Carlyles und Ruskins. Er entwickelte gewissermaßen eine linksliberale Version ihres zerfallstheoretischen Gesellschaftsdenkens. Individualismus ist für Toynbee nicht nur Auflösung, sondern auch notwendige Voraussetzung für eine höhere und freiere Form gesellschaftlicher Assoziation, die nur von freien Individuen ausgehen kann. Unabdingbar ist allerdings auch für Toynbee die Entstehung einer vertieften sozialen Gesinnung, einer altruistischen, letztlich im Christentum wurzelnden Moral. Eine Führungsrolle bei der Überwindung des zeitgenössischen sozialen Elends kommt auch für ihn den herrschenden Volksklassen zu. Er weist aber insbesondere der intellektuellen und professionellen Führungselite eine besondere Bedeutung zu. Ihre Aufgabe ist es, die Klassenspaltung der Gesellschaft durch persönlichen Kontakt mit den Armen zu überwinden und so das Ideal der »Einheit der nationalen Bildung« zu verwirklichen. Diese Idee, von den Universitäten aus den Kontakt zu den Armen zu suchen, ihnen Bildung und Kultur zu bringen, sie und ihre Probleme aber gleichzeitig kennen- und verstehen zu lernen, gewann seit den siebziger Jahren rasch an Einfluß in den akademischen Kreisen Oxfords und Cambridges. Toynbee hat ihre praktische Verwirklichung nicht mehr erlebt. Von Jugend an gesundheitlich labil, starb er 1883 im Alter von nur 31 Jahren.

Die Umsetzung der von Toynbee vertretenen und in den Colleges von Oxford und Cambridge diskutierten Reformgedanken hat Canon Samuel Barnett als erster unternommen.[52] Barnett hatte selbst zwischen 1862 und 1865 in Oxford studiert. Schon als junger Geistlicher hatte er sich für die Probleme der städtischen Elendsviertel interessiert und 1872 eine Pfarrei in Whitechapel im Londoner Osten übernommen. Barnett war aktiver Mitarbeiter in der Londoner COS, widmete daneben dem Gedanken persönlicher Nachbarschaft mit den Armen besondere Aufmerksamkeit. Bei ihm hatte Toynbee – wie erwähnt – seine ersten praktischen Erfahrungen mit dem Großstadtelend gesammelt, und seine Pfarrei entwickelte sich immer mehr zu einem Treffpunkt für sozial engagierte Studenten aus dem Kreis um John Ruskin. Hier nahm die Idee eines Settlements[53] Gestalt an. Im November 1883 hielt Barnett in Oxford einen Vortrag über »Settlements of University Men in Great Towns«. Nicht Geldspenden und Reformprogramme, so führte er aus, würden von den Armen besonders dringend benötigt, sondern persönliche Begegnung, Freundschaft, Verständnis ihrer Situation; Überlegungen, die – von Carlyle, Ruskin und Toynbee früher bereits ausgeführt – jetzt auf breites Verständnis stießen. Ein Komitee wurde gebildet, Geld gesammelt, ein Haus angekauft und umgebaut, und Ende 1884 schließlich wurde das erste Londoner Settlement eröffnet: Toynbee Hall in der Commercial Street in Whitechapel. Seine Leitung übernahm Canon Barnett. Noch im selben Jahr wurde Oxford House gegründet, 1885 Rugby House, beides kirchliche Einrichtungen, die – anders als Toynbee Hall – ausdrücklich religiöse Zielsetzungen verfolgten. In der Folge kam es zu einer Vielzahl von Settlement-Gründungen in London und in anderen englischen Städten. Werner Picht zählte 1911 in England 35 Settlements (davon 26 allein in London) und in Schottland weitere 5 mit insgesamt über 400 Bewohnern und über 1500 Helfern.[54] Die Zielsetzungen der Settlement-Arbeit waren außerordentlich weit gespannt. So sah § 3 der Satzung von Toynbee Hall vor: »Unterricht, Erholung und Freude für die Bevölkerung der ärmeren Stadtteile Londons und anderer Großstädte zu verschaffen; Feststellungen über die Lage der Armen zu machen und Pläne zur Verbesserung ihres Lebens zu beraten und zu befördern.«[55]

Toynbee Hall hatte 22 Bewohner, die »residents«, die den Kern der Aktiven des Settlements ausmachten. Daneben gab es noch die »associates«, Mitarbeiter, die nicht im Settlement wohnten, aber in unterschiedlicher Form an seinen Aktivitäten teilhatten. Die Aktivitäten selbst waren vielfältig: Fürsorge für Säuglinge und Kleinkinder, Arbeit mit Kindern und Jugendlichen, Arbeit mit Frauen und Familien, Gefängnisarbeit, Erholung für Erwachsene und

Kinder, Bildungs- und Clubarbeit; kaum ein Feld sozialer Arbeit, das nicht vertreten war.[56] In zeitgenössischen Auseinandersetzungen mit der Arbeit des Settlements wird immer wieder betont, daß nicht das »Was«, sondern das »Wie« der Arbeit das Spezifische und Neue an den Settlements ausmache, eben das soziale Engagement im Kontext nachbarschaftlicher Verbundenheit und persönlich-freundschaftlicher Beziehungen. Dennoch läßt sich die Bildungsarbeit und insbesondere die Clubarbeit deutlich als Zentrum der Settlement-Aktivitäten ausmachen. Dies mußte sich notwendig aus der hinter aller Settlement-Arbeit stehenden Grundanschauung ergeben, daß nicht materielle Unterstützung, sondern nur geistige und sittliche Besserung der Armen die soziale Frage lösen könnten, mit anderen Worten: daß die soziale Frage im Kern eine Bildungs- und Erziehungsfrage sei. Mit Erstaunen liest man heute die Aufzählung der Unterrichtsgegenstände, die den Armen und Arbeitern des Slums angesonnen wurden und die – wenn man den zeitgenössischen Schilderungen glauben darf – sich auch einer gewissen Beliebtheit erfreuten: Erste Hilfe, Nadelarbeit und Singen wurden hier genauso gepflegt wie englische Geschichte und Literatur, politische Ökonomie und Anatomie, aber auch Griechisch und Hebräisch, klassische Philosophie und Astronomie.[57] Und die Clubaktivitäten, die von Toynbee Hall angeregt wurden, reichen vom »Adam Smith Club« über die »Elizabethan Literary Society« bis zum »Toynbee Traveler's Club«, der Studienreisen ins Ausland veranstaltete. All dies waren – wie gesagt – Angebote für die Bewohner eines Elendsviertels, denen häufig genug das Nötigste zum Leben fehlte. Nun betonen allerdings sowohl die programmatischen Entwürfe als auch die zeitgenössischen Schilderungen der Settlement-Arbeit, daß – bei aller Betonung des freund- und nachbarschaftlichen Charakters der Arbeit – die breite Masse der Pauperisierten niemals erreicht wurde und daß dies von den Settlern auch keineswegs beabsichtigt war.[58] Insoweit teilten auch die Settlements die damals gängige Unterscheidung von »unwürdigen« und »würdigen« Armen, und nur um die letzteren ging es ihnen. So zielte die Settlement-Arbeit auf jene kleine Elite von Facharbeitern und Angehörigen der unteren Mittelschicht, Volksschullehrern und kleinen Angestellten, die auch im Osten von London zu finden waren und deren Bildungs- und Aufstiegsinteressen hier Genüge getan wurde. Die Masse der ungelernten Arbeiter, der Arbeitslosen, Verwahrlosten und Kriminellen blieb ganz bewußt unbeachtet. Wenn also die Bildungsarbeit der Settlements i. S. Carlyles, Ruskins und Toynbees die Kluft zwischen den besitzenden und den nicht-besitzenden Klassen zu überwinden suchte, so riß sie zugleich eine neue innerhalb der Armutsbevölkerung selbst auf. Der Settlement-Gedanke in seiner ursprünglichen Form kann als bewußter Ansatz verstanden werden, die Schicht der »respektablen Proletarier« von der morallosen Masse nicht besserungsfähiger, unstetig beschäftigter (casual poor), die man zeitgenössisch »the residuum« nannte, zu trennen.[59]

Im Sinne der oben erwähnten Satzung von Toynbee Hall beteiligten sich die Settler auch an empirischen Untersuchungen über die Lage der Armen. Mitglieder von Toynbee Hall arbeiteten an der Datensammlung für Charles Booth' monumentales Werk *Life and Labour of the People in London*, das erstmals die soziale Lage der Londoner Armutsbevölkerung detailliert offenlegte und empirische Argumente für die gesetzliche Einführung der staatlichen Altersversicherung lieferte.[60]

Darüber hinaus ist die praktische Wirksamkeit der Settlement-Bewegung schwer abzuschätzen. Während die ersten Settler selbst und frühe Schilderungen ihrer Arbeit die Bedeutung der Settlements für ein neues Verständnis zwischen den Klassen und die Lösung der sozialen Frage hoch veranschlagten, ohne dies allerdings spezifizieren zu können, kommen neuere Untersuchungen eher zu einer skeptischen Einschätzung: »Clearly the settlement had proved unequal to the herculean task he (Barnett) hat outlined.«[61] Unumstritten ist jedoch die Bedeutung, die die Settlement-Arbeit für die Settler selbst hatte. Diese Prozesse der Erfahrungsgewinnung und Persönlichkeitsbildung waren keineswegs zufällige Nebenprodukte des sozialen Engagements, sondern dessen konstitutive Bestandteile, ging es doch Carlyle, Ruskin und Toynbee zufolge vor allen Dingen um die Herausbildung einer neuen, vertieften altruistischen Motivation und Gesinnung als Voraussetzung jedes erfolgreichen sozialen Engagements. So sollten die Settler ihrem eigenen Anspruch nach nicht eindimensional »helfen«, sondern selber lernen und verstehen.[62] In diesem Sinne wurde Toynbee Hall als »a school of post-graduate education in humanity« gepriesen[63] und entwickelte sich in gewisser Weise tatsächlich zu einer ergänzenden Bildungseinrichtung für die Führungselite des eben entstehenden englischen Wohlfahrtsstaates: W. H. Beveridge, A. M. Carr-Saunders, H. Llewellyn-Smith,

R. H. Tawney beispielsweise zählten zu den residents der frühen Jahre von Toynbee Hall. Hier zeigt sich aber auch, daß der ursprüngliche Kontext der Erzeugung altruistischer Motivation und sozialer Gesinnung immer mehr in Hinblick auf eine fachliche soziale Ausbildung bzw. einen Zeitraum zusätzlicher sozialer Erfahrung als gute Voraussetzung für den Einstieg in eine Karriere in Politik und öffentlicher Verwaltung modifiziert wurde. »Wir arbeiten hier, um uns einmal im Parlament wieder zu treffen«, soll ein »resident« geäußert haben.[64]

Die Settlement-Bewegung gewann früh schon Einfluß auch in den USA.[65] Das erste Settlement in Amerika wurde 1886 in New York an der Lower East Side eröffnet: die Neighbourhood Guild, gegründet von Stanton Coit.[66] 1889 wurde in Chicago das berühmte Hull House von Jane Addams und Ellen Star eröffnet[67]; und im selben Jahr ein weiteres Settlement in New York: das College Settlement. In den nächsten Jahren kam es in rascher Folge zu einer Vielzahl von Settlement-Gründungen. Die Bibliography of Settlements von 1905 weist für 1900 insgesamt 104, für 1905 bereits insgesamt 226 Settlements aus.[68] 1894 wurde die »Federation of Social Settlements in Chicago«, 1908 die »National Federation of Social Settlements« etabliert. Die Settlement-Bewegung in den USA hatte also eine weit größere quantitative Ausdehnung als in England. Daneben vollzog sie in Nordamerika auch eine gewisse inhaltliche Modifikation: Die wichtigsten Settlement-Einrichtungen in den USA waren das Werk von Frauen: Hull House in Chicago wurde von Jane Addams und Ellen Star, College Settlement in New York von Vida D. Scudder und Jean Fine, Henry Street Settlement in New York von Lilian Wald gegründet, und insgesamt war die Settlement-Bewegung in den USA – anders als in England – eng mit der Frauenbewegung und ihren Bemühungen um eine Neudefinition der Rolle der Frau in Beruf und Politik verbunden. Die Arbeit der Settlements in den USA zielte vor allem auf eine »Amerikanisierung« der Einwanderergruppen verschiedenster Nationalitäten, nicht auf eine Überbrückung der Klassengegensätze von Arm und Reich, sondern auf die Assimilierung ethnischer Minderheiten und damit auf die Herstellung eines einheitlichen Nationalcharakters. Schließlich war auch die Rolle der amerikanischen Settlements im Rahmen der empirischen Erforschung der Lebensumstände der Unterschichten, ja der Entstehung empirischer Sozialforschung überhaupt, gewichtiger als in

England. Die Settlements verstanden sich – jedenfalls in ihrer Frühzeit – weitgehend als »Forschungslabors«, gleichsam gesellschaftliche Außenposten universitärer Sozialforschung, und eine Reihe berühmter Stadtstudien sind aus diesem Zusammenhang hervorgegangen.[69]

Auch in Deutschland wurde die Settlement-Idee mit großem Interesse rezipiert. Um die Jahrhundertwende gab es in Deutschland eine umfangreiche Literatur, die sich mit der englischen und der amerikanischen Settlement-Bewegung und ihren geistesgeschichtlichen Hintergründen befaßte. 1901 wurde in Hamburg das »Volksheim« gegründet, das Einrichtungen in drei Hamburger Stadtteilen unterhielt und sich auf die Arbeit mit Jugendlichen und Lehrlingen konzentrierte.[70] 1911 folgte in Berlin die »Soziale Arbeitsgemeinschaft Berlin-Ost« (SAG), deren Arbeit ebenfalls zunächst ganz auf die Probleme Jugendlicher ausgerichtet war. Nach dem Weltkrieg trat daneben in verstärktem Maße auch die Arbeit im Bereich der Erwachsenenbildung. Regionale Niederlassungen der SAG in allen Teilen Deutschlands wurden gebildet, und die SAG gewann einen erheblichen Einfluß auf die Entwicklung der deutschen Volkshochschulen.[71] Beide Gründungen gingen auf die Initiative evangelischer Theologen zurück: In Hamburg war Walter Classen, in Berlin Friedrich Siegmund-Schultze die treibende Kraft, beide angeregt durch das Vorbild von Toynbee Hall, das sie bei Besuchen in London kennengelernt hatten. Grundlegend war für beide Initiatoren der Gedanke eines tätigen Christentums, das zur Versöhnung der immer krasser hervortretenden Klassengegensätze aufgerufen sei. Die deutschen Settlements sind daher im Zusammenhang eines um die Jahrhundertwende sich formierenden »religiösen Sozialismus« zu sehen. Sie haben in diesem Zusammenhang ihre sozialpolitische Bedeutung, wenngleich sie eine breite Settlement-*Bewegung*, wie sie in England und USA wenigstens zeitweilig existierte, nicht initiieren konnten.[72] Die englische Settlement-Bewegung gewann in Deutschland ihre Bedeutung vielmehr über eine literarische Rezeption durch eine Vielzahl von sozialreformerischen Männern und Frauen und hat auf diesem Wege einen erheblichen Einfluß auf die eben entstehenden Konzepte sozialer Arbeit ausgeübt. Insbesondere Alice Salomon war stark von den Arbeiten Carlyles und Ruskins und dem dort ausgeführten Konzept persönlichen sozialen Engagements zur Herstellung des sozialen Friedens beeinflußt.

Jeanette Schwerin – wie erwähnt – hatte sie mit den Arbeiten Carlyles und Ruskins vertraut gemacht, und Toynbee Hall hatte sie selbst anläßlich eines Besuches in London kennengelernt. Alice Salomon zeigte sich sehr beeindruckt und wurde nicht müde, in zahlreichen Aufsätzen immer wieder über diese Form sozialer Arbeit zu berichten.[73] Ihre besondere Leistung für die Entwicklung der spezifischen Formen sozialer Arbeit in Deutschland bestand nun darin, daß sie das Konzept des »sozialen Friedens«, wie es bei Carlyle und Ruskin entwickelt war, mit dem Konzept der »geistigen Mütterlichkeit«, also der spezifischen Emanzipationsvorstellung des gemäßigten Flügels der bürgerlichen Frauenbewegung in Deutschland, verknüpfte. Aus dieser Verbindung resultierte dann die Vorstellung einer besonderen Verpflichtung der bürgerlichen *Frau*, den sozialen Frieden durch persönliches soziales Engagement zu sichern: Aufgrund ihres spezifisch mütterlichen Wesens, ihres bewahrenden, hegenden und pflegenden Geschlechtscharakters war gerade die bürgerliche Frau aufgerufen, die Gegensätze zwischen den sozialen Klassen im direkten persönlichen Kontakt mit den Schwestern der unteren Volksklassen zu überbrücken und so an der Herstellung des »Volksganzen« zu wirken, während sich die Männer in fruchtlosen sozialen Kämpfen aufrieben, die doch die Spaltung der Gesellschaft letztlich nur vertieften. Mit diesem Konzept sozialer Arbeit als spezifisch weiblicher, persönlicher Dienstleistung war ein Doppeltes geleistet: Weibliche Emanzipation, die besondere »Kulturaufgabe« der Frau, verwirklichte sich in Hilfe für die Unterprivilegierten und legitimierte sich damit zugleich als Dienst am Volksganzen. Es war daher nur konsequent, wenn Alice Salomon sagte, daß Sozialarbeit und Frauenbewegung für sie identisch seien.[74]

4.3 Ausbildung für die Sozialarbeit: Soziale Gesinnung gegen »weiblichen Parasitismus«

Die Durchführung einer systematischen Ausbildung für die soziale Arbeit gehörte – wie eingangs dargestellt – von Anfang an zum Arbeitsprogramm der Berliner »Gruppen«. Mit der Forderung nach spezifischen Fachkenntnissen und Fertigkeiten als Voraussetzung einer erfolgversprechenden sozialen Arbeit griffen die »Gruppen« Tendenzen der Verwissenschaftlichung und Rationalisierung auf, die die Reformen der kommunalen wie privaten Fürsorge in den neunziger Jahren des 19. Jahrhunderts ohnehin kennzeichneten. In der spezifischen Form, die Alice Salomon dem Konzept sozialer Arbeit als weiblichem Dienst am Volksganzen gab, ist aber noch ein weiteres Element von Bedeutung. Wenn soziale Arbeit Ausdruck der sozialen Verpflichtung der Frauen des bürgerlichen Mittelstandes ist, wenn sie gewissermaßen den praktizierten Altruismus der bürgerlichen Frau beinhaltet, dann ist es *auch* Aufgabe der Ausbildung für die soziale Arbeit, die hierfür unabdingbar notwendige »soziale Gesinnung« i. S. Carlyles herzustellen. Soziale Ausbildung mußte daher zwei Komponenten beinhalten: die Produktion spezifischer Fachkenntnisse und Fertigkeiten *und* die Hinwendung der Persönlichkeit zur sozialen Gesinnung.

»Wahre soziale Bildung muß auch soziale Erziehung sein, das heißt letzten Endes nichts anderes als sittliche Erziehung, in jenem tiefsten und ursprünglichsten Sinn der Sittlichkeit, die das Leben des Individuums als einen höchsten Wert unterstellt. Soziale Schulung ist nicht nur eine Sache der Vermittlung von Wissen, sondern eine Frage der Entwicklung des Gewissens, der Pflege der Charaktereigenschaften, die für eine richtige Erfassung gegenseitiger Pflichten und Verantwortungen im Gemeinschaftsleben notwendig sind. Alle soziale Bildung bleibt wirkungslos und unfruchtbar, wenn sie nicht zur sozialen Gesinnung führt. Wenn sie den Menschen nur etwas beibringt, was sie vorher nicht wußten, und sie nicht auch zu etwas macht, was sie vorher nicht waren. Deshalb muß eine soziale Schule mehr sein als eine Unterrichtsstätte. Sie muß eine Gemeinschaft sein, in der aus dem gemeinsamen Erleben eine Aufgabe, eine gemeinsame Gesinnung herauswächst.«[75]

Im Hinblick auf die Adressaten der neuen Ausbildungsgänge, junge Mädchen und Frauen aus den Schichten des gehobenen Bürgertums, rückte der Aspekt der »sozialen Erziehung« gegenüber dem der Wissensvermittlung sogar in den Vordergrund. Denn:

»Der Mann dieser Kreise arbeitet. Die Frau genießt nur. *Sie* zahlt der Gemeinschaft keinen Tribut. Sie weiß nicht einmal, daß ein solcher nötig ist. Niemand ist so weltfern, so weltfremd wie ein Mädchen, das als »höhere Tochter« erzogen ist; niemand so isoliert im eigenen Volke, so ahnungslos vom Leben der Volksgenossen, von den Bedürfnissen und Aufgaben seiner Zeit, des öffentlichen Lebens.«[76]

Die Wahrnehmung der gesellschaftlichen Verpflichtungen der bürgerlichen Frau setzte also zunächst eine Bildung zur sozialen Verantwortung voraus, die sie befähigte, ihre parasitäre Existenz aufzugeben und der Tätigkeit nachzugehen, zu der sie als Frau doppelt berufen war: der sozialen Hilfstätigkeit. Einmal, weil sie als *bürgerliche* Frau über Zeit und Mittel verfügte, ihr Leben dem Dienst am notleidenden Volke zu widmen, zum zweiten aber, weil sie als *Frau* über die spezifisch mütterlichen Potenzen verfügte, die in der sozialen Arbeit gefordert wurden.

»Schließlich liegen die Aufgaben der sozialen Hilfsarbeit ganz vorwiegend auf den Gebieten, die man nicht nur von jeher den Frauen als ihre ›ureigenste Sphäre‹ zugewiesen hat – der Pflege des häuslichen Lebens der Armen, dem Schutz der notleidenden und gefährdeten Jugend, der Fürsorge für die Volksgesundheit, der Verpflegung der Kranken –, sondern die auch vielen Frauen tatsächlich ein geeignetes und erwünschtes Arbeitsfeld darbieten.«[77]

Soziale Ausbildung entwickelte sich daher in einem Spannungsfeld, das daraus resultierte, daß die Frau zwar aufgrund ihres spezifischen Geschlechtscharakters für die soziale Arbeit »wesensgeeignet« schien, diese Wesenseignung aber der Aktualisierung durch Bildung auf zwei Ebenen bedurfte: durch Erwerb von Kenntnissen und Fähigkeiten und durch Erziehung zur sozialen Gesinnung.

Vor diesem Hintergrund konzipierte Alice Salomon im Rahmen der Berliner »Gruppen« Form und Inhalte sozialer Ausbildung. Sie sollte eine sozialwissenschaftliche Grundlegung auf den Gebieten der Volkswirtschaft und der Staatslehre oder Bürgerkunde ebenso umfassen wie die Auseinandersetzung mit den Problemen einer Sozialethik, und sie sollte die Grundkenntnisse sozialer Pädagogik und Fürsorge in Lehrveranstaltungen und praktischer Anschauung vermitteln.[78] In den Jahreskursen, die die »Mädchen- und Frauengruppen« in Berlin seit 1899 veranstalteten, wurde dieses Konzept in Ansätzen bereits verwirklicht. Der erste Jahreskurs, der unter Leitung von Emil Münsterberg durchgeführt wurde, war in vier Quartale gegliedert:
– Einführung in die soziale Hilfsarbeit in Krippen, Volkskindergärten und Kinderhorten (1. Vierteljahr);
– Einführung in die Armenpflege durch Fürsorgetätigkeit und Teilnahme an Vorlesungen über Armenpflege (2. und 3. Vierteljahr);

Die Einführung in die Wohlfahrtspflege durch praktische Arbeit und durch Teilnahme an Kursen über Volkswirtschaftslehre (4. Vierteljahr).

Die Kursmitglieder erhielten am Ende der Ausbildung eine Teilnahmebescheinigung. Sie hatten als Gebühren 75 Mark (in drei Raten zahlbar) zu entrichten.[79] Die Zahl der Teilnehmerinnen war relativ gering, stabilisierte sich jedoch bei 40 bis 50 jährlich. 1906 wurde erstmals der Versuch gemacht, die Ausbildung in Unter- und Oberstufe zu gliedern, also faktisch auf zwei Jahre auszudehnen. Die Ausbildung in der Unterstufe umfaßte die Einleitung zur Betätigung in Kinderheimen und die Einführung in das Armenwesen, die Oberstufe Volkswirtschaftslehre und die Einführung in die für die soziale Arbeit wichtigsten Rechtsgebiete. Für beide Stufen gemeinsam wurden Kurse in Sozialhygiene und Sozialpädagogik eingerichtet.[80] Der Lehrplan für den 1907 beginnenden Kurs war bereits hochdifferenziert und präzisierte den Typ einer zweijährigen Ausbildung für die soziale Arbeit, der sich später in Deutschland allgemein durchsetzen wird.[81]

Auch außerhalb der »Gruppen« und außerhalb Berlins wurden zur gleichen Zeit erste Ansätze einer Fachausbildung für die soziale Arbeit entwickelt. Die entsprechenden Anstrengungen der Frankfurter und der Berliner »Zentrale für private Fürsorge« wurden bereits erwähnt.[82] In Hannover war bereits 1905 die Christlich-Soziale Frauenschule des »Deutsch-Evangelischen Frauenbundes« gegründet worden. Etwa zur selben Zeit führte der Berliner »Verein zur Fürsorge für die weibliche Jugend« »Instruktionskurse für christliche, weibliche Liebestätigkeit« für die Mitarbeiterinnen der Inneren Mission ein.[83] Und vor allem hatte der »Deutsche Verein für Armenpflege und Wohltätigkeit« den Bestrebungen zur Einrichtung sozialer Ausbildungsstätten dadurch Auftrieb gegeben, daß er das Thema »Die berufliche und fachliche Ausbildung in der Armenpflege« 1907 auf seiner Jahresversammlung in Eisenach ausführlich behandelte und eine Resolution beschloß, die eine Aus- und Fortbildung für die Tätigkeit in der Armenfürsorge für dringend erforderlich erklärte.[84] Auf der Grundlage der Erfahrungen mit den eigenen Jahreskursen und vor dem Hintergrund der vielfältigen Bestrebungen zur Einrichtung sozialer Ausbildungsstätten nahmen auch die Pläne der »Mädchen- und Frauengruppen« zur Errichtung einer eigenen sozialen Frauenschule Gestalt an. Als Vorbild konnten dabei die Kindergärtnerinnen-Seminare am Pestalozzi-Fröbel-Haus dienen. Sie waren die ersten Ausbildungsstätten in Deutschland für einen spezifisch weiblichen sozialen Beruf und konnten zu Beginn des 20. Jahrhunderts bereits auf eine jahrzehntelange Tradition zurückblicken.[85] Diese Erfahrungen machten sich die »Gruppen«, die ohnehin enge Kontakte zum Pestalozzi-Fröbel-Haus unterhielten, zunutze. Die Gründung wurde in enger Zusammenarbeit der »Gruppen« mit dem Berliner »Verein für Volkserziehung«, der Trägerorganisation des Pestalozzi-Fröbel-Hauses, durch ein gemeinsames Kuratorium vorbereitet, dem u. a. Alice Salomon, Karl Schrader und Emil Münsterberg angehörten. Am 1. Oktober 1908 nahm die Schule in den Räumen des Pestalozzi-Fröbel-Hauses die Arbeit auf. Die Leitung übernahm Alice Salomon.[86] In ihrer Eröffnungsrede am 15. Oktober 1908 umriß sie das Programm der Schule. »Gesegnet ist der, der seine Arbeit gefunden hat!« Dieses Wort Carlyles stellte Alice Salomon ihren Ausführungen voran.[87]

»*Arbeit*, das heißt nicht Beschäftigung, nicht Zeitvertreib, sondern eine Tätigkeit, die nicht nur Ihre Zeit, sondern auch Ihre Gedanken, Ihr Interesse in Anspruch nimmt... Arbeit, die sich nicht nur erfüllt, solange Sie als Schülerinnen in diesem Hause aus- und eingehen; sondern Arbeit, die Sie mit hinausnehmen, wenn Sie die Schule verlassen als einen Teil Ihres Lebens, der nicht zugrunde gehen *kann*... Das gilt für alle Schülerinnen, gleich viel, ob sie sich für freiwillige Hilfsarbeit oder für eine besoldete Berufsarbeit vorbereiten wollen...

Aber das Wort Carlyles hat noch eine tiefere Bedeutung... Es sagt: Gesegnet, wer *seine* Arbeit gefunden hat. Und das ist unser Wunsch und unsere Hoffnung, daß Sie hier *Ihre* Arbeit finden sollen. Das heißt: nicht eine Arbeit, die man nur als Mühe empfindet, sondern eine Tätigkeit, bei der eine jede ihre individuellen Kräfte nutzen kann, bei der eine jede das Gefühl hat, daß sie gerade für diese Arbeit geboren und bestimmt ist... Damit man sich eins mit seiner Arbeit fühlen kann, braucht man eine Tätigkeit, die auf das Ganze des Menschen zurückgreift, die seine Gesinnungen und Überzeugungen fordert und beeinflußt; die den Menschen innerlich fortbildet, mit der er zusammenwächst... Wir wollen einmal junge Mädchen für die Pflichten vorbereiten, die die Frau in der Familie zu erfüllen hat. Aber wir wollen sie auch auf die Aufgaben hinlenken und sie für die Aufgaben fähig machen, die in der großen Gemeinschaft, im öffentlichen Leben ihrer harren. Wir wollen ihnen eine moderne Bildung geben, die sie befähigt, an den Interessen teilzunehmen, die über allen ästhetischen – mehr unpersönlichen, abstrakten – als konkrete, praktische Interessen stehen; die das Leben der Gegenwart erfüllen und sie veranlassen sollen, zu handeln, etwas zu leisten. Nicht Luxuswissen, sondern eine Bildung, die sie befähigt, der Menschheit in irgendeiner Form – in der Familie oder im größeren Kreise – zu dienen... Es ist ein hohes Ziel, das unserer Schule gesteckt ist. Es gilt, Schülerinnen für eine Arbeit vorzubereiten, die nicht nur die Leistung, sondern auch die Gesinnung schätzt, für die der Zustand der Seele nichts Gleichgültiges oder Nebensächliches ist. Sie darf deshalb nicht nur die Methoden der Pädagogik, die Technik sozialer Arbeit lehren; sie soll nicht nur Wissen vermitteln, sondern Gesinnungen, soziale Gesinnungen, festigen und stärken...«[88]

Diese anspruchsvolle Aufgabenstellung wurde im Lehrplan der Schule gewissermaßen operationalisiert. Er sei daher in aller Ausführlichkeit dargestellt:

»Der Lehrplan ist auf zwei Stufen berechnet. Die Unterstufe soll der Fortbildung der jungen Mädchen für den Pflichtenkreis in der Familie dienen und daneben ihr Interesse für soziale Aufgaben erwecken. Die pädagogischen Fächer werden in der Unterklasse daher in den Mittelpunkt des Unterrichts gestellt, und durch praktische Unterweisung 1. im Kindergarten, 2. durch technische Fächer (Handarbeit, Handfertigkeit, Hauswirtschaft) ergänzt.

Die Unterstufe soll aber gleichzeitig die Grundlage für eine Ausbildung von besoldeten und freiwilligen Kräften zur sozialen Hilfsarbeit bieten, da zu einer wirksamen sozialen Fürsorgetätigkeit – neben den erforderlichen Fachkenntnissen – auch ein allgemeines Verständnis der sozialen Probleme wünschenswert, ein gewisses Maß hauswirtschaftlicher und pädagogischer Kenntnisse aber unerläßlich ist.

Der Unterricht in der Unterstufe, der auf ein Jahr berechnet ist, wird umfassen:

1. Wissenschaftliche Fächer:

a) Erziehungslehre	2 Stunden wöchentlich
b) Einführung in das Leben und Wirken bedeutender Pädagogen	1 Stunde wöchentlich
c) Hygiene	1 Stunde wöchentlich
d) Volkswirtschaftslehre	1 Stunde wöchentlich
e) Bürgerkunde	1 Stunde wöchentlich
f) Einführung in die soziale und pädagogische Literatur	1 Stunde wöchentlich

2. Technische Fächer:

a) Handfertigkeit	2 Stunden wöchentlich
b) Handarbeit	2 Stunden wöchentlich

3. Praktische Arbeit:

a) Arbeit im Kindergarten 2 x 2 =	4 Stunden wöchentlich
b) Kochen und häusliche Beschäftigung	4 Stunden wöchentlich
	19 Stunden wöchentlich

Die Oberstufe soll den Schülerinnen eine fachliche Ausbildung für soziale Arbeit vermitteln und Berufsarbeiterinnen und Helferinnen für alle Gebiete sozialer Fürsorge (insbesondere für Armenpflegevereine, für die soziale Jugendfürsorge, für Volksbildungsvereine, für Vereine zur Förderung der Volksgesundheit, für Anstalten zur Fürsorge für Arbeiterinnen) ausbilden. Der Besuch der oberen Klasse soll im allgemeinen auf den der Unterstufe aufbauen. Doch können auch Schülerinnen, die hauswirtschaftliche, pädagogische oder soziale Ausbildung nachweisen, direkt in die obere Klasse aufgenommen werden. Dem Lehrziel entsprechend treten in dieser Klasse die Sozialwissenschaften und die für soziale Arbeit notwendigen Fachkurse in den Vordergrund.

Der gleichfalls auf ein Jahr berechnete Unterricht der Oberstufe umfaßt folgende Fächer:

1. Wissenschaftliche Fächer:

a) Volkswirtschaftslehre	2 Stunden wöchentlich
b) Bürgerkunde und Familienrecht	2 Stunden wöchentlich
c) Sozialethik	1 Stunde wöchentlich
d) Pädagogik	1 Stunde wöchentlich
e) Soziale Hygiene	1 Stunde wöchentlich
f) Einführung in die pädagogische und soziale Literatur	1 Stunde wöchentlich

2. Technische Fächer:

a) Einführung in die Probleme der sozialen Arbeit	1 Stunde wöchentlich
b) Theorie und Geschichte des Armenwesens und der Armenpflege	1 Stunde wöchentlich
c) Theorie der Jugendfürsorge	1 Stunde wöchentlich
	11 Stunden wöchentlich

Daneben wird von Schülerinnen, die sich auf eine berufliche Arbeit vorbereiten wollen, praktische Mitarbeit in der Armenpflege, Jugendfürsorge, Arbeiterinnenfürsorge usw. verlangt. Der praktische Arbeitsplan wird nach den individuellen Bedürfnissen und Absichten für jede Schülerin aufgestellt. Eventuell werden Ausbildungsgelegenheiten anderer Anstalten für sie nutzbar gemacht. Z. B. würde für Schülerinnen, die die Leitung einer sozialen Anstalt übernehmen wollen, die Ausbildung der sozialen Schule mit Unterricht im Pestalozzi-Fröbel-Haus II (hauswirtschaftliche Ausbildung) kombiniert werden. Diese Schülerinnen müssen sich während des zweiten Jahres ganz der Ausbildung widmen, während andere, die sich zunächst nur auf eine freiwillige Hilfstätigkeit vorbereiten wollen, sich an der praktischen Arbeit in beliebigem Umfang beteiligen oder die praktische Ausbildung auf einen späteren Zeitraum verschieben können, falls sie nicht frei über ihre Zeit verfügen.«[89]

Dieser Lehrplan schrieb die zweijährige Ausbildung fest und wurde auf Jahrzehnte hin prägend für die soziale Ausbildung in Deutschland. Er diente auch den Schulen zum Vorbild, die in den Jahren nach 1908 in rascher Folge in ganz Deutschland gegründet wurden: 1909 die Frauenschule der Inneren Mission in Berlin, 1910 das Evangelisch-Soziale Frauenseminar in Elberfeld, 1911 das Sozialpädagogische Frauenseminar in Leipzig und die Katholische Soziale Frauenschule in Heidelberg. 1913 zählte Alice Salomon im Deutschen Reich bereits 14 Schulen.[90]

Das Konzept einer Ausbildung für die soziale Arbeit, die seit dem ausgehenden 19. Jahrhundert in Deutschland vor allem von Alice Salomon entworfen wurde, zielte auf einen homogenen sozialen Adressatenkreis: Mädchen und junge Frauen aus dem gehobenen bürgerlichen Mittelstand, deren Kräfte »brach lagen« und die durch fachliche Kenntnisse und Fertigkeiten, vor allem aber durch die Erzeugung einer sozialen Motivation, in die Lage versetzt werden sollten, durch kompetente soziale Hilfstätigkeit ihrer gesellschaftlichen Verpflichtung, der spezifischen Kulturaufgabe der bürgerlichen Frau, nachzukommen und damit zugleich ihre eigene Emanzipation zu betreiben. Demgegenüber war die Frage, ob die soziale Hilfstätigkeit ehrenamtlich oder beruflich ausgeübt wurde, sekundär. In der zeitgenössischen Literatur wurde immer wieder betont, daß gerade die ehrenamtliche Sozialarbeit durch eine fachliche Ausbildung rationalisiert und effektiviert und dadurch den ehrenamtlichen Damen zu »ihrer« Arbeit verholfen werden sollte. Die gesamte Arbeit der »Mädchen- und Frauengruppen« in Berlin richtete sich zumindest in ihrer Frühphase auf ein ehrenamtliches Engagement. Der Gedanke einer *fachlichen* Ausbildung für die soziale Arbeit entwickelte sich also zunächst unabhängig von den Tendenzen zu einer *beruflichen* Wahrnehmung sozialer Arbeit. Der weiteren Entwicklung sozialer Ausbildung allerdings hat die Tatsache, daß soziale Arbeit seit der Jahrhundertwende immer mehr zum Beruf wurde, unzweifelhaft einigen Auftrieb gegeben, wie umgekehrt die fachliche Ausbildung sich als wirksames Instrument der Frauen erwies, um in die verschiedenen Bereiche kommunaler und privater Fürsorgetätigkeit einzudringen und so Sozialarbeit als Frauenberuf zu konstituieren.

Die ehrenamtliche Tätigkeit als Armenpfleger in der öffentlichen Armenfürsorge, wie sie bereits dargestellt wurde, war traditionell eine männliche Domäne, war sie doch gekoppelt an den Besitz der kommunalen Bürgerrechte, der Frauen im 19. Jahrhundert in aller Regel verwehrt blieb. Der Ausschluß der Frauen von der Mitwirkung in der öffentlichen Armenfürsorge wurde vielfach als mißlich angesehen. So erörterte der »Deutsche Verein für Armenpflege und Wohltätigkeit« schon auf seiner Gründungsversammlung am 26. und 27. November 1880 in Berlin das Thema »Beteiligung der Frauen an der Armen- und Wohltätigkeitspflege«.[91] Auch in der Folge wurde das Problem immer wieder zum Gegenstand von Untersuchungen, Verhandlungen und Resolutionen[92], und der »Deutsche Verein« bemühte sich, auf eine verstärkte Heranziehung von Frauen zur kommunalen Armenfürsorge hinzuwirken. Bereits 1874 hatte die schlesische Stadt Ratibor als erste in Deutschland Frauen gleichberechtigt zur Tätigkeit in der kommunalen Armenfürsorge zugelassen. 1881 folgte dann Kassel. Und seit den neunziger Jahren ging eine immer größer werdende Zahl von Städten den gleichen Weg.[93] Aber trotz entsprechender Beschlüsse der Stadtverwaltung war erheblicher, z. T. scharfer Widerstand der männlichen Armenpfleger zu überwinden. So kündigten z. B. die Armenpfleger in Berlin 1896 – noch vor einem diesbezüglichen Beschluß der Stadt – an, daß sie ihre Ämter im Falle einer Zulassung von Frauen als gleichberechtigten Armenpflegerinnen geschlossen niederlegen würden. Diese Ankündigung wurde zwar, als 1900 in Berlin auch die Frauen zur kommunalen Armenfürsorge zugelassen wurden[94], nicht wahrgemacht, sie kennzeichnet aber die Schwierigkeiten, die einer Mitarbeit von Frauen in der ehrenamtlichen, kommunalen Armenfürsorge entgegenstanden und die verhinderten, daß Frauen auch quantitativ gleichberechtigt mitwirkten: noch 1907 entfielen in Berlin auf ca. 4000 männliche Pfleger nur 40 weibliche.[95] Eine Bestandsaufnahme von 300 deutschen Städten über 30000 Einwohner aus dem Jahre 1910 weist aus, daß Frauen in der öffentlichen Armenfürsorge zwar überall vertreten, aber nach wie vor deutlich unterrepräsentiert waren.[96]

Anders verhielt es sich mit den neu entstehenden *beruflichen* Tätigkeiten in der kommunalen und privaten Wohlfahrtspflege. Im letzten Kapitel wurde dargestellt[97], wie sich in den »neuen« spezialisierten Sektoren kommunaler und privater Wohlfahrtspflege, die nach den Grundsätzen der Rationalität, Effektivität und Fachlichkeit aufgebaut wurden, insbesondere in der Gesundheits-,

Wohnungs- und Jugendfürsorge eine verstärkte Nachfrage nach fachlich geschultem und beruflich tätigem Personal herausbildete. Diese neuartigen »Spezialfürsorgen« stellten auch andere Anforderungen hinsichtlich spezifischer Vorkenntnisse und hinsichtlich der Arbeitsintensität und -dauer, die man durch ehrenamtliche Mitarbeit nicht mehr erfüllt sah. Die Tätigkeit in diesen Bereichen galt allgemein als »wesensgeeignet« für Frauen, und seit dem Entstehen der ersten sozialen Ausbildungsstätten waren es auf Jahrzehnte hin auch nur Frauen, die eine entsprechende formalisierte Fachqualifikation vorweisen konnten. So wurden die neu entstehenden Arbeitsfelder exklusiv mit Frauen besetzt.[98] Sozialarbeit als Frauenberuf ist also durch die Besetzung dieser neuartigen, zahlenmäßig zunehmenden *Berufs*positionen entstanden und nicht – wie gelegentlich angenommen wurde[99] – durch eine Verdrängung der Männer aus ihren angestammten Tätigkeiten in der *ehrenamtlichen* Armenfürsorge.

Der gemäßigte Flügel in der bürgerlichen Frauenbewegung in Deutschland hat sein spezifisches Ideal weiblicher Emanzipation – so läßt sich zusammenfassen – mit den ohnehin vorhandenen Reformansätzen im Bereich der Fürsorge und Wohlfahrtspflege verbunden. Die Tendenzen zu einer Verfachlichung und Rationalisierung der Fürsorge wurden zur »besonderen Kulturaufgabe« der bürgerlichen Frau umformuliert, deren mütterliches Wesen sie im besonderen Maße geeignet mache, aber auch verpflichte, an der Heilung der sozialen Schäden mitzuwirken. Zur Durchführung dieser verantwortungsvollen Aufgabe bedurfte die bürgerliche Frau – die weitgehend ein parasitäres Dasein führte – sowohl fachlicher Kenntnisse und Fähigkeiten, vor allem aber einer Bildung ihrer Persönlichkeit zur sozialen Verantwortung. Das Konzept sozialer Arbeit, wie es von den »Gemäßigten« entworfen und am präzisesten von Alice Salomon ausformuliert wurde, beinhaltete daher von Anfang an eine spezifische Ausbildung zur sozialen Hilfstätigkeit. Diese zielte auf die Befähigung zum unmittelbaren, kommunikativen Umgang mit den Adressaten sozialer Hilfe, auf sittlich-moralische Besserung, auf Beratung, Erziehung, Betreuung. Damit war die Form der Sozialarbeit geboren, die ihre weitere Entwicklung zum Beruf bestimmen sollte.

Seine Vorbilder hatte das Konzept der Sozialarbeit als persönlicher, pädagogisch-betreuender Dienstleistung in der auf Thomas Carlyle zurückgehenden Idee des »sozialen Friedens«, die in der englischen Settlement-Bewegung bereits zu einer neuen Art sozialer Hilfe konkretisiert worden war, aber auch im deutschen »Kathedersozialismus«, der ebenfalls die soziale Verpflichtung des bürgerlichen Mittelstandes betonte. Die deutsche Frauenbewegung hat das Konzept dann zusätzlich mit ihrer spezifischen weiblichen Emanzipationsvorstellung verknüpft. Trotz aller Betonung fachlicher und rationaler Aspekte ist Sozialarbeit historisch also keineswegs primär als Beruf entstanden. Sie wurde vielmehr als Konzept gesellschaftlichen Handelns entworfen, das die soziale Verpflichtung des bürgerlichen Mittelstandes, weibliche Emanzipation und wissenschaftlich-fachliche Kompetenz im Umgang mit sozialen Problemen in einem komplexen Spannungsverhältnis zu verbinden suchte, das bis zum Ersten Weltkrieg nicht aufgelöst wurde. Soziale Arbeit blieb – sozial und normativ – unzweideutig rückgekoppelt an die bürgerliche Frau des gehobenen Mittelstandes. In den Versuchen einer Rationalisierung, Effektivierung und Verfachlichung zeichneten sich die Umrisse einer professionellen Verselbständigung und bürokratischen Verfestigung sozialer Arbeit zwar bereits ab. Zunächst blieben aber die Momente des eigentümlich konservativen Emanzipationsideals der bürgerlichen Frauenbewegung und die darin liegenden gesellschaftskritischen Aspekte sichtbar und wirksam. Erst Weltkrieg und Inflation veränderten diese Situation grundlegend.

II

Die Etablierung der Sozialarbeit als Beruf:
Erster Weltkrieg und Weimarer Republik

5. Fürsorgeentwicklung im Ersten Weltkrieg: Die »Vergesellschaftung« der Reproduktion

Der Erste Weltkrieg bedeutete für die Entwicklung moderner Sozialarbeit in Deutschland eine einschneidende Zäsur; dies gilt generell für die deutsche Fürsorgeentwicklung. Art und Ausmaß der Notstände veränderten sich unter dem Druck der Kriegsereignisse und riefen neuartige Maßnahmen und Einrichtungen der Fürsorge hervor, die – in Ansätzen und Überlegungen bereits vorhanden – nun verallgemeinert und häufig für die weitere Entwicklung bestimmend wurden.

5.1 Wirtschaftliche und soziale Folgen des Krieges: Die Geburt des Interventionsstaates

Der Krieg veränderte die sozialen und materiellen Lebensverhältnisse der deutschen Bevölkerung tiefgreifend. Der Kriegsbeginn im August 1914 brachte zunächst eine Phase allgemeiner wirtschaftlicher Destabilisierung, die die Arbeitslosenziffer hochschnellen ließ. Sie versiebenfachte sich bei den männlichen (auf 21,2 %) und stieg bei den weiblichen Arbeitnehmern sogar auf das Zehnfache (auf 31,4 %).[1] Durch den Arbeitskräftebedarf der kriegsrelevanten Produktionszweige, insbesondere der Rüstungsindustrie, ging die Arbeitslosigkeit zwar relativ bald wieder auf den Vorkriegsstand zurück, die Verteilung der Arbeitskräfte auf die verschiedenen Industriezweige und die soziale Zusammensetzung der Industriearbeiterschaft änderte sich jedoch im Verlauf des Krieges tiefgreifend. Während die Zahl der in den Kriegsindustrien (Metallverarbeitung, Maschinenbau, Elektroindustrie, Chemie- und Ölindustrien) Beschäftigten von 1913 bis 1918 fast um die Hälfte zunahm, ging die Zahl der in den Friedensindustrien Arbeitenden (vor allem Nahrungsmittel- und Textilindustrie) im gleichen Zeitraum um fast die Hälfte zurück. Diese Umschichtungen hatten eine enorme Fluktuation der Arbeiterschaft und damit einen Anstieg der Tätigkeiten von ungelernten und schnell angelernten Kräften zur Folge. Berufliche Unterschiede wurden eingeebnet, das Qualifikationsniveau sank. Obwohl bis 1918 knapp 50 % aller deutschen Männer zwischen 16 und 50 Jahren zum Kriegsdienst eingezogen waren, nahm die Industriearbeiterschaft von 1913 bis 1918 insgesamt nur um 8 % ab. Dies erklärt sich einmal durch die Einstellung von älteren, nicht mehr kriegsdiensttauglichen Männern, von Ausländern und Kriegsgefangenen in der Industrie (vor allem seit Ende 1916); zum anderen aus dem sprunghaften Anstieg der Frauenerwerbstätigkeit während des Krieges. Der Frauenanteil in Industriebetrieben mit mehr als zehn Beschäftigten wuchs zwischen 1913 und 1918 von 22 % auf über 34 %. In manchen Rüstungsbetrieben waren zum Ende des Krieges mehr Frauen als Männer beschäftigt.

Die Nominallöhne der Arbeiter stiegen während des Krieges im Durchschnitt um etwa das Zweieinhalbfache. Allerdings differierte das Ausmaß der Lohnerhöhungen in den einzelnen Industriezweigen extrem stark. Ebenso gab es Unterschiede in den Lohnsteigerungen von Männern und Frauen: In den Kriegsindustrien betrugen sie zwischen März 1914 und September 1918 für Männer 152 %, für Frauen 186 %; in den Friedensindustrien dagegen nur 81 % bzw. 102 %. Insgesamt schnitten die Frauen in der metallverarbeitenden Industrie am besten (plus 324 %), die Männer in der Nahrungsmittelindustrie am schlechtesten ab (plus 50 %). Diesen Lohnsteigerungen stand eine Erhöhung der Lebenshaltungskosten zwischen 1914 und 1918 um 210 % gegenüber, so daß der *reale* Jahresverdienst des durchschnittlichen männlichen Arbeiters von 1914 bis 1918 in den Kriegsindustrien um knapp 23 %, in den Friedensindustrien um über 44 %, der durchschnittlichen Arbeiterin um 12 % in den Kriegsindustrien, um 39 % in den Friedensindustrien sank. Nur in Ausnahmefällen (wie bei den genannten Frauen in der metallverarbeitenden Industrie) konnte die Arbeiterschaft ihre materielle Lebenssituation während des Krieges verbessern. In der Regel verschlechterte sie sich, teilweise erheblich, in bestimmten Fällen (wie bei den erwähnten Männern in der Nahrungsmittelindustrie) dramatisch.[2]

Neben diesen materiellen Auswirkungen hatte insbesondere die zunehmende Frauenarbeit mehrschichtige soziale Folgen: einerseits fand – wie gezeigt – eine Lohnangleichung zwischen Männern und Frauen statt, die Gleichberechtigungsforderungen realisieren half. Andererseits verursachte die ungewohnte, häufig äußerst schwere und ermüdende Industriearbeit bei teilweise extrem langer Arbeitszeit gesundheitliche Schäden und Geburtenrückgang.[3] Die massenhafte Erwerbstätigkeit von Frauen und Müttern hatte zudem generell destabilisierende Auswirkungen auf den familiären Zusammenhang und die Lebensbedingungen von Kindern, insbesondere Säuglingen und Kleinkindern. Hier traten eine Fülle von Notständen und ein verstärktes Bedürfnis nach öffentlichen Fürsorgemaßnahmen auf.

Für die Lebenslage der Bevölkerungsgruppen, die man zeitgenössisch unter dem Begriff »Mittelstand« zusammenfaßte, für die Angestellten, die Beamten, Handwerker und Kleinhändler, waren die sozialen und ökonomischen Folgen des Krieges relativ gesehen noch schlimmer als für die Industriearbeiterschaft.[4] Die Nominaleinkommen der Angestellten verringerten sich zu Beginn des Krieges zum Teil einschneidend. In der zweiten Kriegshälfte waren leichte Verbesserungen zu verzeichnen, die die drastisch gestiegenen Lebenshaltungskosten aber in keiner Weise ausglichen, so daß sich die materielle Lage der Angestellten insgesamt erheblich verschlechterte und der der Arbeiterschaft, von der sie zuvor deutlich abgehoben war, zunehmend anglich. Ähnlich, zum Teil schlimmer, erging es den Beamten, deren Gehälter während des Krieges nominal weitgehend stabil blieben, also faktisch erheblich zurückgingen. Die Verarmung der höher- und besserverdienenden Beamten war dabei relativ gesehen sehr viel deutlicher als die der mittleren und unteren. Diese liefen jedoch absolut sehr viel eher Gefahr, unter die Subsistenzgrenze bzw. die Grenze öffentlicher Fürsorgebedürftigkeit abzusinken.

Das Handwerk war vor allem von der Kriegsdienstpflicht betroffen. 1917 waren ca. 50 % aller Handwerker eingezogen, ca. 33 % aller Handwerksbetriebe geschlossen. Für die entsprechenden Familien führte dies zu drastischen Unterhaltsproblemen. Der Kleinhandel litt unter der Ernährungszwangswirtschaft, die die Einkommenschancen erheblich verschlechterte. So stellte das Kriegsamt Anfang 1917 fest:

»Besonders schwer zu leiden haben unter den gegenwärtigen Ernährungsschwierigkeiten die mittleren Beamten, die Handwerker und die Kleinhändler. Der Beamte, dessen feste Bezüge sich im Gegensatz zu der unverhältnismäßig starken Steigerung der Lebensmittelpreise nicht erhöht haben, kann selbst bei den nachträglich gezahlten Teuerungszulagen eine größere Familie mit dem spärlichen Gehalt nicht ernähren. Ein Gleiches gilt von den kleinen Kaufleuten und den kleinen Gewerbetreibenden, weil ihr Erwerbsleben dadurch, daß die meisten Waren der öffentlichen Verteilung unterliegen, mehr und mehr eingeschränkt worden ist.«[5]

Hart unter dem Krieg zu leiden hatten auch Teile der Selbständigen, Künstler und intellektuelle Berufe, z. B. Schauspieler, Privatlehrer, Schriftsteller. Die Nachfrage nach ihrer Arbeitsleistung ging als Folge des Krieges zurück und bedeutete für sie Arbeitslosigkeit oder erheblich vermindertes Einkommen.[6]

So gerieten im Laufe des Krieges Bevölkerungsgruppen in den Zugriffsbereich öffentlicher Fürsorge, die sozial von den traditionellen Armutsgruppen weit entfernt waren. Die »Not des Mittelstandes« und eine besondere »Mittelstandsfürsorge« waren seit Beginn des Krieges erstmalig in der Fürsorgediskussion zu finden und stellten diese vor völlig neuartige Probleme. Die zweite Kriegshälfte brachte zu den skizzierten sozialen und materiellen Notständen noch ein unmittelbar industriewirtschaftliches Problem. Die furchtbaren Menschenverluste, die die deutschen Heere insbesondere in den großen Schlachten an der Westfront 1916 erlitten, und der enorme Arbeitskräftebedarf der Rüstungsindustrie riefen eine allgemeine Knappheit an Arbeitskräften hervor. Jeder wehrtaugliche Mann sollte für den Frontdienst zur Verfügung stehen. Eine umfassende Mobilisierung aller Arbeitskraftreserven sollte die Produktion in den kriegswichtigen Industrien sichern. Im sogenannten Hindenburg-Programm forderte die neubesetzte dritte Oberste Heeresleitung mit Hindenburg und Ludendorff an der Spitze entsprechende Anstrengungen von Regierung und Bevölkerung.[7] Diese Forderung mündete in den Erlaß des Hilfsdienstgesetzes vom 5. Dezember 1916[8], das die Dienstverpflichtung aller männlichen Arbeitskräfte zwischen 17 und 60 Jahren im Interesse von Kriegswirtschaft und Kriegsführung im Rahmen eines umfassenden »Vaterländischen Hilfsdienstes« vorsah. Eine Dienstpflicht für Frauen wurde im Gesetz nicht festgelegt, die deutschen Frauenorganisationen betrieben jedoch eine intensive Mobilisierung für einen freiwilligen Einsatz von Frauen im »Vaterländischen Hilfsdienst«. Die Fürsorgemaßnahmen, die in diesem Zusammenhang getroffen wurden und denen vor allem die Fürsorge für Säuglinge, Kleinkinder und Kinder erhebliche Innovationen verdankt, dienten unmittelbar dazu, Frauen für eine Tätigkeit in der Kriegsindustrie freizustellen bzw. ihnen diese Tätigkeit attraktiver zu machen. Die Fürsorge wurde hier unmittelbar in den Dienst des Militärapparates gestellt. Die »Verstaatlichung« der Fürsorge erreichte damit eine neue Qualität.

Die kriegsbedingte Ausweitung staatlicher Aufgaben und Kompetenzen betraf nicht lediglich den Fürsorgebereich, sondern erstreckte sich auf sehr viel weitergehende gesellschaftliche Bereiche. Staatliche Behörden intervenierten vor allem in die Ausgestaltung der Arbeitsverhältnisse. So drängte die Heeresverwaltung auf den Abschluß verbindlicher Tarifverträge zwischen Unternehmern und Gewerkschaften und erkannte damit die Gewerkschaften als Organisation der Arbeiterschaft gleichsam offiziell an. Einrichtung paritätischer Ausschüsse, Arbeitszeitregelungen, Lohn- und Ansätze einer Investitionskontrolle, Genehmigungspflicht bei der Gründung neuer Aktiengesellschaften, all dies waren Maßnahmen, mit denen der Staat seinen Einfluß auf den Wirtschaftsablauf während des Krieges erhöhte; Maßnahmen, mit denen u. a. der Arbeiterschaft, insbesondere den Gewerkschaften als ihrer Organisation, Konzessionen (meist gegen den Widerstand der Unternehmer) gemacht wurden, um den »Burgfrieden« in der Heimat im Interesse der Kriegsführung zu sichern.[9] Das bereits erwähnte Hilfsdienstgesetz vom 5. Dezember 1916 ist ein besonders markantes Beispiel für diese Art der Wirtschaftsintervention.

Von der Obersten Heeresleitung ursprünglich konzipiert als Einschränkung der Vertragsfreiheit und der Freizügigkeit der Arbeiterschaft, als Beschränkung lohnsteigernder Faktoren und Instrument der optimalen Verteilung der Arbeitskräfte auf die Industrien, das den Unternehmern jedoch keinerlei Einschränkungen aufbürden sollte, wurde der Entwurf im Gesetzgebungsverfahren tiefgreifend verändert. Bereits von der Regierung entschärft, fand der Entwurf im Reichstag erst in völlig veränderter Form eine Mehrheit. Die Einrichtung von Arbeiter- und Angestelltenausschüssen in größeren Hilfsdienstbetrieben (es handelt sich um Vorläufer der späteren Betriebsräte), ein System paritätischer Schlichtungsausschüsse unter behördlicher Leitung, die nicht nur in Fragen der Anwendung des Gesetzes, sondern bei arbeitsrechtlichen Streitigkeiten überhaupt angerufen werden konnten, wurden vorgesehen. Trotz der grundsätzlichen Einschränkung der Freizügigkeit der Arbeiter blieb die Möglichkeit, den Arbeitsplatz unter bestimmten Bedingungen zu wechseln, bestehen. So war es vor allem den Gewerkschaften und den sie unterstützenden Teilen der SPD gelungen, ihre Vorstellungen in dem schließlich verabschiedeten Gesetz zu verankern.[10] Von den Unternehmern unwillig geduldet, von den Gewerkschaften als Sieg ihrer Sache gefeiert und von radikalen Sozialisten als »allerschwülste Atmosphäre staatlichen Zwanges« gegeißelt[11], war das Gesetz – in seiner politischen Stoßrichtung höchst ambivalent – auf jeden Fall Ausdruck einer Zunahme staatlicher Wirtschaftsregulierung, die es erlaubt, von der »Geburt des Interventionsstaates« zu sprechen.

In der Fürsorge manifestierten sich die veränderten politischen Rahmenbedingungen in neuartigen Notständen und Adressatengruppen, in der Ausweitung kommunaler Zuständigkeiten, der Neuordnung des Verhältnisses kommunaler und privater Fürsorge und der Übernahme staatlicher Verantwortung in der Kriegsfürsorge.

5.2 Die neuen Aufgaben: Kriegsfürsorge und Kriegswohlfahrtspflege

Die bei Kriegsausbruch und im weiteren Verlauf des Krieges zum Waffendienst eingezogenen Wehrpflichtigen und Reservisten ließen ihre Familie in aller Regel ohne Unterhalt zurück. Eine Lohn- oder Gehaltsfortzahlung gab es nur in Ausnahmefällen, z. B. bei Beamten. Der Wehrsold der Mannschaften hingegen reichte zur Versorgung einer Familie nicht aus. »Die grundsätzliche Frage, … ob der Krieger nicht mindestens ebenso wie jeder andere einen Anspruch auf eine Entlohnung habe, die für die Ernährung einer Familie ausreiche – diese grundsätzliche Frage ist in dem ganzen Verlauf der Entwicklung niemals geprüft oder auch nur aufgeworfen worden.«[12] Die Familien waren daher auf öffentliche Unterstützung angewiesen, die auf der Grundlage des »Gesetzes, betreffend die Unterstützung von Familien in den Dienst eingetretener Mannschaften« vom 28. Februar 1888 erfolgte[13], das am 4. August 1914[14] sowie am 30. September 1915[15] geändert wurde. Diese Familienunterstützung wurde den Ehefrauen und den ehelichen Kindern unter 15 Jahren gewährt, ehelichen Kindern über 15 Jahren, nicht-ehelichen Kindern sowie Verwandten in aufsteigender Linie und Geschwistern dagegen nur, sofern sie nachweislich von dem zum Kriegsdienst Eingezogenen unterhalten wurden.[16] Bei Vorliegen der gesetzlichen Voraussetzungen bestand ein

Rechtsanspruch auf Unterstützung. Für deren Höhe schrieb das Gesetz Mindestsätze vor: für die Ehefrau in den Wintermonaten 12 M monatlich, im Sommer 9 M, dazu 6 M monatlich für Kinder unter 15 Jahren und die sonstigen Berechtigten. Die Mindestsätze wurden im Januar 1916 auf 15 bzw. 7,50 M, im Dezember 1916 auf 20 M bzw. 10 M erhöht.[17] Dabei handelte es sich um Mindestsätze, die zum Leben in keiner Weise ausreichten. Daneben konnten weitere Leistungen und Zuschläge treten.

Die Durchführung der Familienunterstützung oblag besonderen Verwaltungseinheiten, den sogenannten Lieferungsverbänden, d. h. den Stadt- und Landkreisen. Jedenfalls auf dem Lande waren der Träger der Familienunterstützung und der der Armenfürsorge (Ortsarmenverband) verschieden. Aber auch zahlreiche Städte bildeten eigene Einrichtungen zur Durchführung der Familienunterstützung, die sogenannten Kriegsfürsorgeämter, und nur in Ausnahmefällen wurde die Durchführung dem kommunalen Armenamt übertragen. Träger der Kosten war das Reich, wobei es den Lieferungsverbänden überlassen blieb, die Leistungen aus eigenen Mitteln aufzustocken. Dies wurde auch durchgängig praktiziert. In der Regel wurden die Mindestsätze um einen bestimmten Prozentsatz erhöht. Die Groß-Berliner Gemeinden z. B. hatten einen Zuschlag von 100 % vereinbart, in Frankfurt wurden ab November 1917 sogar Zuschläge gewährt, die die Reichsmindestsätze übertrafen.[18]

Die Familienunterstützung war also in mehrfacher Hinsicht von der traditionellen Armenfürsorge abgegrenzt: Sie wurde von eigenständigen Behörden verwaltet, es bestand ein Rechtsanspruch, die Inanspruchnahme der Unterstützung hatte keinerlei diskriminierende Wirkung, und schließlich gab es keine Rückerstattungsverpflichtung. Der Fürsorge (und nicht der Versorgung) war die Familienunterstützung zuzuordnen, weil sie *Bedürftigkeit* voraussetzte, d. h. sie wurde nicht unabhängig von den konkreten materiellen Bedingungen geleistet, sondern nur dort, wo die Familie durch den Verlust des Ernährers bedürftig geworden war. Bei der Bedürftigkeitsprüfung sollten die Lieferungsverbände allerdings keinesfalls ähnlich strenge Maßstäbe anlegen wie die Armenfürsorge. So betont ein preußischer Erlaß vom 28. September 1914:

»Es handelt sich nicht um Armenhilfe, darum müssen auch nicht die Voraussetzungen der Armenhilfe erfüllt sein. Anspruch haben alle Angehörigen, die der Unterstützung zum notwendigen Lebensunterhalt und zur Fortführung ihres geordneten Haushaltes bedürftig sind. Es liegt daher nicht i. S. des Gesetzes, daß die Angehörigen erst ihre kleinen Vermögen aufzehren müssen. Der Besitz eines kleinen Anwesens mit Äckern und Vieh schließt von der Unterstützung nicht aus.«[19]

Und am 14. Oktober 1915 wurde in einem weiteren Erlaß erneut darauf hingewiesen, »daß eine von jeder Engherzigkeit freie Prüfung der Bedürftigkeitsfrage ein dringendes Erfordernis ist. Nur bei wohlwollender Prüfung der gestellten Unterstützungsanträge wird es erreicht werden, daß von dem vor dem Feinde stehenden Ernährer der Familie das seine Nervenkraft beeinträchtigende Gefühl ferngehalten wird, für seine Angehörigen werde nicht genügend gesorgt.«[20]

Mit der Familienunterstützung war also ein außerordentlich bedeutsamer Fürsorgezweig explizit außerhalb der überkommenen Armenfürsorge aufgebaut worden, für den all die Grundsätze verwirklicht waren, die in den Fachdiskussionen seit langem auch für die Armenfürsorge gefordert wurden: Einräumung eines Rechtsanspruchs, Wegfall der Diskriminierung und des Rückforderungsanspruchs. Unterstützt wurden in diesem Rahmen breiteste Bevölkerungskreise: zeitweilig mehr als ein Drittel der Haushalte in Charlottenburg, mehr als die Hälfte gar in Neukölln, knapp ein Drittel in Frankfurt a. Main.[21]

Zu diesem Kreis traten die Kriegshinterbliebenen als weitere versorgungsbedürftige Gruppe hinzu. Die Grundlage ihrer Versorgung bot das Militärhinterbliebenengesetz vom 17. Mai 1907[22], das Rentenzahlungen vorsah. Neben diese gesetzlichen Mindestverpflichtungen wurde ein Fürsorgebereich gruppiert, den man zeitgenössisch als Kriegswohlfahrtspflege bezeichnet hat. »Unter Kriegswohlfahrtspflege fallen im allgemeinen alle diejenigen freiwilligen Aufwendungen von Gemeinden und Gemeindeverbänden, die ohne Aussicht auf Erstattung und ohne Schaffung wirtschaftlicher Gegenwerte für minderbemittelte Ortseinwohner über das Maß der Friedensfürsorge hinaus aus Anlaß des Krieges gemacht sind«, definierte der Erlaß des preußischen Ministers des Innern vom 24. Dezember 1914.[23] Hierher gehörten vor allem die freiwilligen Zuschüsse der Lieferungsverbände zu den gesetzlichen Mindestsätzen der Familienunterstützung nach dem »Gesetz betreffend die Unterstützung von Familien in den Dienst eingetretener Mannschaften«, ebenso wie kommunale Mietbeihilfen, die den unterstützten Familien bewilligt wurden, soweit sie die armenrechtlichen Verpflichtungen zur Obdachgewährung überschritten; gemeint waren auch Maßnahmen zur Bekämpfung der in den ersten Kriegsmonaten sprunghaft angestiegenen Arbeitslosigkeit, insbesondere kommunale Erwerbslosenunterstützungen. Unter dem Begriff der Kriegswohlfahrtspflege wurden also all die Maßnahmen und Leistungen zusammengefaßt, die die kriegsbedingte Fürsorge auch nach Art und Umfang von der Armenfürsorge abhoben.

»Nach dem Gesetz über den Unterstützungswohnsitz kann die öffentliche Armenpflege dem Bedürftigen nur den absoluten Mindestlebensbedarf bieten... Die Kriegswohlfahrtspflege hingegen, von der Absicht geleitet, den Ausfall der Unterhaltsbeiträge der einberufenen Kriegsteilnehmer für ihre Angehörigen zu decken, kann nicht die Maßstäbe der öffentlichen Armenpflege anlegen. Sie muß vielmehr dem Unterstützungsberechtigten so viel an Hilfe gewähren, daß er sich in seiner sozialen Schicht halten kann.«[24]

Die Kriegswohlfahrtspflege sollte somit verhindern, daß die vom Kriege Geschädigten in eine »tiefere soziale Schicht oder in die Kreise der öffentlichen Armenpflege«[25] sanken. Helene Simon hat von einer »Veredelung der Klangfarbe« der Fürsorge im Rahmen der Kriegswohlfahrtspflege gesprochen und damit angedeutet, daß es nicht nur um eine materielle Besserstellung gegenüber der öffentlichen Armenfürsorge, sondern auch um eine intensivierte individuelle fürsorgerische Beratung und Betreuung der Betroffenen ging. Diesem Bedürfnis wurde vor allem durch den Aufbau einer umfangreichen »sozialen Fürsorge« für die Kriegsbeschädigten und Kriegshinterbliebenen jenseits der rentenmäßigen Versorgung nach dem Militärhinterbliebenen-Gesetz von 1907 Rechnung getragen. Sie sollte der Wiedereingliederung der Beschädigten und der Hinterbliebenen in das Arbeits- und Berufsleben, der Rehabilitation und der Arbeitsvermittlung dienen.

»Die soziale Fürsorge will den Kriegsbeschädigten und Kriegshinterbliebenen mit Rat und Tat behilflich sein, die wirtschaftlichen Folgen erlittener Dienstbeschädigungen oder des Verlustes des Ernährers zu überwinden oder doch nach Möglichkeit zu mildern. Vor allem ist ihr Ziel bei den Kriegsbeschädigten: sie, soweit es erreichbar ist, wieder erwerbsfähig zu machen und in das Wirtschaftsleben zurückzuführen; bei den Hinterbliebenen: den Witwen die Fortführung ihres Haushaltes sowie die Erziehung und Ausbildung ihrer Kinder tunlichst aus eigenen Kräften zu ermöglichen und den Waisen die Erlangung einer ihren Fähigkeiten angemessenen Lebensstellung zu erleichtern.«[26]

Der Aufbau der sozialen Fürsorge ging zunächst ohne spezifische gesetzliche Regelung vonstatten. Am 16. und 17. April 1915 hatte der »Deutsche Verein für Armenpflege und Wohltätigkeit« in Berlin eine Tagung mit dem Thema »Soziale Fürsorge für Kriegerwitwen und Kriegerwaisen« durchgeführt.[27] Dort wurde ein Reichsausschuß für die Kriegerwitwen- und Waisenfürsorge gegründet mit einem Arbeitsausschuß an der Seite. Von diesem gingen – trotz Fehlens amtlicher Befugnisse – die zentralen Anstöße für die Ausgestaltung der sozialen Fürsorge aus. Erst mit der Verordnung über die soziale Kriegsbeschädigten- und Kriegshinterbliebenenfürsorge vom 8. Februar 1919[28] und durch das »Gesetz über die Kosten der Kriegsbeschädigten- und Kriegshinterbliebenenfürsorge« vom 8. Mai 1920[29] erhielt dieser Fürsorgebereich eine verbindliche gesetzliche Grundlage.[30] Daß zu den Fürsorgeleistungen für die Familien von Kriegsteilnehmern auch Mietbeihilfen gehörten, wurde bereits erwähnt. Diese dienten vermittelt auch den Interessen der Hauseigentümer, für die sich die mangelnde Zahlungsfähigkeit vieler Mieten infolge des Krieges häufig empfindlich bemerkbar machte und die ihrerseits als Hypothekenschuldner in Schwierigkeiten kommen konnten, zumal Kredite sich mit Kriegsbeginn verteuerten. Zur Beilegung der hier auftauchenden Probleme und einer möglichst angemessenen Wahrung der Interessen aller Beteiligten gründeten zahlreiche Gemeinden sogenannte Mieteinigungsämter, die hier vermittelnd eingriffen.

Nicht nur die Hausbesitzer, auch sonstige Teile des bürgerlichen Mittelstandes wurden vom Kriegsausbruch wirtschaftlich hart getroffen. So insbesondere handwerkliche Betriebe und die freien Berufe, die in erster Linie von der Arbeitskraft des Inhabers des Betriebes abhingen und im Falle seines Einzuges zum Militärdienst weitgehend stillgelegt wurden. Hier suchten die Gemeinden durch Schaffung günstiger Kreditmöglichkeiten Unterstützung zu gewähren. Kommunale Kreditanstalten wurden gegründet oder kommunale Bürgschaften für bereits bestehende Sparkassen und dergleichen übernommen. Den breitesten Adressatenkreis hatte die Lebensmittelfürsorge, die die deutschen Gemeinden seit Kriegsbeginn aufbauten. Da die Versorgung der Bevölkerung mit Lebensmitteln zu angemessenen Preisen während des Krieges vom Markt allein nicht gewährleistet werden konnte, schufen zahlreiche Gemeinden auch hier Vorkehrungen verschiedenster Art. Zum einen legten sie Lebensmittelvorräte durch Ankauf wichtiger Nahrungsmittel an, z. T. übernahmen sie sogar die Produktion selbst. In Düsseldorf, Solingen, Nürnberg z. B. wurde die Wurstfabrikation in städtische Regie übernommen, in Hannover, Göttingen, Hildesheim wurden kommunale Fischkonservierungsanstalten eingerichtet. Ähnlich wurde bei der Milch- und Gemüseproduktion verfahren: »So erwarb z. B. Straßburg 385 Milchkühe aus der Schweiz, 500 aus Holland und 39 am Niederrhein, die teils in der Stadt, teils bei Landwirten im Versorgungsgebiet untergebracht sind... So hat z. B. Kassel im Jahre 1915 170 ha mit Kartoffeln, 3,1 ha mit Bohnen bepflanzt.«[31] Charakteristisch für alle zuletzt genannten Fürsorgebereiche ist, daß sie nicht mehr auf die klassischen Randgruppen abzielen, sondern die Verantwortung für die Lebensbedingungen weiter Teile des bürgerlichen Mittelstandes, z. T. der Bevölkerung insgesamt übernehmen. Unter dem Druck der Kriegsereignisse wurden somit qualitativ wie quantitativ bedeutsame, neuartige Fürsorgebereiche neben der traditionellen Armenfürsorge und explizit getrennt von ihr aufgebaut. Die Masse der Leistungsempfänger ermöglichte Erfahrungen neuer Größenordnung sowohl im Umgang mit standardisierten Leistungen auf der Grundlage von Richtsätzen (Familienunterstützung) als auch mit massenhafter Individualisierung und Beratung (Kriegsbeschädigten- und Kriegshinterbliebenenfürsorge). Die endgültige Aufgabe aller diskriminierender Elemente und die Verbesserung des Leistungsniveaus, d. h. die Verwirklichung von Grundsätzen, die für die Armenfürsorge seit langem vergebens gefordert wurden, ließen die Maßnahmen der Kriegsfürsorge und Kriegswohlfahrtspflege in mancherlei Hinsicht als vorbildlich für die gesamte Fürsorgeentwicklung erscheinen und übten auf die überkommene Armenfürsorge einen gewissen Qualitätsdruck aus.

5.3 Frauenarbeit im Ersten Weltkrieg:
Die »Verstaatlichung der deutschen Frauenbewegung«

Die Durchführung und organisatorische Ausgestaltung der Kriegswohlfahrtspflege beeinflußte auch das Verhältnis der bürgerlichen Frauenbewegung, der Frauenbewegung generell zur kommunalen sozialen Fürsorgearbeit. Die Ausgestaltung der kommunalen Kriegsfürsorge war untrennbar mit der sozialen Kriegsarbeit der deutschen Frauenbewegung verknüpft.

Das Jahr 1908 markierte für die bürgerliche Frauenbewegung in Deutschland einen bedeutsamen Wendepunkt. Mit dem Reichsvereinsgesetz, das in diesem Jahre die restriktive Vereinsgesetzgebung mehrerer Länder, insbesondere das preußische Vereinsgesetz von 1853 ablöste, wurde die Vereinsarbeit von Frauen – auch die politische – gleichsam offiziell legalisiert. Die Folge war u. a., daß eine Fülle von konservativen Frauen und Frauenvereinigungen, denen die politischen Zielsetzungen der im »Bund Deutscher Frauenvereine« organisierten Frauenbewegung unter der alten Rechtslage suspekt erschienen war, sich nunmehr dem BDF anschlossen. Gertrud Bäumer, die im selben Jahr Marie Stritt als Vorsitzende des BDF ablöste, unterstützte den Trend einer »Öffnung nach rechts«. Die Konsequenz war eigentümlich: Gerade in dem Maße, in dem der BDF sich zur Massenorganisation entwickelte, verloren die emanzipatorisch-feministischen Zielsetzungen an Bedeutung. Der Einfluß der »Radikalen« ging in der Folge drastisch zurück. »The women's movement proved unable to combine liberal ideology and mass support«, kommentiert Richard Evans diese Entwicklung.[32] Obwohl der BDF bei Kriegsausbruch ca. 3300 Mitglieder in ca. 600 Zweigvereinen zählte[33], stellte er keineswegs ein offensives, feministisches Protestpotential dar, sondern eher eine staatstragende Kraft. Dementsprechend stimmten auch die führenden Frauen im BDF lautstark in den Chor nationalistischer Aufwallungen zu Beginn des Krieges mit ein. »Wir fühlen uns mitaufgenommen in dieses große, ernste Zusammenwachsen aller nationalen Kräfte zu einem großen gemeinsamen Willen: durch den uns aufgezwungenen Weltkrieg die Macht und Größe unserer Nation zu erhalten«, schrieb Gertrud Bäumer 1914 in der Zeitschrift *Frauenfrage*[34]. Und Helene Lange beschwor die weibliche Opferbereitschaft im Dienste der Nation: »Gewiß alle Frauen leiden tiefer und schmerzlicher unter den

Opfern, die gefordert werden. Aber wenn die Frage heißt: Krieg oder Stillstand deutscher Entwicklung, Tod oder Knebelung deutschen Lebens, so lautet die Antwort der deutschen Frau ohne Besinnung: Krieg und Tod!«[35] Die Frauen, die auch angesichts des Weltkrieges an ihrer pazifistischen Grundhaltung festhielten und diese auch zeigten, waren demgegenüber im BDF in einer verschwindenden Minorität, ständig den Angriffen der nationalistischen Hauptströmung ausgesetzt.[36]

Aber der BDF beließ es nicht bei einer propagandistischen Unterstützung des Krieges, sondern bezog aktiv Stellung an der »Heimatfront«. Und nach Art einer Frontberichterstattung liest sich auch Gertrud Bäumers Schilderung vom Kriegsausbruch:

»Von den deutschen Frauen, die seit Kriegsbeginn ihren Posten in der sozialen Kriegsfürsorge der Heimat ausfüllen, wird keine die Stunden vergessen, in denen sie diesen Posten zum ersten Mal bezog. Es war der Tag der Mobilmachung. In den letzten Stunden der ungeheuren Spannung, als wir alle atemlos auf das zitternde Zünglein unseres Schicksals vage starrten, stellte sich zugleich die Frage vor uns hin: was habt ihr jetzt zu tun?«[37]

Die Antwort war der »Nationale Frauendienst«. Bereits am 31. Juli 1914 hatte Gertrud Bäumer die Initiative für die Organisation eines solchen Frauendienstes ergriffen und sämtliche dem BDF angeschlossenen Frauenvereine aufgefordert, sich mit dem Roten Kreuz und dem »Vaterländischen Frauenverein«, den zuständigen Behörden und den privaten Wohlfahrtsvereinen zwecks Aufbau einer umfassenden Organisation ins Benehmen zu setzen. Am Morgen des 1. August 1914 fand in Berlin eine Besprechung im preußischen Ministerium des Innern zur Vorbereitung sozialer Kriegsarbeit außerhalb des Roten Kreuzes statt. Am Nachmittag desselben Tages schließlich hatten

» die Großberliner Frauenvereine eine Beratung über die Einrichtungen der Großberliner Wohlfahrtspflege für den Kriegsfall. Die Nachricht von unserer Mobilmachung kam in diese Konferenz hinein. Alle aber waren schon so im Bann der großen und wichtigen Aufgabe, die nun vor uns lag, daß sich die Wirkung der Nachricht eigentlich nur noch in größerer Konzentration und schnellerer Arbeit zeigte.«[38]

So entstanden schon in den ersten Augusttagen 1914 in allen größeren deutschen Städten auf Initiative des BDF bzw. seiner lokalen Organisationen Ortsgruppen des »Nationalen Frauendienstes«, die durchaus Organisationen, die nicht Mitglied im

BDF waren, zur Mitarbeit offenstanden. Auch der »Deutsch-katholische Frauenbund« sagte seine Mithilfe zu, und zahlreiche sozialdemokratische Frauenvereine traten ebenfalls bei.

Plakat der Beratungsstellen für Hausfrauen in Berlin, Hamburg und Frankfurt a. M.

Das Programm des »Nationalen Frauendienstes« sah einheitlich vier Arbeitsschwerpunkte vor:

Erstens: Gewährleistung einer gleichmäßigen Lebensmittelversorgung;

zweitens: Mitarbeit bei der Fürsorge für Familien, deren Ernährer im Kriegsdienst eingezogen wurde;

drittens: Fürsorge für kriegsbedingte Arbeitslose, insbesondere Arbeitsvermittlung einschließlich der Arbeitsvermittlung für freiwillige Hilfskräfte;

viertens: Auskunfterteilung im Zusammenhang aller Maßnahmen der Kriegsfürsorge.[39]

Um dieses Programm in die Tat umzusetzen, bildete der »Nationale Frauendienst« lokale Organisationsformen aus, die sich eng an die öffentliche Fürsorgeverwaltung anschmiegten und diese ergänzten. Oder umgekehrt: Die kommunale Verwaltung der

Kriegsfürsorge suchte sich der Unterstützung des »Nationalen Frauendienstes« nach Maßen zu bedienen. Die Organisationsformen, die dabei entwickelt wurden, waren von Stadt zu Stadt verschieden, z. T. sehr kompliziert. Hier seien nur die Grundtypen dargestellt[40]: Mit der Durchführung des »Gesetzes, betreffend die Unterstützung von Familien in den Dienst eingetretener Mannschaften« waren die Lieferungsverbände betraut. Diese waren z. T. mit den Gemeinden identisch, z. T. waren mehrere Gemeinden zu einem Lieferungsverband zusammengeschlossen. Zur Durchführung des Gesetzes bildete der Lieferungsverband eine Unterstützungskommission, die die entsprechenden Anträge entgegenzunehmen und zu bearbeiten hatte. In kleinen und mittleren Städten genügte eine zentrale Kommission, in größeren wurden mehrere Kommissionen eingesetzt, in Berlin z. B. waren es 23! Daneben wurden in manchen Städten sogenannte Kriegsfürsorgeämter oder auch Zentralen für Kriegsfürsorge gebildet, die die Aufgaben der Kriegsfürsorge jenseits des Familienunterstützungsgesetzes wahrnehmen und die Fürsorgemaßnahmen insgesamt koordinieren sollten. Die Bezeichnung und die Organisationsformen dieser Einrichtungen waren lokal sehr unterschiedlich. Zum Teil handelte es sich um kommunale Ämter, teilweise aber auch um private Einrichtungen, die lediglich mit der Kommune kooperierten. In dieses komplexe Organisationsgeflecht wurde der »Nationale Frauendienst« nun auf unterschiedliche Weise integriert. In Berlin z. B. bildete er im Einvernehmen mit dem Magistrat analog zu den 23 Unterstützungskommissionen des Lieferungsverbandes seinerseits 23 Kommissionen. Während die Kommissionen des Lieferungsverbandes lediglich über die Reichs-Unterstützungssätze, den kommunalen Zuschlag und die Mietbeihilfen befanden, verteilten die Kommissionen des »Nationalen Frauendienstes« ergänzende Naturalunterstützung. Daneben erteilten sie Auskünfte und berieten Antragsteller im Vorfeld der Tätigkeit der Kommission des Lieferungsverbandes. Hier lag also eine funktionale Arbeitsteilung vor. Nach dem Prinzip der Subordination war dagegen die Arbeit in Hannover organisiert. Hier wurde bereits 1914 ein Kriegsfürsorgeamt gegründet. Der »Nationale Frauendienst« stellte diesem freiwillige Hilfskräfte zur Verfügung, die in seinem Auftrag bestimmte Dienstleistungen übernahmen, insbesondere die aufwendigen Recherchen über die Bedürftigkeit der Antragsteller. In Frankfurt wiederum wurde das Prinzip des »gemischten Betriebes« verwirklicht: Die Kräfte des »Nationalen Frauendienstes« arbeiteten in der kommunalen Kriegsfürsorge mit. Betrachten wir die Frankfurter Organisation der Kriegsfürsorge und die Arbeit des »Nationalen Frauendienstes« in diesem Zusammenhang etwas genauer[41]:

Frankfurt war Lieferungsverband und bildete als solcher eine Unterstützungskommission, die in 17 Bezirksstellen dezentralisiert war. Die Unterstützungsleistungen der Kommission wurden von der privaten Kriegsfürsorge ergänzt und aufgestockt. Diese war ihrerseits in der Zentralleitung zusammengeschlossen. Die Abteilung Familienhilfe der Zentralleitung war für die Ergänzung der Unterstützungen des Lieferungsverbandes zuständig. Während nun der Magistrat der Stadt mit vier Mitgliedern in der Zentralleitung der privaten Kriegsfürsorge vertreten war, gehörten umgekehrt vier führende Mitglieder der privaten Kriegsfürsorge der kommunalen Unterstützungskommission an. Schließlich unterstand die gesamte – öffentliche wie private – Kriegsfürsorge der Aufsicht durch eine städtische Kontrollkommission. Durch diese enge Verzahnung war eine Unterstützungsarbeit nach einheitlichen Grundsätzen gewährleistet. Der Frankfurter »Nationale Frauendienst« war seinerseits in der Zentralleitung, Abteilung Familienhilfe, vertreten. Seine Leitung oblag dem Hauptausschuß, dem die nach und nach zur Durchführung der praktischen Arbeit sich bildenden Fachkommissionen unterstanden. Der Hauptausschuß setzte sich aus dem engeren und dem weiteren Vorstand zusammen. Der engere Vorstand bestand aus der Vorsitzenden und sechs bis zehn Mitgliedern, der weitere aus den Vorsitzenden der einzelnen Kommissionen. Dem Hauptausschuß oblagen die organisatorischen Grundentscheidungen und die Festlegung der einzelnen Arbeitsbereiche. Er begutachtete die Arbeit der Kommissionen und löste sie gegebenenfalls wieder auf. Er regelte die Finanzierung und trug die Verantwortung nach außen. Daneben organisierte er Sammlungen und Vortragsreihen mit Fortbildungscharakter. Er vertrat den Frankfurter »Nationalen Frauendienst« bei Tagungen der Zentrale in Berlin. Die eigentliche Fürsorgearbeit wurde dagegen von den Kommissionen wahrgenommen. Diese lassen sich in drei Gruppen einteilen: die Kommissionen, die sich mit Arbeitslosigkeit und Arbeitsvermittlung befaßten; die Kommissionen, die sich mit Ernährungsproblemen befaßten und schließlich die Fürsorgekommissionen. Hier finden sich in modifi-

NATIONALER FRAUENDIENST
⊙⊙⊙ELBERFELD⊙⊙⊙
ZUM BESTEN DES KINDERMITTAGSTISCHES

2 Pf.

DAS WÄRE MIT DER SCHÖNSTE SIEG
WENN MAN IN DIESEM WELTENKRIEG
⊡ BEI UNS – BIS AN SEIN ENDE ⊡
KEIN HUNGERND KINDLEIN FÄNDE

Wohlfahrtsmarke zugunsten des »Nationalen Frauendienstes«

zierter Form die eingangs genannten Arbeitsschwerpunkte des
Programms des »Nationalen Frauendienstes« wieder. Im Rahmen
von Arbeitslosigkeit und Arbeitsvermittlung stand der Versuch,
arbeitslose Frauen und Mädchen für kriegsnützliche Arbeiten zu
funktionalisieren. Näh- und Handarbeiten für die kämpfende
Truppe (Socken, Unterhosen u. ä.) standen dabei im Vordergrund.
In diesem Zusammenhang wurden auch Ausbildungskurse durch-

geführt. Im Rahmen der Ernährungsproblematik lag der Schwerpunkt auf einer Schulung von Frauen, insbesondere der Unterschichten, zu einem ökonomischen, ergiebigen Umgang mit den knapper werdenden Nahrungsmitteln sowie der Einrichtung von Volksküchen, die verbilligte oder freie Mahlzeiten verabreichten. Die verschiedenen Fürsorgekommissionen befaßten sich vorwiegend mit Problemen der Schwangeren-, Säuglings- und Kinderfürsorge. Der »Nationale Frauendienst« war also nicht nur »Hilfstruppe der städtischen Verwaltung in der Kriegsfürsorge«[42], er war untrennbar in diese eingebunden.

Für die weitere Entwicklung der Sozialarbeit in Deutschland war das Frankfurter Modell der Organisation der Kriegsfürsorge aus zwei Gründen interessant: Einmal, weil der Typ des »gemischten Betriebes«, der hier praktiziert wurde, die organisatorischen Formen der Nachkriegsfürsorge, insbesondere die Entwicklung des Wohlfahrtsamtes als zentraler Fürsorgestelle, in gewisser Weise bereits vorbildete. Zum anderen aber, weil das Verhältnis von öffentlicher und privater Fürsorge hier eine radikale Neudefinition erfuhr. Die Kriegsfürsorge trug zwar in der Vorkriegszeit vielfach geäußerten Forderungen nach einer besseren Koordination beider Bereiche Rechnung, änderte zugleich aber ihr Verhältnis zueinander. Der Krieg hatte die Fürsorge auf kommunaler Ebene zu einem einheitlichen Gesamtkomplex verschweißt, indem der Unterscheidung von »öffentlich« und »privat« nur noch formale Bedeutung zukam, und organisatorisch deutlich zum Ausdruck gebracht, daß die Kriegsfürsorge insgesamt eine *öffentliche* Aufgabe war. Folgerichtig wurde dann auch mit der Vorkriegstradition gebrochen, daß die Privatwohltätigkeit die öffentliche Fürsorge ergänzend (gerade auch finanziell) unterstützen sollte, indem jetzt erstmalig umgekehrt private Fürsorgeorganisationen im Rahmen der Kriegsfürsorge in erheblichem Umfang mit öffentlichen Mitteln subventioniert wurden.

Die großen Materialschlachten an der Westfront im Frühjahr und Sommer 1916 hatten dem deutschen Heer enorme Verluste zugefügt. Im darauffolgenden Winter 1916/17 begannen sich der alliierte U-Boot- und Handelskrieg auszuwirken. Die Versorgungslage der deutschen Bevölkerung war katastrophal. In dieser Situation galt es, sowohl Männer verstärkt für den militärischen Einsatz an der Front zu mobilisieren als auch Produktionsengpässe in der Heimat durch Einsatz aller verfügbaren Arbeitskräfte, insbeson-

dere die Mobilisierung von Frauen für die Tätigkeit in der Kriegsindustrie, zu beheben. Der Winter 1916/17 bedeutete auch für die
deutsche Frauenbewegung ein neues Stadium der Integration in
den militärisch-administrativen Apparat des Reiches. Die Oberste
Heeresleitung mit Hindenburg und Ludendorff an der Spitze hatte
seit dem Sommer 1916 eine gesetzliche Regelung gefordert, die die
Kriegsdienstpflicht für die gesamte erwachsene Bevölkerung, auch
die Dienstpflicht der Frauen, festlegen sollte. Das »Gesetz über
den Vaterländischen Hilfsdienst«, das nach längeren Diskussionen
am 5. Dezember 1916 vom Reichstag verabschiedet wurde, sah
zwar eine Dienstpflicht nur für Männer vor. Die deutschen
Frauenorganisationen erboten sich jedoch, in Kooperation mit der
Obersten Heeresleitung ihren Beitrag zur freiwilligen Mobilisierung der Frauen für einen Vaterländischen Hilfsdienst zu leisten.

In Ausführung des »Gesetzes über den Vaterländischen Hilfsdienst« wurde bei der Obersten Heeresleitung ein Kriegsamt unter
Generalleutnant Groener gebildet, dem alle Aufgaben im Zusammenhang mit der Durchführung der Dienstpflicht oblagen, auch
die Probleme im Rahmen der Mobilisierung weiblicher Arbeitskräfte.[43] Das Kriegsamt untergliederte sich in Kriegsarbeitsamt
und Kriegsamt (Stab). Beim Kriegsarbeitsamt wurde ein Frauenreferat eingerichtet, das für die Probleme der Beschaffung und
Vermittlung von weiblichen Arbeitskräften zuständig war. Beim
Kriegsamt (Stab) wurde eine Frauenarbeitszentrale gegründet, der
sämtliche im Zusammenhang mit der Frauenarbeit in der Rüstungsindustrie entstehenden Fürsorgeaufgaben unterstanden.
Auf Anregung von General Groener schlossen sich Anfang 1917
36 Frauen- und Fürsorgeorganisationen zum »Nationalen Ausschuß für Frauenarbeit im Kriege« zusammen. Dieser sollte die
Frauenarbeitszentrale beim Kriegsamt bei der fürsorgerischen
Betreuung der in der Kriegsindustrie beschäftigten Frauen beraten
und unterstützen. Die Frauenarbeitszentrale fungierte zugleich als
Geschäftsstelle des Nationalen Ausschusses, die Leiterin der
Frauenarbeitszentrale war zugleich Geschäftsführerin des Nationalen Ausschusses. Marie-Elisabeth Lüders, eine in Frauenbewegung und Sozialer Arbeit seit langem erfahrene Frau, die bislang im
»Nationalen Frauendienst« gearbeitet hatte, übernahm als erste
diese Aufgabe.[44]

Als regionale Arbeitsstellen des Kriegsamtes wurden bei den
verschiedenen Generalkommandos sogenannte Kriegsamtsstellen

Frauenarbeit im Krieg

eingerichtet. Hier flossen die Aufgaben von Kriegsarbeitsamt und Kriegsamt (Stab) zusammen. Einerseits wurden Frauenreferate eingerichtet, die dem Frauenreferat beim Kriegsarbeitsamt unterstanden, andererseits Frauenarbeitshauptstellen als regionale Zweigstellen der Frauenarbeitszentrale beim Kriegsamt (Stab) gebildet. Beide Abteilungen wurden jedoch der einheitlichen Leitung durch die Referentin unterstellt. Eine ganze Reihe führender Frauen aus dem »Bund Deutscher Frauenvereine«, z. B. Alice Salomon und Anna v. Gierke, übernahmen während des Krieges dieses Amt.[45] Bei Bedarf wurden den Frauenarbeitshauptstellen noch Frauenarbeitsnebenstellen und sogenannte Fürsorgevermittlungsstellen nachgegliedert.

Im Rahmen dieser verwirrend-komplexen bürokratischen Organisation ist in unserem Zusammenhang vor allem die Arbeit der Frauenarbeitszentrale beim Kriegsamt und der ihr nachgeordneten Stellen von Bedeutung; einmal, weil hier erstmals in Deutschland Frauen in großer Zahl in den Militärapparat eingegliedert wurden. Anfang Januar arbeiteten in den verschiedenen Frauenarbeitshaupt-, -neben- und Fürsorgevermittlungsstellen ca. 1000 Frauen[46]; zum anderen, weil von der Frauenarbeitszentrale bedeutsame Anstöße für die Entwicklung sozialer Arbeit als *öffentlicher* Dienstleistung ausgingen. Das Arbeitsprogramm der Frauenarbeitszentrale hatte der Chef des Kriegsamtes in der Anlage zu seinem Erlaß vom 16. Januar 1917 über die Organisation der Frauenarbeit durch das Kriegsamt[47] festgelegt:

»1. Die Frauenarbeitszentrale hat die Aufgabe, alle die Maßnahmen in die Wege zu leiten, die die Arbeitsfähigkeit und Arbeitswilligkeit der weiblichen Arbeitskräfte jeder Art fördern mit dem Ziel höchster Produktionssteigerung.

2. Die Frauenarbeitszentrale hat deshalb darauf hinzuwirken, daß alle Arbeitshemmnisse für die Frau nach Möglichkeit hinweggeräumt werden. Hierzu gehört:

a) Schutz der Gesundheit

b) Bereitstellung geeigneter Erholungsräume, Wohn- und Schlafgelegenheiten

c) Beschaffung angemessener Berufskleidung

d) Verbesserung der Beförderungsverhältnisse und Verkehrsmittel

e) Verbesserung der Organisation der Nahrungsmittelbeschaffung und -verteilung für die Frauen.

3. Neben der Fürsorge für die Erhöhung der persönlichen Arbeitsfähigkeit der Frauen muß die Frauenarbeitszentrale Einrichtungen treffen, die dem Wohle der zu den Frauen gehörenden Familienmitglieder dienen und dazu beitragen, die Arbeitswilligkeit zu erhöhen: Ausgestaltung von Pflegestellen, Krippen, Bewahranstalten, Kindergärten, Horten, Stillstuben, Mütter-, Säuglings-, Kleinstkinderberatungsstellen suw., Einstellung von Haus-, Gemeinde-, Landpflegerinnen, Kreisfürsorgerinnen usw.

4. Zur Durchführung und Sicherstellung der gekennzeichneten Aufgaben wird die Vermehrung der in der Gewerbe- und Wohnungsaufsicht sowie in der Fabrikfürsorge tätigen weiblichen Beamten notwendig sein. Da die Zeit der Ausbildung dieser Beamtinnen auf dem üblichen Ausbildungswege nicht ausreicht, wird die Frauenarbeitszentrale geeignete Frauen aus anderen Berufen gewinnen und in abgekürztem Bildungsgang für ihre neue Aufgabe vorbereiten lassen.

5. Zur Erfüllung der vorgesehenen sozialen Fürsorge wird die Frauenarbeitszentrale mit sämtlichen ihr angeschlossenen Organisationen dauernd in Verbindung stehen, sie zum Ausbau ihrer vorhandenen Einrichtungen und zu enger Zusammenarbeit auch mit den zuständigen Behörden anregen sowie mit ihnen gemeinsam für die Gewinnung und Heranbildung der benötigten sachkundigen Hilfskräfte Sorge tragen.«

Für die Entwicklung der Sozialarbeit in Deutschland war in diesem Zusammenhang zweierlei wesentlich. Einmal waren die im dritten Punkt genannten Einrichtungen der Säuglings- und Kinderfürsorge für die Bereitschaft von Frauen, ihre Arbeitskraft der Kriegsindustrie zur Verfügung zu stellen, von erheblicher Bedeutung. Während des Krieges bekam daher die soziale Arbeit in

diesen Bereichen wichtige Anstöße. Das Frauenreferat des Kriegsamtes z. B. richtete eigens eine »Kommission für Kinderfürsorge«
ein, als deren Vorsitzende Anna v. Gierke im Dezember 1916
berufen wurde. Die von der Kommission erstatteten Berichte
wurden zu »Richtlinien der Kinderfürsorge« ausgearbeitet, die
auch auf die Fürsorgearbeit der Frauenreferate bei den Kriegsamtsstellen im Reich Einfluß ausübten. In diesen Richtlinien taucht
auch die Forderung nach einem zentralen, lokalen »Kinderfürsor-
geamt« auf, die das Jugendamt des späteren RJWG in gewisser
Weise vorwegnimmt.[48] Zum anderen nahm die Arbeit der Frauenarbeitszentrale auch Einfluß auf die eben in der Entwicklung
begriffene Ausbildung für die soziale Arbeit. Der Ausbau der
Fabrikpflege (Fabrikfürsorge), die der Gewährleistung von angemessenen Arbeitsbedingungen für die Frauen in der Kriegspro-
duktion dienen sollte, erforderte zusätzliches Personal mit entsprechenden Fachkenntnissen. Da es eine spezifische Ausbildung
für diese Tätigkeit zunächst nicht gab, richteten nicht nur die
Kriegsamtsstellen selbst Ausbildungskurse ein, sie bedienten sich
dabei, wo es möglich war, der bereits vorhandenen sozialen
Frauenschulen. Damit wurde diesen Gelegenheit gegeben, ihre
gesellschaftliche Nützlichkeit zu demonstrieren und ihre Position
zu stärken.[49]

Der Krieg und die Kriegsfürsorge übten auf die Frauenbewegung
und die Sozialarbeit einen nachhaltigen Einfluß aus. In der Frauenbewegung setzte sich unter dem Druck der Kriegsereignisse die
pragmatisch-wohlfahrtsorientierte Grundhaltung der Gemäßigten gegenüber den feministischen Zielsetzungen der Radikalen
immer deutlicher durch. Im Banne des »Erlebnisses von 1914«
erhielt der »Dienst am Volksganzen« – bislang noch mit Elementen
bürgerlicher Selbstorganisation verknüpft – eine immer klarer
werdende gouvernementale Ausrichtung. Auf dem Wege über den
»Nationalen Frauendienst« bis hin zu den Frauenreferaten im
Kriegsamt und den Kriegsamtsstellen vollzog sich eine zunehmende Integration der Frauenbewegung in den kommunalen und
staatlichen Verwaltungsapparat. »Der BDF wurde zum Annex
wohlfahrtsstaatlicher Institutionen und arbeitete im Dienste der
politischen und militärischen Exekutive.«[50] Die gesellschaftskriti-
sche Emanzipationsbewegung hatte sich zur aktiven Stütze des
politischen und sozialen Status quo entwickelt.

Mit der Frauenbewegung wurde auch die entstehende Sozialarbeit in den öffentlichen Verwaltungsapparat integriert. In der Kooperation von »Nationalem Frauendienst«, kommunaler Sozialverwaltung und Frauenreferaten der Kriegsämter und Kriegsamtsstellen entwickelte sich ein integrierter Gesamtkomplex *öffentlicher* Dienstleistungen, in dem der Frage kommunaler bzw. staatlicher oder aber privater Trägerschaft nur noch nachgeordnete Bedeutung zukam. Der Krieg erwies sich dabei als antreibende Kraft zum Ausbau sozialarbeiterischer Dienstleistungen in quantitativer und qualitativer Hinsicht. Es wurden nicht nur immer weitere gesellschaftliche Kreise jenseits der traditionellen Adressaten der Armenfürsorge erfaßt. Die Sozialarbeit unterstrich ihre gesellschaftliche Bedeutung auch mit der zunehmenden Verfachlichung ihrer Arbeitsvollzüge. Gerade im Krieg wurden die Gefahren des »Dilettantismus« in der sozialen Arbeit beschworen und eine fachliche Fundierung gefordert.[51] Die Ausbildungsstätten gewannen damit an Bedeutung. Während des Krieges erfolgten zahlreiche Neugründungen von sozialen Frauenschulen. Durch die im Auftrage der Kriegsamtsstellen durchgeführten Grundkurse für Fabrikpflegerinnen erhielten die Schulen gleichsam offizielle staatliche Anerkennung, lange ehe die erste staatliche Prüfungsordnung verabschiedet war. Auch hier erwies sich der Krieg als Vater des Sozialstaats.

Exkurs: Sozialdemokratie und Wohlfahrtspflege

Über den »Nationalen Frauendienst« strömten nicht nur die bürgerlichen Frauen in die Kriegsfürsorge. Auch sozialdemokratische Frauen schlossen sich dieser vom »Bund Deutscher Frauenvereine« ins Leben gerufenen Organisation an, um ihren Beitrag zur Kriegsfürsorge zu leisten.[52] Mit der einstimmigen Bewilligung der Kriegskredite im Reichstag hatte die deutsche Sozialdemokratie ihre grundsätzliche Opposition gegen den Krieg aufgegeben. Das »Erlebnis von 1914« ergriff Teile der organisierten Arbeiterbewegung und kam auch bei den sozialdemokratischen Frauen zum Ausdruck:

»Es muß wohl also dennoch etwas Tieferes und Ernsteres in diesem nationalen Glauben stecken, eine lebendige Wirklichkeit, die die Glieder eines Volkes in einer unlösbaren Gemeinsamkeit verknüpft und über oder neben dem Nationalismus der Arbeiterschaft und des allgemeinen Menschheitsgedankens auch das Proletariat jedes Volkes mit den anderen Volksgenossen in einem starken Einheitsgefühl zusammenschweißt. Denn der Krieg hat uns ja bewiesen, daß das Proletariat in seiner übergroßen Mehrheit den Zusammenhang der Nation ebenso vorbehaltlos empfindet wie die bürgerlichen Klassen«,

schrieb Wally Zepler, eine führende Vertreterin des Revisionismus in der sozialdemokratischen Frauenbewegung, um damit die Kriegsarbeit auch der sozialdemokratischen Frauen zu begründen.[53] Die Frage war umstritten. Jene Stimmen, die die Kriegsfürsorge den Bürgerlichen überlassen wollten und eine Beteiligung der Sozialdemokratinnen ablehnten[54], konnten sich aber nicht durchsetzen. Schließlich waren es vor allem die Arbeiterfamilien, die ohne Unterhalt zurückblieben, wenn der Ehemann und Vater eingezogen wurde, und dringend der Unterstützung bedurften. Als am 7. August 1914 der sozialdemokratische Parteivorstand die Mitglieder aufrief, sich in den Dienst der »Kriegshilfe« zu stellen, ermahnte er ausdrücklich die Frauen: »Unsere Genossinnen werden in der Lage sein, wertvolle persönliche Beziehungen aufrechtzuerhalten, den Frauen der im Felde stehenden Männer Beistand zu leisten und sich der Kinder in jeder Weise anzunehmen.«[55] So wurden grundsätzliche politische Bedenken zurückgestellt, und überall in Deutschland beteiligten sich sozialdemokratische Frauen an der Kriegshilfe; gelegentlich in selbständigen Organisationen, überwiegend aber schlossen sie sich den bereits vorhandenen Einrichtungen des »Nationalen Frauendienstes« an, schon um ein Zersplittern der Kräfte zu vermeiden.[56] Zudem konnte man gerade hier aufklärerisch wirken: »Den größten Gewinn unseres Mitwirkens sehe ich jedoch in dem sittlichen Einfluß auf die Hilfesuchenden. Unermüdlich haben wir diesen wieder und wieder eingeprägt: Es ist kein Almosen, das ihr empfangt, sondern ein soziales Recht, das ihr in Anspruch nehmt!«[57] So löste der Kriegsausbruch auf pragmatische Weise ein Problem, mit dem die Sozialdemokratie sich seit Jahrzehnten auseinandersetzte, ohne bislang zu einer eindeutigen Position gelangt zu sein: die Mitwirkung in der bürgerlichen Fürsorge.

Die unklare Haltung der Sozialdemokratie gegenüber den Problemen der Armenfürsorge hat mehrere Gründe. Zum einen war das Engagement in der Kommunalpolitik generell ein lange Zeit äußerst umstrittenes Thema für die Sozialdemokraten. Aufgrund ihrer grundlegenden theoretischen Maximen war die sozialistische

Arbeiterbewegung an internationaler, nicht an lokaler Politik orientiert. Ihre praktische Politik richtete sich – spätestens seit dem Parteizusammenschluß 1875 – immer deutlicher auf den Nationalstaat. Gefördert wurde diese Distanz zur Gemeinde durch das Wahlrecht: Das allgemeine Wahlrecht im Reich schuf günstige Möglichkeiten für das agitatorische Aufgreifen politischer Streitfragen. In den Gemeinden dagegen waren die politischen Partizipationschancen gering. Das Wahlrecht ging hier vom Bürger, nicht vom Einwohner aus, d. h. es begünstigte die Besitzenden, insbesondere die grundbesitzenden Schichten extrem. Die Möglichkeit, im Rahmen der politischen Selbstverwaltungsgremien der Gemeinde Einfluß auszuüben, war daher denkbar schlecht. Andererseits war offensichtlich, daß die Gemeinde erhebliche existenzsichernde Funktionen hatte, daß also die Lebensverhältnisse insbesondere der städtischen Unterschichten wesentlich von lokalen Politikmaßnahmen, vor allem im sozialpolitischen Bereich, beeinflußt wurden. Kommunale Armen-, Arbeitslosen-, Wohnungs- und Gesundheitspolitik sind hier vor allem zu nennen, aber auch die Energieversorgung und die öffentlichen Verkehrsmittel. So standen sich ein sozialer Problemdruck, die lokalen Lebensverhältnisse der Arbeiter- und Armutsbevölkerung zu verbessern, und eine theoretische Orientierungslosigkeit gegenüber. Sozialdemokratische Kommunalpolitik entwickelte sich in ihren Frühphasen ohne handlungsleitende Parteitagsbeschlüsse und theoretische Grundsatzorientierungen und differierte lokal und regional stark: In den Städten waren die Aktivitäten größer als in den Landgemeinden, im Süden und Westen umfangreicher als im Norden.[58]

Schon in den siebziger und achtziger Jahren wurden erste vereinzelte sozialdemokratische Abgeordnete in Stadtverordnetenversammlungen gewählt: 1872 in Braunschweig, 1878 in Mannheim, 1883 in Berlin. Aber erst nach Außerkrafttreten des Sozialistengesetzes gelangten im Laufe der neunziger Jahre Sozialdemokraten in immer zahlreichere Gemeindeparlamente, und erst gegen Ende des Kaiserreiches kann man von einem breiten sozialdemokratischen Interesse an der Kommunalpolitik sprechen. 1914 gab es über 12000 sozialdemokratische Abgeordnete in den Kommunalparlamenten von 523 Städten und 3082 Landgemeinden. In Magistrat, Stadtrat oder Gemeindevorstand wirkten immerhin 344 Sozialdemokraten in 60 Städten und 150 Landgemeinden.[59]

Gegenüber der Armenfürsorge als Teilbereich kommunaler Politik nahm die Sozialdemokratie eine grundsätzlich kritische Position ein. Sozialistische Politik setzte bei der Lohn*arbeit* an, ihren sozialen Risiken und Folgen, und nicht bei der Armut. Der Industriearbeiter war »zwar arm, aber kein Armer« (Eduard Bernstein). War es doch eine der großen Leistungen der sozialistischen Theorie im 19. Jahrhundert, die Armut des Proletariats als notwendige Konsequenz industriell-kapitalistischer Produktion von den »naturwüchsigen« Armutsursachen des Pauperismus abzuheben und auf ihre gesellschaftlichen Zusammenhänge zurückzuführen. Zwar waren faktisch – zumindest in den Städten – die Arbeiter- und die Armutsbevölkerung weitgehend identisch. Die Armenfürsorge war jedoch ein völlig ungeeignetes Instrument zur Abschaffung der Armut des Proletariats. Diese konnte nur durch eine grundsätzliche Umgestaltung der gesellschaftlichen Produktion, der Gesellschaft überhaupt, beseitigt werden. Die Armenfürsorge zielte dagegen auf die notdürftige Milderung extremer Notlagen *innerhalb* der bürgerlichen Gesellschaft und diente damit deren Aufrechterhaltung und Stabilisierung. Die Intentionen der Armenfürsorge waren also denen der sozialistischen Arbeiterbewegung entgegengesetzt. Und auch die Ausgestaltung der Armenfürsorge war derart, daß sie von den Arbeitern abgelehnt werden mußte. Anders als die seit den achtziger Jahren im Aufbau befindliche Arbeiter*versicherung*, die den Leistungsempfängern verbindliche Rechtsansprüche auf festumgrenzte Leistungen gewährte, war die Armenfürsorge als »Almosen« ausgestaltet. Nicht wohlerworbene Rechte wurden hier in Anspruch genommen, sondern unverdiente Wohltaten empfangen, für die man Dankbarkeit schuldete. Zudem wurde der Empfänger von Fürsorgeleistungen sozial und juristisch diskriminiert, so daß die Armenfürsorge für die um ihr gesellschaftliches Selbstbewußtsein ringende Arbeiterschaft entehrend und unwürdig war; eine »Wohltat«, die man vermied und zurückwies, wo immer dies möglich war. Umgekehrt hielt man auch Abstand zur subproletarischen Armutsbevölkerung, der klassischen Klientel der Armenfürsorge, von der die sozialistische Theorie das Proletariat deutlich abgrenzte. Die Durchführung der Armenfürsorge nach dem Elberfelder System, wie sie seit den achtziger Jahren im Deutschen Reich üblich war, lag fast ausschließlich bei bürgerlichen Armenpflegern, deren herablassend-fürsorgliche oder auch verletzendabwertende Mentalität ein übriges tat, um die Arbeiterschaft abzuschrecken. Die Heranziehung von Arbeitern zur Durchführung der Armenfürsorge wurde zwar von bürgerlichen Reformern gelegentlich gefordert; allein schon die ehrenamtliche Ausgestaltung der Armenpflege hinderte jedoch in aller Regel die Arbeiter, solche Ämter in nennenswerter Zahl wahrzunehmen – von anderen Widerständen abgesehen. Noch eine 1910 durchgeführte Untersuchung ermittelte, daß von 71 untersuchten deutschen Gemeinden mit mehr als 50000 Einwohnern lediglich 41 (57,75 %) Arbeiter an der Armenfürsorge beteiligten; in diesen Gemeinden wiederum waren durchschnittlich 4,68 % der Armenpfleger Arbeiter.[60] So war die Distanz zwischen Arbeiterschaft und Armenfürsorge groß, und dementsprechend zielten auch die spärlichen Stellungnahmen der Sozialdemokratie bis zur Jahrhundertwende lediglich auf Kritik, nicht auf Reform und konkrete Verbesserungsvorschläge. Die sozialdemokratische Kritik der Armenfürsorge betraf dabei vor allem die grundlegenden Organisationsprinzipien der Fürsorge. Die juristische Diskriminierung, insbesondere der Verlust des Wahlrechts, mit dem die Sozialdemokratie zumindest auf Reichsebene gewisse politische Partizipationsmöglichkeiten erworben hatte, wurden als den gesellschaftlichen Ursachen von Armut gänzlich unangemessen verurteilt. Bemängelt wurde ferner, daß die öffentliche, kommunale Armenfürsorge viele ihrer Aufgaben an privatwohltätige Einrichtungen und Vereine delegierte, deren Aktivitäten und Mentalitäten von der Arbeiterschaft als besonders willkürlich und kränkend empfunden wurden. Aus den Reihen der sozialdemokratischen Frauenbewegung wurde insbesondere der »Wohltätigkeitssport der feinen Damen« immer wieder zur Zielscheibe von Spott und Kritik. Demgegenüber wurde der Charakter der Armenfürsorge als grundsätzlich öffentliche Aufgabe betont. Schließlich wurden die durchgängig unzureichenden Unterstützungsleistungen und ihr zu spätes Einsetzen angegriffen.[61]

Erst als im Laufe der neunziger Jahre und verstärkt seit der Jahrhundertwende immer mehr Sozialdemokraten in die kommunalen Vertretungskörperschaften gewählt wurden, begann auch eine intensivere Auseinandersetzung mit der Armenfürsorge als einem wichtigen Bereich kommunaler Sozialpolitik. Angeregt und erleichtert wurden die sozialdemokratischen Überlegungen zum Armenwesen durch die Reformen des kommunalen Fürsorgewesens, die in den neunziger Jahren – wenigstens in den deutschen

Großstädten – von bürgerlichen Sozialreformern vorangetrieben wurden. Diese Reformen zielten auf eine Differenzierung der überkommenen Armenfürsorge, auf die Schaffung spezifischer Einrichtungen und Maßnahmen der Arbeitslosen-, Gesundheits-, Wohnungs- und Jugendfürsorge, und strebten an, diese von dem Negativ-Image der alten Armenfürsorge und, d. h. vor allem, von deren stigmatisierenden Folgen zu befreien.[62] Damit wurde teilweise auf die sozialdemokratischen Forderungen eingegangen, was den Sozialdemokraten die konkretere Befassung mit diesem Bereich erleichtert haben mag.

Die verstärkte Mitwirkung von Sozialdemokraten in der Kommunalpolitik erfolgte – wie gesagt – ohne handlungsleitende theoretische Programmatik, ohne Grundsatzbeschlüsse der Partei und entsprechende Richtlinien. In den offiziellen Parteidiskussionen war der Stellenwert der Kommunalpolitik umstritten. Auf dem Bremer Parteitag 1904 wurde immerhin eine kommunalpolitische Resolution beschlossen. Kommunalpolitische Programme gab es nur für einige Länder und auch dies erst, als es bereits eine stattliche sozialdemokratische Kommunalpolitik gab. Die Kommunalpolitik wurde so zum Betätigungsfeld vorwiegend der Reformisten in der Partei, der pragmatischen Politiker, denen die »kleinen Schritte« näherlagen als die großen Prinzipien. Der seit der Jahrhundertwende theoretisch ausgearbeitete Revisionismus lieferte die kommunalpolitische Programmatik gewissermaßen nach. Eduard Bernsteins 1899 erstmals erschienene Schrift *Die Voraussetzungen des Sozialismus und die Aufgaben der Sozialdemokratie* widmete der Kommunalpolitik ein ganzes Kapitel, das mehrfach auf den »Munizipalsozialismus« als Leitidee Bezug nimmt, den Bernstein während seines Exils in England kennengelernt hatte.[64] Und wenn sich überhaupt ein theoretisches Fundament sozialdemokratischer Sozialpolitik ausmachen läßt, so sind dies in der Tat der »Munizipalsozialismus« und die (soziale) Hygiene. Die sozialdemokratischen Bestrebungen auf dem Gebiet der kommunalen Gesundheitsfürsorge stützten sich zentral auf die Forschungsergebnisse und Forderungen der Hygiene und die Schaffung entsprechender Gesundheitseinrichtungen. Und bei den Forderungen nach einem Ausbau kommunaler Leistungsverwaltung auch jenseits des Gesundheitsbereichs stand der englische »Munizipalsozialismus« Pate. Schon vor Bernstein hatte Hugo Lindemann, der sich in den neunziger Jahren zum führenden

Kommunalpolitiker der Sozialdemokratie entwickelte, nach einem längeren England-Aufenthalt den »Munizipalsozialismus« mit seiner Studie *Stadtverwaltung und Munizipalsozialismus in England*[65] in Deutschland bekannt gemacht. Auf beiden Gebieten: Hygiene und »Munizipalsozialismus«, konnte die Sozialdemokratie allerdings nicht beanspruchen, revolutionäres Gedankenpotential zur Neugestaltung der kommunalen Sozialverwaltung zu monopolisieren. Beide wurden – wie oben gezeigt – auch von den bürgerlichen Reformern des kommunalen Fürsorgewesens rezipiert und zur Grundlage ihrer Reformarbeit gemacht.[66] So bestand eine große Nähe zwischen den progressiven bürgerlichen Konzepten zum Ausbau der kommunalen Wohlfahrtspflege und den sozialdemokratischen Forderungen und Entwürfen.[67] An den Vorstellungen zur Ausgestaltung der Armenfürsorge läßt sich dies anschaulich konkretisieren. So betont eine zeitgenössische sozialdemokratische Analyse zunächst die grundsätzliche Distanz zur Armenfürsorge:

»Innerhalb des Rahmens der herrschenden Gesellschaftsordnung dürfte eine grundsätzliche Änderung im Armenwesen überhaupt nicht zu erwarten sein. Denn die herrschende Gesellschaft geht davon aus, daß die Unterhaltslosigkeit stets als ein anormaler Fall zu behandeln sei, bei dem man den Unterstützungsbedürftigen durch Zucht- und Schreckmittel sobald als möglich wieder von der Armenpflege abstoßen und zu eigener Erwerbstätigkeit treiben soll. Dem steht aber die Tatsache entgegen, daß unter der kapitalistischen Entwicklung immer größere Kreise in ihrer wirtschaftlichen Existenz unsicher werden müssen, die man durch keine Zucht- oder Schreckmittel erwerbsfähiger machen kann. Hier wird nur eine völlige Neuordnung der Gesellschaftsverfassung gründlich helfen.«[68]

Die im Anschluß daran erhobenen Forderungen gingen jedoch in keiner Weise über das Spektrum der Probleme hinaus, die auch im »Deutschen Verein« diskutiert wurden:

»Alle dazwischen liegenden Reformbestrebungen können lediglich eine humanere Form der Armenpflege herbeiführen. Hierher gehört die Vereinheitlichung der Reichsarmengesetzgebung (vgl. Bayern und Elsaß-Lothringen), die Übernahme der gesamten Armenverwaltung in staatliche, mit genügenden Mitteln ausgerüstete Verwaltung unter Zuziehung von Arbeitern zum Armenpflegeamte gegen Entschädigung, zumindestens einstweilen die Übertragung der Armenlasten von den Gemeinden auf größere Verbände, die Abschaffung der entehrenden Folgen der Armenunterstützung, die Inangriffnahme wirksamer Vorbeugungsmaßregeln durch Errichtung großer Anstalten für verwahrloste Kinder usw.«[69]

Der sächsische Landtagsabgeordnete Emil Nitzschke, dem die deutsche Sozialdemokratie die wohl gründlichsten Ausarbeitungen über das Armenwesen verdankt, erkannte dann bereits die große Bedeutung einer sozialdemokratischen Fürsorgepolitik ausdrücklich an. Seine Reformvorstellungen unterscheiden sich wiederum in keiner Hinsicht *grundsätzlich* von den Ideen der bürgerlichen Reformer seiner Zeit:

»Von den zahlreichen Aufgaben, die die Gemeinden heute zu erfüllen haben, ist die Armenpflege eine der wichtigsten. Sie ist nicht nur aus Humanitätsgründen geboten, sie ist auch von großer sozialer Bedeutung. Durch die Armenunterstützung soll den von Not und Elend Betroffenen eine Stütze geboten werden, die sie wieder aufrichtet, die ihnen Selbstvertrauen und Kraft geben soll, den Kampf ums Dasein von Neuem wieder aufzunehmen, die sie vor weiterem Versinken ins Elend zurückhält, unschuldige Kinder vor dem Verkommen und die Eltern vor Verzweiflung oder Schlimmerem schützt. Denn die Not setzt sich leicht über moralische Bedenken hinweg, die vor der abschüssigen Bahn des Verbrechens nur ungenügend schützen.

Unter dem Regiment der Satten in den Gemeindevertretungen, die die Not nicht kennen und Armut als Schande ansehen, ist die Armenunterstützung häufig völlig unzureichend. Ihren engherzigen Klasseninstinkten entspricht auch die häufig geäußerte Meinung, daß eine reichliche Armenunterstützung demoralisierend wirke und sie in einer Form verabreicht werden müsse, die abschreckend sei. Unter solchen Verhältnissen muß es die besondere Aufgabe der sozialdemokratischen Vertreter sein, die Armenunterstützung auszubauen und auf zweckmäßige Weise die ausreichende Hilfe für die Verarmten anzustreben. Vor allem muß die Hilfe rechtzeitig gewährt werden, sie darf nicht erst dann einsetzen, wenn die Verarmung schon zur Verelendung geworden ist, soll es doch selbst nach der rückständigen sächsischen Armenordnung in erster Linie die Aufgabe der Armenpflege sein, die Verarmung zu verhüten. Andererseits sollte man nicht vergessen, daß in heutiger Zeit, wo die Armenunterstützung den Verlust der politischen Ehrenrechte zur Folge hat, diese nur dann als Hilfsmittel in Anwendung kommen sollte, wenn eine andere Form der Unterstützung nicht angängig ist. Arbeitslose sollte man durch Notstandsarbeiten vor der bitteren Notwendigkeit bewahren, die Armenunterstützung in Anspruch nehmen zu müssen, die sie zu Staatsbürgern zweiter Klasse degradiert. Wo aber den in Not Geratenen die Bitternis der Armenunterstützung nicht erspart werden kann, biete man diese Hilfe rechtzeitig, ausreichend und in der mildesten Form ... Bei der Gewährung von Armenunterstützung sollten niemals Sparsamkeitsrücksichten geübt werden. Wenn es auch richtig ist, daß manche finanziell schwachen Gemeinden schwer an den Armenlasten zu tragen haben, so gibt es doch zahlreiche Orte, die auch eine erhebliche Ausgabe für Arme nicht spüren...«[70]

Die sozialdemokratische Politik im Bereich der Armenfürsorge zielte also – seit die Sozialdemokratie sich überhaupt mit diesem Gebiet intensiver zu befassen begann – auf eine Fortentwicklung bereits bestehender bürgerlicher Ansätze.[71] Die sozialdemokratischen Vorstellungen übernahmen die bürgerlichen *Formen* der Fürsorge und betonten in dem dadurch vorgegebenen Rahmen die mehr präventiven, offenen Elemente. Sie forderten den Ausbau der Leistungen und die Einschränkung von Repression und Kontrolle. Eine eigenständige sozialistische *Alternative* zur bürgerlichen Fürsorge wurde dagegen an keiner Stelle formuliert. Und auch in Zukunft wird sich die sozialdemokratische Fürsorgepolitik auf eine Radikalisierung bürgerlicher Konzepte beschränken, ohne ein Gegenmodell entwickeln zu können. In der Zeit vor der Jahrhundertwende hatte auch die sozialistische Frauenbewegung wenig Interesse an den Problemen der Armenfürsorge gezeigt. Sie hatte sich auf eine grundsätzliche Kritik der Formen bürgerlicher Fürsorge, insbesondere des »Wohltätigkeitssports der feinen Damen«, beschränkt. Auch dies begann sich mit Beginn des 20. Jahrhunderts zu ändern. Nachdem 1903 das »Gesetz betreffend die Kinderarbeit in gewerblichen Betrieben« erlassen worden war[72], befaßte sich 1904 die Bremer Frauenkonferenz mit diesem Gesetz. Neben der Kritik an verschiedenen Mängeln des Gesetzes äußert die Konferenz vor allem die Forderung, auf strikte Einhaltung des Gesetzes zu dringen. Alle Parteiorganisationen wurden aufgefordert, ihren Beitrag hierzu zu leisten.[73] Während ursprünglich nur eine Beteiligung der Arbeiterschaft an der Kontrolltätigkeit der Gewerbeaufsichtsämter geplant war, kam es noch im selben Jahr auf Initiative sozialdemokratischer Frauen hin zur Gründung eigenständiger Kinderschutzkommissionen, die von sich aus Kontrollen der gewerblichen Kinderarbeit durchführen und Gesetzesübertretungen den Gewerbeaufsichtsämtern anzeigen sollten. Die Mitarbeit in diesen Kommissionen blieb Frauen vorbehalten, weil diese »durch ihr mütterliches Empfinden für diese Arbeit besonders prädestiniert« seien.[74] Im Jahre 1911 bestanden bereits Kinderschutzkommissionen an 135 Orten in

Deutschland.[75] Ihre praktische Arbeit erweiterte sich im Laufe der Zeit und ging über die ursprünglichen Ziele hinaus. Den Mitgliedern der Kinderschutzkommissionen blieb nicht verborgen, daß die Kinderarbeit ihre Ursache häufig auch in der wirtschaftlichen Not der Familie hatte, die auf den Nebenverdienst des Kindes mit angewiesen war. So bemühten sich die Kommissionen parallel zu ihrer Kontrolltätigkeit auch um Hilfe und Unterstützung für die notleidenden Familien, entweder durch Vermittlung an kommunale Fürsorgestellen oder in Zusammenarbeit mit bürgerlicher Privatwohltätigkeit, z. T. auch mit eigenen Mitteln. Die Kommissionen leisteten auf diese Weise segensreiche Arbeit, verstießen jedoch gegen ein Grundprinzip sozialdemokratischer Fürsorgepolitik – die Ablehnung jeder Art von Privatwohltätigkeit –, indem sie selbst als private Fürsorgevereinigungen auftraten und gar noch mit den viel geschmähten bürgerlichen Vereinigungen der »Wohlfahrtsdamen« zusammenarbeiteten. So zeigte sich bereits in der Vorkriegszeit ein allmähliches Einlenken der Sozialdemokratie auf die Formen bürgerlicher Fürsorge.[76]

Der Weltkrieg trieb diese Entwicklung rapide voran. Mit der Teilnahme an der Kriegsfürsorge – sei es innerhalb des »Nationalen Frauendienstes«, sei es in parteigebundenen Organisationen – übernahmen die sozialdemokratischen Frauen die Form sozialer Arbeit, wie sie von der bürgerlichen Frauenbewegung seit den neunziger Jahren des 19. Jahrhunderts entwickelt und inzwischen fest etabliert worden war. Natürlich setzten die sozialdemokratischen Frauen die Schwerpunkte etwas anders als die bürgerlichen. Ihnen lag naturgemäß die Betonung des *Rechts* der Betroffenen auf die Leistungen der Kriegsfürsorge näher als dankbarkeitsheischende Herablassung. Aber den grundsätzlichen Formprinzipien der bürgerlichen sozialen Arbeit hatten sie nichts entgegenzusetzen. Im Gegenteil, die Mütterlichkeit wurde jetzt auch von den Sozialdemokratinnen propagiert:

»Es gibt immer noch eine ganze Reihe spezifischer Fraueninteressen, die eben die Frauen als solche angehen, gleichviel welchen gesellschaftlichen Klassen sie entstammen. Dazu gehört vor allem auch alles, was ihr mütterliches Fühlen, auch in weiterem Sinn, berührt. Damit hängt die Neigung der meisten Frauen für soziale Fürsorge- und Hilfstätigkeit zusammen.«[77]

Mit der Integration der sozialdemokratischen Frauen in den

kommunalen Apparat der Kriegsfürsorge, mit dem generellen Bedeutungszuwachs kommunaler Sozialpolitik während des Krieges wurde Probleme der Wohlfahrtspflege auch in der Partei verstärkte Bedeutung beigemessen. 1917 wurden Probleme der Wohlfahrtspflege erstmals auf einem Parteitag erörtert. Die dort erhobenen Forderungen bedeuteten eine Orientierung der Nachkriegsfürsorge an dem Niveau und den Grundsätzen der Kriegsfürsorge. Außerdem wurde die Forderung nach der Zusammenfassung aller Wohlfahrtseinrichtungen auf kommunaler Ebene in einem zentralen Wohlfahrtsamt laut – allesamt Vorstellungen, die ebenfalls von bürgerlicher Seite vertreten wurden. Im Laufe des Krieges wurde auch die verstärkte Heranziehung von Arbeitern bei der Durchführung der kommunalen Wohlfahrtspflege diskutiert, nun aber unter neuen Vorzeichen: Die Tätigkeit der Wohlfahrtspflege sollte vorwiegend Frauen vorbehalten bleiben, und sie sollte *beruflich*, also gegen Bezahlung, ausgeübt werden. Auch der Gedanke einer besonderen Schulung für in der Wohlfahrtspflege tätige Sozialdemokratinnen tauchte jetzt zum ersten Mal in der Debatte auf. Die sozialdemokratischen Auffassungen von sozialer Arbeit endeten während des Krieges also dort, wo die bürgerliche Frauenbewegung, genauer: die »Mädchen- und Frauengruppen für soziale Hilfsarbeit« in Berlin 1893 begonnen hatten: bei sozialer Arbeit als spezifisch weiblicher Tätigkeit, die jedoch eine bestimmte Ausbildung voraussetzte.[78]

Ihren Höhe- und Schlußpunkt fand die Adaption bürgerlicher Formen der Wohlfahrtspflege durch die Sozialdemokratie in der Gründung der »Arbeiterwohlfahrt« als eigenem Träger »freier Wohlfahrtspflege«. Die politischen Umwälzungen in Deutschland nach Kriegsende steigerten den Einfluß der Sozialdemokratie als politischer Kraft auf allen Ebenen des politischen Systems enorm. Die soziale Programmatik der Weimarer Verfassung[79] beinhaltete den umfassenden Ausbau des Wohlfahrtsstaates. Sozialpolitik auf Reichs-, Landes- und kommunaler Ebene rückte damit ins Zentrum des politischen Prozesses. Und dies bedeutete für die kommunale Wohlfahrtspflege eine tiefgreifende Reorganisation des gesamten Apparates nach Maßgabe der neuen politischen und sozialen Zielsetzungen: neue Aufgaben wurden formuliert, neue gesetzliche Grundlagen vorbereitet, die Verwaltungsapparate umgestaltet, das Verhältnis öffentlicher und privater Fürsorge reformuliert. Die Sozialdemokraten waren reltiv schlecht gerüstet, um ihre Interessen in diesem Prozeß angemessen zur Geltung zu bringen. Die gesamte Fürsorgeproblematik war – wie gezeigt – in der Partei nur sehr hinhaltend diskutiert und von den Kommunalpolitikern eher pragmatisch gehandhabt worden. Und vor allem fehlte es an einer spezifischen, sozialdemokratischen Fachorganisation für den Bereich der Wohlfahrtspflege als Instrument sozialdemokratischer Interessenvertretung in der Wohlfahrtspolitik. Stand doch das erklärte Grundprinzip der Sozialdemokratie, daß alle Fürsorge kommunal zu organisieren sei, der Gründung eines eigenen Wohlfahrtsverbandes entgegen. Dieses Prinzip und die praktischen Zwänge und Interessen gerieten zunehmend in Konflikt, und die Gründung der »Arbeiterwohlfahrt« war der Versuch, hier eine pragmatische Lösung zu finden. Einerseits war man sich bewußt, daß angesichts der jahrzehntealten Forderung nach Kommunalisierung der Fürsorge ein eigener, »privater« Wohlfahrtsverband auf wenig Verständnis bei den Parteimitgliedern stoßen würde. Die Abneigung der Arbeiterschaft gegen jede Form von »Almosen« saß tief. Andererseits wollte man den sozialdemokratischen Einfluß auf die Sozialpolitik nach Möglichkeit steigern und suchte ein passendes Instrument dafür – auch um in den Genuß öffentlicher Subventionen zu kommen.[80] Marie Juchacz, eine überzeugte Reformistin, die 1917 Luise Zietz als Leiterin des Frauensekretariats im Parteivorstand und Clara Zetkin als Herausgeberin der Zeitschrift *Die Gleichheit* abgelöst hatte und seitdem eine führende Rolle in der sozialdemokratischen Frauenbewegung spielte, war in diesem Zusammenhang die treibende Kraft. Sie machte dem Parteiausschuß den Vorschlag, eine sozialdemokratische Wohlfahrtsorganisation innerhalb der Partei zu schaffen, und der Ausschuß stimmte zu, ohne in der vorangehenden Diskussion die grundsätzliche Problematik einer »sozialdemokratischen Privatwohltätigkeit« auch nur zu thematisieren. So wurde am 13. Dezember 1919 der »Hauptausschuß der Arbeiterwohlfahrt« als Zentralinstanz ins Leben gerufen. Die Leitung übernahm Marie Juchacz. Im Rahmen der Parteibezirke und lokalen Parteiorganisationen sollten ihm regionale und lokale Ausschüsse angegliedert werden. Aufgabe des Hauptausschusses sollte sein: »die Mitwirkung der Arbeiterschaft bei der Wohlfahrtspflege, um hierbei die soziale Auffassung der Arbeiterschaft durchzusetzen. Im besonderen will er die gesetzliche Regelung der Wohlfahrtspflege und ihre sachgemäße Ausführung fördern.«[81] Dadurch wurde ein offener Widerspruch zu dem sozialdemokratischen Grundprinzip der Kommunalisierung der Wohlfahrtspflege vermieden. Die Arbeiterwohlfahrt sollte ja nicht selbst fürsorgerische Arbeit leisten, sondern Gesetzgebung und Verwaltung im Bereich der Wohlfahrtspflege beeinflussen. Am Primat der kommunalen Wohlfahrtspflege wurde dadurch zumindest formal nicht gerüttelt. Doch schon bald wurden Stimmen gegen diese Beschränkung der Aufgaben der Arbeiterwohlfahrt laut. Helene Simon sah hierin eine »Verengung und Verarmung« angesichts der sinnvollen Aufgaben, die die freie Wohlfahrtspflege in Ergänzung der kommunalen übernehmen konnte, insbesondere der experimentellen Erprobung innovativer Maßnahmen und Einrichtungen, für die die kommunalen Apparate zu immobil seien. Die von ihr aus England importierte »Extension-Ladder Theory« des Ehepaares Webb legitimierte die private Fürsorgearbeit der Sozialdemokratie.[82] Und in der Folge wurde die fürsorgerische Hilfstätigkeit der »Arbeiterwohlfahrt« zügig ausgedehnt. Insbesondere die sozialdemokratischen Frauen drängten in die Fürsorgetätigkeit und trieben diesen Ausbau voran. Seit 1922 wurden schließlich auch eigene Heime und Einrichtungen geschaffen.[83]

Damit war jener Prozeß abgeschlossen, den Karl Bopp als »Verbürgerlichung des Sozialismus in der Wohlfahrtspflege« bezeichnet hat.[84] In dem Maße, in dem sozialdemokratische Politik, insbesondere die Kommunalpolitik, durch wachsendes Engagement und wachsenden Einfluß unter dem Druck zur Entwicklung *konkreter* Vorstellungen und Reformen im Fürsorgewesen geriet, ist eine schrittweise Anpassung an die Formen und Prinzipien bürgerlicher Wohlfahrtspflege zu beobachten. Zwar setzte die sozialdemokratische Kommunalpolitik die Akzente und Präferenzen stets anders als die bürgerlichen Reformer: gesellschaftliche Verpflichtung und dementsprechend Rechtsanspruch statt Almosen, Prävention statt Repression, mehr Leistungen für mehr Adressaten etc. Aber die Nähe, insbesondere zu den fortgeschrittensten bürgerlichen Reformvorstellungen, war stets groß, und grundsätzliche *Alternativen* wurden nicht entwickelt. Für die Sozialarbeit im engeren Sinne läßt sich dies besonders deutlich verfolgen. Zunächst kritisierten sozialdemokratische Frauen den »Wohltätigkeitssport der feinen Damen« (was im übrigen auch die bürgerlichen Reformerinnen von Helene Lange bis Alice Salomon taten!) und lehnten vergleichbare Tätigkeiten unter Hinweis auf die Verpflichtung der Kommunen ab. Im Rahmen der Kinderschutzkommissionen entwickelte sich aber der Aufbau einer Fürsorgetätigkeit sozialdemokratischer Frauen. Primär wurde zwar die Kinderarbeit im Kontext ihrer gesellschaftlichen Ursachen thematisiert, unterschwellig aber begann hier schon individuelle Betreuung und Beratungsarbeit. Im Krieg schließlich entdeckten auch die sozialdemokratischen Frauen die »geistige Mütterlichkeit« für sich und orientierten sich damit an dem sozialpolitischen Kurs der »Gemäßigten« in der bürgerlichen Frauenbewegung in seiner kriegsbedingten »gouvernementalen Ausrichtung«. Auch in der Nachkriegszeit – im Zusammenhang der Gründung der »Arbeiterwohlfahrt« – fand keine ausdrückliche Auseinandersetzung mit den bürgerlichen Theoremen der Sozialarbeit statt, das Paradigma von der spezifischen Wesenseignung der Frau für die soziale Arbeit wurde aber stillschweigend akzeptiert und auch die sozialdemokratische Fürsorge als spezifisch weibliche Tätigkeit entwickelt. So bestanden auch in der Folge die Verdienste sozialdemokratischer Fürsorgepolitik vor allem darin, daß sie auf Ausbau und Leistungsverbesserung drängte und damit soziale Notlagen abmildern half. Zugleich aber leisteten die sozialdemokratischen Leitgedanken der Kommunalisierung und der Verberuflichung sozialer Arbeit (die für die sozialdemokratischen Frauen schon aufgrund ihrer eigenen sozialen Lage geboten war) der Auflösung der sozialen Ambivalenzen des Konzepts sozialer Arbeit der bürgerlichen Frauen der Vorkriegszeit Vorschub und förderten ihre Verselbständigung zum sozialen Expertentum im Kontext kommunaler Sozialbürokratie.

6. Fürsorgeentwicklung in der Weimarer Republik: Soziale Aufgaben im neuen Volksstaat

Am 9. November 1918 dankte der Kaiser ab, Philipp Scheidemann rief die Republik aus. Am 10. November wurde der Rat der Volksbeauftragten, die neue Regierung, gebildet, bestehend aus drei Vertretern der USPD und dreien der SPD, unter ihnen Friedrich Ebert, der neue Reichskanzler. Trotz dieses radikalen Machtwechsels an der Spitze des Staates blieben einschneidende Strukturveränderungen der sozioökonomischen Machtverhältnisse aus: Weder wurden umgehend Sozialisierungsmaßnahmen eingeleitet noch der alte bürokratisch-administrative und militärische Apparat beseitigt. Im Gegenteil: Der Rat der Volksbeauftragten arbeitete aufs engste mit der alten Ministerialbürokratie und der militärischen Führung unter General Groener, dem Nachfolger Ludendorffs in der Obersten Heeresleitung, zusammen. Zwar wurden in der Folge der Kieler Matrosenaufstände überall im Reich Arbeiter- und Soldatenräte gebildet, die lokale Regierungsaufgaben wahrnahmen. Und eine Zeitlang sah es so aus, als könnte das Rätesystem zur Alternative für ein parlamentarisches Regierungssystem werden. Faktisch stellten sich die Räte aber rasch als eine Art Übergangslösung heraus. Schon auf dem Berliner Kongreß der Arbeiter- und Soldatenräte im Dezember 1918 wurden Wahlen für eine Nationalversammlung beschlossen und damit die Weichen für die Einführung eines parlamentarischen Regierungssystems gestellt. Am 19. Januar 1919 wurde die Nationalversammlung gewählt. Erstmals waren auch die deutschen Frauen stimmberechtigt. Das Frauenwahlrecht – Kampfziel der Frauenbewegung seit Jahrzehnten – war nun durch eine Verordnung des Rats der Volksbeauftragten Wirklichkeit geworden. Am 6. Februar trat die Nationalversammlung in Weimar zusammen. Sozialdemokratie, Deutsche Demokratische Partei und Zentrum bildeten die sogenannte Weimarer Koalition. Der erste gewählte Reichskanzler wurde Philipp Scheidemann. Friedrich Ebert wurde zum ersten Reichspräsidenten gewählt.

Im Juli 1919 wurde die Weimarer Reichsverfassung angenommen. Sie kann global als bürgerlich-parlamentarische Verfassung gekennzeichnet werden. Dem vom Volk gewählten Reichstag oblag die Gesetzgebung, an der der Reichsrat als Vertretung der Länder beteiligt war. Die Exekutive lag bei der Reichsregierung. Bemerkenswert war die herausragende Position des Reichspräsidenten, der ebenfalls vom Volk direkt gewählt wurde und nicht lediglich repräsentative, sondern wichtige exekutive Aufgaben hatte, insbesondere die Notstandsbefugnisse nach dem berühmt-berüchtigten Artikel 48 der Weimarer Reichsverfassung. Die Verfassung gewährleistete Eigentum und Erbrecht. Sozialisierungsmaßnahmen waren zwar möglich, wurden aber von Verfassung wegen nicht vorgenommen. Der Rätegedanke war zwar noch in der Verfassung enthalten, betraf aber lediglich Randbereiche des Wirtschaftslebens. Größere praktische Bedeutung erhielt er nur noch auf der Ebene der Betriebsverfassung durch das Betriebsrätegesetz von 1920.[1]

Hervorstechendes Charakteristikum der Weimarer Reichsverfassung war die Festschreibung spezifischer sozialer Grundrechte und -pflichten, insbesondere in Artikel 151, 157, 161 und 163. Damit war der Ausbau des Sozialstaats zum Verfassungsauftrag geworden. Und die Sozialpolitik war auch das Feld, auf dem die sozialdemokratischen Regierungen der Nachkriegszeit ihr sozialreformerisches Profil zu gewinnen suchten. Der neue, demokratische Staat sollte zugleich ein sozialer Staat sein und übernahm damit die Verantwortung für die Fülle sozialer Probleme in der Folge des Krieges und der anschließenden Inflation. So war die Entwicklung von Fürsorge und Wohlfahrtspflege in der Weimarer Republik weniger Ausdruck planvoller sozialpolitischer Gestaltung als unmittelbar drängender, häufig fast hektischer Reaktionen auf akute soziale Notstände.

Im Kaiserreich hatte man sich – die Schriften des »Deutschen Vereins für Armenpflege und Privatwohltätigkeit« weisen dies eindrucksvoll aus – stets Zeit gelassen, die Probleme und eventuelle Lösungen behäbig auszudiskutieren. Und die lang anhaltende ökonomische Aufschwungsphase von 1890 bis 1914 bot einen stabilen Hintergrund für städtische Sozialreformen, die im politischen Klima des alten Reichs auch bei geringer Breitenwirksamkeit stets als sozialer Erfolg verbucht und propagiert werden konnten. Die herrschenden politischen Kräfte in der neuen Republik standen – in der politisch wie ökonomisch äußerst instabilen Nachkriegszeit – dagegen unter hohem Legitimationsdruck von rechts und links, ihre jeweiligen Lösungsversuche kamen für die stets vorauseilenden Sozialprobleme hoffnungslos zu spät. Kaum waren die drängendsten Nachkriegsprobleme in Angriff genommen, da schuf die Hyperinflation neue Notstände und Armutspopulationen. Gesetzliche Hilfsmaßnahmen – im langwierigen parlamentarischen Verfahren ausgehandelt – trafen so häufig bereits auf eine völlig andere soziale Situation als die, für die sie ursprünglich gedacht waren. Lediglich das Instrument der Notverordnung konnte kurzfristige Maßnahmen einleiten. Gesetze und Verordnungen, Änderungen und Novellierungen in rascher Folge, ein immer komplizierteres, umfangreicheres und unüberschaubareres Geflecht sozialpolitischer Normen und Maßnahmen waren die Konsequenz. Was im Kaiserreich in Wohlfahrtspflege und Sozialarbeit gemächlich herangereift war, mußte nun innerhalb weniger Jahre weiterentwickelt, ausgedehnt, reorganisiert werden. So wurde die Weimarer Zeit zu einer Periode sozialpolitischer und sozialreformerischer Innovation, aber auch hektischer Betriebsamkeit, die häufig die Beteiligten in der sozialen Ausbildung und der sozialen Berufspraxis überfordert zu haben scheint.

In der Folge der Demobilisierung mußten ca. acht Millionen deutsche Soldaten wieder in das Wirtschaftsleben eingegliedert werden, ein Wirtschaftsleben, das unter der Umstellung von der Kriegs- auf die Friedenswirtschaft und den Reparationsforderungen der Alliierten ohnehin aufs äußerste angespannt war. Arbeitslosigkeit in größerem Ausmaß war zu befürchten. Daß sie ausblieb, war weniger ein Verdienst planvoller Fürsorgemaßnahmen als vielmehr der zügigen Verdrängung der Frauen aus den von ihnen im Laufe des Krieges eingenommenen Arbeitsplätzen. »Sexuelle Diskriminierung erschien am Ende des Ersten Weltkrieges in Deutschland in pragmatischem ökonomischem Gewande und funktionierte mit beachtlichem Erfolg.«[2] Dennoch gab es vor allem in Berlin und in einigen anderen Ballungsgebieten eine Arbeitslosigkeit von bedrohlichem Ausmaß, die Abhilfemaßnahmen verlangte. Daneben galt es, für die mehr als zwei Millionen Kriegsopfer eine angemessene Versorgung zu schaffen bzw. ihre Wiedereingliederung in die Gesellschaft zu gewährleisten. Hier konnte an die schon während des Krieges entwickelten Fürsorgemaßnahmen angeknüpft werden.[3] Seit 1921 schließlich wurde die

Entwicklung von Fürsorge und Wohlfahrtspflege dann von dem immer schneller um sich greifenden Währungsverfall und seinen sozialen Folgeproblemen bestimmt. Bereits während des Krieges war die Kaufkraft der Mark auf etwa die Hälfte des Standes von 1913 gesunken. Nach dem Kriege kamen neue Inflationsursachen hinzu: die Reparationsforderungen der Alliierten und die notwendigen Käufe im Ausland (infolge des Produktionsrückganges der deutschen Wirtschaft sowie des Verlustes von Anbauflächen und Rohstoffen durch Gebietsabtretungen) konnten aus den vorhandenen Gold- und Devisenbeständen nicht bezahlt werden. Daher wurde die deutsche Papiermark massenhaft im Ausland angeboten, was ihren Wert weiter drückte. Ernsthafte Versuche, die Inflation zu stoppen, wurden von der Regierung nicht unternommen. Im Gegenteil: Die enorme Defizitwirtschaft des Reiches tat ein übriges, um den Inflationstrend zu steigern. Sie begünstigte zugleich einen industriellen Nachkriegsboom, der die Arbeitslosigkeit in Grenzen hielt und dem Reich den Finanzierungsspielraum für seine sozialpolitischen Maßnahmen sicherte. »Bedenkt man die hohe Beschäftigungsquote und die industrielle Konjunktur, so ist die Vorstellung einer stillschweigenden Interessenkoalition von Reichsregierung, Großunternehmen und Gewerkschaften, die aus unterschiedlichen Motiven an einer begrenzten Inflation interessiert waren, nicht abwegig.«[4] Im Herbst 1922 geriet die Währung jedoch vollends außer Kontrolle, und nach einer kurzfristigen Stabilisierung im Januar 1923 (bei einem Kurs von etwa 20000 Mark für den Dollar) versank die Papiermark im Herbst 1923 buchstäblich im Nichts.

»Es kamen in Deutschland die wahnwitzigen Monate, in denen man für ein Brot Papierscheine hinlegen mußte, auf denen Milliarden oder gar Billionen aufgedruckt waren. Tatsächlich hatte das deutsche Reichsgeld jeden Wert verloren. Die... Nutznießer der Inflation, die Finanzspekulanten, Großindustriellen und Großgrundbesitzer, hatten goldene Zeiten. Da die deutschen Unternehmer mit lächerlich geringen Unkosten produzieren konnten, waren auf dem Weltmarkt die deutschen Preise niedriger als die Angebote jeder Konkurrenz. Darum wurde in Deutschland im Jahre 1923 ziemlich viel produziert, und die Waren gingen als Schleuderexporte ins Ausland. Die Opfer der Inflation waren die deutschen Mittelschichten, die Lohn- und Gehaltsempfänger. Die deutschen Sparer verloren nun das Letzte. Die systematische Enteignung des deutschen Mittelstandes, nicht etwa durch eine sozialistische Regierung, sondern in einem bürgerlichen Staat, der den Schutz des Privateigentums auf sein Banner geschrieben hatte, ist ein beispielloses Ereignis. Es war eine der größten Räubereien in der Geschichte«,

so faßte Arthur Rosenberg das soziale Resultat der Hyperinflation zusammen.[5] Die Inflation bewirkte insgesamt eine tiefgreifende soziale Umschichtung, eine Veränderung des Verhältnisses der Klassen und Schichten zueinander, die auch für die weitere Entwicklung von Fürsorge und Wohlfahrtspflege von nachhaltiger Bedeutung waren.[6] Verallgemeinert ausgedrückt: Der Kapitalbesitz wurde, soweit er in Geld- oder Rentenansprüchen bestand, durch die Inflation vernichtet. Die industrielle Unternehmerschaft dagegen ging – wie angedeutet – als Gewinner aus dem Währungsverfall hervor. Allerdings war die Inflation von einer Konzentrationsbewegung innerhalb der Industrie begleitet, die vor allem zu vertikalen Konzernbildungen führte. Es wurden somit weniger, größere, leistungsfähigere und mächtigere Industrieunternehmen gebildet. Der Grundbesitz wurde insgesamt durch die Entschuldung kräftig gestärkt. Auch konzentrierten sich die Vermögen im Laufe der Inflation zunehmend in weniger Hände. Hauptleidtragende waren die bürgerlichen Mittelschichten, insbesondere die Ärzte, Rechtsanwälte, höheren Beamten und Angestellten. Ein Großteil von ihnen konnte vor dem Kriege zusätzlich zum Erwerbseinkommen auf Renteneinnahmen zurückgreifen. Diese waren nun unwiederbringlich verloren. Dadurch steigerte sich einmal der Zwang zur Erwerbstätigkeit. »Die Erwerbsarbeit des Mittelstandes wird in dem Maße zunehmen müssen, wie er an Kapitalbesitz eingebüßt hat.«[7] Diese »Verlohnarbeiterung« des Mittelstandes zog zugleich aber einen kulturellen Verfall, insbesondere der bildungsbürgerlichen Schichten, nach sich. Denn die Renteneinkommen waren es, die eine gewisse Behäbigkeit des Lebenswandels garantiert hatten; die es ermöglichten, die Kinder auf die Universität zu schicken und vorübergehend auch auf schlechtbezahlten »Wartepositionen« (z. B. in Universität und Justiz) zu unterhalten; die Zeit für ehrenamtliche Nebentätigkeiten erlaubten und den Frauen ein Dasein jenseits der Zwänge der Lohnarbeit möglich machten. Gerade aus dieser Schicht stammten die Männer und – vor allem – Frauen, die die großen Reformen in Fürsorge und Wohlfahrtspflege getragen und der eben entstehenden modernen Sozialarbeit den Charakter eines vorwiegend ehrenamtlichen sozialen Engagements für die niederen Volksklassen verliehen hatten. Die Enteignung und Verlohnarbeiterung des bildungsbürgerlichen Mittelstandes hatte daher die weitgehende Vernichtung des sozialen Trägers der Fürsorge vor dem Kriege zur Folge. Auch die bürgerliche Frau war zunehmend auf ein Arbeitseinkommen angewiesen, wodurch die sich schon vor dem Kriege langsam abzeichnende Tendenz der Entwicklung der Sozialarbeit zum Erwerbsberuf wesentlich verstärkt wurde.

Die Arbeiterschaft profitierte zunächst von dem durch die Inflation bedingten Konjunkturaufschwung, so daß eine Massenarbeitslosigkeit vermieden wurde. Spätestens seit im Herbst 1922 der völlige Verfall der Währung einsetzte, öffnete sich die Schere zwischen steigenden Lebenshaltungskosten und sinkendem Realeinkommen immer weiter. Gleichzeitig verschlechterte die Inflation die Versorgungslage insgesamt. So waren auch die Kommunen von zunehmender Finanzknappheit betroffen, und ihre Unterstützungsleistungen nahmen rapide ab. Unvorstellbare Massennotstände, insbesondere in den großen Städten, waren die Folge. Der Oberbürgermeister von Berlin stellte 1923 eine Broschüre zusammen, die die Not der Unterschichten eindringlich beleuchtet.

»Nach schulärztlichen Untersuchungen im Bezirk Lichtenberg im Jahre 1921 waren unzureichend ernährt in den Volksschulen 29 % der Kinder, litten ferner an Krankheiten der Mund-, Nasen- und Rachenhöhle in den Volksschulen 20 %, in den Hilfsschulen 28 %, an Hautkrankheiten in den Hilfsschulen 13 %, an Wirbelsäulenverkrümmung 6 bis 7 %; im Jahre 1922 bedeutende weitere Verschlechterung – im Bezirk Prenzlauer Berg im Herbst 1922 nach ärztlicher Untersuchung von 450 Kleinkindern im Alter von 2-6 Jahren neun Zehntel als unterernährt befunden. Insgesamt etwa 15 000 tuberkulöse Schulkinder in Berlin – im Kinderkrankenhaus (Poliklinik) 1913: 33 Zugänge an Tuberkulose oder 1 % der Gesamtzugänge, 1922: 153 oder 4,8 % der Gesamtzugänge – Sterblichkeit der Kinder unter 14 Jahren an Tuberkulose von 0,41 auf je 1000 lebende Kinder unter 14 Jahren im Jahre 1913 auf 1,06 im Jahre 1922 gestiegen… Erschütternde Berichte des Jugendamtes und der Hauptfürsorgestelle für Kriegsbeschädigte und -hinterbliebene beleuchten das herrschende Elend der Kinder – zahlreiche Kinder, auch im zartesten Alter, nie einen Tropfen Milch, ohne warmes Frühstück zur Schule – als Schulfrühstück trockenes Brot – oder als Aufstrich gequetschte Kartoffeln – schwere Psychosen der Mütter infolge der Entbehrungen – kein Fleisch und kein Fett – Kinder vielfach ohne Hemd und warme Kleidungsstücke zur Schule oder aus Mangel an Leib- und Unterwäsche ganz vom Schulbesuch zurückgehalten – Betten und Bettwäsche fehlen oft – in unbezogenen Betten auf drei bis vier Kinder oder zusammen mit Erwachsenen – häufig auch Zusammenschlafen der Kinder mit lungenkranken Eltern oder Geschwistern – nicht selten ferner Schlafen auf dem schmutzigen Boden ohne Betten – schwere sittliche Gefahren – Geschlechtskrankheiten – Not erstickt allmählich jedes Gefühl für Ordnung, Sauberkeit und Sitte, läßt nur noch den Gedanken an Kampf gegen Hunger und Kälte draußen.«[8]

Am härtesten waren naturgemäß diejenigen betroffen, deren Rentenansprüche vernichtet waren, die aber nicht mehr auf die Verwertung ihrer eigenen Arbeitskraft zurückgreifen konnten: Alte, Invalide, Kriegsversehrte, Kriegerwitwen und -waisen. Sie waren unmittelbar auf öffentliche Unterstützung angewiesen. Die Zahl der öffentlich Unterstützten nahm demzufolge im letzten Inflationsjahr auch drastisch zu.[9] Diese neuen Gruppen von Hilfsbedürftigen waren aber nicht nur quantitativ, sondern auch qualitativ ein spezifisches Problem für die öffentliche Fürsorge, da sie sich deutlich von den herkömmlichen Armutsgruppen abhoben und ihrer sozialen Herkunft nach teilweise aus dem Mittelstand stammten. Die traditionelle Armenfürsorge war in keiner Weise geeignet, diesen Massennotständen entgegenzuwirken. Die Fürsorgemaßnahmen der Nachkriegszeit knüpften daher an Formen und Einrichtungen an, wie sie bereits während des Krieges entwickelt worden waren, bis es dann in den zwanziger Jahren zu einer grundsätzlichen Neuorganisation des kommunalen Fürsorgewesens kam. Im folgenden soll nun zunächst die naturwüchsig-zersplitterte Fürsorgeentwicklung der Nachkriegszeit, insbesondere ihre gesetzlichen Grundlagen, dargestellt werden. In den anschließenden Kapiteln sollen die gesetzlichen wie organisatorischen Reformen Mitte der zwanziger Jahre sowie schließlich die Entwicklung der beruflichen Sozialarbeit und der sozialen Ausbildung vom Ende des Krieges bis in die zwanziger Jahre nachgezeichnet werden.

6.1 Fürsorgeentwicklung nach dem Kriege: Ausbau und Zersplitterung

Die sozialpolitischen Maßnahmen, die der Rat der Volksbeauftragten schon im November 1918 einleitete, waren weniger Ausdruck langfristiger gesellschaftspolitischer Zielsetzungen als vielmehr Reaktionen auf die drängenden Tagesereignisse.

Das wichtigste Problem, das es bei Kriegsende zu lösen galt, war die Demobilisierung, die Wiedereingliederung von ca. acht Millionen Soldaten in die Nachkriegswirtschaft. Diese Aufgabe fiel Demobilisierungsausschüssen zu, die bei den Kommunalverbänden errichtet wurden. Ihnen übergeordnet war das am 12. November 1918 errichtete »Reichsamt für die wirtschaftliche Demobilmachung«. Da die Rückführung mehrerer Millionen Soldaten in den heimischen Arbeitsmarkt gravierende Arbeitslosigkeit befürchten ließ, zählte die Fürsorge für Arbeitslose zu den zentralen Aufgaben der Demobilisierung. Bereits am 13. November 1918 erließ der Rat der Volksbeauftragten eine Verordnung über Erwerbslosenfürsorge.[10] Wie alle Aufgaben der Demobilmachung sollte sie Übergangscharakter haben und nur für ein Jahr gelten. Tatsächlich hatte die Erwerbslosenfürsorge auf der Grundlage der Verordnung vom 13. November 1918 fast neun Jahre Bestand. Allerdings wurden ihre rechtlichen Grundlagen und organisatorischen Strukturen während der Zeit ihres Bestehens immer wieder geändert bzw. neu gefaßt, so daß sie ihren Charakter bereits tiefgreifend verändert hatte, als sie schließlich durch das »Gesetz über die Arbeitsvermittlung und Arbeitslosenversicherung« vom 16. Juli 1927 endgültig in den Bereich der Arbeitslosen*versicherung* überführt wurde.[11] Die Verordnung vom 13. November 1918 verpflichtete die Gemeinden, eine Fürsorge für Bedürftige einzurichten, die in der Folge des Krieges erwerbslos geworden waren. Diese besondere Form der Fürsorge mußte außerhalb der Armenfürsorge errichtet werden. Zur Durchführung wurden Fürsorgeausschüsse gebildet. Die Kosten der Erwerbslosenfürsorge wurden zu drei Sechsteln vom Reich, zu zwei Sechsteln vom Land und nur zu einem Sechstel von der Gemeinde getragen. Die Leistungen wurden arbeitsfähigen und arbeitswilligen Personen über 16 Jahren für maximal 26 Wochen gewährt, allerdings nur, soweit Bedürftigkeit vorlag. Art und Höhe der Unterstützung waren im Rahmen bestimmter Höchstsätze dem Ermessen der Gemeinde überlassen.[12] Flankiert wurde die kommunale Unterstützung der Erwerbslosen durch die sogenannte produktive Erwerbslosenfürsorge, die vom Reichsarbeitsministerium im Oktober 1919 ins Leben gerufen wurde und versuchte, im Rahmen von gemeinnützigen Arbeiten und Notstandsarbeiten zusätzliche Arbeitsplätze zu schaffen.[13] Ferner wurde die Erwerbslosenfürsorge durch den Ausbau kommunaler Arbeitsnachweise ergänzt. Bereits die Anordnung über Arbeitsnachweise vom 9. Dezember 1918[14] hatte sich um eine bessere Koordination der lokalen kommunalen Arbeitsnachweise bemüht und Mittelbehörden eingerichtet, die in Preußen »Provinzialämter für Arbeitsnachweis« hießen (und von den Provinzen getragen wurden) und in den außerpreußischen Ländern »Landesämter für Arbeitsvermittlung« (also Landesbehörden waren). Durch die Verordnung über die Errichtung eines Reichsamtes für Arbeitsvermittlung vom 5. Mai 1920[15] erhielt die Organisation des Arbeitsnachweises eine reichseinheitliche Verwaltungsspitze. Das »Gesetz über den Arbeitsnachweis« vom 22. Juli 1922, das am 1. Oktober 1922 in Kraft trat[16], übernahm den dreistufigen Verwaltungsausbau: Reichsamt, Landesämter und lokale öffentliche Arbeitsnachweise, so daß jede Ebene einen eigenen Träger hatte. Die Kosten für die lokalen Arbeitsnachweise hatte überwiegend die Gemeinde zu tragen. Das Gesetz sah lediglich Zuschüsse durch das Reich vor. Auf der Grundlage dieses Gesetzes wurden die öffentlichen Arbeitsnachweise ausgebaut und in ihrer Wirksamkeit verstärkt. Die nicht-öffentlichen Arbeitsnachweise wurden zunehmend zurückgedrängt, wenn es auch ein Monopol nicht gab. Nachteilig wirkte sich die unterschiedliche Trägerschaft für die verschiedenen Verwaltungsebenen, vor allem aber für die Tatsache aus, daß Erwerbslosenfürsorge und Arbeitsnachweis organisatorisch wie auch in ihren gesetzlichen Grundlagen getrennte Bereiche waren, daß – mit anderen Worten – die Arbeitslosenfürsorge von den arbeitsmarktpolitischen Maßnahmen weitgehend abgekoppelt war. Die weitere Entwicklung zielte dann auf eine zunehmende Verschmelzung beider Ebenen.[17]

Die Finanzierung der Erwerbslosenfürsorge erfolgte – wie gesagt – zur Hälfte durch das Reich und ohne jede Beteiligung von Arbeitgebern und Arbeitnehmern. Daraus ergaben sich zum einen – als die Erwerbslosenfürsorge faktisch zur Dauereinrichtung wurde – erhebliche Dauerbelastungen für das Reich, zumal die Gemeinden als die Ausführungsorgane nur in geringem Maße gefordert waren; zum anderen aber trat der arbeitsmarktpolitisch unerwünschte Effekt ein, daß Arbeitgeber und Arbeitnehmer von der Verantwortung für die Beendigung der Arbeitslosigkeit finanziell entlastet waren. So setzten schon früh Diskussionen über eine

Umgestaltung der Erwerbslosen*fürsorge* zur Arbeitslosen*versicherung* ein, d. h. vor allem auch über die Finanzierung über Beiträge der Beteiligten. Während die gesetzliche Schaffung einer Arbeitslosenversicherung insgesamt auf sich warten ließ, wurde die Finanzierungsfrage bereits im Herbst 1923 neu geregelt. Die Verordnung vom 15. Oktober 1923[18] führte erstmals Beiträge der Arbeitgeber und Arbeitnehmer für die Erwerbslosenfürsorge ein, die nunmehr aus diesen Beiträgen und ergänzenden Zuschüssen von Reich, Ländern und Gemeinden finanziert wurde. Zugleich wurde auch die Kostendeckung für die Arbeitsnachweise der Gemeinde in diese Finanzierung zu vier Fünftel mit einbezogen. Die Verordnung vom 15. Oktober 1923 beseitigte außerdem die kommunalen Fürsorgeausschüsse und übertrug deren Aufgaben – die Durchführung der Erwerbslosenfürsorge – auf die kommunalen Arbeitsnachweise. Folge dieser Verordnung war erstmals eine enge Verzahnung von Erwerbslosenfürsorge und Arbeitsnachweis. Sie gestaltete zugleich die Erwerbslosenfürsorge als eigentümliche Zwitterstruktur zwischen Fürsorge und Versicherung: Einerseits übernahm sie von der Sozialversicherung die (Teil-)Finanzierung über Beiträge der Beteiligten und rückte damit deutlich von Gedanken einer beitragsunabhängigen Fürsorge ab. Andererseits wurde die den Prinzipien der Fürsorge entstammende Bedürftigkeitsprüfung auch weiter beibehalten.

Der nächste Schritt der Entfernung vom Fürsorgegedanken hin zu einer stärkeren Ankoppelung an den Arbeitsmarkt bestand in der Verordnung vom 13. Februar 1924.[19] Der Kreis der Unterstützungsberechtigten wurde dahingehend eingeengt, daß nur noch diejenigen in den Genuß der Unterstützung kommen konnten, die in den letzten 12 Monaten vor Antragstellung wenigstens drei Monate eine krankenversicherungspflichtige Beschäftigung ausgeübt hatten. Durch das »Gesetz über die Arbeitsvermittlung und die Arbeitslosenversicherung« vom 16. Juli 1927 wurde der Gesamtkomplex des Arbeitsnachweises und der sozialen Sicherung Erwerbsloser in den Bereich der Sozialversicherung überführt. Damit war eine grundsätzliche Umorganisation von Maßnahmen, Leistungen und Verwaltungsorganisation verbunden. An der Spitze der neuen Arbeitsverwaltung stand die Reichsanstalt für Arbeitsvermittlung und Arbeitslosenversicherung, ihr nachgeordnet waren die Landesarbeitsämter und schließlich die Arbeitsämter als lokale Behörde. Sowohl Landesarbeitsämter als auch Arbeitsämter waren Dienststellen der Reichsanstalt, d. h. die gesamte Arbeitsverwaltung wurde nunmehr vom Reich getragen und war aus der Zuständigkeit von Ländern und Gemeinden gelöst. Die Verwaltung lag auf allen Ebenen bei Verwaltungsausschüssen, die paritätisch von Vertretern der Arbeitgeber, der Arbeitnehmer und der öffentlichen Körperschaften (Reich, Länder, Gemeinden) besetzt waren. Mit dieser Regelung war auch hier dem Gedanken der Selbstverwaltung in der Sozialversicherung Rechnung getragen. Inhaltlich integrierte das Gesetz Arbeitslosenversicherung, Arbeitsvermittlung und Berufsberatung, nahm also den Regelungsbereich des Gesetzes über den Arbeitsnachweis mit auf. Die Höhe der Unterstützung bestimmte sich nunmehr – auch dies Ausdruck des Versicherungsprinzips – nach der Höhe des Arbeitsentgelts. Die Finanzierung erfolgte über Beiträge, die von Arbeitgebern und Arbeitnehmern zu gleichen Teilen aufzubringen waren, und über Zuschüsse von Reich und – in bestimmten Bereichen – Gemeinden. Die Beitragspflicht war analog der Krankenversicherungspflicht ausgestaltet. Bestimmte Gruppen von Arbeitern in der Land- und Forstwirtschaft wurden aus arbeitsmarktpolitischen Gründen von der Beitragspflicht befreit. Umgekehrt erfaßte die Arbeitslosenversicherung auch Angestellte, die nicht krankenversicherungspflichtig waren. Das Gesetz trat am 1. Oktober 1927 in Kraft. Am 1. Juli 1928 waren insgesamt 17,25 Millionen Arbeitnehmer gegen Arbeitslosigkeit versichert.[20]

Die soziale Sicherung gegen Arbeitslosigkeit bietet ein plastisches Beispiel dafür, wie ein soziales Risiko zunächst im Rahmen der Fürsorge als Sondergebiet aus der Armenfürsorge ausdifferenziert, dann zunehmend von den Fürsorgeprinzipien abgelöst und schließlich gänzlich in den Bereich der Sozialversicherung übergeleitet wird. Die Fürsorge für Erwerbslose und die Arbeitsvermittlung entwickelten sich schrittweise von Maßnahmen der Fürsorge für Kriegsfolgegeschädigte zu einem Instrument der Steuerung des Arbeitsmarktes. Dies bedeutete systematisch den Übergang von der Fürsorge zur Versicherung und verwaltungsorganisatorisch die Lösung aus der Zuständigkeit der Gemeinden und den Übergang in eine einheitliche Reichsverwaltung. Bis zum AVAVG jedoch waren Erwerbslosenfürsorge und Arbeitsnachweis wichtige Bereiche kommunaler Fürsorge und insbesondere wichtige Arbeitsfelder für die eben entstehende berufliche Sozialarbeit.

Das Reichsversorgungsgesetz vom 12. Mai 1920[21] gab der Versorgung der Kriegshinterbliebenen und der Kriegsbeschädigten, die bislang auf unterschiedlichen gesetzlichen Vorschriften beruht hatte[22], eine neue, zusammenfassende Grundlage. Es sah (§ 3) drei Arten von Leistungen vor: die Heilbehandlung (§§ 4 ff.), die sogenannte soziale Fürsorge (§§ 21 ff.) und die Gewährung von Rente an die Kriegsbeschädigten (§§ 24 ff.) oder die Hinterbliebenen (§§ 36 ff.). In unserem Zusammenhang ist dabei die »soziale Fürsorge« von besonderer Bedeutung, die sich seit 1915 bereits im Kriege entwickelt hatte und in der Verordnung vom 8. Februar 1919[23] und ihren Ausführungsbestimmungen näher geregelt war, auf die das Reichsversorgungsgesetz Bezug nahm. Aufgaben und Zielsetzungen waren in den Grundsätzen über Aufgaben und Zuständigkeit der sozialen Kriegsbeschädigten- und Kriegshinterbliebenenfürsorge näher definiert:

»Die soziale Fürsorge will den Kriegsbeschädigten und Kriegshinterbliebenen mit Rat und Tat behilflich sein, die wirtschaftlichen Folgen erlittener Dienstbeschädigung oder des Verlustes des Ernährers zu überwinden oder doch nach Möglichkeit zu mildern. Vor allem ist ihr Ziel, bei den Kriegsbeschädigten: sie, soweit es erreichbar ist, wieder erwerbsfähig zu machen und in das Wirtschaftsleben zurückzuführen; bei den Hinterbliebenen: den Witwen die Fortführung ihres Hausstandes sowie die Erziehung und Ausbildung ihrer Kinder tunlichst aus eigenen Kräften zu ermöglichen und den Waisen die Erlangung einer ihren Fähigkeiten angemessenen Lebensstellung zu erleichtern.«[24]

Die soziale Kriegsbeschädigten- und Kriegshinterbliebenenfürsorge versuchte also – zumindest programmatisch – den Grundsatz der »Hilfe zur Selbsthilfe« zu verwirklichen und orientierte ihre Leistungen und Maßnahmen an den Prinzipien der wirtschaftlichen Selbständigkeit und Wiedereingliederung. Zu diesem Zwecke wurden die Fürsorgemaßnahmen auch über die unmittelbar Betroffenen hinaus auf ihre Familie ausgedehnt (Ziffer 13 der »Grundsätze«). Der Erziehung und Ausbildung der Kriegerwaisen und der Kinder Kriegsbeschädigter wurde besonderes Augenmerk geschenkt, so daß hier ein eigenständiger Bereich der Jugendhilfe entstand.[25] Die Leistungen sollten sich ausdrücklich an den früheren sozialen Lebensverhältnissen der Betroffenen orientieren, also nicht nur eine minimale Versorgung gewährleisten.[26] Zur Durchführung der Kriegsbeschädigten- und Kriegshinterbliebenenfürsorge wurde ein eigenständiger Verwaltungsapparat aufgebaut. Die Zuständigkeit lag beim Reich, das beim Reichsarbeitsministerium einen »Reichsausschuß der Kriegsbeschädigten- und Kriegshinterbliebenenfürsorge« errichtete. Ihr nachgeordnet waren auf Länderebene »Hauptfürsorgestellen« und auf der Ebene der unteren Verwaltungsbehörden – in der Regel also der Stadt und Landkreise – »Fürsorgestellen«, denen die Erledigung der einzelnen Fürsorgefälle oblag.[27] Auf allen Ebenen der Verwaltung wurden Mitglieder von Kriegsbeschädigten- und Kriegshinterbliebenen-Vereinigungen zur Mitarbeit herangezogen, auf der Ebene des Reichsausschusses als Mitglieder, auf den unteren Ebenen in Form eines Beirats – eine bislang nur aus der Sozialversicherung bekannte Form der Mitwirkung der Betroffenen, die hier erstmalig im Bereich der Fürsorge eingeführt wurde. Die Kosten der Kriegsbeschädigten- und Kriegshinterbliebenenfürsorge trug zu vier Fünfteln das Reich, das restliche Fünftel teilten sich Länder und Gemeinden. Die Kriegsopferversorgung war im Rahmen der gesamten Fürsorgeleistungen von erheblicher quantitativer Bedeutung. 1924 gab es in Deutschland 2,3 Millionen versorgungsberechtigter Kriegsopfer, davon 721000 Kriegsbeschädigte, 365000 Witwen und mehr als eine Million Waisen. Im Januar 1925 bezogen 59 % aller in wirtschaftlicher Fürsorge befindlichen Hilfsbedürftigen im Wohlfahrtsamt Spandau Kriegsopferfürsorge der Fürsorgestelle.[28] Abgerundet wurde das Programm der Fürsorge für die Kriegsopfer durch das »Gesetz über die Beschäftigung Schwerbeschädigter« vom 6. April 1920[29], das die Chancen Schwerbeschädigter bei der Eingliederung in den Arbeitsmarkt durch Einstellungs- und Beschäftigungsvorschriften verbesserte.

Durch die inflationäre Geldentwertung der Nachkriegszeit besonders hart betroffen – das wurde schon erwähnt – waren all die – häufig älteren und erwerbsunfähigen – Menschen, die ihren Lebensunterhalt aus einem Renteneinkommen bestritten, sei es aus Rentenzahlungen der Sozialversicherung, sei es aus eigenen Ersparnissen. Mit dem zunehmenden Währungsverfall wurden daher ganze Bevölkerungsgruppen unterstützungsbedürftig, die mit der herkömmlichen Armutsbevölkerung wenig oder nichts zu tun hatten. In der Fürsorgediskussion wurden diese als »Sozialrentner« und »Kleinrentner« bezeichnet. Bei den Sozialrentnern handelt es sich um die Empfänger von Renten aus der Invaliden- und Angestelltenversicherung, deren Renten immer weniger zum Überleben ausreichten. Ihrer Notsituation wurde durch das »Gesetz über Notstandsmaßnahmen zur Unterstützung von Rentenempfängern der Invaliden- und Angestelltenversicherung« vom 7. Dezember 1921, neu gefaßt am 29. Juli 1922[31], Rechnung getragen. Das Gesetz verpflichtete die Gemeinden, den Rentenempfängern eine Unterstützung zu gewähren, die ein bestimmtes Jahresmindesteinkommen garantierte.[32] Träger der Fürsorge waren also die Gemeinden. Vier Fünftel der Kosten übernahm jedoch das Reich, den Rest teilten sich Land und Gemeinden. Bei den Kleinrentnern handelte es sich zumeist um Menschen, die während ihres Erwerbslebens Ersparnisse angelegt hatten, die ihnen im Normalfall ein Auskommen im Alter oder bei sonstiger Erwerbsunfähigkeit ermöglicht hätten. Das »Gesetz über Kleinrentnerfürsorge« vom 4. Februar 1923[33] definierte seinen Adressatenkreis in § 2 sehr weit: »Der Kreis der Fürsorgeempfänger umfaßt bedürftige, alte oder erwerbsunfähige Personen, die in Folge eigener oder fremder Vorsorge ohne die eingetretene Geldentwertung oder ohne sonstige Kriegsfolgen nicht auf die öffentliche Unterstützung angewiesen wären.« Auch hier wurden die Gemeinden zu einer Unterstützung verpflichtet, die sich nach Art und Umfang an jene für die Sozialrentner anlehnen sollte. Auch hier trug vier Fünftel der Kosten das Reich. Das Gesetz bestimmte in § 10 ausdrücklich, daß die Unterstützung nicht als Unterstützung im Sinne der Armenfürsorge gelte, zog also einen eindeutigen Trennungsstrich zu dieser. Die Zahl der unterstützten Kleinrentner wurde nach der Währungsstabilisierung auf ca. 300000, die der Sozialrentner auf ca. 600000 geschätzt, insgesamt also knapp eine Million Unterstützungsempfänger, die mit den herkömmlichen Armutsgruppen nicht im geringsten identisch waren![34]

Wohnungsfürsorge

Auch die öffentlichen Fürsorgemaßnahmen im Bereich des Wohnungswesens wurden durch die Folgen des Krieges vor neue Aufgaben gestellt. Während des Krieges war die Bautätigkeit immer mehr zurückgegangen, insbesondere in Berlin kam sie fast vollständig zum Erliegen. Wohnraum wurde immer knapper, und als bei Kriegsende die Nachfrage durch die Rückkehr der Soldaten von der Front, durch Zuwanderung aus den besetzten Gebieten, Rückwanderung aus den früheren Kolonien, Flüchtlinge und Ausgewiesene drastisch anstieg, waren Maßnahmen der Zwangsbewirtschaftung von Wohnraum unabweisbar.

Die »Bekanntmachung über Maßnahmen gegen Wohnungsmangel« vom 23. September 1918[35] gab den Gemeinden die Möglichkeit, unbenutzte Räume jeder Art zur Unterbringung Wohnungssuchender in Anspruch zu nehmen oder Teile von benutzten Wohnungen zu beschlagnahmen. Die Vorschriften über die Zwangsbewirtschaftung wurden in der Folge mehrfach geändert und erhielten schließlich die Form des Wohnungsmangelgesetzes vom 26. Juli 1923.[36] Parallel zu den Zwangsmaßnahmen zugunsten neu unterzubringender Wohnungssuchender wurde der Schutz für die Wohnungsinhaber ausgebaut. Bereits durch die während des Krieges erlassene »Bekanntmachung zum Schutz der Mieter« vom 26. Juli 1917 und die Mieterschutzverordnung vom 23. September 1918[37] war die Mitwirkung eines kommunalen Mieteinigungsamtes bei der Mietfestsetzung vorgesehen worden, um unvertretbaren Mietsteigerungen entgegenzuwirken. Die Mieteinigungsämter hatten ebenfalls die Befugnis, über die Wirksamkeit von Kündigungen zu entscheiden. Die äußerst umstrittene Problematik der Mietpreisfestsetzung wurde im Reichsmietengesetz vom 24. März 1922[38] reichseinheitlich durch Einführung einer gesetzlichen Miete geregelt. Der Schutz der Mieter gegen Kündigung fand ebenfalls eine reichseinheitliche Regelung im »Gesetz über Mieterschutz und Mieteinigungsämter« vom 1. Juni 1923.[39]

Aber auch jenseits der kriegsbedingten Maßnahmen der Zwangsbewirtschaftung wurden die öffentlichen Fürsorgemaßnahmen im Bereich des Wohnungswesens in den Jahren nach dem Kriege weiter ausgebaut.[40] Dabei wurde offensichtlich eine Ausgestaltung des öffentlichen Wohnungswesens als eigenständiger Bereich im Rahmen der kommunalen Wohlfahrtspflege angestrebt. Für die Entwicklung des kommunalen Wohnungswesens war der Erlaß des Preußischen Wohnungsgesetzes vom 28. März 1918 von besonderer Bedeutung. Eine reichseinheitliche Wohnungsgesetzgebung fehlte bislang (und kam auch später nicht zustande), so daß die gesetzliche Regelung im größten deutschen Land eine prägende Wirkung für die Ausgestaltung des öffentlichen Wohnungswesens im gesamten Reich hatte.[41] Das Preußische Wohnungsgesetz wies Wohnungsaufsicht und Wohnungspflege generell den Gemeinden zu. Zu ihrer Durchführung waren kommunale Wohnungsämter zu errichten: in Städten über 100000 Einwohnern obligatorisch, in Städten zwischen 50000 und 100000 Einwohnern auf Anordnung der Aufsichtsbehörde. Damit wurde das Wohnungsamt, das in etlichen Städten schon in der Vorkriegszeit eingeführt worden war, als zentrale Behörde institutionalisiert, bei der die verschiedenen kommunalen Aktivitäten im Wohnungswesen zusammenliefen und koordiniert wurden. So fielen den Wohnungsämtern die kommunalen Aufgaben im Rahmen der Wohnungszwangsbewirtschaftung und die Durchführung des kommunalen Wohnungsnachweises zu, die Wohnungsaufsicht und die Wohnungspflege[42] sowie die statistischen Erhebungen über die Wohnverhältnisse. Infolge der Wohnungsnot der Nachkriegszeit traten die unmittelbar der Unterbringung von Wohnungssuchenden dienenden Maßnahmen gegenüber den Aufgaben der Wohnungsaufsicht und -pflege zunächst in den Vordergrund. Obwohl beide Gebiete zum engsten Aufgabenbereich der Wohnungsämter gehörten, verhinderte die Personal- und Wohnraumknappheit in der Nachkriegszeit ihre angemessene Ausführung. So gab es häufig Klagen, daß Wohnungsmißstände erst von den Mitarbeitern der Armen-, Jugend- und Gesundheitsfürsorge aufgedeckt wurden und diesen auch die Abstellung solcher Mängel zufiel, weil das Wohnungsamt seinen Aufgaben nicht nachkam.[43] Die enge Verknüpfung zumindest eines Teils der Aufgaben des Wohnungsamtes – insbesondere der Wohnungspflege – mit den vielfältigen Aufgaben der Armen-, Jugend- und Gesundheitsfürsorge stellte grundsätzlich die Frage nach der organisatorischen Verbindung bzw. Abgrenzung des Wohnungsamtes gegenüber diesen Bereichen kommunaler Wohlfahrtspflege. Darauf ist im Zusammenhang mit der Diskussion um den Aufbau und den Aufgabenbereich der kommunalen Wohlfahrtsämter noch näher einzugehen.[44]

Die bislang dargestellten Maßnahmen betrafen ausschließlich die Nutzung vorhandenen Wohnraums. Eine nachhaltige Bekämpfung der Wohnungsnot konnte indes nur gelingen, wenn gleichzeitig der Wohnungsneubau angeregt und gefördert wurde. In der Weimarer Zeit wurden vielfältige Initiativen zur Förderung, Verbilligung und Neuorganisation des Wohnungsbaues erprobt, die nur angedeutet werden können. Zunächst sind die öffentlichen Befugnisse zur Beschaffung von Bauland und Baustoffen zu nennen, die Bestandteile der Wohnungszwangswirtschaft unmittelbar nach dem Kriege waren und enteignungsähnliche Züge trugen.[45] Darüber hinaus existierte ein breites Spektrum öffentlicher Unterstützungsmaßnahmen bei der Kapitalbeschaffung: öffentliche Zuschüsse, verbilligte Kredite, Einschaltung kommunaler Kreditanstalten. Von besonderer Bedeutung in diesem Zusammenhang war die Wohnungsbauabgabe, die durch das »Gesetz über die Erhebung einer Abgabe zur Förderung des Wohnungsbaues« vom 26. Juni 1921[46] eingeführt wurde und durch Belastung der (künstlich niedrig gehaltenen) Altmieten Mittel für den Wohnungsneubau zu beschaffen suchte. Daneben sind die vielfältigen Initiativen zur Senkung der Baukosten durch Rationalisierung des Bauens und organisierte Selbsthilfe in Baugenossenschaften und Bauhütten sowie die weitreichenden Anstöße zu nennen, die eine grundsätzliche Neukonzeption der Wohnungsformen – weg von der alten Mietskaserne, hin zu einem dezentralisierten Flach- und Kleinhausbau – vorsahen, wie sie in der Heimstättenbewegung ihren Ausdruck gefunden hat.[47] Insgesamt hat der öffentliche und öffentlich geförderte Wohnungsbau in der Weimarer Zeit einen rasanten Aufschwung erfahren – insbesondere in der Zeit nach der Währungsstabilisierung.

»Nicht weniger als 6,6 % aller öffentlichen Ausgaben (einschließlich der Sozialversicherung) entfielen zwischen 1925 und 1930 auf den staatlichen und kommunalen Wohnungsbau. Die Aufwendungen auf diesem Sektor lagen damit doppelt so hoch wie jene für die Verteidigung ... Im Jahrfünft wirtschaftlichen Aufschwungs 1924/1929 haben Staat und Gemeinde jede zehnte Wohnung errichtet, annähernd 40 % entfielen auf gemeinnützige, vom Staat geförderte Wohnungsunternehmen, während sich der Anteil privater Bauherren gleichzeitig auf 50 % verringerte.«[48]

Gesundheitsfürsorge

Der Ausbau einer öffentlichen Gesundheitsfürsorge nahm nach dem Weltkrieg einen beträchtlichen Aufschwung. Einerseits hinterließ der Krieg gravierende Probleme für die Volksgesundheit: die jahrelange mangelhafte Ernährung für breite Bevölkerungskreise infolge der Lebensmittelknappheit, die auch in der Nachkriegszeit andauerte und sich in der Inflation verschärfte; die ungeheure Wohnungsnot insbesondere in den Großstädten. All dies blieb nicht ohne Folgen für den Gesundheitszustand der Bevölkerung, und neue Wege der Abhilfe waren gefordert. Andererseits stand nach der politischen Umwälzung vom November 1918 die Organisation des Gesundheitswesens grundsätzlich zur Disposition, so daß die Chancen für gesundheitspolitische Innovationen zunächst gut waren. In diesem Zusammenhang wurden vor allem die kommunalen Gesundheitsfürsorgestellen, die in Großstädten schon vor dem Kriege aufgebaut worden waren, verallgemeinert und ihr Wirkungsbereich erweitert.[49] Der gesteigerte Einfluß der Sozialdemokratie, der Vorstellungen von einer Kommunalisierung des Gesundheitswesens nahelagen, und der zunehmende Einfluß der Sozialhygiene, die einen Höhepunkt ihrer Entwicklung erreichte und deren – z. T. seit Jahrzehnten bereits aufgestellte – Forderungen nunmehr an Gewicht insbesondere innerhalb der Kommunalverwaltung gewannen, taten ein übriges, um die Bedeutung der kommunalen Gesundheitsfürsorge zu steigern. Deren Arbeit zielte zunächst auf eine allgemeine hygienische Volksbelehrung, auf Aufklärung über gesundheitliche Risiken des Alltags, über den Zusammenhang von Lebensgewohnheiten, Wohnverhältnissen und Krankheiten. Sie beabsichtigte daneben die möglichst flächendeckende gesundheitliche Überwachung und Betreuung zum einen besonders gefährdeter Bevölkerungsgruppen, zum anderen besonderer Krankheiten, die wegen ihrer Verbreitung oder Ansteckungsgefahr für die Volksgesundheit besonders bedrohlich waren. Zur Gesundheitsfürsorge wurden in der zeitgenössischen Literatur im allgemeinen gezählt: erstens die gesundheitliche Eheberatung[50], die Fürsorge für Schwangere und Wöchnerinnen, für Säuglinge, für Kleinkinder und die gesundheitliche Fürsorge für Schulkinder; zweitens die Tuberkulosenfürsorge, die Fürsorge für Alkoholkranke, die Fürsorge zur Bekämpfung von Geschlechtskrankheiten, die Krüppelfürsorge und die Fürsorge für Geisteskranke und Psychopathen.[51] Der Aufbau der kommunalen Gesundheitsfürsorge seit den neunziger Jahren des 19. Jahrhunderts war als freiwillige Fürsorgemaßnahme der Gemeinden begonnen worden, die nicht nur weit über das vom »Reichs-Gesetz über den Unterstützungswohnsitz« geforderte Minimum an Krankenpflege hinausging, sondern sich auch explizit von der repressiven Armenfürsorge abgrenzte. Auch nach dem Weltkrieg erfolgte die Ausweitung der kommunalen Gesundheitsfürsorge zunächst auf freiwilliger Basis. Allerdings wurden in einzelnen Bereichen z. T. bereits im Krieg, z. T. kurz danach gesetzliche Grundlagen erlassen, die zumindest einzelne

ZUR GEBURT IHRES KINDES

DIE HERZLICHSTEN GLÜCKWÜNSCHE

❧

STADTGESUNDHEITSAMT HÖCHST AM MAIN

❧

SEHR GEEHRTE FRAU!

Zugleich laden wir Sie zum Besuche unserer Mütterberatungsstelle herzlichst ein. Es ist nicht die Absicht, daß die Mütterberatungsstelle nur bei Erkrankungen oder nur von Minderbemittelten aufgesucht wird. Wir wollen bei allen den Fragen, welche bei der Ernährung und Erziehung des Kindes auftauchen, raten und helfen und eine Krankheit so verhüten. Von den Kindern, welche die Mütterberatung aufsuchen, sterben nur zwei vom Hundert, gegen sonst zehn vom Hundert. Welche Freude macht es doch, an dem stetig fortschreitenden Gewichte einen Maßstab für das Wohlbefinden des Kindes zu haben. Und welche Beruhigung ist es für die Mutter auf alle Fragen: Wie soll ich baden? Wie vermeide ich das Wundsein? Wann muß ich die Milchmischung ändern, wann darf ich Beikost geben usw. stets gerade für das Kind die richtige Antwort zu bekommen, die ein Buch so genau nicht geben kann. Kommen Sie also bitte zu uns, ich glaube, wir werden gute Freunde werden und miteinander uns am Wohlergehen Ihres Kindes freuen.

DIE FÜRSORGERIN · DER STADTARZT

Informationsblatt der Mütterberatungsstelle der Stadt Höchst

Gebiete der Gesundheitsfürsorge regelten. So bestimmte das »Preußische Gesetz, betreffend die öffentliche Krüppelfürsorge« vom 6. Mai 1920, daß »die Fürsorge der Krüppel unter 18 Jahren, die nicht der Anstaltspflege bedürfen, und die Maßnahmen zur Verhütung der Verkrüppelung« zu den Aufgaben der Stadt- und Landkreise gehörten (§ 2). Das Gesetz sah weiter eine Meldepflicht für Verkrüppelungen bei Jugendlichen unter 18 Jahren vor und schrieb die Errichtung einer besonderen Fürsorgestelle in jedem Stadt- und Landkreis vor, die Beratung erteilte und die gebotenen Abhilfemaßnahmen einleitete (§ 8). Die Krüppelfürsorge ist in unserem Zusammenhang wichtig, weil sie, wo möglich, die präventive Verhütung von weitergehenden Körperschäden und die Eingliederung der Behinderten in das Arbeitsleben anstrebte. Für den Bereich der Tuberkulosefürsorge wurde in Preußen am 4. August 1923 das »Gesetz zur Bekämpfung der Tuberkulose« erlassen, das ebenfalls eine Meldepflicht festlegte. Das Gesetz schrieb die Einrichtung besonderer Fürsorgestellen zwar nicht ausdrücklich vor, ging aber von ihrer Existenz aus. Weitere Ländergesetze ähnlichen Inhalts wurden in den folgenden Jahren erlassen.[52] Schließlich ist auf die Geschlechtskrankenfürsorge zu verweisen, die zunächst in der unmittelbaren Nachkriegszeit im Rahmen der Demobilisierung von Bedeutung war und vor allem der Feststellung von Erkrankungen und Behandlungsbedürftigkeit diente. Hier – wie auch bei der Tuberkulosefürsorge – läßt sich die Aufgabe verdeutlichen, die der öffentlichen Gesundheitsfürsorge bei der Bekämpfung ansteckender Krankheiten zugeschrieben wurde: Diese bestand in der Feststellung von Krankheitsfällen und der Verhinderung einer weiteren Ausbreitung der Krankheit durch Beratung sowie in der eventuellen Ergreifung sonstiger geeigneter Maßnahmen wie Einflußnahme auf die Wohnverhältnisse etc. Hingegen sollten die Fürsorgestellen keine individuellen Heilbehandlungen durchführen.

»Man kann der fürsorgeärztlichen Tätigkeit nur dringend empfehlen, daß sie sich grundsätzlich beschränkt auf die Erteilung des Rates und der sozialhygienischen Hilfe, wie sie von Gemeinden und Kooperationen als Trägern der Sozialhygiene gewährt wird, also: Vermittlung von Genesungskuren, Landkuren, Heilstätten, Speisung, Wohnungsverbesserung, Desinfektion u. dergl. Unter die erlaubte sozialhygienische Hilfe muß auch die Erteilung allgemeiner hygienischer Ratschläge, die sich auf Körperpflege und gesundheitliches Verhalten im allgemeinen beziehen, gerechnet werden. Über dieses ›sozialhygienische Rezept‹ hinaus soll aber der Fürsorgearzt keine laufende Behandlung der seine Fürsorge aufsuchenden Kranken und Gefährdeten übernehmen.«[53]

Hinter dieser Selbstbeschränkung standen Konflikte mit den privat niedergelassenen Ärzten, die alle Ansätze einer Kommunalisierung des Gesundheitswesens mit tiefem Mißtrauen betrachteten und teilweise offen bekämpften.[54] In der gesundheitsfürsorgerischen Praxis führte das allerdings zu Unzuträglichkeiten, denn:

»Es ist aber unmöglich, Beratung und Behandlung völlig voneinander zu trennen. Das gilt besonders von der Bagatellbehandlung... Kann man nun einen Kranken über sein Leiden beruhigen und ihm sagen, daß er nur ein paar Tropfen oder eine einfache Salbe benötigt, so wird er nicht verstehen, daß er sich für fünfzig Pfennig einen Krankenschein besorgen muß, um sich das Mittel von einem anderen Arzt aufschreiben zu lassen.«[55]

Der Aufbau verschiedener Fürsorgestellen für je unterschiedliche Gruppen bzw. Krankheiten führte zur Zersplitterung des kommunalen Gesundheitswesens. Durch den Dualismus von Kommunalarzt und Kreisarzt, der staatliche Aufgaben zu bearbeiten hatte, und durch die bunte Vielfalt organisatorischer Mischformen der Aufgabenverteilung[56] sowie schließlich wegen der Arbeit privatwohltätiger Vereine (die inzwischen »Freie Wohlfahrtspflege« genannt wurden) wurde die Unübersichtlichkeit des kommunalen

Gesundheitswesens verstärkt und der Ruf nach »Zentralisation« wurde laut. Schon vor dem Kriege hatten einige Großstädte Gesundheitsämter eingerichtet. In der Nachkriegszeit begann das Gesundheitsamt, sich als Organisationsform für das kommunale Gesundheitswesen durchzusetzen. In der zeitgenössischen Diskussion um den Aufbau und die Gliederung der Gesundheitsämter wie auch in der kommunalen Verwaltungspraxis ging man von einer Dreigliedrigkeit des Gesundheitsamtes aus:

erstens gesundheitspolizeiliche Aufgaben: Seuchenpolizei, Impfwesen, Nahrungsmittelpolizei, Orts- und Wohnungshygiene etc.;

zweitens Anstaltswesen: Verwaltung der städtischen Krankenhäuser, Heilstätten, Kindererholungsheime etc.;

drittens Gesundheitsfürsorge: in diesen Bereich fallen alle bereits aufgeführten gesundheitsfürsorgerischen Aufgaben für bestimmte Gruppen bzw. bestimmte Krankheiten.[57]

Besonders auf der Ebene der Gesundheitsfürsorge ergaben sich zahlreiche Überschneidungen mit sonstigen Wohlfahrtsaufgaben, insbesondere mit der Jugend- und Wohnungsfürsorge. Der Kompetenzrahmen des Gesundheitsamtes war also durchaus strittig, seine Abgrenzung gegenüber dem Wohnungs- und dem Jugendamt sowie seine Einordnung in das städtische Wohlfahrtsamt keineswegs eindeutig. Darauf ist im folgenden noch näher einzugehen. Unstreitig aber war, daß das Gesundheitsamt unter der Leitung eines Arztes zu stehen hatte. Das Personal, das die Aufgaben des Gesundheitsamtes unter ärztlicher Leitung ausführte, bestand im wesentlichen aus ausgebildeten, beruflich tätigen Fürsorgerinnen. Gerade im Gesundheitsamt wurde großer Wert auf eine spezifisch fachliche Ausbildung gelegt, und aus dem Kreise der Praktiker der Gesundheitsfürsorge wurde immer wieder die Forderung an die Ausbildung gerichtet, den gesundheitlichen Unterricht neben dem pädagogischen und psychologischen nicht zu vernachlässigen.[58]

Jugendfürsorge

Die Jugendfürsorge hatte sich bereits in der Zeit vor dem Weltkrieg als eigenständiger Fürsorgebereich neben und außerhalb der traditionellen Armenfürsorge herausgebildet. In einzelnen Städten waren bereits verwaltungsorganisatorische Zentren zur Durchführung der verschiedenen Aufgaben entstanden: die Jugendämter. Die Verwaltungsorganisation und die gesetzlichen Grundlagen auf diesem Gebiet waren dennoch äußerst disparat. Die Bemühungen um eine Vereinheitlichung traten daher nach dem Weltkrieg ganz in den Vordergrund.

Das dominante Ereignis auf dem Gebiet der Jugendfürsorge in der Weimarer Zeit war der Erlaß des Reichsjugendwohlfahrtsgesetzes im Juli 1922. Die Forderung nach einem reichseinheitlichen Erziehungsgesetz war zuerst von Wilhelm Polligkeit bereits im Jahre 1905 erhoben worden.[59] Während des Krieges schloß sich Helene Simon in ihrer Schrift *Das Jugendrecht*[60] dieser Forderung an. Ihre Überlegungen richteten sich allerdings eher auf ein umfassendes Jugendgesetz, in dem alle die Jugend betreffenden Rechtsmaterien vereinheitlicht werden sollten. Dieser Gedanke wurde später insbesondere von Paul Felisch aufgenommen und propagiert[61], seine Realisierung aber niemals ernsthaft in Angriff genommen. Polligkeit dagegen näherte sich im Laufe der Jahre zunehmend einer begrenzt-pragmatischen Position, die auf eine reichseinheitliche Kodifikation der juristischen Regelungen der Jugendfürsorge zielte. Gemeinsam mit dem »Archiv Deutscher Berufsvormünder« und der »Deutschen Zentrale für Jugendfürsorge« hatte der »Deutsche Verein für Armenpflege und Wohltätigkeit« 1916 den »Ausschuß für reichsgesetzliche Regelungen der öffentlichen Jugendfürsorge« gegründet, der sich um eine reichsgesetzliche Einführung des Jugendamtes als organisatorischer Zentrale aller Jugendfürsorgebestrebungen bemühte. Am 20. und 21. September 1918 wurde in Kooperation von »Deutschem Verein«, »Allgemeinem Fürsorgeerziehungstag«, »Archiv Deutscher Berufsvormünder«, »Zentrale für Volkswohlfahrt«, »Deutscher Zentrale für Jugendfürsorge« und »Deutschem Kinderschutzverband« der »Deutsche Jugendfürsorgetag« in Berlin veranstaltet, an dem über 1000 Experten aus dem Deutschen Reich teilnahmen. Die abschließend verabschiedete Resolution forderte ebenfalls dringend die »Errichtung von Jugendämtern in Stadt und Land als Träger der öffentlichen Jugendfürsorge...«.[62] Mit der Einführung der Weimarer Verfassung verbesserten sich die Bedingungen für die Schaffung eines reichseinheitlichen Jugendfürsorgegesetzes erheblich. Die Grundrechte der Artikel 120 bis 122 erhoben den Schutz der Jugend im weitesten Sinne in den Rang eines Verfassungsauftrages. Und in Artikel 7 Nr. 7 wurde dem Reich die Gesetzgebungskompetenz auf diesem Gebiet ausdrücklich verliehen. Als Vorbilder für das zu schaffende Reichsgesetz konnten der preußische Entwurf für ein Jugendfürsorgegesetz vom 13. Juli 1918 und das württembergische »Jugend-Amt-Gesetz« vom 8. Oktober 1919 dienen, in denen bestimmte Strukturen der künftigen Reichsgesetzgebung vorweggenommen wurden. Dennoch zog sich der Erlaß des Gesetzes noch mehrere Jahre hin.

Schon vor Verabschiedung der neuen Verfassung in der Nationalversammlung hatten im Reichsinnenministerium die Vorarbeiten für ein Jugendfürsorgegesetz begonnen. Den zuständigen Referenten wurde ein Ausschuß aus Mitgliedern von SPD, Zentrum und DDP zugeordnet. Der von diesem Kreis erarbeitete Entwurf eines »Jugendwohlfahrtsgesetzes« – wie es nun hieß – wurde von der Reichsregierung im Februar 1920 dem Reichsrat, der Vertretung der Länder, vorgelegt. Im Reichsrat zogen sich die Verhandlungen in die Länge, insbesondere die Finanzminister der Länder erhoben Bedenken wegen der befürchteten Mehrkosten. Im Sommer 1920 wurden die Beratungen vertagt. Die ganze Sache drohte in Vergessenheit zu geraten. In dieser Situation ergriffen 30 weibliche Reichstagsabgeordnete aller Fraktionen die Initiative und richteten am 20. November 1920 eine Interpellation an die Reichsregierung, in der diese aufgefordert wurde, dem Reichstag umgehend den Entwurf für ein Jugendwohlfahrtsgesetz zu unterbreiten. Der Vertreter des Reichsinnenministeriums bat um Verständnis: Der Kapp-Putsch habe kurzfristig die Aufmerksamkeit der Regierung von dem Gesetzesvorhaben abgelenkt, das nunmehr aber zügig vorangetrieben werden solle. Am 15. März 1921 legte die Reichsregierung dem Reichstag einen Regierungsentwurf mit den abweichenden Voten des Reichsrates vor. Nach der ersten Lesung im Reichstag wurde der Entwurf an einen eigens gebildeten Ausschuß überwiesen, der am 15. April die Arbeit aufnahm. Während der Ausschußarbeit wurden zwar rund vier Fünftel der Vorschriften des Entwurfes noch einmal verändert, dennoch legte bereits der Entwurf in Grundzügen die Strukturen fest, die die gesetzlichen Grundlagen der Jugendhilfe bis heute bestimmen.

Bereits am 14. April war eine »Sachverständigenkommission zur Beratung des RJWG« zusammengetreten. Diese Kommission war auf Initiative von Wilhelm Polligkeit – seit 1. Mai 1920 hauptamtlicher Geschäftsführer und seit 1. März 1921 zweiter Vorsitzender des »Deutschen Vereins für öffentliche und private Fürsorge« (wie er sich nunmehr nannte) – von der »Deutschen Zentrale für

Jugendfürsorge«, dem »Archiv der Berufsvormünder« und dem »Deutschen Verein« einberufen worden. Ihr gehörten 50 Sachverständige vorwiegend aus dem Kreise der freien Wohlfahrt an, u. a. sechs Mitglieder des Reichstags-Ausschusses.[63] Die Kommission erarbeitete eine Denkschrift, die eine Fülle von Änderungsvorschlägen zu den einzelnen Vorschriften enthielt.[64] Diese haben die Beschlüsse des Reichstagsausschusses an vielen Stellen nachhaltig beeinflußt, der seine Beratungen im März 1922 abschloß. Am 13. und 14. Juni 1922 wurde der Ausschußentwurf in zweiter und dritter Lesung im Reichstag mehrheitlich angenommen und am 9. Juli 1923 im Reichsgesetzblatt verkündet. Mit dem Gesetz wurde ein Einführungsgesetz verkündet, das u. a. den Zeitpunkt des Inkrafttretens auf den 1. April 1924 festlegte.[65] Das schließlich verabschiedete Reichsjugendwohlfahrtsgesetz trägt deutlich die Züge eines politischen Kompromisses. Karl Neundörfer hat in seiner Auseinandersetzung mit dem Gesetz von »widerstreitenden Mächten in dem Reichsgesetz für Jugendwohlfahrt« gesprochen.[66] Dies läßt sich insbesondere an drei Problemkreisen nachvollziehen. Der erste betrifft die Rangstellung öffentlicher Jugendhilfe im Verhältnis zu Familie und freier Wohlfahrtspflege (Subsidiarität). Insbesondere die Kräfte der katholischen Wohlfahrtspflege drängten hier auf eine eindeutige Klarstellung des Vorranges der elterlichen Erziehungsbefugnisse, was schließlich in die uneindeutige Formulierung des § 1 Abs. 2 RJWG mündete. Ein Vorrang privater Jugendhilfe gegenüber der öffentlichen ist dagegen an keiner Stelle des Gesetzes ausgesprochen.[67] Der zweite Problemkomplex betrifft den Regelungsgegenstand bzw. den Regelungsumfang des Gesetzes. Die Idee eines umfassenden Jugendgesetzes hatte nie das Stadium ernsthafter Realisierungsabsichten erreicht. Inzwischen waren aber auch der Jugendfürsorge unmittelbar benachbarte Materien, insbesondere die Jugendgerichtshilfe, ausgesondert worden. Diese wurde in einem selbständigen Gesetz, dem Jugendgerichtsgesetz vom 16. Februar 1923[68], geregelt. Das Reichsjugendwohlfahrtsgesetz umfaßte gemäß § 2 Abs. 2 die Jugendfürsorge und die Jugendpflege. Unter Jugend*pflege* wurden dabei allgemeine Maßnahmen und Angebote zur Förderung von Kindern und Jugendlichen, unter Jugend*fürsorge* spezielle Maßnahmen für besonders gefährdete oder bereits auffällige Gruppen verstanden. Ob die Jugendpflege überhaupt im Gesetz als Aufgabe öffentlicher Jugendhilfe festgelegt und geregelt werden oder ganz der privaten

Jugendhilfe überlassen bleiben sollte, war während des Gesetzgebungsverfahrens umstritten.[69] § 4 RJWG trägt daher wiederum die Züge eines Kompromisses: Aufgaben der Jugendpflege fallen zwar in die Zuständigkeit des Jugendamtes, allerdings soll es primär »anregen« und »fördern« und nur »gegebenenfalls schaffen«!

Der dritte Problembereich betrifft Aufbau, Organisation und Besetzung der Jugendämter. Das Jugendamt stand zwar im Mittelpunkt der gesetzlichen Regelung, hatte aber ebenfalls Kompromißcharakter. Zwar war es eine öffentliche Behörde, allerdings eine von eigentümlicher Struktur: Es war – in der öffentlichen Verwaltung ungewöhnlich – als Kollegialbehörde ausgestaltet, der neben den entsprechenden Kommunalbeamten auch Privatpersonen angehören sollten, die in der Jugendhilfe verdient und erfahren waren. Ausdrücklich hervorgehoben wurden die Vertreter der Verbände, denen zwei Fünftel der Stimmen gesetzlich zugebilligt wurden, § 9 Abs. 2. Diese Vorschrift war von der Sachverständigenkommission durchgesetzt worden, die damit die Interessen der privaten Jugendhilfe zur Geltung brachte.[70] Das Jugendamt war gemäß § 8 als selbständige Behörde auszugestalten, aber das Gesetz selbst ließ Ausnahmen zu. Gemäß § 10 Abs. 1 konnten seine Aufgaben an das Wohlfahrtsamt delegiert werden, sofern in der betreffenden Gemeinde ein solches bestand. § 10 Abs. 2 machte die Übertragung bestimmter Aufgaben an das Gesundheitsamt möglich. Diese Ausnahmen sind im Kontext der zeitgenössischen Bemühungen um eine angemessene Organisationsstruktur der gesamten kommunalen Wohlfahrtspflege zu sehen, auf die noch näher einzugehen sein wird.[71].

Trotz seiner vielfältigen Kompromisse und Halbheiten ist das RJWG durchaus als Pionierleistung anzusehen: Die Erziehung des gesellschaftlichen Nachwuchses wurde erstmals in Deutschland als öffentliche Aufgabe anerkannt, und man versuchte, sie in einem neuen Typus von Gesetz – einem Leistungsgesetz – reichseinheitlich zu regeln, lange bevor die verwaltungsrechtliche Systematisierung und Durchformung der Leistungsverwaltung auch nur begonnen hatte.[72] Der Mangel an gesetzgeberischer Erfahrung auf diesem Gebiet wird in dem Gesetzestext allerdings deutlich: unklare Zuständigkeitskataloge statt klar definierter Leistungen und Maßnahmen, insbesondere bei den Aufgaben der Jugendpflege; ein unübersichtliches Durcheinander von Organisationsnormen, Zuständigkeitsregeln und Leistungsverpflichtungen in den einzelnen Abschnitten. Insgesamt dominieren Kontrolle und Aufsicht letztlich doch über Beratung und Betreuung.[73] Verstärkt wurde diese Tendenz durch die Änderung des Einführungsgesetzes zum RJWG am 14. Februar 1924. Nach der Verabschiedung des RJWG, insbesondere in der Zeit des galoppierenden Währungsverfalles und der anschließenden Stabilisierung, mehrten sich die Bedenken der Gemeinden gegen das neue Gesetz wegen der befürchteten finanziellen Mehrbelastungen. Im November 1923 verfaßte der Deutsche Städtetag eine Resolution, in der er aufforderte, das RJWG aufzuheben, da es organisatorisch verfehlte Regelungen enthalte und ohnehin kein Geld für seine Durchführung vorhanden sei. Der »Deutsche Verein für öffentliche und private Fürsorge« griff vermittelnd ein und berief eine Konferenz aus Vertretern von Reich, Ländern, Gemeinden und freien Verbänden im Dezember 1923 nach Berlin, auf der ein Kompromiß ausgehandelt wurde, der durch die Verordnung vom 14. Februar 1924 über das Inkrafttreten des RJWG[74] verbindlich gemacht wurde. Danach sollte das RJWG wie ursprünglich vorgesehen am 1. April 1924 wirksam werden, allerdings mit erheblichen Einschränkungen: Besondere Jugendämter mußten nicht errichtet werden, eine Verpflichtung zur Durchführung der Jugendpflegeaufgaben gemäß § 4 bestand nicht. Von weiteren Aufgaben konnte befreit werden. Der gesamte V. Abschnitt des »Gesetzes über die wirtschaftliche Hilfe für Minderjährige« entfiel. Dadurch wurde der Eingriffscharakter des Gesetzes entgegen den ursprünglichen Intentionen weiter verschärft. Selbst das Jugendamt als Kernstück der Reform war nicht mehr obligatorisch. Dennoch nahm in der Folge die Zahl der Jugendämter im Reich zügig zu. Am 31. März 1928 bestanden 1251 Jugendämter in Deutschland, davon allerdings knapp 70 % (868) als Abteilungen anderer Ämter. An diesen Jugendämtern waren insgesamt 10712 Beamte und Angestellte (davon 5572 männliche und 5140 weibliche sowie 993 Leiter, davon 973 männliche und 20 weibliche) tätig. Von den Beamten und Angestellten waren allerdings nur 4566 (davon 2662 Männer und 1904 Frauen) ausschließlich in der Jugendhilfe beschäftigt. Die übrigen nahmen zugleich andere Aufgaben in der Wohlfahrtspflege wahr. Vom gesamten Personal der Jugendämter hatten 4680 eine Ausbildung (davon waren lediglich 921 Männer, jedoch 3759 Frauen).[75]

Der Auf- und Ausbau der kommunalen Fürsorgesysteme nach

dem Ersten Weltkrieg – so können wir resümieren – vollzog sich im wesentlichen als Ausbau von Sonderfürsorgen außerhalb und neben der traditionellen Armenfürsorge. Das Ergebnis dieser Erweiterungen, die überwiegend als Reaktion auf akute Notstände, weniger dagegen als planmäßige Verwirklichung des sozialstaatlichen Verfassungsauftrages erfolgten, war einerseits eine Ausweitung und Intensivierung des Angebots kommunaler Fürsorgemaßnahmen. Gesundheits-, Wohnungs- und Jugendfürsorge, die Fürsorge für Erwerbslose und für die Opfer des Krieges und der Inflation waren zum festen Bestandteil kommunaler Sozialpolitik mit einem entsprechenden Verwaltungsapparat geworden. Die Vergrößerung des Leistungsangebotes ging also einher mit einer zunehmenden Kommunalisierung und Bürokratisierung der Fürsorge. Die Folge des Ausbaus der Nachkriegsfürsorge war aber auch eine hochgradige Zersplitterung des kommunalen Fürsorgewesens: Die einzelnen Fürsorgebereiche folgten verschiedenen Prinzipien im Hinblick auf Trägerschaft, Verwaltungsorganisation und Finanzierung – und es hatten sich unterschiedliche Statusgruppen von Fürsorgeempfängern herausgebildet. Neben den Adressaten der traditionellen Armenfürsorge gab es nunmehr privilegierte Gruppen von Fürsorgeempfängern – z. B. die Sozial- und Kleinrentner sowie die Kriegsopfer –, die höhere Leistungen erhielten und keinerlei Diskriminierungen ausgesetzt waren. Die alte Armenfürsorge nach dem immer noch fortgeltenden »Reichs-Gesetz über den Unterstützungswohnsitz« erschien daher immer mehr als ein unzeitgemäßer Restbestand, der dringend der Reform bedurfte.

6.2 Die gesetzlichen Reformen: Reichsfürsorgepflichtverordnung und Reichsgrundsätze

Im Verlauf der Inflation zeigte sich, daß das »Dotationssystem«, die Finanzierung der Spezialfürsorgen zu bestimmten Prozentsätzen durch das Reich, für die durchführenden Gemeinden gravierende finanzielle Nachteile mit sich brachte. Sie waren nicht nur bei der inhaltlichen Ausführung durch die Finanzhoheit des Reiches in ihrer Autonomie beschränkt; es war nicht nur ein aufwendiger bürokratischer Apparat zur Durchführung der Kostenabrechnung notwendig; mit dem zunehmenden Währungsverfall wurde auch die Kostenerstattung immer problematischer: Von den Gemeinden verauslagte Beträge waren zum Zeitpunkt der Erstattung nur noch einen immer kleiner werdenden Bruchteil des ursprünglichen Betrages wert. Das System konnte keinerlei bedürfnisgerechte Fürsorge mehr gewährleisten und drohte finanziell vollends zusammenzubrechen. Diese Finanzierungsproblematik trat spätestens seit 1922 immer bedrängender zu den ohnehin bestehenden Mängeln der Zersplitterung des gesamten Fürsorgewesens und der seit langem geäußerten Kritik an den unzeitgemäßen Prinzipien des »Reichs-Gesetzes über den Unterstützungswohnsitz« hinzu. Bereits im März 1922 hatte der »Deutsche Verein für öffentliche und private Fürsorge« eine Kommission zur Erarbeitung eines Notgesetzes zum Gesetz über den Unterstützungswohnsitz gebildet, die im Mai 1922 einen Gesetzesentwurf vorlegte. Dieser wurde vom Reichsinnenministerium aufgegriffen und mit den Länderregierungen und sonstigen betroffenen Institutionen beraten. Noch ehe er aber ins eigentliche Gesetzgebungsverfahren kam, spitzte sich die Hyperinflation und die soziale Not im Laufe des Jahres 1923 derart weiter zu, daß umgehende Notmaßnahmen unumgänglich schienen. Am 26. September 1923 richtete der »Deutsche Verein« einen »Dringlichkeitsantrag« an die Reichsregierung, in dem er ein Ermächtigungsgesetz forderte, das die Reichsregierung befugte, eine ganze Reihe einschlägiger Fürsorgegesetze temporär außer Kraft zu setzen und an deren Stelle das gesamte Fürsorgewesen mit Notverordnungen umgehend neu zu gestalten. Zu den außer Kraft zu setzenden Gesetzen zählte der »Deutsche Verein« das Gesetz über den Unterstützungswohnsitz, die Gesetze über die Sozial- und Kleinrentnerfürsorge, die Kriegsbeschädigten- und Kriegshinterbliebenenfürsorge, das eben erlassene Reichsjugendwohlfahrtsgesetz und Teile der Reichsversicherungsordnung.[76] Am 8. Dezember 1923 wurde dann ein Gesetz verabschiedet, das die Reichsregierung ermächtigte, die im Hinblick auf die »Not von Volk und Reich« erforderlichen Maßnahmen zu treffen. Auf dieser Grundlage wurde am 13. Februar 1924 die »Reichsverordnung über die Fürsorgepflicht« (RFV) erlassen. In § 6 Abs. 2 war der Erlaß von reichseinheitlichen Grundsätzen über die materielle Ausgestaltung der Fürsorge vorgesehen. Die entsprechenden Reichsgrundsätze über Voraussetzung, Art und Maß der öffentlichen Fürsorge ergingen am 4. Dezember 1924. Durch beide Verordnungen wurde das deutsche Fürsorgewesen grundsätzlich neu strukturiert.

Diskussionen um eine Reform der gesetzlichen Grundlagen der Armenfürsorge im Deutschen Reich gab es schon seit Jahrzehnten. Auch hier konzentrierten sich Kritik und Reformüberlegungen in den Debatten des »Deutschen Vereins für Armenpflege und Wohltätigkeit«. Schon Ende des 19. Jahrhunderts war die mangelnde Leistungsfähigkeit vieler Ortsarmenverbände zum Gegenstand der Auseinandersetzung geworden.[77] Und nachdem am 1. April 1910 das »Gesetz über den Unterstützungswohnsitz« in Elsaß-Lothringen in Kraft getreten war und seine Ausdehnung auch auf Bayern bevorstand, als somit eine formelle Rechtsvereinheitlichung auf dem Gebiet des Armenwesens weitgehend verwirklicht war, nahm der »Deutsche Verein« die Diskussion um eine materielle Vereinheitlichung des Armenrechts systematisch auf. Auf der Grundlage umfangreicher Berichte über *Die gesetzliche Regelung über Aufgaben der öffentlichen Armenpflege*[78] verabschiedete die 32. Jahresversammlung des »Deutschen Vereins« 1912 in Braunschweig eine Resolution, die die Vereinheitlichung der Rechtsgrundlagen der Armenfürsorge im Reich forderte.[79] Zugleich wurde ein Sonderausschuß zur Vorbereitung eines Reichsarmengesetzes eingesetzt. Dieser erarbeitete »Grundlagen und Richtlinien«, die der 33. Jahresversammlung 1913 in Stuttgart zur Beratung vorlagen. Die Richtlinien gingen davon aus, daß dem Reich die Gesetzgebungskompetenz zur Regelung materieller Fragen des Armenrechts fehle, eine Verfassungsänderung zwar wünschenswert, in absehbarer Zeit aber nicht praktikabel sei, eine Vereinheitlichung daher durch eine übereinstimmende Ländergesetzgebung zu verwirklichen sei. In sechs Punkten hielten die Richtlinien eine Vereinheitlichung für unabdingbar: bezüglich der Aufgaben der Armenfürsorge durch Präzisierung des Begriffs der Hilfsbedürftigkeit, im Hinblick auf die Organisation durch Gewährleistung leistungsfähiger Armenverbände, bezüglich der Problematik des Arbeitszwanges, der Wandererfürsorge, in Fragen der Kostenerstattung zwischen den Armenverbänden und der Aufsicht über die kommunale Armenfürsorge. Das Prinzip des Unterstützungswohnsitzes selbst wurde hier noch nicht problematisiert.[80] Die Stuttgarter Jahresversammlung faßte den Beschluß: »Der Erlaß eines Reichsarmengesetzes i. S. der vorgeschlagenen Richtlinien erscheint notwendig.«[81] Die weitere Arbeit an einem solchen Gesetz wurde jedoch durch den Kriegsbeginn unterbrochen, der die Armenfürsorge zunächst vor ganz andere Probleme stellte. Bereits in den späteren Kriegsjahren wurde die Diskussion unter dem Stichwort »Die Neugestaltung der Fürsorge nach dem Kriege« wieder aufgenommen. Der Ausbau der Fürsorge im Krieg, insbesondere die sogenannte soziale Fürsorge mit ihren bevorzugten Adressatengruppen, die deutlich über das Maß der traditionellen Armenfürsorge hinausging, hatte die Frage aufgeworfen, an welchen Maßstäben sich die Fürsorge nach dem Kriege orientieren sollte.[82] Dabei gingen die Überlegungen während des Krieges zunächst von einem für Deutschland günstigen Kriegsausgang und einer entsprechenden wirtschaftlichen Situation aus. Sie wurden daher durch die Niederlage und die wirtschaftliche Notlage der Nachkriegszeit zumindest teilweise obsolet. Neben prinzipielle Erwägungen trat zunehmend die pragmatische Notwendigkeit, angesichts extremer wirtschaftlicher Not und hochgradiger Zersplitterung des Fürsorgewesens einheitliche Grundsätze zu verwirklichen, um überhaupt ein halbwegs funktionsfähiges Fürsorgesystem zu gewährleisten. Die formalen Chancen für eine reichseinheitliche, gesetzliche Regelung des Fürsorgewesens waren schon dadurch erheblich gestiegen, daß die Weimarer Verfassung in Artikel 7 und 9 dem Reich die Gesetzgebungskompetenz für Armenwesen und Wohlfahrtspflege ausdrücklich einräumte.

Auf der ersten Sitzung des Vorstandes des »Deutschen Vereins für Armenpflege und Wohltätigkeit« nach dem Kriege am 16. und 17. Mai 1919 in Marburg legte Wilhelm Polligkeit – seit 1918 Vorstandsmitglied und inzwischen ehrenamtlicher Schriftführer – eine Denkschrift vor, die zum einen Vorschläge für die Neugestaltung des Fürsorgewesens, zum anderen aber Überlegungen zur Neuorganisation des Vereins selbst enthielt. Die Vorstellungen zur Neugestaltung des Fürsorgewesens knüpften an die Stuttgarter Diskussionen von 1913 an, trugen jedoch den veränderten politischen und ökonomischen Verhältnissen Rechnung. Vier Problemkreise standen im Vordergrund: die reichsweite Ausgestaltung der Unterstützungspflicht nach einheitlichen Grundsätzen, die Schaffung leistungsfähiger Armenverbände, die Einführung des Aufenthaltsprinzips anstelle des Unterstützungswohnsitzes als Anknüpfungspunkt für die Unterstützungspflicht und die Einführung einer wirksamen Aufsicht über die Armenbehörden, die die Einheitlichkeit der Unterstützungsprinzipien auch faktisch durchsetzen konnte.[83] Schon im Frühjahr 1919 hatte der »Geschäftsführende Ausschuß«, dem Georg Schlosser, Christian Jasper-Klumker und Wilhelm Polligkeit angehörten und der anstelle des erkrankten Ersten Vorsitzenden die Geschäfte des »Vereins« leitete, den Geheimen Justizrat Friedrich Diefenbach mit der Ausarbeitung einer Schrift über *Die Mängel des Unterstützungswohnsitzgesetzes und ein Reichsarmengesetz* beauftragt, die dem »Deutschen Verein« bereits auf seiner Jahresversammlung im Oktober 1919 als Manuskript vorlag.[84] Diefenbach zielte auf eine einheitliche Kodifikation des formellen und materiellen Armenrechts in einem Reichsgesetz. Von der Zwangsarmenpflege unterschied er die freiwillige Armenpflege, die vorbeugender Natur sein sollte. Diefenbach wollte dem Hilfsbedürftigen einen Rechtsanspruch auf Unterstützung einräumen, die neben dem notwendigen Lebensbedarf auch die Kosten der Erziehung und Berufsausbildung umfassen sollte. Träger der Armenfürsorge sollten Orts- und Kreisarmenverbände sein. Die Kosten sollten vom Reich getragen und nur teilweise von den Armenverbänden erstattet werden. Die örtliche Zuständigkeit sollte sich ganz nach dem Aufenthaltsprinzip bestimmen.[85] In der weiteren Diskussion um die Neugestaltung der gesetzlichen Grundlagen der Armenfürsorge übernahm dann Wilhelm Polligkeit verstärkt die Initiative. Auf der Grundlage seiner dem Vorstand im Mai 1919 unterbreiteten Vorschläge betrieb er in den Jahren 1919 und 1920 zügig und energisch die Neuorganisation des »Vereins«, in deren Verlauf er selbst immer mehr zur Zentralfigur der Vereinsarbeit avancierte. Die Schwerfälligkeit der Geschäftsführung, deren ehrenamtlicher Vorstand zweimal im Jahr zusammentrat und deshalb nicht rasch auf neue Entwicklungen reagieren konnte, wurde bereits seit geraumer Zeit beklagt. Die Einstellung eines hauptamtlichen Geschäftsführers war aber aus Kostengründen immer wieder zurückgestellt worden. Die großen Gründergestalten des »Vereins« waren inzwischen betagt oder – wie Emil Münsterberg – bereits verstorben, die Zeichen standen auf Umbruch und Neugestaltung. In dieser Situation machte das »Institut für Gemeinwohl« in Frankfurt dem »Deutschen Verein« ein Angebot, an dessen Zustandekommen Polligkeit – Mitglied des Vorstandes des »Instituts« und Direktor der »Centrale für private Fürsorge« in Frankfurt – sicher nicht unbeteiligt war: Das »Institut« erklärte sich bereit, das Jahresgehalt für einen hauptamtlichen Geschäftsführer in Höhe von 12 000

Mark zu übernehmen, die Stadt Frankfurt bot darüber hinaus einen weiteren Zuschuß von jährlich 5000 Mark an, sofern die Geschäftsstelle des »Deutschen Vereins« von Berlin nach Frankfurt verlegt würde. Der Vorstand beschloß, die Angebote anzunehmen. Die Geschäftsstelle siedelte am 1. Oktober 1919 in das Haus Stiftstraße 30 in Frankfurt um, in dem auch die »Centrale für private Fürsorge« ihren Sitz hatte.[86] Erster Geschäftsführer wurde Hermann Hoog, zuvor erster Beigeordneter der Stadt Höchst am Main. Neben der Einstellung eines hauptamtlichen Geschäftsführers war die Neuordnung der fachlichen Arbeit durch Bildung von Fachausschüssen die bedeutsamste Maßnahme der Neuorganisation.[87] Parallel dazu wurde die Zahl der Mitglieder des Vorstandes und die des Zentralausschusses erhöht. Dieser wurde zugleich in »Hauptausschuß« umbenannt. Schließlich änderte der Verein insgesamt seinen Namen in »Deutscher Verein für öffentliche und private Fürsorge«, um den gewandelten Aufgaben und dem gewandelten Verständnis der Fürsorgearbeit Rechnung zu tragen. Bereits am 1. April 1920 schied Hermann Hoog aus der Geschäftsführung wieder aus. Sein Nachfolger wurde Wilhelm Polligkeit, der außerdem 1921 Zweiter und 1922 Erster Vorsitzender des »Vereins« wurde. Polligkeit vereinte nunmehr – neben der Leitung der »Centrale für private Fürsorge« – die Funktionen des Geschäftsführers und des Ersten Vorsitzenden einer gestrafften, argumentationskräftigen Fachorganisation in seiner Person. Der »Deutsche Verein« hatte durch diese Umorganisation seinen Charakter erneut gewandelt: In den achtziger Jahren hatte seine Aufgabe zunächst in der empirischen Erfassung und Systematisierung von Armutszuständen und kommunalen Hilfsmaßnahmen bestanden; seit den neunziger Jahren war es zunehmend darum gegangen, die Reformansätze einzelner Städte auszubauen und zu verallgemeinern. Fortan sah der »Verein« seine Aufgabe vor allem in einer fachlich fundierten Einflußnahme auf die Fürsorgegesetzgebung der Weimarer Zeit.[88]

Die umfangreiche Ausarbeitung von Friedrich Diefenbach über die Ausgestaltung eines Reichsarmengesetzes strebte ausschließlich eine Neuregelung der öffentlichen Armenfürsorge an. Genau diese Beschränkung wurde in den nachfolgenden Diskussionen im »Deutschen Verein« zum Gegenstand der Kritik. Die Kritiker wandten ein, daß eine reichseinheitliche, gesetzliche Neuregelung des Armenrechts vor allem auch die Aufgabe habe, die hochgradige Zersplitterung des Nachkriegsfürsorgewesens aufzuheben. Es genüge daher nicht, lediglich *einen* Bereich des Fürsorgewesens neu zu ordnen. Gegenstand einer Neuregelung müsse vielmehr das gesamte Gebiet der Wohlfahrtspflege nach einheitlichen Grundsätzen sein. Diese Forderung zielte auf ein einheitliches Reichs*wohlfahrts*gesetz. Auf dem 36. Deutschen Fürsorgetag[89] am 24. und 25. September 1920 in Jena wurde die Kontroverse ausgetragen. Die schließlich verabschiedete Resolution suchte den »goldenen Mittelweg«: vordringlich sei eine Neuregelung der Armenfürsorge, daneben sei alsbald mit den Vorarbeiten für ein einheitliches Wohlfahrtsgesetz zu beginnen.[90] Auf der Sitzung des Hauptausschusses des »Deutschen Vereins« am 22. und 23. März 1922 in Frankfurt legte Wilhelm Polligkeit Leitsätze vor, die seine Vorstellungen von den Aufgaben der Wohlfahrtsgesetzgebung konkretisierten.[91] Polligkeit ging von einem umfassenden Begriff der Wohlfahrtspflege aus, die das Versicherungswesen und das Fürsorgewesen umfassen sollte. Fernziel sei die Zusammenfassung der gesamten Materie in einem einheitlichen Gesetz. Da dieses jedoch jahrelange Vorarbeiten erfordere, müsse zunächst eine Reform der verschiedenen Gesetze nach einheitlichen Gesichtspunkten erfolgen. Bei einer Neuordnung des Fürsorgewesens habe die Schaffung leistungsfähiger Träger und Verwaltungseinrichtungen, die Vereinheitlichung der Grundsätze der Unterstützung in den verschiedenen Fürsorgebereichen sowie einheitliche Finanzierungsregelungen zu stehen. Mit der »in den letzten Jahren befolgten Methode, für jede neuauftretende Gruppe von Hilfsbedürftigen durch Sondergesetz besondere Fürsorgeeinrichtungen mit eigenen Trägern und Organen zu schaffen«, müsse gebrochen werden. »Die Grundsätze für die Gewährung der öffentlichen Unterstützung sind so zu gestalten, daß letztere sich für alle Gruppen von Hilfsbedürftigen eignet und von dem Fortbestehen von Sondereinrichtungen für bestimmte Gruppen von Hilfsbedürftigen abgesehen werden kann.«[92] Im Februar 1923 griff das Reichsarbeitsministerium – seit 1922 zuständig für die Gesetzgebung des Reiches auf dem Gebiet der Wohlfahrtspflege – den Gedanken eines Reichswohlfahrtsgesetzes in seiner berühmten *Denkschrift* auf.[93] Dabei wurde deutlich, daß die Vorstellungen der Ministerialbürokratie von denen des »Deutschen Vereins« bzw. Wilhelm Polligkeits z. T. erheblich abwichen. Die *Denkschrift* zielte auf eine Zusammenfassung der verschiedenen sondergesetzlich geregelten Fürsorgematerien, blendete den Bereich der Sozialversicherung also von vornherein aus. Sie ging davon aus, daß Art und Ausmaß der Fürsorge unterschiedlich sein müsse, je nachdem, ob die Fürsorge lediglich »kraft Daseins« des Hilfsbedürftigen oder aber aufgrund »besonderer Dienste« geleistet wurde, m. a. W. sie hielt – anders als der »Deutsche Verein« – am Prinzip unterschiedlicher *Gruppen* von Hilfsbedürftigen fest. Die besondere Bedeutung der *Denkschrift* liegt in der hervorgehobenen Rolle, die sie der freien Wohlfahrtspflege einräumte. Staat und Gemeinden könnten nicht ohne die Mithilfe der privaten Wohlfahrtspflege auskommen. Ein Wohlfahrtsgesetz müsse daher nicht nur die Zusammenarbeit beider Sektoren angemessen koordinieren, sondern auch die Arbeit der privaten Wohlfahrtspflege fördern und unterstützen.

Im Laufe des Jahres 1923 gerieten die Bemühungen um eine Reform der Fürsorgegesetzgebung dann – wie geschildert – immer mehr in den Strudel des Währungsverfalls und der daraus resultierenden Finanzierungsprobleme. Die »Reichsverordnungen über die Fürsorgepflicht« vom 13. Februar 1924 und die »Reichsgrundsätze über Voraussetzung, Art und Maß der öffentlichen Fürsorge« vom 4. Dezember 1924 schließlich waren das Ergebnis der Beratungen.[94]

Die »Reichsverordnung über die Fürsorgepflicht« (RFV) regelte die organisatorischen Grundprinzipien der Fürsorge, das »formelle Fürsorgerecht«. Gemäß § 1 RFV waren Träger der öffentlichen Fürsorgeaufgaben die Landes- und Bezirksfürsorgeverbände. Welche Körperschaften die Aufgaben des Landes- und Bezirksfürsorgeverbandes wahrzunehmen hatten, legte gemäß § 2 Abs. 1 RFV die Landesgesetzgebung fest. Es konnte sich dabei um eigens zu diesem Zweck gebildete Verbände oder um bereits existierende Verwaltungseinheiten handeln. Bei der Bildung der Bezirksfürsorgeverbände war jedoch zu gewährleisten, daß diese hinreichend leistungsfähig waren. Preußen bestimmte in § 1 seiner Ausführungsverordnung zur RFV die Provinzialverbände als Landes-, die Stadt- und Landkreise als Bezirksfürsorgeverbände. Im Unterschied zu dem Gesetz über den Unterstützungswohnsitz waren damit nicht mehr grundsätzlich die Gemeinden lokal zuständige Armenverbände, sondern nur noch die Stadtgemeinden, womit den Klagen über die Unzulänglichkeit insbesondere kleiner Gemeinden als (Orts-)Armenverbänden Rechnung getragen wurde. Während die übrige Ländergesetzgebung bezüglich der Landesfürsorgeverbände recht unterschiedlich war, wurde die preußische Regelung, die Stadt- und Landkreise zu Bezirksfürsorgeverbänden zu machen, mit wenigen Ausnahmen allgemein übernommen.[95] Welche Behörden nun die Fürsorgeaufgaben durchführen sollten, war in der RFV reichsrechtlich nicht geregelt. § 3 RFV sah vor, daß die Festlegung Sache der Länder sei, und in § 5 war – recht vage – von »Fürsorgestellen« die Rede. Den Begriff »Wohlfahrtsamt« dagegen verwendete die RFV nicht. Auch die Ländergesetzgebung war mit der Bestimmung von Fürsorgebehörden sehr zurückhaltend. Lediglich Sachsen ermächtigte in § 3 seiner Ausführungsverordnung zur RFV und dem RJWG[96] die Bezirksfürsorgeverbände ausdrücklich zum Aufbau von Wohlfahrts- und Jugendämtern. Preußen und Hessen dagegen ordneten lediglich an, daß die Fürsorgeaufgaben als Selbstverwaltungsaufgaben wahrzunehmen seien, und überließen die konkrete Behördenorganisation den Stadt- und Landkreisen.

Die Aufgaben der öffentlichen Fürsorge wurden in § 1 RFV aufgelistet: die soziale Fürsorge für Kriegsbeschädigte und -hinterbliebene, die Fürsorge für Sozial- und Kleinrentner, für Schwerbeschädigte und Schwererwerbsbeschränkte, für hilfsbedürftige Minderjährige; die Wochenfürsorge und schließlich die allgemeine Armenfürsorge. Die RFV faßte also einen Großteil der bislang sondergesetzlich geregelten Spezialfürsorgen zusammen und übertrug sie zugleich einem einheitlichen Träger. Die örtliche Zuständigkeit der Träger für die Unterstützungsleistungen richtete sich gemäß §§ 7 ff. RFV nun nicht mehr nach dem Unterstützungswohnsitz, sondern nach dem gewöhnlichen Aufenthalt. Genauer: Jeder Hilfsbedürftige war von dem Bezirksfürsorgeverband vorläufig zu unterstützen, in dem er sich bei Eintritt der Hilfsbedürftigkeit gerade befand. Endgültig – und das heißt vor allem: zur Tragung der Kosten – war dagegen der Bezirksfürsorgeverband verpflichtet, in dem er seinen gewöhnlichen Aufenthalt hatte, dessen Modalitäten in §§ 8 ff. RFV genauer geregelt waren.[97] Die gesamten Kosten der öffentlichen Fürsorge waren nach der RFV von den Fürsorgeverbänden zu tragen. Einer der Gesichtspunkte der gesetzlichen Neuregelung bestand in der Entlastung des Reiches von den durch das Dotationssystem in den Spezialfürsorgen entstandenen Aufwendungen. Im Gegenzug wurden Ländern und Gemeinden neue Steuerquellen eröffnet.

Voraussetzungen, Art und Ausmaß der zu gewährenden Fürsorge waren in der RFV nicht näher geregelt. § 6 bestimmte, daß dies Sache der Länder sei, sah jedoch den Erlaß allgemeiner Grundsätze hierzu durch die Reichsregierung vor. Nachdem am 27. März 1924 zunächst vorläufige Grundsätze ergingen, deren Geltung mehrfach verlängert wurde, traten am 1. Januar 1925 die »Reichsgrundsätze über Voraussetzung, Art und Maß der öffentlichen Fürsorge« in Kraft.[98] Gemäß ihrem § 1 hatte die Fürsorge die Aufgabe, dem Hilfsbedürftigen den »notwendigen Lebensbedarf« zu gewähren, darüber hinaus aber, »ihn tunlichst in den Stand (zu) setzen, sich und seinen unterhaltsberechtigten Angehörigen den Lebensbedarf selbst zu beschaffen«. Das Prinzip der »Hilfe zur Selbsthilfe« wurde hier also ausdrücklich gesetzlich verankert. Gemäß § 2 war die Fürsorge nicht von einem Antrag abhängig. Sie hatte »rechtzeitig« einzusetzen. Gemäß § 3 konnte die Fürsorge auch vorbeugend einsetzen, um drohende Hilfsbedürftigkeit zu verhüten (vgl. Abb. S. 224). Hilfsbedürftig war gemäß § 5, »wer den notwendigen Lebensbedarf für sich und seine unterhaltsberechtigten Angehörigen nicht oder nicht ausreichend aus eigenen Mitteln beschaffen kann und ihn auch nicht von anderer Seite, insbesondere von Angehörigen, erhält«. Der notwendige Lebensbedarf wurde in § 6 definiert: »der Lebensunterhalt, insbesondere Unterkunft, Nahrung, Kleidung und Pflege; Krankenhilfe sowie Hilfe zur Wiederherstellung der Arbeitsfähigkeit; Hilfe für Schwangere und Wöchnerinnen; bei Minderjährigen Erziehung und Erwerbsbefähigung; bei Blinden, Taubstummen und Krüppeln Erwerbsbefähigung. Nötigenfalls ist der Bestattungsaufwand zu bestreiten« (vgl. Abb. S. 226). Im Gegensatz zum früher geltenden Recht zählte zum Lebensbedarf nunmehr nicht nur das zum Lebensunterhalt unbedingt Notwendige, sondern auch, was zur Erhaltung oder Herstellung der Gesundheit und Arbeitsfähigkeit erforderlich war. Die Reichsgrundsätze unterschieden vier Gruppen von Hilfsbedürftigen: die Hilfsbedürftigen im allgemeinen. Sie erhielten den notwendigen Lebensbedarf in dem eben beschriebenen Sinne. Zweitens: Kleinrentner, Sozialrentner und die ihnen Gleichgestellten (§§ 14, 16, 17). Sie erhielten privilegierte Fürsorgeleistungen, bei denen ihre früheren Lebensverhältnisse berücksichtigt wurden. Drittens: Kriegsopfer (§ 20). Auch ihnen wurden gehobene Fürsorgeleistungen gewährt, die mindestens den Maßstäben der Kleinrentnerfürsorge zu genügen hatten. Viertens: arbeitsscheue und unwirtschaftliche Hilfsbedürftige

(§ 13). Diese bekamen nur beschränkte Fürsorgeleistungen, nämlich nur »das zur Fristung des Lebens Unerläßliche«, ggf. nur in Anstalten (vgl. Abb. S. 225).

Mit der Unterscheidung der gewöhnlichen von der gehobenen Fürsorge und dementsprechend unterschiedlicher Statusgruppen von Fürsorgeempfängern wichen die Reichsgrundsätze und die für ihren Inhalt verantwortliche Ministerialbürokratie in einem zentralen Punkt von der seitens des »Deutschen Vereins« und namentlich von Wilhelm Polligkeit geäußerten Forderung nach einheitlichen materiellen Grundsätzen der Unterstützungsbedürftigkeit ohne Differenzierung nach verschiedenen Gruppen ab. An dieser Stelle konnte sich der »neutrale Sachverstand« gegenüber der einflußreichen Interessenvertretung insbesondere der Kriegsopfer und der Sozialethik der katholischen Ministerialbürokratie nicht durchsetzen.[99] Eine Regelung im Sinne Polligkeits erfolgte erst bei Erlaß des Bundessozialhilfegesetzes im Jahre 1961.

Exkurs: Über öffentliche und freie Wohlfahrtspflege

Zentrale Bedeutung bei der Neuregelung der gesetzlichen Grundlagen der kommunalen Wohlfahrtspflege hatte das Verhältnis von öffentlicher und privater Wohlfahrtspflege und die Zusammenarbeit beider Sektoren. Bereits im Verlauf des Weltkrieges waren öffentliche und private Fürsorge auf kommunaler Ebene bei der Durchführung der Kriegsfürsorge zu einem einheitlichen Komplex zusammengewachsen.[100] In der Nachkriegszeit veränderten sich der Charakter der Privatwohltätigkeit, die man nun »freie Wohlfahrtspflege« nannte, und ihr Verhältnis zur öffentlichen Wohlfahrtspflege erneut grundlegend.

Der Weltkrieg hatte nicht nur eine intensivierte Kooperation und organisatorische Zusammenfassung von öffentlicher und privater Fürsorgetätigkeit in der kommunalen Kriegsfürsorge gebracht, es hatte sich vielmehr auch erstmals das Bedürfnis nach einer öffentlichen Aufsicht über die privaten Fürsorgeaktivitäten geltend gemacht. In dem nach Kriegsbeginn einsetzenden »Fürsorgeboom« versuchten unseriöse Vereinigungen unter dem Siegel der Wohlfahrtspflege eigennützige Zwecke zu verfolgen. Die Bundesratsverordnung vom 22. Juli 1915, die öffentliche Sammlungen von einer vorherigen Erlaubnis abhängig machte, versuchte zumindest

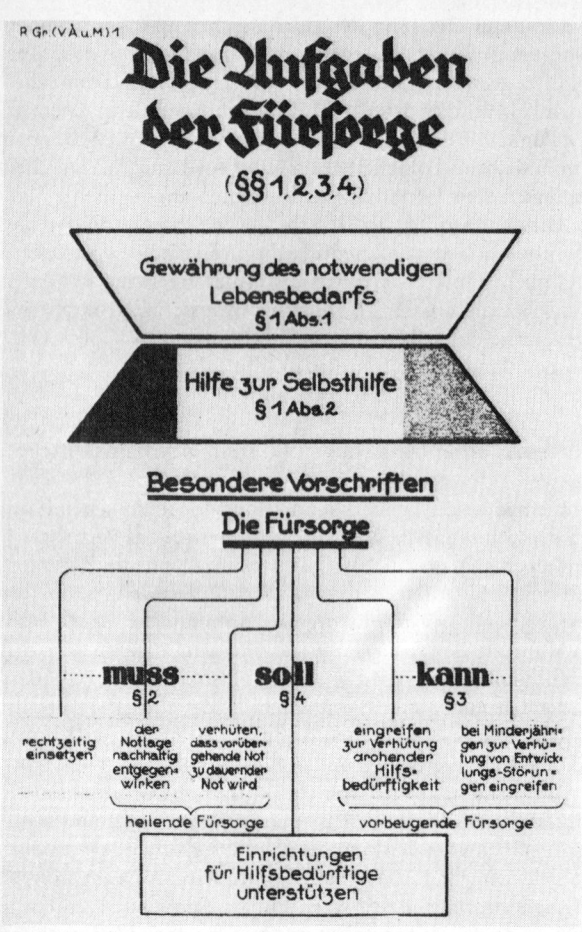

R Gr. (V A u. M) 1

Die Aufgaben der Fürsorge

(§§ 1, 2, 3, 4)

Gewährung des notwendigen Lebensbedarfs
§ 1 Abs. 1

Hilfe zur Selbsthilfe
§ 1 Abs. 2

Besondere Vorschriften

Die Fürsorge

muss
§ 2

rechtzeitig einsetzen

der Notlage nachhaltig entgegenwirken

soll
§ 4

verhüten, dass vorübergehende Not zu dauernder Not wird

heilende Fürsorge

kann
§ 3

eingreifen zur Verhütung drohender Hilfsbedürftigkeit

bei Minderjährigen zur Verhütung von Entwicklungs-Störungen eingreifen

vorbeugende Fürsorge

Einrichtungen für Hilfsbedürftige unterstützen

Die Aufgaben der Fürsorge nach den Reichsgrundsätzen

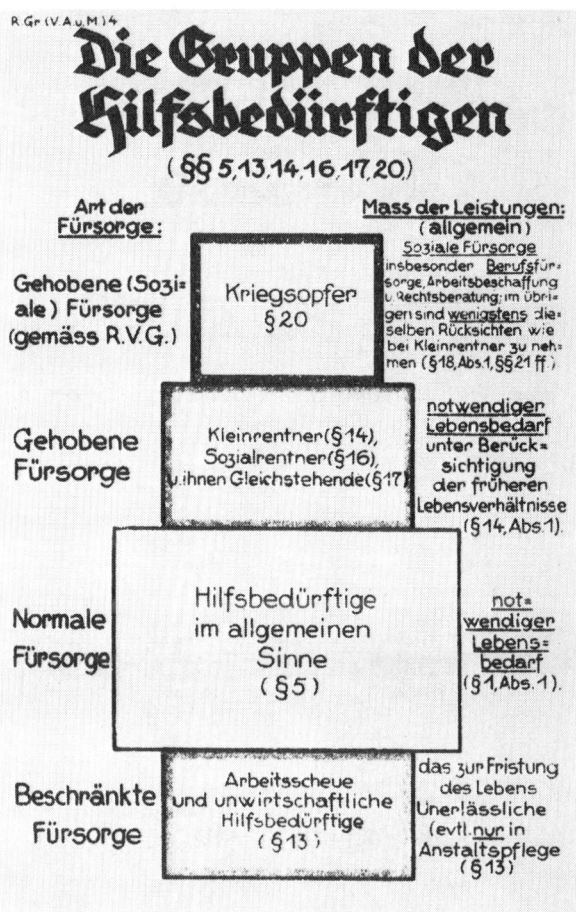

Die Gruppen der Hilfsbedürftigen nach den Reichsgrundsätzen

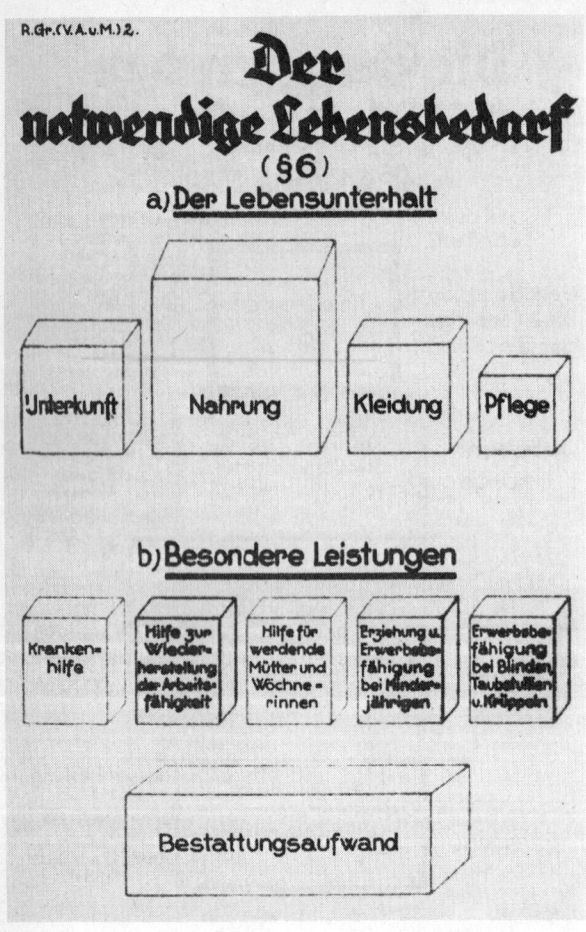

Der notwendige Lebensbedarf nach den Reichsgrundsätzen

dem finanziellen Mißbrauch von Zwecken der Fürsorge Einhalt zu gebieten.[101] Mit der gezielten Übertragung öffentlicher Aufgaben auf private Fürsorgeorganisationen und deren zunehmender Subventionierung aus öffentlichen Mitteln entstanden daneben Bestrebungen auch zu einer öffentlichen Kontrolle über Art und Qualität der privaten Fürsorgearbeit. Auf der 35. Jahresversammlung des »Deutschen Vereins für Armenpflege und Wohltätigkeit« in Berlin wurde das Thema »Die Beaufsichtigung der freien Liebestätigkeit nach dem Kriege« verhandelt.[102] Der Referent, der Direktor der Zentrale für private Fürsorge in Berlin, Albert Levy, befürwortete die Bildung einer zentralen, kommunalen Wohlfahrtsstelle,

»in deren Hände man vertrauensvoll die wichtige Aufgabe gelegt hat, der freien Liebestätigkeit die richtigen Bahnen zu weisen und sie in den Gesamtorganismus des Fürsorgewesens am richtigen Platz einzufügen und dafür zu sorgen, daß sie an diesem Platz zu höchsten Anforderungen entsprechend der Wirksamkeit gelangen kann... Alle Befürchtungen bezüglich der Beeinträchtigung der berechtigten Selbständigkeit der freien Liebestätigkeit und alle Sorgen, daß irgendwelche wertvollen Keime freier Initiative verkümmern könnten, werde nicht aufrecht erhalten werden können, wenn die Schaffung solcher lokaler Instanzen der freien Liebestätigkeit selbst überlassen bleibt.«[103]

Diese Überlegung – wie wohl von einem führenden Vertreter der Privatwohltätigkeit vorgetragen – stieß auf scharfen Widerspruch, insbesondere von seiten der konfessionellen Wohlfahrtspflege. Lorenz Werthmann, Präsident des Caritas-Verbandes, nahm Bezug auf eine von ihm verfaßte Denkschrift[104] und erklärte sich

»entschieden gegen die Einführung allgemeiner Erlaubnispflicht für Wohlfahrtsunternehmungen und -vereine unter Prüfung des Bedürfnisses und der Zweckmäßigkeit der zu schaffenden Einrichtungen, wie auch gegen eine ständige Aufsicht über die Geschäftsführung, ferner gegen die Forderung eines bestimmten Befähigungsnachweises für die in der freien Wohlfahrtspflege Tätigen, schließlich auch gegen Beibehaltung der vorherigen Genehmigungspflicht für die Mittelbeschaffung fast jeglicher Unternehmungen«.[105]

Mit den politischen Umwälzungen und ökonomischen Krisen in der Folge des verlorenen Krieges veränderten sich die Rahmenbedingungen für die Tätigkeit privater Wohlfahrtsorganisationen in Deutschland. Die zumindest zeitweilig diskutierten Sozialisierungsüberlegungen ergriffen auch die Wohlfahrtspflege. Insbesondere in sozialdemokratisch regierten Städten und Gemeinden machten die lange gehegten Ressentiments der Sozialdemokratie gegenüber der Privatwohltätigkeit konkreten Neuorganisationsbestrebungen Platz. Das Gespenst der »Kommunalisierung der Wohlfahrtspflege« ging um in Deutschland. Wilhelm Polligkeit kannte die Verantwortlichen: »Die Einführung des parlamentarischen Systems«, äußerte er auf einer Tagung des Fachausschusses für private Fürsorge im Oktober 1919, »bringt in unsere bisher rein von sachlichen Gesichtspunkten geleitete Arbeit solche parteipolitische Art hinein. Die private Fürsorge wird mit dem Odium einer von der ›Bourgeoisie‹ an der ›entrechteten Volksmasse‹ geübten ›Wohltätigkeit‹ behaftet und nach Geist und Inhalt in einen künstlichen Gegensatz zu der von den Behörden geleisteten Fürsorge gebracht.«[106] Die Tagung mündete in eine Resolution, die den Widerstand *aller* Kreise der privaten Wohlfahrtspflege gegen solcherlei Bestrebungen zum Ausdruck brachte:

»Der schwere Ernst der Zeit berührt auch die freie Liebestätigkeit. Die Verarmung unseres Volkes droht, ihr die Mittel abzuschneiden. Eine in weiten Kreisen unseres Volkes verbreitete Stimmung fordert statt Wohltaten Rechte, den Ersatz der privaten durch die ausschließliche öffentliche Fürsorge und die Überführung der Betriebe der privaten Fürsorge in öffentliche Verwaltung. Demgegenüber erklären wir: Unveräußerlich ist das sittliche Recht und die heilige Pflicht der Menschenliebe. Ihre Werke waren durch Jahrhunderte der Ruhmestitel unseres Volkes. Sie heute darin hindern, heißt, die edelsten Güter unseres Volkslebens verkümmern.

Auch der neue Staat kann sie nicht entbehren, nicht ihre Mittel, nicht ihre persönlichen Kräfte. Keine Umstellung der wirtschaftlichen Verhältnisse wird je alle Quellen der Not verstopfen können. Öffentliche, durch beamtete Persönlichkeiten geübte Verwaltungsmaßregeln werden niemals den Tiefen und der Vielgestaltigkeit der Not gewachsen sein. An der Findigkeit, die Notstände mit offenen Augen und warmem Herzen zu entdecken, an hoffnungsfreudigem Wagemut, an den von Person zu Person wirkenden heilenden Kräften wird die frei waltende Menschenliebe ihnen stets überlegen sein.

Wenn die Entwicklung der Dinge dahin führt, bestimmte Zweige der bisherigen freien Liebestätigkeit in öffentliche Verwaltung zu nehmen, darf das nicht nach parteipolitischen Gesichtspunkten und nicht unter allgemeinen Schlagworten, sondern nur nach sorgfältiger sachlicher Erwägung, ob dadurch wirklich erhöhte Leistungen zu erzielen seien, geschehen.

Das Beste erhoffen wir von einem vertrauensvollen Zusammenarbeiten der öffentlichen und privaten Fürsorge, wozu wir auch den sog. gemischten Betrieben unsere Kräfte zur Verfügung stellen.

Dafür erwartet die freie Liebestätigkeit von dem Staat alle Förderung, deren sie bedarf. Sie darf in Sonderheit auf den Schutz gegenüber wilden, oft unlauteren Gründungen und Veranstaltungen rechnen, die ihr Ansehen und ihre wirtschaftlichen Interessen und damit die Allgemeinheit schädigen. Die freie Liebestätigkeit ist bereit, auch aus der an ihr geübten Kritik zu lernen, selbst da, wo sie nicht völlig gerecht ist. In stets erneuter Selbstprüfung wird sie bemüht sein, ihre Mängel zu erkennen und zu verbessern. Sie wird sich bestreben, den veränderten wirtschaftlichen und politischen Verhältnissen und den neuen wissenschaftlichen Kenntnissen Rechnung zu tragen. Sie wird mehr als bisher die Mitarbeit aller Schichten unseres Volkes, besonders auch der organisierten Arbeiterschaft zu gewinnen suchen. An unsere Mitarbeiter und Freunde aber richten wir die herzliche und dringende Bitte, auch unter den Schwierigkeiten, die die neue Zeit bringt, nicht müde zu werden im Wirken. Wenn wir das Gefühl sozialer Verantwortlichkeit und die Fähigkeit, das Empfinden des Volkes immer besser zu verstehen und ihm immer fälliger gerecht zu werden, unter uns pflegen und vertiefen, dann werden wir auch diese Schwierigkeiten überwinden zum Heil unseres Volkes.«[107]

Aber die private Wohlfahrtspflege wurde nicht nur »von außen« politisch herausgefordert, sie befand sich auch in einer inneren Krise. Wohltätigkeitsorganisationen und Stiftungen verloren vielfach ihr Vermögen in Krieg und Inflation. Auch die Träger der traditionellen Privatwohltätigkeit, die Angehörigen des gehobenen städtischen Bürgertums, waren häufig verarmt. Das Nachlassen von Spenden- und Hilfsbereitschaft war unübersehbar. »Ehrenamtliche Mitarbeiter ziehen sich zurück, entweder weil sie einer Erwerbsarbeit nachgehen müssen oder, was bei Hausfrauen häufig zutrifft, kein Dienstmädchen mehr halten können und nun durch die Hausarbeit gebunden sind«, klagte Alice Salomon.[108] Die zunehmende Betonung fachlicher Standards spätestens seit dem Weltkrieg, Bürokratisierung und Professionalisierung, mögen dazu beigetragen haben, manches ehrenamtliche Engagement zu entmutigen. Die organisatorische Zersplitterung wurde auch in Kreisen privater Wohlfahrtsvereinigungen selbst kritisiert. Kurzum: die Privatwohltätigkeit alten Stils war nicht länger durchführbar. Die private Wohlfahrtspflege reagierte mit einem Prozeß der Formierung und Zentralisierung. Die bereits existierenden Zentralverbände der freien Wohlfahrtspflege, der »Centralausschuß der Inneren Mission« (gegründet 1849), das »Deutsche Rote Kreuz« (gegründet 1864) und der »Caritas Verband für das katholische Deutschland« (gegründet 1897) reorganisierten sich derart, daß sie ihren Verwaltungsunterbau der hierarchischen Gliederung der öffentlichen Verwaltung anpaßten und zugleich die Kompetenzen der Zentrale stärkten. Neue Spitzenverbände wurden gegründet: 1917 die »Zentralwohlfahrtsstelle der deutschen Juden«; 1919 der »Hauptausschuß der Arbeiterwohlfahrt«; 1920 die »Vereinigung der freien, privaten, gemeinnützigen Kranken- und Pflegeanstalten Deutschlands«, die 1924 zum »Fünften Wohlfahrtsverband« ausgebaut und 1932 in »Deutscher Paritätischer Wohlfahrtsverband« umbenannt wurde; 1921 der »Zentrale Wohlfahrtsausschuß der christlichen Arbeiterschaft«. Am 12. März 1921 wurde auf Initiative von Wilhelm Polligkeit die »Reichsgemeinschaft von Hauptverbänden der freien Wohlfahrtspflege« gegründet, der erste Zusammenschluß von Wohlfahrtsverbänden in Deutschland zum Zwecke der Koordination der eigenen Arbeit. Im Dezember 1924 vereinten sich »Caritas Verband«, »Centralausschuß für Innere Mission«, »Zentralwohlfahrtsstelle der deutschen Juden«, »Fünfter Wohlfahrtsverband und Zentralwohlfahrtsausschuß der christlichen Arbeiterschaft« zur »Deutschen Liga der freien Wohlfahrtspflege«. Das »Deutsche Rote Kreuz« schloß sich kurz darauf der »Arbeitsgemeinschaft« an, die Arbeiterwohlfahrt blieb jedoch fern. Die »Reichsgemeinschaft von Hauptverbänden der freien Wohlfahrtspflege« löste sich nach Bildung der »Liga« auf.[109]

Ein besonderer Anreiz zu dieser Zentralisierung der freien Wohlfahrtspflege war durch die Subventionierungspolitik des Reiches geschaffen worden. Schon seit Kriegsende und verstärkt durch die Inflation waren die Finanzen der Träger freier Wohlfahrtspflege so zerrüttet, daß ohne öffentliche Unterstützung nicht mehr auszukommen war. So sah das Finanzausgleichsgesetz vom 23. Juni 1923[110] in § 61 Zuschüsse an »Anstalten und Einrichtungen, die Aufgaben der öffentlichen Wohlfahrtspflege oder des öffentlichen Schul- und Bildungswesens durchführen« vor. Eine Verteilung dieser Mittel setzte jedoch angesichts der ungeheuren Fülle von Organisationen privater Wohlfahrtspflege im Reich zentrale Ansprechpartner für die Regierung voraus. Das Finanzausgleichsgesetz kam zwar wegen der Hyperinflation des Jahres 1923 nur beschränkt zur Ausführung, und in seiner Neufassung vom 27. April 1926 war eine dem § 61 entsprechende Fassung nicht mehr enthalten. Auch ohne diese gesetzliche Regelung stellte die

Reichsregierung aber auch weiterhin Mittel zur Förderung der freien Wohlfahrtspflege bereit: 15 Millionen 1924, 12 Millionen 1925. Das Reich setzte also gleichsam Gratifikationen für die Zentralisierung der freien Wohlfahrtspflege in Spitzenverbänden aus.

»Staatlicherseits wurde die Liga vor allem von Ministerialdirektor Erwin Ritter aus dem Reichsarbeitsministerium gefördert, um eine bestimmte Stelle für die Weiterverteilung der vom Reich für die freie Wohlfahrtspflege ausgeschütteten Mittel zu haben. Die Liga wurde somit ein Stützpunkt für die ministerielle Wohlfahrtspolitik, die nun ganz i. S. des Zentrums mit der freien Wohlfahrtspflege zusammenarbeitete.«[111]

Zur zweckmäßigen Verwaltung der öffentlichen Darlehen und Zuschüsse wurden bereits 1923 der »Wirtschaftsbund gemeinnütziger Wohlfahrtseinrichtungen« und die »Hilfskasse gemeinnütziger Wohlfahrtseinrichtungen Deutschlands«, eine »Wohlfahrtsbank« also, gegründet.[112] Reichsrechtliche Anerkennung fanden die sieben Spitzenverbände der freien Wohlfahrtspflege durch die dritte Verordnung zur Durchführung des »Gesetzes über die Ablösung öffentlicher Anleihen« vom 4. Dezember 1926, die sie ausdrücklich aufzählte und ihnen eine hervorgehobene Stellung einräumte.

Die juristische Ausgestaltung des Verhältnisses öffentlicher und freier Wohlfahrtspflege insgesamt war im Reichsjugendwohlfahrtsgesetz und in der Reichsfürsorgepflichtverordnung erfolgt. Daß dies nur auf der Basis wechselseitiger Autonomie und Selbständigkeit erfolgen könne, hatte schon die *Denkschrift des Reichsarbeitsministeriums* vom 14. Februar 1923 betont.[113] In diesem Sinne ordnete § 6 RJWG an, daß das Jugendamt die freie Jugendwohlfahrt unter »Wahrung ihrer Selbständigkeit« zu unterstützen und zu fördern sowie mit ihr planvoll zusammenzuwirken habe. § 5 Abs. 4 RFV betonte ebenfalls die Selbständigkeit beider Bereiche. § 5 Abs. 1 und Abs. 2 RFV und § 11 RJWG sahen die Möglichkeit einer Delegation öffentlicher Fürsorgeaufgaben an Träger der freien Wohlfahrtspflege vor, § 9 RJWG regelte die Mitarbeit von Vertretern der freien Jugendhilfe im Jugendamt. § 5 Abs. 3 RFV schließlich beinhaltete die berühmte Sperrklausel, daß eigene Einrichtungen der öffentlichen Fürsorge nur dann zu schaffen seien, wenn geeignete Einrichtungen der freien Wohlfahrtspflege nicht vorhanden seien. Damit war der Einbau der freien Wohlfahrtspflege in das Gesamtsystem öffentlicher sozialer Dienstleistungen i. S. des Subsidiaritätsprinzips gesetzlich festgeschrieben. Den Spitzenverbänden der freien Wohlfahrtspflege kam damit eine Monopolstellung bei der Interessenformulierung und Politikbeeinflussung im sozialen Sektor unter Ausschluß aller nicht organisierten Interessen zu. Öffentliche und private Wohlfahrtspflege wurden zu einem »wohlfahrtsindustriellen Komplex« verschweißt, innerhalb dessen exklusiv die Wichtigkeit von Aufgaben und Problemen wie die anstehenden Lösungsmuster ausgehandelt und abgestimmt wurden. Während die Formierung der Privatwohltätigkeit im Verlaufe des Weltkriegs und ihre Einbindung in das System öffentlicher Fürsorge noch unmittelbar auf die Gewährung von Diensten und Leistungen auf kommunaler Ebene bezogen war, veränderte sich der Charakter der privaten Wohlfahrtsorganisationen nunmehr grundlegend. Die Bildung von Spitzenverbänden ist als Korrelat zur Zentralisierung von Gesetzgebungsbefugnissen und finanziellen Ressourcen auf Reichs- und Landesebene zu verstehen, als Angleichung an die Strukturen öffentlicher Verwaltung, die nicht mehr primär auf die Erbringung sozialer Dienste und Leistungen, sondern auf die Beschaffung von Finanzmitteln und die Beeinflussung der Gesetzgebung bezogen war. »Subsidiarität«, wie die Fürsorgegesetzgebung der zwanziger Jahre sie festlegte, zielte also nicht primär auf Eigenverantwortung der Betroffenen und ihrer unmittelbaren Umgebung i. S. altliberalen Gesellschaftsdenkens und der katholischen Soziallehre. Sie beinhaltete faktisch ein Prinzip der Zuständigkeitsverteilung innerhalb des Gesamtkomplexes öffentlicher Wohlfahrt, der als »neokorporatistisches Verhandlungssystem« treffend umschrieben wurde.[114]

6.3 Die organisatorischen Reformen: Vom Armenamt zum Wohlfahrtsamt

Die geschilderten Bemühungen um eine Vereinheitlichung der gesetzlichen Grundlagen der Wohlfahrtspflege konnten erst dann wirksam werden, wenn sie von einer verwaltungsorganisatorischen Zusammenfassung und Straffung der kommunalen Sozialbürokratie begleitet wurden. Die hierauf bezogenen Reformdiskussionen wurden unter dem Stichwort »Wohlfahrtsamt« geführt. Erste städtische Wohlfahrtsämter waren bereits vor dem Weltkrieg gegründet worden: 1911 in Düren, 1914 in Magdeburg. Sie standen unter dem Gedanken, die vielfältigen Fürsorgeeinrichtungen auf kommunaler Ebene transparent zu machen, ihre Tätigkeit zu koordinieren, Doppelarbeit und Doppelunterstützung zu vermeiden. In ihrem Zentrum stand daher das Konzept einer zentralen Auskunftsstelle. Sie bildeten gleichsam das öffentliche Pendant zu den bereits seit Ende des 19. Jahrhunderts in mehreren Großstädten existierenden Zentralen für private Fürsorge.[115]

Durch den enormen Zuwachs an kommunalen Fürsorgeaufgaben im Laufe des Krieges gewannen die organisatorischen Zentralisierungsbestrebungen an Brisanz. Zum einen wurde die kommunale Fürsorge durch die Kriegsaufgaben nicht nur quantitativ ausgeweitet, sondern auch qualitativ verändert. Völlig neue gesellschaftliche Gruppen wurden Empfänger von Fürsorgeleistungen, die in expliziter Abgrenzung von der traditionellen Armenfürsorge standen. Schon von daher waren die Armenämter als organisatorische Basis der Kriegsfürsorge ungeeignet. Zum zweiten aber entstand mit der Übernahme erheblicher Fürsorgeaufgaben durch den »Nationalen Frauendienst«, eine private Organisation also, ein gesteigerter Koordinationsbedarf. So wurden während des Krieges eine ganze Reihe von Kriegsfürsorgeämtern oder Zentralen für Kriegsfürsorge gebildet, neuartige, zentralisierende Organisationen der kommunalen Fürsorge.[116] Nach dem Kriege spitzte sich die Problematik weiter zu, als durch den Aufbau und Ausbau der verschiedenen Fürsorgebereiche zur Bearbeitung der verschiedenen akuten Nachkriegs- und Inflationsmißstände ein fast unüberschaubares Gewirr von heterogenen Fürsorgeleistungen, Adressatengruppen, organisatorischen Trägern und Finanzierungsmodalitäten entstand.[117] Seit Kriegsende intensivierten sich daher die Diskussionen um eine Neuorganisation der kommunalen Fürsorgebürokratie wie auch die praktischen Reformanstrengungen, die gleichermaßen von den Bestrebungen um die Schaffung vereinheitlichender Wohlfahrtsämter geprägt waren. Ziel und Aufgabe kommunaler Wohlfahrtsämter sollte dabei sein:

»Straffe Zusammenfassung der gesamten Wohlfahrtspflege zu einem geschlossenen Ganzen durch Vereinheitlichung der behördlichen Fürsorge und deren Verknüpfung mit der privaten Wohlfahrtsarbeit, die ihrerseits unter sich zu geschlossenem Zusammenwirken zu bringen ist, bei weitgehender Erhaltung der Selbständigkeit privater Vereinstätigkeit, Heranziehung weitester Kreise zur Mitarbeit bei der Ausübung der Wohlfahrtspfle-

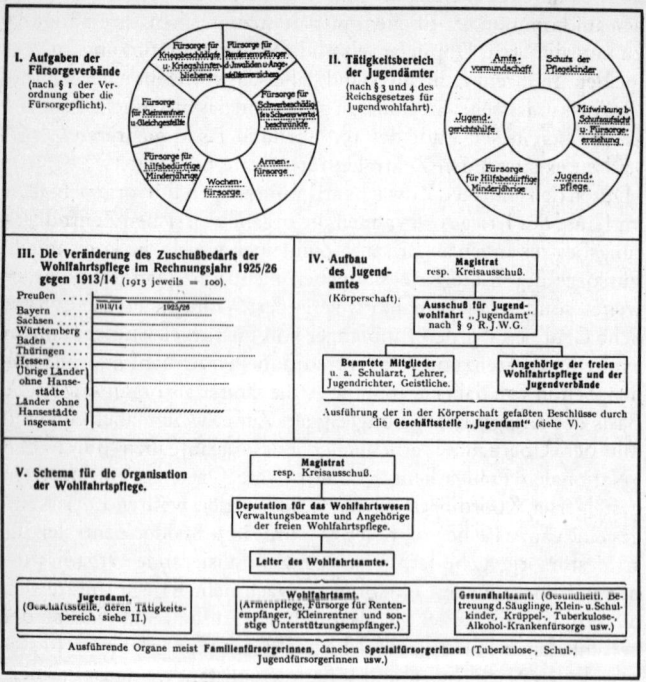

I. Aufgaben der Fürsorgeverbände
(nach § 1 der Verordnung über die Fürsorgepflicht).

Fürsorge für Kriegsbeschädigte u. Kriegshinterbliebene · Fürsorge für Rentenempfänger d. Invaliden- u. Angestelltenversicherung · Fürsorge für Schwerbeschädigte (ausschließlich der Schwerkriegsbeschädigten und -hinterbliebene · Armenfürsorge · Wochenfürsorge · Fürsorge für hilfsbedürftige Minderjährige · Fürsorge für Kleinrentner u. Gleichgestellte

II. Tätigkeitsbereich der Jugendämter
(nach § 3 und 4 des Reichsgesetzes für Jugendwohlfahrt).

Amtsvormundschaft · Schutz der Pflegekinder · Mitwirkung b. Schutzaufsicht u. Fürsorgeerziehung · Jugendpflege · Fürsorge für Hilfsbedürftige Minderjährige · Jugendgerichtshülfe

III. Die Veränderung des Zuschußbedarfs der Wohlfahrtspflege im Rechnungsjahr 1925/26 gegen 1913/14 (1913 jeweils = 100).

Preußen .... (1913/14 | 1925/26)
Bayern ......
Sachsen ......
Württemberg ...
Baden ......
Thüringen ....
Hessen ......
Übrige Länder ohne Hansestädte
Länder ohne Hansestädte insgesamt

IV. Aufbau des Jugendamtes (Körperschaft).

Magistrat resp. Kreisausschuß

Ausschuß für Jugendwohlfahrt „Jugendamt" nach § 9 R.J.W.G.

Beamtete Mitglieder u. a. Schularzt, Lehrer, Jugendrichter, Geistlicher. · Angehörige der freien Wohlfahrtspflege und der Jugendverbände

Ausführung der in der Körperschaft gefaßten Beschlüsse durch die Geschäftsstelle „Jugendamt" (siehe V).

V. Schema für die Organisation der Wohlfahrtspflege

Magistrat resp. Kreisausschuß

Deputation für das Wohlfahrtswesen Verwaltungsbeamte und Angehörige der freien Wohlfahrtspflege.

Leiter des Wohlfahrtsamtes.

Jugendamt. (Geschäftsstelle, deren Tätigkeitsbereich siehe II.) · Wohlfahrtsamt. (Armenpflege, Fürsorge für Rentenempfänger, Kleinrentner und sonstige Unterstützungsempfänger.) · Gesundheitsamt. (Gesundheitl. Betreuung d. Säuglinge, Klein- u. Schulkinder, Krüppel-, Tuberkulose-, Alkohol-Krankenfürsorge usw.)

Ausführende Organe meist Familienfürsorgerinnen, daneben Spezialfürsorgerinnen (Tuberkulose-, Schul-, Jugendfürsorgerinnen usw.)

Die Organisation der Wohlfahrtspflege in der Weimarer Republik

ge und Förderung der bestehenden Einrichtungen sowie Ausbau der Wohlfahrtspflege zu immer vollkommenerer Geschlossenheit und immer tiefer dringender Wirkung.«[118]

Und das *Handwörterbuch der Wohlfahrtspflege* definierte:

»Das Wohlfahrtsamt ist eine behördliche Einrichtung, welche sich die Zusammenfassung und zweckmäßige sachliche Gliederung aller Wohlfahrtsbestrebungen, ihre Anregung, Ergänzung und Förderung mit dem Ziel der Besserung der gesundheitlichen, wirtschaftlichen, sittlichen und kulturellen Verhältnisse der Bevölkerung ihres Bezirkes zur Aufgabe macht.«[119]

Hinter diesen hochgesteckten Zielsetzungen standen praktische

Reformansätze ganz heterogener Art. Je nach lokalen Umständen und Traditionen entwickelten sich kommunale Wohlfahrtsämter aus den Aufgaben der Gesundheitsfürsorge, im Anschluß an die zentralisierenden Einrichtungen der Kriegsfürsorge oder aber aufbauend auf die herkömmliche Armenfürsorge.[120] Auch der Umfang der Aufgaben der Wohlfahrtsämter war im einzelnen umstritten. In der zeitgenössischen Diskussion bildete sich jedoch ein Konsens, daß wirtschaftliche Fürsorge, Jugend- und Gesundheitsfürsorge die drei zentralen Schwerpunkte der Arbeit eines Wohlfahrtsamtes bilden sollten.[121] Bei der wirtschaftlichen Fürsorge war umstritten, ob auch die herkömmliche Armenfürsorge zu den Aufgaben des Wohlfahrtsamtes zählen sollte, da dieses gerade dem Aufbau der kommunalen Sozialleistungen für breite Bevölkerungskreise dienen und nicht mit dem Ruch von Assozialität und Diskriminierung behaftet werden sollte. Andererseits mehrten sich seit Kriegsende die Stimmen derer, die auch die Armenfürsorge von dem ihr anhaftenden Stigma lösen wollten und deshalb ihre Einbeziehung in das Wohlfahrtsamt forderten. Das Wohlfahrtsamt in Frankfurt/M. – 1918 noch während des Krieges gegründet –, das beispielgebend auf die weitere Entwicklung im ganzen Reich einwirkte, stellte die Aufgaben der Armenfürsorge ganz ins Zentrum seiner Organisation. Und seit dem Inkrafttreten der Reichsfürsorgepflichtverordnung, die eine vereinheitlichende *gesetzliche* Regelung für alle Formen wirtschaftlicher Fürsorge jenseits der Erwerbslosenunterstützung vorsah, setzte sich diese Organisationsform immer mehr durch.

Bei der Jugendfürsorge entstanden Probleme, weil durch das Reichsjugendwohlfahrtsgesetz die Bildung von Jugendämtern als kommunalen Zentren der Jugendfürsorge vorgeschrieben war (§ 8 RJWG). Allerdings ermöglichte § 10 Abs. 1 RJWG unter bestimmten Bedingungen die Delegation der Aufgaben des Jugendamtes auf das Wohlfahrtsamt, so daß sich eine Eingliederung als besondere Abteilung anbot. Die Errichtung kommunaler Gesundheitsämter wurde reichsgesetzlich erst 1927 durch das »Gesetz zur Bekämpfung der Geschlechtskrankheiten« vorgeschrieben, allerdings lediglich mit einer beschränkten Spezialzuständigkeit. Kommunale Gesundheitsämter bestanden jedoch als freiwillige fürsorgerische Einrichtungen in zahlreichen Städten.[122] Auch hier bot sich eine Eingliederung in ein übergreifendes Wohlfahrtsamt als selbständige Abteilung organisatorisch an, wobei die ärztliche

Leitung gewährleistet sein mußte. Problematischer waren die Kompetenzkonflikte der Jugend- und Gesundheitsämter untereinander. § 4 RJWG wies die Fürsorge für Schwangere, Säuglinge, Kleinkinder und Schulkinder in die Zuständigkeit des Jugendamtes – eine Anordnung, die heftigen Protest von ärztlicher Seite hervorrief: Da hier die sozialhygienischen Aufgaben eindeutig im Vordergrund stünden, seien diese Aufgaben ganz unabdingbar von den Gesundheitsämtern unter ärztlicher Leitung wahrzunehmen. Die heftig entbrennende Domänekonkurrenz wurde in der Fachdiskussion unter dem Stichwort »Alters- oder Fachgliederung als Einteilungsprinzip für die sozialen Ämter einer Stadtverwaltung« ausgetragen.[123] Als salomonische Lösung bot sich auch für dieses Problem die Einordnung beider Bereiche in ein übergreifendes Wohlfahrtsamt an, die auch eine Aufteilung z. B. der Schulkinderfürsorge auf beide Ressorts je nach erzieherischem oder hygienischem Schwerpunkt erträglich scheinen ließ. So kristallisierten sich Unterstützungs-, Jugend- und Gesundheitsamt als die tragenden Abteilungen des kommunalen Wohlfahrtsamtes heraus.

Nicht in das Wohlfahrtsamt eingegliedert wurden dagegen in aller Regel die Aufgaben des Wohnungsamtes, das in Preußen in Städten über 100 000 Einwohner als selbständige Einrichtung gesetzlich vorgeschrieben war[124], wie auch die Funktionen der Erwerbslosenfürsorge und des Arbeitsnachweises, die besonderen Arbeitsämtern vorbehalten waren. Die Tätigkeit des Wohnungsamtes lag weitgehend auf bautechnischem und baupolizeilichem Gebiet, die des Arbeitsamtes hatte stark arbeitsmarktpolitische Aspekte. Beide zählten also nicht zu den fürsorgerischen Bereichen. Lediglich die individuelle Wohnungspflege, die durchaus eine fürsorgerische Tätigkeit war und von spezifisch ausgebildeten Fürsorgerinnen wahrgenommen wurde[125], wurde in manchen Gemeinden dem Wohlfahrtsamt übertragen.[126] Die Stadt Frankfurt a. O. allerdings führte die Zusammenfassung aller wohlfahrtspflegerischen Aufgaben in einem einheitlichen Wohlfahrtsamt kompromißlos durch: Neben der wirtschaftlichen, der Jugend- und der Gesundheitsfürsorge zählten hier auch Wohnungsvermittlung, -aufsicht, -pflege, Erwerbslosenfürsorge, Arbeitsnachweis und Berufsberatung sowie Rechtsauskunft und -beratung zu seinen Aufgaben.[127]

Die interne Verfassung der Wohlfahrtsämter und ihre Verwaltungsorganisation basierten auf einer Doppelstruktur. Auf der einen Seite standen quasi-parlamentarische Gremien: Ausschüsse, die aus gewählten Vertretern bestanden und die Grundzüge der Politik des Amtes bestimmten; auf der anderen Seite der Verwaltungsapparat, der für die Durchführung der Ausschußbeschlüsse und die alltägliche Ausführung der Fürsorgearbeit zuständig war. Mit dem Begriff »Wohlfahrtsamt« wurde dabei in der zeitgenössischen Diskussion ausschließlich die parlamentarische Ebene, der Hauptausschuß und seine Unterausschüsse bezeichnet. Für den Hauptausschuß setzte sich zunehmend die Form einer städtischen Deputation durch, und zwar die einer »gemischten Deputation«, wie sie die Gemeindeverfassungen der meisten deutschen Länder, insbesondere Preußens, vorsahen. Das »Wohlfahrtsamt« oder der »Wohlfahrtsausschuß« war danach zusammengesetzt aus einer Reihe von Magistratsmitgliedern, von denen eines den Vorsitz führte; aus einer Anzahl von Stadtverordneten, die die Stadtverordnetenversammlung aus ihrer Mitte wählte; aus Vertretern der lokalen, privaten Wohltätigkeitsvereine und ggf. aus weiteren Experten wie dem Stadtarzt, Armenpflegern etc., die vom Magistrat für dieses Amt bestellt oder von der Stadtverordnetenversammlung gewählt wurden. Für die einzelnen Bereiche der Wohlfahrtspflege bildete das Wohlfahrtsamt Fachausschüsse, z. B. für Gesundheits- und Altersfürsorge, für offene Unterstützung etc., die analog zusammengesetzt, aber kleiner waren. Neben diesen parlamentarischen Gremien stand die zentrale Verwaltungsstelle, der die Durchführung der Verwaltungs- und Fürsorgearbeit oblag. Ihr Leiter war ein Magistratsmitglied als Dezernent, ihm zugeordnet gegebenenfalls ein hauptamtlicher Leiter. Auch im übrigen wurde die Arbeit von berufsmäßigen Kräften durchgeführt. In größeren Städten wurden neben bzw. unter dem zentralen Wohlfahrtsamt dezentrale Einrichtungen geschaffen. Die Stadt wurde zu diesem Zweck in Kreise eingeteilt. Auf Kreisebene gab es wiederum die Kreisversammlung als parlamentarisches Beschlußgremium und die Kreisstelle als ausführendes Verwaltungsorgan, bei dem in der Regel die Hauptlast der praktischen Fürsorgearbeit lag, also all jene Aufgaben, die nicht aus sachlichen Gründen bei der Zentrale angesiedelt sein mußten. Die Kreise wiederum waren in Bezirke eingeteilt, auf deren Ebene die Bezirksversammlung gebildet wurde. Die Bezirke waren für die Durchführung der Armenfürsorge i. e. S. zuständig, die nach wie vor zu guten Teilen von ehrenamtlichen Pflegern wahrgenommen wurde. Die Bezirksversammlung bestand daher aus den Pflegern und dem Bezirksvorsteher als Vorsitzendem. Eine eigene Verwaltung gab es auf Bezirksebene in der Regel nicht. Diese recht komplexe Organisationsstruktur großstädtischer Wohlfahrtsämter sei im folgenden am Beispiel des Wohlfahrtsamtes Frankfurt a. M. verdeutlicht, das – wie erwähnt – eine gewisse Vorbildfunktion für andere Städte im Reich hatte.[128]

Das Frankfurter Wohlfahrtsamt wurde durch Ortsstatut vom 26. September 1918, das am 1. Oktober 1918 in Kraft trat, ins Leben gerufen. Seine Aufgaben wurden in § 1 des Statuts umrissen: »Dem Wohlfahrtsamt wird die Ausübung der offenen und geschlossenen Armenpflege, die Verteilung der Erträgnisse der ihm überwiesenen Stiftungen und Fonds und die Bearbeitung der vorbeugenden Fürsorge und Wohlfahrtspflege übertragen.« Außerdem sollte das Wohlfahrtsamt gemäß § 3 die Arbeit der öffentlichen und privaten Wohlfahrtspflege koordinieren und vereinheitlichen.[129] Das Wohlfahrtsamt wurde als gemischte Deputation gemäß § 66 des Preußischen Gemeindeverfassungsgesetzes gebildet. Nach § 2 des Statuts sollte es aus mindestens drei Magistratsmitgliedern, dem Oberstadtarzt, 15 von der Stadtverordnetenversammlung zu wählenden Ortseinwohnern, darunter mindestens fünf Stadtverordnete, drei Armenvorsteher, drei Vertreter der privaten Fürsorge und vier Frauen bestehen. Faktisch setzte sich das Wohlfahrtsamt 1918 aus fünf Magistratsmitgliedern, dem Stadtarzt und seinem Vertreter, sechs Stadtverordneten, fünf Armenpflegern, zehn Vertretern der privaten Fürsorge (unter ihnen natürlich Wilhelm Polligkeit) und acht Frauen, insgesamt also 36 Personen zusammen.

Das Wohlfahrtsamt bildete neun Fachausschüsse: den Ausschuß für offene Unterstützungen, für Gesundheitsfürsorge (der Unterausschüsse für Heilfürsorge, kranke Frauen und Trinkerfürsorge bildete), für Erwerbsbeschränkten- und Wandererfürsorge, für Wohnungs- und Altersfürsorge, für Kriegshinterbliebenen- und Kriegsbeschädigtenfürsorge, für Mittelstandsfürsorge und für soziale Ausbildung.[130] Die Fachausschüsse hatten zwischen sechs und 17 Mitglieder, waren also unterschiedlich stark besetzt. Den Kern der Aufgaben des Wohlfahrtsamtes bildete danach die Armenfürsorge. Ihr angegliedert waren Aufgaben der Gesundheitsfürsorge, der individuellen Wohnungsfürsorge, der Fürsorge für Erwerbsbeschränkte und Wanderer. *Nicht* zu den Aufgaben des Wohlfahrtsamtes gehörte der gesamte Bereich der Jugendfürsorge, zu deren Durchführung seit 1914 ein selbständiges Jugendamt bestand, das selbst in Form einer gemischten Deputation organisiert war.[131] Obwohl das Wohlfahrtsamt für die Gesundheitsfürsorge zuständig war, gab es daneben ein selbständiges Gesundheitsamt, dem vor allem die Aufsicht über die städtischen Krankenanstalten oblag. Für Aufgaben jenseits der individuellen Wohnungsfürsorge bestand ein gesondertes Wohnungsamt, für die Erwerbslosenunterstützung und Arbeitsvermittlung das Arbeitsamt. So konnte für den Gründungszeitraum jedenfalls keine Rede davon sein, daß das Wohlfahrtsamt *alle* Fürsorgeaufgaben auf kommunaler Ebene in einem Amt vereinheitlichte. Es machte lediglich für einige Teilbereiche einen Anfang. Neben dem Wohlfahrtsamt als gemischter Deputation stand die Zentralstelle der Verwaltung. Ihr unterstand vor allem die interne Verwaltung des Wohlfahrtsamtes, die Bibliothek und die Zentralauskunftsstelle sowie die zentral durchzuführenden Fürsorgeaufgaben, insbesondere die Anstaltsverwaltung. Die Hauptlast der Fürsorgeaufgaben wurde dagegen von den Kreisen als dezentralen Einrichtungen getragen. Die z. Z. der Errichtung des Wohlfahrtsamtes bestehenden 65 Armenbezirke wurden zu acht Kreisen zusammengefaßt. Für jeden Kreis wurde eine Kreisstelle als ausführende Verwaltungseinrichtung gebildet. Hier waren sämtliche Anträge auf Unterstützung zu stellen, hier wurden »sowohl die Geschäfte der offenen als auch der geschlossenen Wohlfahrtspflege erledigt«[132], und zwar durch einen beruflich tätigen Verwaltungsbeamten, den Kreisbeamten. Das parlamentarische Gremium auf Kreisebene war die Kreisversammlung. Sie bestand aus dem Vorsitzenden, den Vorstehern der Bezirke, dem Kreisbeamten, den für den Kreis zuständigen Armenärzten und einer Anzahl vom Wohlfahrtsamt entsandter Vertreter. Die Aufgaben der Kreisversammlung betrafen ausschließlich die Armenfürsorge. Hier hatte sie über Beschwerden gegen Beschlüsse der Bezirksversammlungen und über Unterstützungsbeträge, die die Zuständigkeit der Bezirksversammlung überschritten, zu entscheiden.

Auf der untersten Stufe der Frankfurter Wohlfahrtshierarchie standen die Bezirke. Hier wurde die Bezirksversammlung gebildet, bestehend aus dem Vorsteher, den Armenpflegern eines Bezirkes und dem für den Bezirk zuständigen Armenarzt. Die Bezirksversammlung hatte über alle Anträge und Gesuche zu entscheiden, die ihr von der Kreisstelle vorgelegt wurden, sofern sie nicht in die Zuständigkeit der Kreisversammlung fielen. In der Bezirksversammlung wies der Vorsteher den Pflegern die einzelnen Unterstützungsfälle zur Betreuung zu, und zwar nicht – wie noch im Elberfelder System – nach lokalen Kriterien der räumlichen Nähe, sondern nach sachlichen der Eignung.[133] Es ist hervorzuheben, daß die Bezirksarmenfürsorge auch im Rahmen des Frankfurter Wohlfahrtsamtes von 1918 ausschließlich ehrenamtlich durchgeführt wurde. Neben den 65 Vorstehern waren hier 997 männliche und 143 weibliche Armenpfleger, insgesamt also 1205 Personen, ehrenamtlich tätig![134]

Die Vereinheitlichung der gesetzlichen Grundlagen der kommunalen Wohlfahrtspflege durch die Reichsfürsorgepflichtverordnung und die Reichsgrundsätze machte in der Zeit nach 1924 gewisse Neuorganisationsmaßnahmen im Rahmen des Frankfurter Wohlfahrtsamtes erforderlich. Am 2. September 1924 erhielt das Wohlfahrtsamt ein neues Statut, das der Neufassung der Aufgaben der kommunalen Wohlfahrtspflege durch die neuen Fürsorgegesetze Rechnung trug. Zu den bisherigen Aufgaben traten nun die Krüppelfürsorge, die soziale Fürsorge für Kriegsbeschädigte und Kriegshinterbliebene, die Fürsorge für Sozial- und Kleinrentner, für hilfsbedürftige Minderjährige sowie die Wochenfürsorge. Zugleich wurde die Zusammensetzung des Wohlfahrtsamtes neu geregelt. Es hieß nunmehr »Wohlfahrtsdeputation« und bestand aus fünf Magistratsmitgliedern (unter ihnen der Vorsitzende), die vom Oberbürgermeister ernannt wurden, sowie 17 von der Stadtverordnetenversammlung zu wählenden Mitgliedern, von denen fünf selbst der Stadtverordnetenversammlung angehörten und unter denen sich sowohl Vertreter der freien Wohlfahrtspflege als auch in der Fürsorge erfahrene Frauen befinden mußten. Die Mitgliederzahl der Wohlfahrtsdeputation wurde also auf 22 verringert. Die Zahl der Fachausschüsse blieb zwar konstant, ihr sachlicher Aufgabenbereich wurde jedoch modifiziert. Es wurden gebildet: der Unterstützungsausschuß, der Ausschuß für Mittelstands-, Gesundheits-, Alters- und Gefährdetenfürsorge, für Wanderer- und Erwerbsbeschränktenfürsorge, für soziale Gerichtshilfe, für Trinkerfürsorge und für soziale Ausbildung.[135]

Die Zahl der Pflegebezirke war seit Gründung des Wohlfahrtsamtes immer wieder erhöht worden. Infolge der gewachsenen Aufgaben stieg sie 1924 auf 82, 1925 auf 90, 1926 zunächst auf 96, dann auf 112 an.[136] Dies resultierte u. a. daraus, daß die Stadt Frankfurt nach Inkrafttreten der Reichsgrundsätze mit ihren unterschiedlichen Gruppen von Fürsorgeempfängern beschloß, *alle* Gruppen »nach dem Gedanken einer gehobenen Einheitsfürsorge durch die ehrenamtlichen Pfleger und Pflegerinnen betreuen zu lassen«.[137] Deren Aufgaben gingen also jetzt erheblich über die klassische Armenfürsorge hinaus. Ihre Zahl vergrößerte sich auf 1759 am 31. März 1925 und auf 1879 am 31. März 1926. Der Zuwachs an Aufgaben machte auch eine Vermehrung der Kreisstellen notwendig. Ihre Zahl wurde auf 12 erhöht. Zwei Kreisstellen erhielten Nebenstellen, zwei fachspezifische Kreisstellen für geschlossene Anstaltsfürsorge und für Obdachlose, Wanderer und Erwerbsbeschränkte im ganzen Stadtgebiet traten hinzu. Insgesamt gab es jetzt also 16 Kreisstellen, für deren Betreuung neben der Zentralstelle des Wohlfahrtsamtes noch eine besondere Kreisstellenzentrale mit zwei Verwaltungsbeamten und zwei beruflichen Fürsorgerinnen gebildet wurde. Zugleich wurden die Kreisstellen des Wohlfahrtsamtes, des Jugendamtes und z. T. auch des Gesundheitsamtes räumlich zusammengelegt, so daß das Wohlfahrtsamt zwar erheblich an Komplexität zugenommen hatte, für die Ämterstruktur insgesamt aber eine gewisse Vereinheitlichung eintrat. Schon im Laufe des Jahres 1926 setzte eine erneute Diskussion um die Reform der Wohlfahrtsverwaltung in Frankfurt ein. Die Stadt Frankfurt – wie auch die übrigen Städte im Reich – stöhnte unter der Last des erheblichen Anstiegs der Fürsorgeaufwendungen. Eine Kürzung der Fürsorgeleistung schien nicht vertretbar, so daß Kosteneinsparungen nur auf dem Wege einer Verwaltungsvereinfachung möglich waren. Die Stadt Frankfurt nahm die neuerliche Reform gründlich in Angriff. Ein Beamter des Wohlfahrtsamtes wurde nach Köln entstandt, um die dortigen Verhältnisse zu studieren. Eine umfangreiche Expertise über die Umorganisation des Wohlfahrtsamtes wurde in Auftrag gegeben.[138] Schließlich legten das Jugend- und das Wohlfahrtsamt am 22. November 1927 einen gemeinsamen Vorschlag zur Vereinheitlichung des Frankfurter Fürsorgewesens vor, der im Februar 1928 verwirklicht wurde.[139] Beide Ämter wurden zu einer einheitlichen Behörde zusammengeschlossen, die im Hinblick auf die geplante weitere Einbeziehung von Aufgaben des Gesundheitsamtes und des Wohnungsamtes den Namen »Städtisches Fürsorgeamt« erhielt. Auf parlamentarischer Ebene änderte sich dadurch wenig:

Die Wohlfahrts- und die Jugendwohlfahrtsdeputationen blieben
samt Fachausschüssen in der bisherigen Form bestehen, repräsen-
tierten aber jetzt nicht mehr verschiedene Ämter, sondern zusammen das Fürsorgeamt. Auf administrativer Ebene wurden unter
einem gemeinsamen Dezernenten eine Fürsorge- und eine Jugend-
fürsorgedirektion gebildet, denen je ein Verwaltungsdirektor und
ärztlicher Referent vorstand. Daneben wurden alle reinen Verwaltungsaufgaben in einer besonderen Verwaltungsabteilung zusammengefaßt. Die Zahl der Kreisstellen wurde auf zehn vermindert.
Die beiden Fachkreisstellen blieben bestehen. In den Kreisstellen
war die Fürsorgearbeit von Jugendamt und Wohlfahrtsamt gebün-
delt. Sie wurden organisatorisch und personell erheblich ausgeweitet. Die Einzelheiten des Aufbaus des Frankfurter Fürsorgeamtes am 31. März 1928 zeigt nachfolgende Abbildung.

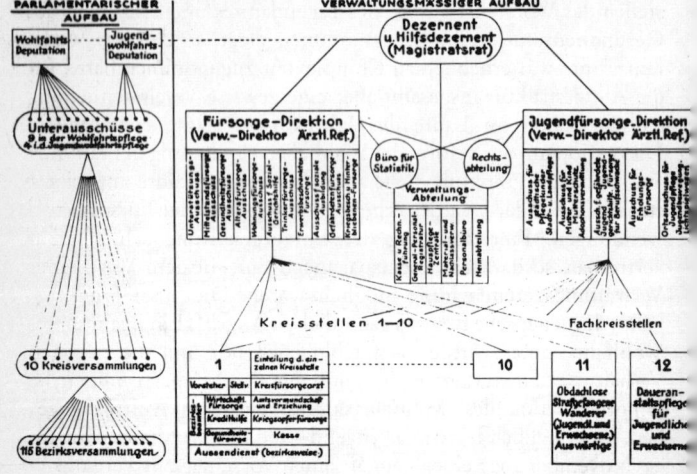

Die Bemühungen um eine Vereinheitlichung der kommunalen
Fürsorgeverwaltung hatten also faktisch zum Aufbau eines hoch-
komplexen administrativen Fürsorgeapparates geführt. Verfolgt
man die Frankfurter Entwicklung seit 1918, so wird deutlich, daß
die Strukturen der parlamentarischen Gremien sich kaum verän-

derten, wohingegen der administrative Apparat einen Prozeß rascher Vergrößerung und Differenzierung durchmachte. Wenn noch 1918 ein gut Teil der praktischen Fürsorgearbeit im Hauptausschuß und den Fachausschüssen erledigt wurde, wo Stadtverwaltung und Bürger gemeinsam vertreten waren, so wanderten im Laufe von zehn Jahren die immer komplexer werdenden Fürsorgeaufgaben zunehmend in die Zuständigkeit der »Exekutive«, die dadurch an Umfang und an Bedeutung gewann. Die parlamentarischen Gremien erhielten verstärkt den Status von Organen, in denen Grundsatzentscheidungen gefällt und bestenfalls Leitlinien formuliert wurden. Die im ursprünglichen Wohlfahrtsamt von 1918 noch vorhandene bürgerschaftliche Beteiligung an der Verwaltung der städtischen Wohlfahrtsaufgaben war einer dominant bürokratischen Bearbeitung gewichen.[141]

Ein zentrales Problem im Rahmen der Anstrengungen um eine vereinheitlichende Reform der kommunalen Sozialverwaltung war die Organisation des fürsorgerischen Außendienstes.

Die Kernbereiche der traditionellen Armenfürsorge wurden – wie gezeigt – auch in den zwanziger Jahren noch weitestgehend ehrenamtlich durchgeführt. Daneben gab es jedoch seit der Jahrhundertwende eine zunehmende Anzahl beruflich tätiger Fürsorgerinnen in den im Ausbau begriffenen Bereichen der »Spezialfürsorge«. Der naturwüchsige Ausbau dieser Bereiche hatte zu immer deutlicheren Organisationsproblemen geführt, die sich auf den Einsatz der weiblichen Berufskräfte als unfruchtbares und desorganisierendes Neben- und Nacheinander der Betreuung auswirkten. Auch die ehrenamtliche Durchführung der Armenfürsorge warf jedoch in den zwanziger Jahren verstärkt Schwierigkeiten auf, ähnlich denen, die schon in den neunziger Jahren des 19. Jahrhunderts zur Einführung des Straßburger Systems geführt hatten.[142] Es wurde immer schwerer, eine ausreichende Zahl von ehrenamtlichen Pflegern zu finden, und ihre fachliche Eignung wurde zunehmend zum Problem. Auch hier entstand daher ein Bedarf nach – zumindest ergänzender – Tätigkeit von beruflichen Kräften auf der Bezirksebene, und dies um so mehr, nachdem die Reichsfürsorgepflichtverordnung die betreuenden Aufgaben der Pfleger weit über den Bereich der herkömmlichen Armutspopulationen hinaus ausgedehnt hatte. Aus beiden Richtungen – der zersplitterten Organisation der Spezialfürsorgen und den Problemen der ehrenamtlichen Armenfürsorge – ergab sich die Notwendigkeit einer Neuordnung der beruflichen Fürsorgearbeit auf kommunaler Ebene. Die Einführung der »Familienfürsorge« sollte hier Abhilfe schaffen.

Der Begriff der Familienfürsorge hatte in der zeitgenössischen Diskussion drei Dimensionen. Er bezeichnete einmal eine sozialpolitische Leitideologie fürsorgerischen Handelns. Artikel 119 Weimarer Reichsverfassung hatte den Schutz der Familie zum Verfassungsauftrag erhoben, und diesen zu verwirklichen sollte oberstes Ziel der Fürsorge sein. In den einschlägigen Debatten wurde die Familie als prägende Primärgemeinschaft zwar immer wieder beschworen und ideologisch überhöht, ohne daß jedoch deutlich wurde, welche spezifischen Beiträge durch welche konkreten Maßnahmen die Fürsorge zum Schutz und zur Stärkung hilfsbedürftiger Familien angesichts der Notstände der Zeit leisten könnte.[143] Zum zweiten bezeichnete er eine Methode der Fürsorge: die Hilfe für die ganze Familie als methodische Umsetzung der sozialpolitischen Zielvorstellung im beruflichen Handeln der Fürsorgerinnen. Die spezifischen Elemente dieser Methode blieben ebenfalls undeutlich und zumeist auf der Ebene von Beschwörungsformeln.[144] Zum dritten schließlich ging es um die Familienfürsorge als verwaltungsorganisatorische Maßnahme: Familienfürsorge als einheitliche Bezirksfürsorge. Auf diese handfest organisatorische Problematik, die in engstem Zusammenhang mit den Anstrengungen um die Entwicklung von Wohlfahrtsämtern als Zusammenfassung der kommunalen Fürsorgemaßnahmen stand, zentrierten sich dann sowohl die literarische Diskussion als auch die praktischen Reformen. Als historische Wurzeln einer als Familienfürsorge verstandenen Bezirksfürsorge gelten die Wohnungsfürsorge des Kreises Worms (seit 1908), die Gesundheitsfürsorge im Regierungsbezirk Düsseldorf (seit 1909) und die Schulkinderfürsorge des Jugendheims Charlottenburg (ebenfalls seit etwa 1908). In den ersten beiden Fällen handelte es sich um die Organisation der Fürsorge auf dem Lande. Hier wurden jeweils vom Kreis berufliche Fürsorgerinnen – sowohl für die Wohnungs- als auch für die Gesundheitsfürsorge – eingestellt, die aufgrund der Anforderungen der praktischen Arbeit immer weitere Fürsorgebereiche um ihre Ursprungsaufgabe gruppierten und zu einem familienzentrierten Konzept auszubauen suchten. In Charlottenburg beabsichtigte dagegen eine private Organisation, ausgehend von Schulspeisung und Schulkinderfürsorge, die ganze Familie als

Betreuungsobjekt fürsorgerisch zu erfassen.[145] Einen regelrechten Entwicklungsschub erfuhr die Familienfürsorge im Laufe des Weltkriegs: zum einen durch die Fürsorge für die Familien der zum Kriegsdienst Eingezogenen, die ausdrücklich als Familienfürsorge bezeichnet wurde; zum anderen durch die vorwiegend sozialpädagogischen Maßnahmen und Leistungen in der Folge des Gesetzes über den »Vaterländischen Hilfsdienst«, die auf eine Kompensation der familiendestruktiven Verwendung von Frauen als Arbeitskräften in der Rüstungsindustrie abzielten.[146] Nach dem Kriege wurde die Familienfürsorge dann zunehmend im Zusammenhang der organisatorischen Vereinheitlichung kommunaler Fürsorge im Rahmen des Wohlfahrtsamtes diskutiert: Familienfürsorge als Vereinheitlichung des fürsorgerischen Außendienstes.

Insoweit sollte die aus der zersplitterten Entwicklung der verschiedenen Spezialfürsorgebereiche resultierende, unkoordinierte, auf je spezifische Probleme und Symptome bezogene Einzel- in eine einheitliche Gesamtbetreuung übergeleitet werden. Der fürsorgerische Außendienst sollte einheitlich für die verschiedenen Ämter durchgeführt werden, die Zuständigkeit nicht nach problembezogenen Kriterien, sondern lokal für einen bestimmten Bezirk bestimmt werden.[147]

Am leichtesten und konsequentesten ließ sich die Familienfürsorge in diesem Sinne auf dem Lande verwirklichen, da differenzierte Spezialfürsorgen, wie sie insbesondere in den Großstädten bereits existierten, zumeist fehlten. Familienfürsorge war hier häufig nichts anderes als der schlichte Ausdruck des Mangels an Maßnahmen und Diensten. In den Städten entwickelten sich dagegen unter dem Stichwort Familienfürsorge recht unterschiedliche Betreuungssysteme. Am einfachsten war die Ausgestaltung eines einheitlichen Außendienstes wiederum dort, wo ein Wohlfahrtsamt bestand. Die Familienfürsorge konnte hier als selbständige Abteilung gleichrangig neben den verschiedenen Fachabteilungen (Jugend, Gesundheit etc.) angesiedelt werden. Insoweit vorbildlich war die Ausgestaltung der Familienfürsorge in Düsseldorf und Nürnberg, wo auch die vereinheitlichende Organisation des Wohlfahrtsamtes konsequent ausgestaltet war. Problematischer war es dort, wo neben dem Wohlfahrtsamt ein selbständiges Jugend- und Gesundheitsamt bestanden. Familienfürsorge mußte in diesem Fall einem Amt organisatorisch zugeordnet werden, zugleich aber Dienstleistungen auch für die anderen Ämter erbringen, woraus sich dienstrechtliche Schwierigkeiten und Koordinationsprobleme ergaben. Diese Situation, die schon in den zwanziger Jahren als ungedeihlich kritisiert wurde, besteht in zahlreichen Kommunen bis heute fort.

Bei aller Betonung der vereinheitlichenden Aufgaben der Familienfürsorge war doch eine vollständige Einheitsfürsorge in den Großstädten nirgendwo angestrebt oder gar verwirklicht. Die Familienfürsorge sollte eine einheitliche Basis fürsorgerischer Betreuung schaffen. Daß daneben aber für spezifische Probleme Sonderfürsorge nötig war, wurde indes nicht bestritten. Der Umfang dieser Sonderdienste hatte in den einzelnen Städten unterschiedliches Ausmaß. Insbesondere bestimmte Aufgaben der Gesundheitsfürsorge, die spezifisch medizinische Vorkenntnisse erforderten und unter ärztlicher Leitung durchzuführen waren, hatten überall ihren eigenen fürsorgerischen Betreuungsdienst.[148]

Mit der Ausdifferenzierung eines fürsorgerischen Außendienstes, der für unterschiedliche Problembereiche und Fachabteilungen oder Ämter arbeitete, stelle sich die Frage nach dem Verhältnis von Innen- und Außendienst. Dabei war die Familienfürsorge ursprünglich zwar als einheitliche fürsorgerische Betreuung auf Bezirksebene, keineswegs aber als bloßer Außendienst gedacht. Die Befürworter der Familienfürsorge hatten vielmehr eine Allzuständigkeit der Fürsorgerinnen für die in ihrem Zuständigkeitsbereich betreuten Fälle unter Einschluß verwaltungsmäßiger Aktenführung und Entscheidung über Maßnahmen und Leistungen ins Auge gefaßt.[149] Das mußte ersichtlich dort zu Schwierigkeiten führen, wo ein umfassendes Wohlfahrtsamt nicht bestand, die Familienfürsorge also Dienstleistungen für »fremde« Ämter übernahm; hinzu kam ein gewisses Mißtrauen, das viele Kommunen den verwaltungstechnischen Fähigkeiten der Fürsorgerinnen entgegenbrachten. Faktisch hat daher die Einführung der Familienfürsorge eine Differenzierung von Innen- und Außendienst in die Wege geleitet. In diesem Prozeß wurden die Aufgaben der Fürsorgerinnen tendenziell auf die Betreuung und Beratung der Hilfsbedürftigen reduziert, die Entscheidungen im Innendienst dagegen den administrativ geschulten kommunalen Verwaltungsbeamten übertragen; eine Frontstellung, wie sie auch heute noch die Organisation der sozialen Dienste zahlreicher Kommunen kennzeichnet. Abschließend sei die Entwicklung der Familienfürsorge nochmals am Beispiel der Stadt Frankfurt konkretisiert:

Zur Zeit der Gründung des Frankfurter Wohlfahrtsamtes wurde die Bezirksfürsorge in den 65 Armenbezirken noch ausschließlich ehrenamtlich durchgeführt. Zwar gab es auch 1918 schon beruflich tätige Fürsorgerinnen in Frankfurt, diese waren jedoch für Spezialaufgaben im Bereich der Wohnungs-, Gesundheits- und Jugendfürsorge zuständig, also für bestimmte sachliche Aufgaben im gesamten Stadtgebiet und nicht für bestimmte räumliche Einheiten. Im Jahre 1923 führte die Stadt Frankfurt dann erstmals als »Modellversuch« die Familienfürsorge in dem südlich des Mains gelegenen Kreis Sachsenhausen ein. Als Folge der Inflation waren die Familienfürsorgerinnen jedoch derart mit Aufgaben der wirtschaftlichen Fürsorge überlastet, daß alle übrigen Arbeiten zu kurz kamen und der Versuch wieder eingestellt werden mußte.[150] Im Rahmen der Neuorganisation des Wohlfahrtsamtes nach Inkrafttreten der Reichsfürsorgepflichtverordnung wurden den Kreisstellen dann insgesamt 27 berufliche Fürsorgerinnen zugeordnet, denen die Betreuung je eines oder mehrerer Armenbezirke ergänzend zu den ehrenamtlichen Armenpflegern oblag. Sie wurden zu den Sitzungen der entsprechenden Bezirksausschüsse hinzugezogen. Sitz und Stimme hatten sie in den Bezirksausschüssen jedoch nicht. Neben den Familienfürsorgerinnen gab es auch weiterhin noch eine größere Zahl von Spezialfürsorgerinnen für besondere Aufgaben.[151] Bei der Zusammenlegung von Jugend- und Wohlfahrtsamt zum Fürsorgeamt im Februar 1928 wurde dann die Familienfürsorge als einheitlicher Außendienst des Fürsorgeamtes eingeführt. Die Fürsorgerinnen waren den Kreisstellen zugeordnet und unterstanden dienstrechtlich dem Kreisstellenleiter. Eine Zusammenfassung der Fürsorgerinnen unter einer einheitlichen Leitung der Familienfürsorge gab es zunächst nicht. Durch die Übernahme der Fürsorgerinnen des Jugendamtes stieg ihre Gesamtzahl auf 70. Sie hatten jeweils ein oder zwei Bezirke zu betreuen. Nunmehr wurde die Verzahnung von ehrenamtlicher und beruflicher Fürsorge auf der Bezirksebene dadurch auch formal abgesichert, daß den Fürsorgerinnen Sitz und Stimme in der Bezirksversammlung »ihres« Bezirkes eingeräumt und sie selbst zur Teilnahme verpflichtet wurden.[152] Im Laufe der Anfang 1929 vorgenommenen Einbeziehung von Aufgaben des Gesundheitsamtes in die Familienfürsorge wurde dann der gesamte Außendienst einer Oberfürsorgerin als Leiterin der Familienfürsorge unterstellt. Die Familienfürsorge bildete nunmehr eine selbständi-

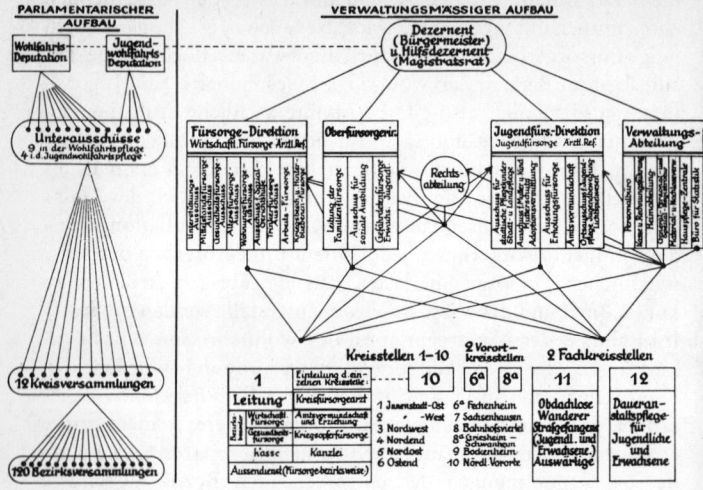

DER AUFBAU DES STÄDT. FÜRSORGE—AMTS AM 31.3.1929.
(DER MAGISTRATSDEZERNENT IST ZUGLEICH VORSITZENDER DER BEIDEN DEPUTATIONEN.)

ge Abteilung im Fürsorgeamt, die direkt dem Dezernenten unterstellt und von einer Frau geleitet wurde.[153] Neben der Familienfürsorge bestanden auch weiterhin Spezialfürsorgen für den Bereich der sozialen Gerichtshilfe, der Betreuung weiblicher Fürsorgezöglinge, bei der Fürsorge für jugendliche Strafgefangene, bei der Berufsschul- und Hilfsschulfürsorge, der Trinker- und der Wohnungsfürsorge. Die Einzelheiten der Organisation des Fürsorgeamtes nach dieser neuerlichen Reform ergeben sich aus voranstehender Abbildung.

Mit der Einführung der Familienfürsorge drang die fürsorgerische Berufsarbeit auf ein Gebiet vor, das herkömmlicherweise ganz dem Wirken ehrenamtlicher Armenpfleger vorbehalten war: die Bezirksarmenfürsorge nach dem Muster des Straßburger Systems, bei dem die Herausbildung eines spezifischen Berufsbildes der Sozialarbeit ihren Anfang genommen hatte.[154] Während damals die pädagogisch betreuenden Aufgaben noch den ehrenamtlichen Kräften zugewiesen waren und die administrativen Aufgaben von beruflichen *Verwaltungs*kräften wahrgenommen wurden, wurden in der Familienfürsorge gerade die pädagogische Betreuung und Kontrolle auch jenseits inhaltlich begrenzter Spezialfürsorgeaufgaben professionalisiert. Pädagogisierende Beratung und Kontrolle wurden damit als universelles Kernelement jeglicher Sozialarbeit bestimmt. Sozialarbeit hatte die Form von »Sozialisationsarbeit« erhalten, die sie bis heute prägt: die Form beratender Betreuung der Klienten, die von materiellen Versorgungsaufgaben wie von administrativen Entscheidungsbefugnissen weitgehend entlastet ist: Sozialarbeit als fürsorgerischer Außendienst.

7. Sozialarbeit als Beruf:
Ansätze einer Professionalisierung

Mit dem quantitativen und qualitativen Ausbau der kommunalen Wohlfahrtseinrichtungen und der Reformulierung ihrer gesetzlichen Grundlagen und Aufgaben war die Sozialarbeit in der Weimarer Zeit zu einem festen Bestandteil öffentlicher Sozialpolitik geworden. Damit waren zugleich die organisatorischen Bedingungen für ihre Etablierung als Beruf gegeben oder umgekehrt: Art und Umfang der neu geschaffenen kommunalen Wohlfahrtseinrichtungen setzten die berufliche Wahrnehmung sozialarbeiterischer Aufgaben geradezu voraus. In die Zeit der Weimarer Republik fallen daher auch die Ansätze einer »Professionalisierung« der Sozialarbeit; die Versuche, Berufsbild und Berufsausübung mit den Mitteln beruflicher Organisation zu kontrollieren und zu stabilisieren.[1]

Diese Bemühungen sollen im folgenden auf drei Ebenen nachgezeichnet werden: erstens werden die Versuche dargestellt, über die Ausgestaltung der Berufs*ausbildung* das Bild des sozialen Berufs und die Bedingungen seiner Ausübung zu festigen und zu verbessern; zweitens geht es um die Ansätze, die Arbeitsbedingungen im Wege beruflicher Organisation in Verbänden und Vereinigungen zu beeinflussen; drittens schließlich wird die – für die weitere berufliche Entwicklung der Sozialarbeit außerordentlich bedeutsame – »Öffnung« des sozialen Frauenberufs für Männer beschrieben.

7.1 Zur Entwicklung der Ausbildung: Berufsethos gegen Lohnarbeitergleichgültigkeit

Daß die Bedeutung einer fachlichen Ausbildung für die soziale Hilfstätigkeit schon während des Krieges zugenommen hatte, wurde bereits hervorgehoben. Und mit dem Ausbau kommunaler Sozialverwaltung und der Etablierung der sozialen Arbeit als Beruf seit dem Ersten Weltkrieg gewann das Problem einer Fachausbildung weiter an Gewicht. Dieser Bedeutungszuwachs äußerte sich zunächst auf zwei Ebenen: zum einen in Koordinations- und Vereinheitlichungsbestrebungen, die von den Schulen selbst ausgingen; zum anderen in zunehmendem staatlichen Interesse an einer Reglementierung der sozialen Ausbildung.

Vor allem während des Krieges war es zu einer regelrechten Welle der Neugründung von Ausbildungseinrichtungen gekommen. Allein zwischen 1916 und 1918 wurden 13 Soziale Frauenschulen gegründet.[2] Spezifische Anforderungen an den zu vermittelnden Unterrichtsstoff und das Lehrpersonal gab es nicht. Und auch die Trägerschaft der Schulen war höchst unterschiedlich. Während die Vorkriegsgründungen zumeist unter privater Initiative erfolgten – in der Regel in Form des bürgerlich-rechtlichen, eingetragenen Vereins –, nahm während des Krieges das kommunale Interesse und auch die kommunale Mitwirkung zu. Schon das 1913 gegründete »Frauenseminar für soziale Berufsarbeit« in Frankfurt z. B. weist eine eigentümliche Mischform der Trägerschaft auf. Zwar war Träger formal auch hier ein eigens zum Zwecke der Gründung des »Frauenseminars« ins Leben gerufener privatrechtlicher Verein. Als Mitglieder des Vereins wurden jedoch von Anfang an gezielt Vertreter nicht nur privater Wohltätigkeitsorganisationen, sondern gerade auch interessierte öffentliche, kommunale wie staatliche Behörden rekrutiert, um so auch den interessierten Behörden angemessenen Einfluß auf die Ausbildung zu verschaffen. Vorsitzender des Vereins »Frauenseminar für soziale Berufsarbeit« war der Frankfurter Bürgermeister Hermann Luppe. Die Stadt Frankfurt war von Anfang mit einem jährlichen Zuschuß von 8000 Mark an der Finanzierung des Seminars beteiligt.[3] Gewissermaßen den umgekehrten Weg ging man in München. Die 1919 dort nach langjährigen Vorarbeiten gegründete Soziale Frauenschule wurde von Anfang an in städtischer Trägerschaft betrieben. Es wurde jedoch zur Beratung aller die Organisation und die Inhalte der Ausbildung betreffenden Angelegenheiten ein Kuratorium gebildet, dem außer Vertretern der Stadt auch Vertreter all der privaten Münchner bzw. bayerischen Wohltätigkeitsorganisationen angehörten, die sich an der Finanzierung der Schule durch Zuschüsse beteiligten.[4]

Die soziale Ausbildung befand sich – auch organisatorisch – noch im Experimentierstadium und geriet nun unter dem Druck der Kriegsereignisse in eine Boom-Phase, die notwendig zu gewissen Überforderungserscheinungen, jedenfalls aber sehr heterogenen

Entwicklungen und Ausgestaltungen führen mußte. Diejenigen, die an der Entwicklung der Sozialarbeit zu einem einheitlichen Beruf und dementsprechend einer einheitlichen Ausbildung interessiert waren – und das waren vor allem die Pioniere sozialer Frauenarbeit in Deutschland, allen voran Alice Salomon –, sahen diese Entwicklung mit Unbehagen. So kam es bereits im Laufe des Jahres 1916 zu ersten Koordinationsbestrebungen, die auf Initiative von Alice Salomon zur Gründung der »Konferenz der Sozialen Frauenschulen Deutschlands« führten, deren konstituierende Sitzung am 24. Januar 1917 in Berlin stattfand. Die Leiterinnen von 11 Schulen nahmen an dieser Sitzung teil. Zur Vorsitzenden der Konferenz wurde Alice Salomon gewählt, unter deren Führung sich diese in den Folgejahren zu einem schlagkräftigen Instrument zur weiteren Etablierung und Vereinheitlichung der sozialen Ausbildung in Deutschland entwickelte. 1927 gehörten der Konferenz 30 Schulen an. Das waren bis auf drei Ausnahmen alle damals bestehenden. Die Konferenz begann schon bei ihrer Gründung, eigene Vorstellungen für die Ausgestaltung der Lehrpläne der Frauenschulen zu entwickeln, um dadurch eine Vereinheitlichung des Unterrichtsstoffes und der Unterrichtsorganisation an den verschiedenen Schulen zu bewirken.[5]

Etwa gleichzeitig mit der Gründung der Konferenz der Sozialen Frauenschulen begann sich – zunächst in Preußen – das *staatliche* Interesse an einer Vereinheitlichung und Reglementierung der sozialen Ausbildung zu verdichten. Sowohl im Preußischen Ministerium des Innern als auch im Preußischen Kultusministerium wurden im Laufe des Jahres 1916 Überlegungen angestellt, die soziale Ausbildung staatlich zu ordnen. Die Ministerien waren dabei allerdings nicht an der Etablierung eines einheitlichen sozialen Berufes und einer entsprechenden Ausbildung interessiert. Im Gegenteil, sie beharrten auf ihrer jeweiligen Ressortzuständigkeit. Das Innenministerium wollte die Ausbildung der Gesundheitsfürsorgerinnen, das Kultusministerium die der Kindergärtnerinnen und Jugendleiterinnen regeln, am liebsten in getrennten Ausbildungsgängen. Die Konferenz der Sozialen Frauenschulen hatte Vertreter beider Ministerien bereits zu ihrer konstituierenden Sitzung im Januar 1917 geladen, auf der die unterschiedlichen Vorstellungen aufeinanderprallten. In der ersten staatlichen Prüfungsordnung in Deutschland für die Absolventinnen Sozialer Frauenschulen, der Preußischen Prüfungsordnung vom 10. September 1918[6], wurde dieser Konflikt nur formal gelöst, und dies keineswegs im Sinne der Konferenz und der ihr angeschlossenen Schulen. Voraussetzung der staatlichen Prüfung von »Fürsorgerinnen« (so die vom Erlaß gewählte Berufsbezeichnung) war nunmehr die erfolgreiche Teilnahme an einer eineinhalbjährigen Ausbildung an einer staatlich anerkannten Wohlfahrtsschule. Als Bedingung für die Zulassung zu dieser Ausbildung wurde u. a. gefordert – und hier hatten sich die ministeriellen Eigeninteressen durchgesetzt –, daß die Bewerberin *sowohl* eine Ausbildung als Krankenpflegerin oder Säuglingspflegerin *als auch* eine solche als Kindergärtnerin, Hortnerin oder Lehrerin erfolgreich absolviert hatte. Die soziale Ausbildung setzte also zwei bereits abgeschlossene Berufsausbildungen voraus. Das waren nahezu prohibitive Voraussetzungen, gegen die die in der »Konferenz« organisierten Schulen auch von Anfang an aufbegehrten.

Die Prüfungsordnung vom 10. September 1918 konnte keine allzu große praktische Wirkung mehr entfalten, da Kriegsende und Revolution nur wenige Monate später folgten. Diese hatten die weitgehende Neuordnung und Neubesetzung des staatlichen Verwaltungsapparates zur Folge und damit auch Konsequenzen für die weitere Entwicklung der sozialen Ausbildung. So wurde in Preußen das Ministerium für Volkswohlfahrt neu geschaffen, bei dem in Zukunft die Zuständigkeit für die soziale Ausbildung lag. Als zuständige Referentin für diesen Aufgabenbereich wurde im Herbst 1919 Helene Weber berufen. Helene Weber kam aus der katholischen Frauenbewegung. Sie war die erste Leiterin der 1916 in Köln gegründeten Sozialen Frauenschule des Katholischen Frauenbundes. Als solche war sie selbst Mitglied der Konferenz der Sozialen Frauenschulen gewesen und kannte die Ausbildungsprobleme auch aus der Sicht der Schulen aufs beste.[7] Von nun an entwickelte sich daher eine äußerst ergiebige Zusammenarbeit zwischen Konferenz und Ministerium, deren erstes wichtiges Produkt die neue Prüfungsordnung vom 22. Oktober 1920 war, die die Ordnung vom September 1918 in wesentlichen Punkten abänderte. Sie forderte grundsätzlich eine zweijährige Ausbildung für die soziale Arbeit (§ 4, Ziff. 6)[8] und ging dabei von einem einheitlichen Ausbildungsgang für alle sozialen Berufe aus, für die nunmehr die generelle Berufsbezeichnung »Wohlfahrtspflegerin« gewählt wurde. Die Ausbildung sah jedoch drei Schwerpunkte (»Hauptfächer«) vor: Gesundheitsfürsorge, Jugendfürsorge, Allgemeine und wirtschaftliche Fürsorge. Für einen von ihnen hatten sich die Schülerinnen zu entscheiden; dieser wurde dann in der Abschlußprüfung entsprechend betont. Voraussetzung für die Zulassung zur Ausbildung an der Sozialen Frauenschule war zunächst der erfolgreich abgeschlossene Besuch eines Lyzeums oder einer vergleichbaren Höheren Mädchenschule. Auch Absolventinnen der Volksschule konnten zur Ausbildung zugelassen werden, sofern sie nur eine »schulwissenschaftliche Vorprüfung« ablegten (§ 4, Ziff. 4).[9] Weiter war für die Zulassung eine fachliche Ausbildung Bedingung. Diese war je nach den gewählten Ausbildungsschwerpunkten verschieden. Der Schwerpunkt Gesundheitsfürsorge setzte die Ausbildung als Kranken- oder Säuglingspflegerin voraus; der Schwerpunkt Jugendfürsorge entweder die Ausbildung als Kindergärtnerin, Jugendleiterin oder Hortnerin *oder* als Lehrerin für Haus- und Nadelarbeit *oder* den Nachweis einer dreijährigen erfolgreichen Berufstätigkeit in der Wohlfahrtspflege; der Schwerpunkt Allgemeine und wirtschaftliche Fürsorge eine der genannten Ausbildungen *oder* den Abschluß einer wirtschaftlichen Frauenschule oder Handelsschule (§ 4, Ziff. 5). Die neue Prüfungsordnung ließ also eine ganze Fülle von Vorbildungen als Zugangsvoraussetzungen für die Wohlfahrtsschule genügen und rückte deutlich von dem Erfordernis einer doppelten Ausbildung ab. Die soziale Ausbildung wurde damit für einen erheblich erweiterten Kreis von Frauen geöffnet.[10]

Die neue Prüfungsordnung schrieb weiter vor, daß nach bestandener Prüfung an der Wohlfahrtsschule ein berufspraktisches Jahr zu absolvieren war, nach dessen erfolgreichem Abschluß die staatliche Anerkennung als Wohlfahrtspflegerin ausgesprochen wurde, sofern die Absolventin das 24. Lebensjahr vollendet hatte (§ 17).

Die staatliche Prüfung für Wohlfahrtspflegerinnen konnte nur an staatlich anerkannten Wohlfahrtsschulen abgelegt werden, die für ihre Anerkennung den Nachweis erbringen mußte, »daß die theoretische und praktische Ausbildung der Schülerinnen sich vorwiegend auf die in dem § 11 der Prüfungsordnung bezeichneten Gebiete erstreckt und daß diese Ausbildung nicht durch ein Übermaß von Unterricht auf anderen Wissensgebieten beeinträchtigt wird« (Richtlinien zu § 2).[11] Für die Durchführung von Prüfungen wurde ein Prüfungsausschuß gebildet, der aus einem Staatskommissar als Vorsitzendem, einem Vertreter des Provinzial-Schulkollegiums und fünf Lehrkräften der Schule bestand. Die Prüfung zerfiel in einen mündlichen und einen schriftlichen Teil. Die schriftliche Arbeit war in dem gewählten Schwerpunkt anzufertigen, in vier Stunden, unter Aufsicht (§ 10). Die mündliche Prüfung war im ersten Teil ebenfalls im gewählten Schwerpunkt abzulegen. Ihr zweiter Teil erstreckte sich auf die bereits erwähnten, in § 11 bezeichneten Gebiete: allgemeine Gesundheitslehre, spezielle Gesundheitslehre, Seelenkunde, Erziehungslehre, Volksbildungsfragen, Volkswirtschaftslehre, Sozialpolitik und Sozialversicherung, Staats- und Rechtskunde, Wohlfahrtskunde. Mit diesen Bestimmungen waren die Grundstrukturen sozialer Ausbildung für Jahrzehnte festgelegt. In den folgenden Jahren erließen eine Reihe weiterer deutscher Länder ebenfalls Prüfungsordnungen, die dem preußischen Beispiel im wesentlichen folgten: Hamburg 1921, Mecklenburg-Schwerin 1921, Baden 1921, Sachsen 1922, Bremen 1922, Württemberg 1923, Thüringen 1925, Bayern 1926. Ab 1926 begann Preußen Einzelvereinbarungen mit verschiedenen Ländern über die wechselseitige Anerkennung von Prüfung und staatlicher Anerkennung zu treffen. 1931 wurde eine zweijährige Ausbildung mit anschließendem berufspraktischem Jahr zur Grundlage einer reichseinheitlichen Regelung gemacht.[12] Damit hatten die zuerst in der Preußischen Prüfungsordnung vom 22. Oktober 1920 festgelegten Grundsätze für die soziale Ausbildung reichsweit Verbindlichkeit erlangt.

Dies galt allerdings nur für die formalen Voraussetzungen und Strukturen der Ausbildung, nicht für ihre Inhalte. Insoweit trafen die Prüfungsordnungen der verschiedenen Länder, z. B. der bereits erwähnte § 11 der Preußischen Prüfungsordnung, lediglich auf dem Wege über die Festlegung der Gegenstände der mündlichen Prüfung sehr allgemein gehaltene Festlegungen. Auf diesem Gebiet bestand große Bewegungsfreiheit für die einzelnen Schulen und ihre Lehrkräfte. Die Konferenz der Sozialen Frauenschulen betrachtete es – wie erwähnt – von Anfang an als ihre Aufgabe, diesen Spielraum zu ordnen und zu strukturieren. Bereits auf ihrer zweiten Sitzung am 27. Oktober 1917 begann sie mit der Arbeit an »Richtlinien für den theoretischen Lehrplan für vollausgebaute soziale Frauenschulen«, mit dem Ziel, die soziale Ausbildung in Deutschland auch inhaltlich zu vereinheitlichen. Die Bemühungen der Konferenz stießen in der zuständigen Abteilung des Preußischen Ministeriums für Volkswohlfahrt auf großes Interesse, und im folgenden Jahrzehnt entwickelte sich im Zusammenspiel von Ministerium und Konferenz eine breite Diskussion um den »Normallehrplan für die Sozialen Frauenschulen«.[13] Im Januar 1922 lud das Ministerium Schulleiterinnen, Dozenten und Dozentinnen sowie andere Sachverständige zu einer ersten Besprechung. Im Oktober 1924 fand auf Initiative des Ministeriums eine Lehrplankonferenz aller staatlich anerkannten Wohlfahrtsschulen in Preußen in Thale am Harz statt.[14] Im Laufe des Jahres 1924 forderte das Ministerium von allen Preußischen Wohlfahrtsschulen die Lehrpläne zu einem großangelegten Vergleich an. Dabei zeigten sich außerordentlich starke Verschiedenheiten. 1926 setzte das Ministerium daraufhin eine Sachverständigen-Kommission ein, die aus Dozentinnen und Dozenten der Wohlfahrtsschulen bestand und in sechs Arbeitsgruppen Lehrplanentwürfe für die Fächer Hygiene und Sozialhygiene, Wohlfahrtskunde, Psychologie und Pädagogik, geschlossene Erziehungsfürsorge, Volkswirtschaftslehre und Sozialpolitik, Rechtskunde ausarbeitete. Auf der Lehrplankonferenz des Ministeriums vom 4. bis 6. Oktober 1928, zu der auch Vertreter außerpreußischer Schulen geladen waren, wurden diese Entwürfe breit diskutiert. Die Arbeitsergebnisse der Konferenz mündeten schließlich in die berühmten *Richtlinien für die Lehrpläne der Wohlfahrtsschulen* des Preußischen Ministeriums für Volkswohlfahrt aus dem Jahre 1930.[15] Die *Richtlinien* bilden den Schlußpunkt einer langjährigen Phase der Konsolidierung und Verfestigung sozialer Frauenbildung zu einer fest institutionalisierten Berufsausbildung mit spezifischen Zugangsvoraussetzungen, gefestigtem Fächerkanon und staatlich anerkanntem Abschluß. An ihnen läßt sich daher beispielhaft rekonstruieren, wie die von den Pionieren sozialer Ausbildung formulierte Aufgabenstellung der sozialen Frauenbildung, die Vermittlung spezifischer Fachkenntnisse *und* die Bildung der weiblichen Persönlichkeit zur sozialen Gesinnung zugleich zu leisten[16], unter völlig veränderten gesellschaftlichen Bedingungen in die Lehrpläne von Einrichtungen, die sich unterdessen zu beruflichen Fachschulen entwickelt hatten, umgesetzt werden sollte. Entsprechend der doppelten Aufgabenstellung der Schulen sind dabei zwei – eng miteinander verbundene – Ebenen zu unterscheiden:

– die Diskussion um Art und Umfang des zu vermittelnden Wissensstoffes,

– die Diskussion um die persönlichkeitsbildenden Aufgaben der

Wohlfahrtsschule, ihr »Lehrziel« jenseits der Wissensvermittlung.

Ausgangspunkt jeder Überlegung zur inhaltlichen Ausgestaltung der sozialen Ausbildung mußte das zugrunde liegende Konzept sozialer Arbeit sein. In Deutschland hatte sich die Vorstellung von einem einheitlichen Berufsfeld eingebürgert, das mit dem Begriff »soziale Arbeit« bezeichnet wurde. Damit waren allerdings heterogene Tätigkeiten von Säuglingsfürsorge über Fürsorgeerziehung, Wohnungsfürsorge bis hin zur Gefängnisfürsorge angesprochen. Was also war das normierende Element in diesen unterschiedlichen Arbeitsbereichen, das es erlaubte, von einem einheitlichen Beruf zu sprechen? Die *Richtlinien* bestimmten zwei Aspekte: Alle soziale Arbeit – so heißt es dort – ist Dienst an der Gesellschaft, und sie ist Dienst am individuellen Menschen.[17] Eine grundsätzliche Sozialorientierung, die Bereitschaft zu dienender Mithilfe an der »Heilung sozialer Schäden«, kennzeichnet also die soziale Arbeit. Sozialarbeit ist »dazu bestimmt, Schäden und Mißstände, die im natürlichen Spiel der Kräfte dem einzelnen oder ganzen Schichten zugefügt werden, zu heilen und zu überwinden«.[18] *Und* Sozialarbeit ist gekennzeichnet durch eine Ausrichtung auf den einzelnen Menschen. Nicht die Schaffung sozialer Einrichtungen und Infrastruktur, nicht die soziale Gesetzgebung sind das Charakteristische, sondern die Einwirkung auf das einzelne Individuum. Von dieser Aufgabenstellung her lassen sich Wissensbestände angeben, über die jede Wohlfahrtspflegerin verfügen muß, um ihre Aufgabe angemessen wahrzunehmen, und die daher in der Ausbildung zu vermitteln sind. Die *Richtlinien* nannten sechs: Hygiene und Sozialhygiene, Wohlfahrtskunde, Psychologie und Pädagogik, geschlossene Erziehungsfürsorge, Volkswirtschaftslehre und Sozialpolitik, Rechtskunde. Gertrud Bäumer führte – ähnlich – fünf Wissensgebiete auf: Nationalökonomie und Soziologie, Psychologie, Pädagogik, Hygiene, Rechts- und Verwaltungskunde. Und Alice Salomon sprach ganz allgemein davon, daß »die theoretische Ausbildung eine allgemein sozialwissenschaftliche sein soll«.[19] Aus dem sozialdienenden Charakter der Sozialarbeit ergibt sich jedoch ganz unmittelbar, daß dieses *Wissen* allein für die erfolgreiche Ausübung des sozialen Berufs nicht hinreicht. Soziale Arbeit ist nicht ein Beruf wie jeder andere. Sie »beansprucht die ganze Persönlichkeit, nicht nur die

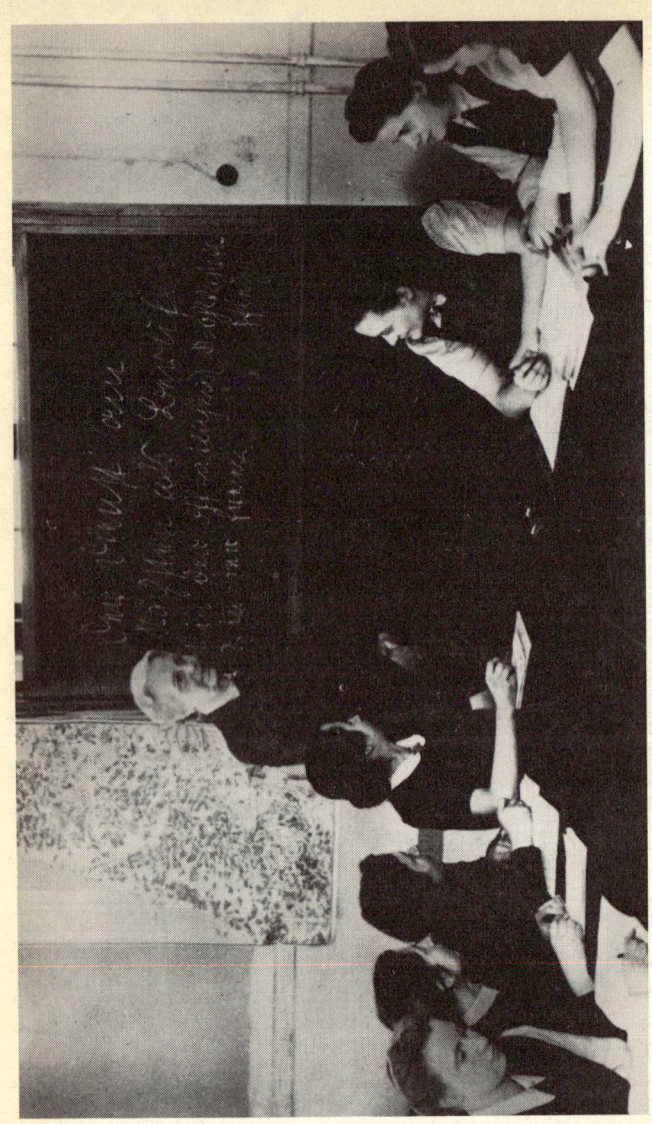

Die Nächstenliebe als Beruf

Kräfte des Körpers, des Verstandes oder der Seele, sondern den ganzen Menschen«.[20] Soziale Ausbildung mußte daher auch zur Bildung dieser Persönlichkeit beitragen.[21]

»Ein solches hohes Maß sozialer Persönlichkeitsbildung wird von der Wohlfahrtspflegerin erwartet. Von der Mitwirkung der Schule hängt es entscheidend ab, ob der Beruf der Wohlfahrtspflegerin eine solche sozial-sittliche Höhenlage erhält. In erster Linie ist eine sorgfältige Auswahl unter den Schülerinnen notwendig ... Aber die Schule soll auch positiv bildnerisch auf die sozial-sittliche Entwicklung und Reifung der Schülerinnen einwirken. Sie soll mithelfen, den Willen zu formen und die Kräfte der Hingabe an den Beruf zu wecken und mehren«,

betonten die *Richtlinien*.[22] Diese anspruchsvolle Aufgabe setzte eine Schule besonderer Art voraus, ein besonderes pädagogisches Klima und besondere Lehrerpersönlichkeiten, die die ethische Grundhaltung sozialer Arbeit u. a. dadurch lehren, daß sie sie vorleben.

»Entscheidend ist die geistige Atmosphäre«, so fahren die *Richtlinien* fort, »die aus dem gesamten Schulleben sich bildet und die in jeder Äußerung lebt. Dabei sprechen mit: die Persönlichkeiten der Schulleitung und des Lehrkörpers; die Art, wie es gelingt, dem Unterricht einen universellen Zug zu geben und die Eindrücke der Praxis zu Lebenswerten auszuweiten; der einheitliche Charakter, der sich durch Schule und Unterricht (und Internat) hindurchzieht; die Werte der Schultradition; eine lebendige Schulgemeinschaft u. a.«[23]

All diese Eigenschaften waren von den Universitäten nicht zu erwarten. Diese zielten auf die Vermittlung intellektueller Inhalte und Zwecke der Forschung, nicht aber auf Persönlichkeitsbildung. Die universitäre Lehre orientierte sich an der Systematik der Fachdisziplinen, nicht aber an sozialen Problemen und ihrer Bearbeitung. Die Universitäten zielten auf systematisches, differenziertes *Wissen* und nicht – wie die soziale Arbeit – auf ganzheitliches soziales *Handeln*. Zudem fehlte dem an Wissenschaft und Forschung geschulten Personal der Universitäten jene Erfahrung in der Praxis sozialer Arbeit, die allein dazu befähigte, den Schülerinnen als Vorbild zu dienen und damit die für deren eigenes Handeln notwendige Orientierung zu bieten. Die Universitäten waren – so könnte man resümieren – vollständig »männliche« Institutionen und daher ungeeignet, für einen Beruf auszubilden, der durch spezifische weibliche Wesensmerkmale strukturiert war.

»Die weibliche Berufsarbeit mußte außerhalb der Universitäten, allein auf die Initiative, den Geist und die Kraft der Frauen gestellt, geformt, gestaltet werden. Das gilt nicht nur für die elementare und durchschnittliche Leistung, mit der die Frauen sich den Weg in den Arbeitsmarkt bahnen mußten, sondern auch für die Erarbeitung von höheren Bildungswegen, die den Zugang zu selbständigen, leitenden, schöpferischen Aufgaben bahnen sollten. Der soziale Beruf und die Vorbildung dafür gehören zu dieser weiblichen Berufssphäre, die von den Frauen ihre Prägung erhielt. Er gehörte um dieser doppelten Hindernisse willen nicht an die Universitäten, sondern in eine eigene Welt – er gehörte dahin, wo die anderen spezifisch weiblichen Berufe sich ihre Häuser in bildlichem und tatsächlichem Sinn bauten. Nicht weil er sich das Ziel mittlerer Höhenlage der Leistungen gesteckt hätte – das ist den Führern der Bewegung nie eingefallen. Gewiß wollten sie von unten nach oben bauen – aber nach eigenem Plan und zu eigenen Zielen.«[24]

Damit wurde eine bewußte Entscheidung für eine Schule »besonderer Höhenlage« getroffen, die sich gegenüber der Universität nicht als minderwertig verstand, sondern aus dem spezifisch (weiblichen) Wesen sozialer Arbeit und sozialer Ausbildung begründet wurde. Zu einem Zeitpunkt, als die praktische Sozialarbeit immer deutlicher und umfassender in den Apparat lokaler Sozialadministration integriert wurde und sich faktisch zu einem weiblichen Dienstleistungsberuf mit entsprechenden Alltagsroutinen entwickelte, hielten die Ausbildungseinrichtungen explizit an den ursprünglichen Idealen sozialer Reform als weiblicher Emanzipation fest. Den unübersehbaren faktischen Tendenzen zum »Erwerbsberuf« setzten die offiziellen Lehrplandiskussionen auch weiterhin die Sozialarbeit als »Eignungsberuf« entgegen, als besondere Form weiblicher, emanzipativer Praxis, die nach einer eigenen Theorie und einer entsprechend eigenständigen Ausbildungseinrichtung verlangte. Der Entscheidung für eine Schule »besonderer Höhenlage« lag daher zugleich ein spezifisches Verständnis des Verhältnisses von Theorie und Praxis, von Wissenschaft und sozialem Handeln zugrunde.

»Die soziale Arbeit ist nicht nur auf Erkennen, sondern auf Handeln gerichtet … Sie beruht daher nicht nur auf Wissenschaft, sondern auch auf Kunst, auf dem, was Worms (R. Worms, La Sociologie, Bibliothèque Sociologique Internationale Paris 1921) als ›Ars‹ bezeichnet. D. h. als ›das, was man Theorie nannte, wenn man diese von der Praxis schied‹. Die Wissenschaft sucht Gesetze aufzuzeigen; die ›Ars‹ formuliert Vorschriften für das Handeln. Die Wissenschaft erforscht Vergangenheit und Gegenwart. Die ›Ars‹ will die Zukunft gestalten helfen. Wohl bedarf es der Wissenschaft zur Führung der ›Ars‹. Denn man kann nur tief und breit auf die Welt einwirken, wenn man sie begreift. Die soziale Arbeit braucht weiterhin eben eine auf praktisches Handeln bezügliche Theorie, und zwar auf ein Handeln, das sich um das Wohl des Menschen in seiner Totalität bemüht. Das können die deutschen Universitäten nicht geben.«[25]

Das Insistieren der Lehrplandebatten auf Sozialarbeit als weiblichem »Eignungsberuf«, das die ursprünglichen Zielsetzungen der Frauenbewegung den aktuellen Entwicklungstendenzen der Sozialarbeit in den kommunalen und verbandlichen Sozialbürokratien pointiert entgegenhielt, leitete einen bis heute anhaltenden Entwicklungsprozeß ein, in dem sich das an den Ausbildungseinrichtungen vermittelte Berufsbild der Sozialarbeit immer weiter von dem der Anstellungsträger entfernte, die sich eher an den administrativen Erfordernissen des beruflichen Alltags orientierten.

Welche Bedeutung den Universitäten im Rahmen der sozialen Ausbildung zukommen könnte, war umstritten.[26] Denn einmal stellten die für eine Tätigkeit in der Wohlfahrtspflege erforderlichen Wissensgebiete keine einheitliche Disziplin dar, die einer der universitären Fakultäten hätte zugeordnet werden können. Zum zweiten war das universitäre Studium als »theoretisches« ohnehin als Vorbildung für den sozialen Beruf wenig geeignet, da es praktische Erfahrungen gänzlich ausklammerte. Auf der anderen Seite wollte man auf die Mitwirkung akademisch geschulten und wissenschaftlich gebildeten Personals in der Wohlfahrtspflege nicht gänzlich verzichten. Denn eine wissenschaftliche Durchdringung und Systematisierung der sich in Umrissen als eigenständiges Gebiet abzeichnenden Wohlfahrtspflege schien dringend notwendig. Und die Frauenschulen, die vollständig mit Blick auf das berufliche Handeln ausbildeten, konnten dies nicht leisten.[27] So kam es zu einer Reihe von Versuchen, die Universität auch als Ausbildungsstätte für die Wohlfahrtspflege nutzbar zu machen.[28]

1912 wurde in Köln an der dortigen Hochschule für kommunale und soziale Verwaltung eine besondere Ausbildung mit dem Namen »Frauenhochschulstudium für soziale Berufe« errichtet. Diese Einrichtung zielte auf eine besonders fundierte Ausbildung speziell für leitende Stellen in der Wohlfahrtspflege. Zulassungsvoraussetzungen waren das Abitur oder die staatliche Prüfung für Wohlfahrtspflegerinnen mit mindestens dem Prädikat »gut«. Das

Studium dauerte vier Semester und konnte mit einer Diplomprüfung abgeschlossen werden. Die Einrichtung hatte zahlenmäßig
nur geringe Bedeutung. Die Diplomprüfung wurde alljährlich nur
von zwei bis drei Absolventinnen abgelegt. Bei der Gründung der
Kölner Universität ging die Hochschule für kommunale und
soziale Verwaltung und mit ihr das »Frauenhochschulstudium«
vollständig in die wirtschafts- und sozialwissenschaftliche Fakultät
der Universität über. Mit der Einführung der volkswirtschaftli-
chen Diplomprüfung 1923 wurde auch der selbständige Abschluß
hinfällig, und das »Frauenhochschulstudium« als eigenständige
Einrichtung löste sich auf.[29]

An der Universität Frankfurt bestand seit ihrer Gründung im
Rahmen der Fakultät für Sozial- und Wirtschaftswissenschaften
das Fürsorgeseminar von Christian-Jasper Klumker, dem Inhaber
des Lehrstuhls für Fürsorge und Statistik.

Seit 1920 richtete Klumker einen einjährigen Fürsorgelehrgang
für Studenten mit abgeschlossenem Hochschulstudium ein, an
dem sich jährlich ca. zehn bis 15 Studenten beteiligten. Viele von
ihnen wurden später Leiter von Jugendämtern und Erziehungsan-
stalten sowie ähnlicher Einrichtungen. Meist waren es Juristen,
Theologen, Volkswirte und Philologen. Eine besondere Abschlußprüfung gab es nicht. Ähnlich wie in Frankfurt konnte seit
1921 in Münster am Institut für Wirtschafts- und Sozialwissenschaften an der Westfälischen Wilhelms-Universität eine soziale
Ausbildung von zwei Semestern von bereits ausgebildeten Akade-
mikern absolviert werden. Die Teilnehmerzahl sank hier von 30 im
Jahre 1921 auf zwei im Jahre 1925. 1927 waren es wiederum sieben
Teilnehmer. In Göttingen richtete Hermann Nohl im Wintersemester 1923/24 einen Kursus für sozialpädagogische Wohlfahrtsbe-
amte ein. Das Studium war auf vier Semester berechnet bei ca.
zehn bis 12 Studierenden, die den Nachweis einer einjährigen
praktischen Tätigkeit erbringen mußten. Dieser Versuch wurde
nur einmal durchgeführt und wegen nicht erfolgter staatlicher
Anerkennung wieder aufgegeben. An der Universität Freiburg
wurde 1925 mit Unterstützung der badischen Regierung an der
Theologischen Fakultät ein »Institut für Caritas-Wissenschaft«,
unter der Leitung von Franz Keller, Ordinarius für Moraltheolo-
gie, eingerichtet. An diesem »Institut« sollte in einem zweijährigen
Kursus eine gründliche wissenschaftliche Ausbildung für führende
Personen in der katholischen Fürsorge und Caritas geboten wer-

den. Das »Institut« war zwar der theologischen Fakultät angegliedert, aber für Hörer aller Fakultäten offen. Es wurden Vorlesungen gehalten, und die Studenten mußten in den Ferien praktische Tätigkeiten in Fürsorgeeinrichtungen leisten. Diese Erfahrungen wurden in monatlichen Besprechungen reflektiert und methodisch begleitet.

Insgesamt war diesen Versuchen kein großer Erfolg beschieden. Sie blieben vereinzelt. Als Zugang für die neu entstandenen mittleren Positionen in der Wohlfahrtspflege konnte sich die Wohlfahrtsschule mit ihrer staatlich anerkannten Prüfung fest etablieren, deren Absolventinnen von den Kommunalverwaltungen bei Einstellungen vorgezogen wurden. Wer von vornherein dagegen eine Führungsposition in der Verwaltung anstrebte, war nach wie vor mit einer klassischen universitären Ausbildung, insbesondere der Rechtswissenschaft, besser beraten. So wurde die soziale Ausbildung in Deutschland – anders als in England und den USA – auf Dauer getrennt von der Universität in Schulen eigener Art organisiert. Diese Schulen konnten durch ihre Ausrichtung auf die berufliche Wohlfahrtstätigkeit den Anforderungen der Anstellungsträger besser gerecht werden als die Universitäten. Der Preis, der dafür gezahlt wurde, war die strikte Trennung der sozialen Ausbildung von der wissenschaftlichen Befassung mit der Wohlfahrtspflege und der Forschung auf diesem Gebiet. Damit war einerseits schon angelegt, daß sich die Sozialen Frauenschulen gemessen an den Universitäten längerfristig entgegen ihrem Anspruch von Schulen *eigener* Art zu Fachschulen *minderer* Art entwickeln würden. Zum anderen hatte dies auch Konsequenzen für die Forschung selbst. Mit der disziplinären Aufspaltung der »klassischen« Nationalökonomie in Rechts-, Wirtschafts- und Sozialwissenschaften hatten Fürsorge und Sozialpolitik keinen rechten Ort mehr an der Universität. Eine umfassende Fürsorgewissenschaft, wie sie Christian-Jasper Klumker vorgeschwebt hatte, konnte sich daher – trotz Existenz vereinzelter Lehrstühle für Fürsorgewesen – nicht recht entwickeln. Dies um so weniger, als keine entsprechende Ausbildung zu betreuen war und auch von daher keine Anstöße kamen. So erklären sich die bis heute fortexistierenden Defizite sozialwissenschaftlicher Systematisierung und Aufarbeitung im Bereich von Fürsorge und Sozialpolitik.

Ein bemerkenswerter Ansatz, diesen Tendenzen entgegenzuwirken, wurde von Alice Salomon unternommen, die die »besondere Höhenlage« der Wohlfahrtsschulen ja stets aus dem spezifisch weiblichen Charakter der sozialen Arbeit begründet hatte. Von daher war es nur konsequent, auch eine spezifisch weibliche Forschung auf dem Gebiet der Wohlfahrtspflege ins Leben zu rufen. Das Instrument, mit dem dies bewerkstelligt werden sollte, war die »Deutsche Akademie für soziale und pädagogische Frauenarbeit«. Sie wurde am 25. Mai 1925 in Berlin gegründet und hatte ihren Sitz im Gebäudekomplex des Pestalozzi-Fröbel-Hauses, wo auch Alice Salomons Frauenschule untergebracht war. Daß die Idee der »Akademie« damals breiteste Zustimmung fand, läßt sich an der Zusammensetzung ihres Vorstandes nachvollziehen. Ihm gehörte die zeitgenössische Prominenz aus Sozialarbeit und Sozialverwaltung an: u. a. Marie Baum und Gertrud Bäumer, Helene Weber und Siddy Wronsky, Hans Muthesius, Wilhelm Polligkeit und Eduard Spranger. Außerdem wurde der Vorstand von sämtlichen relevanten, auf sozialem Gebiet tätigen Organisationen in Deutschland getragen: vom »Allgemeinen Deutschen Lehrerinnenverein« über den »Deutschen Akademikerinnenbund«, dem »Deutschen Juristinnenverein« und »Philologinnenbund«, der »Konferenz Sozialer Frauenschulen«, dem »Deutschen Fröbel-Verband« und dem »Deutschen Verband der Sozialbeamtinnen« bis hin zum »Vaterländischen Verein vom Roten Kreuz« war alles vertreten, was Rang, Namen und Einfluß hatte. Vorsitzende des Vorstandes und der Akademie war Alice Salomon. Die Akademie war als »soziale und sozialpädagogische Akademie von Frauen für Frauen«[30] konzipiert. Sie sollte der Entwicklung und Durchsetzung der spezifischen weiblichen Elemente in Ausbildung und Ausübung des sozialen Berufes dienen.

»Die Eingliederung der weiblichen Leistungen in die von Männern geformten Berufe und Arbeitsmethoden, in den männlichen Apparat war nur die erste Phase einer Entwicklung zu diesem Ziel. Erst wenn die Frauen ihre Arbeit selbst formen, die eigenen Wertsetzungen in sie hineintragen, ihre Geschlechtsindividualität in der Arbeit zum Ausdruck bringen, werden sie zu produktiveren, wesensgemäßen Leistungen und zu entscheidenden Einflüssen auf die Kultur gelangen.«[31]

Dieses Ziel konnte und sollte die traditionelle Universität nicht fördern. Es bedurfte dazu einer Hochschule eigener Art, die zwar im Rang oberhalb der Sozialen Frauenschule angesiedelt war, aber zugleich den Besonderheiten des sozialen Berufs, insbesondere seinen weiblichen Elementen, Rechnung trug.

»Ihr eigentümliches Merkmal liegt darin, daß sie nicht, wie die Universitäten, alle Wissenschaften umfaßt, sondern nur einen Ausschnitt: die Wissenschaften, die sich auf den Menschen beziehen, auf sein leiblich-seelisches Schicksal, auf die wirtschaftlich-sozialen und seelisch-kulturellen Lebensgemeinschaften, in denen die Menschen stehen; auf pflegerische, bildnerische Arbeit. Und diese Wissenschaften sollen nicht isoliert nebeneinander behandelt werden, sondern jede einzelne soll, in eine neue Betrachtungsweise gestellt, auf die Totalität des Menschen bezogen werden... Das Lehrziel der Studierenden ist nicht ein besonderes Fach, sondern das Verständnis für die Menschen, für die Einzigartigkeit und Einmaligkeit und Unteilbarkeit jeder besonderen, auf Menschen bezogenen Aufgabe. Also nicht weniger als Wissenschaft, sondern noch etwas anderes neben der Wissenschaft muß getrieben und gelehrt werden. Die Methode darf nicht auf die reine Erkenntnis oder ihre Übermittlung, sie muß auch auf deren Anwendung abzielen. Nicht das gleiche Maß an Kenntnissen, nicht die gleiche Beherrschung der wissenschaftlichen Methoden wie die Universität soll sie geben – aber eine wissenschaftliche Gesinnung, eine geistige Beweglichkeit, die Fähigkeit zu selbständigem Urteilen im Hinblick auf weitreichende praktische Aufgaben.«[32]

Zur Erreichung ihrer anspruchsvollen Zielsetzungen entfaltete die »Akademie« ein breites Spektrum von Aktivitäten. Sie sollte eine Fortbildungsmöglichkeit für berufstätige Sozialarbeiterinnen schaffen und Akademikerinnen den Übergang in die soziale Berufspraxis erleichtern, sie sollte geeignete Frauen zur Lehrtätigkeit an sozialen Frauenschulen ausbilden und schließlich eine spezifische Form sozialwissenschaftlicher Frauenforschung anregen und durchführen. Den Kern der Arbeit der »Akademie« bildeten die einjährigen Fortbildungskurse für Wohlfahrtspflegerinnen, Jugendleiterinnen, Volks-, Berufs- und Fachschullehrerinnen sowie Handelslehrerinnen. Daneben gab es eine »Abteilung zur Ausbildung von Schwestern in leitender Stellung« sowie das »Institut für Hauswirtschaft«, das der Weiterbildung von Lehrerinnen der hauswirtschaftlichen Haushaltskunde diente. Voraussetzung für die Aufnahme in diese Fortbildungskurse war eine mindestens dreijährige, bei den Krankenschwestern sechsjährige Berufstätigkeit. Außerdem bot die »Akademie« besondere Kurse für Mütter an, die nicht der Berufsaus- oder -fortbildung dienten, sondern der »Stärkung des Bewußtseins von der Kulturaufgabe des Hauses und der Mutterschaft, die über den Rahmen der engeren Familie hinaus als gesellschaftliche Verantwortung getragen werden muß«.[33]

Das besondere Interesse von Alice Salomon galt der Forschungsarbeit der »Akademie«. Die Forschungsabteilung wurde im Dezember 1926 konstituiert, Alice Salomon war ihre Vorsitzende. Die Arbeit der Forschungsabteilung begann mit der Publikation von Schriften aus dem Kreise der Mitarbeiterinnen: *Die Frau in der Krisis der Kultur* von Gertrud Bäumer; *Zur Soziologie der Frauenbewegung* von Hilde Lion; *Die Ideale der Geschlechtergemeinschaft* von Marianne Weber. Im Herbst 1928 wurde ein umfangreiches sozialwissenschaftliches Forschungsprogramm über »Bestand und Erschütterung der Familie in der Gegenwart« in Angriff genommen.

»Es geht also um die Aufhellung der Frage, ob die vorhandenen Formen des Gemeinschaftslebens nur überkommene Reste früherer sozialer Verfassungen sind, die mit Wahrscheinlichkeit schwinden werden, oder ob ein Umbildungsprozeß des Gemeinschaftslebens vorhanden ist, der die Familie aufgrund anderer Momente als in früherer Zeit erhellt und sie auf neue Weise festigen kann.«

So wird das Projekt im ersten Band der Forschungen *Das Familienleben in der Gegenwart* umrissen.[34] Die Leitung der Forschungsarbeit übernahm Alice Salomon zusammen mit Gertrud Bäumer. Die Forschungen wurden bis 1933 betrieben. Insgesamt 13 Bände wurden in diesem Zusammenhang publiziert.

Auch die Fortbildungsarbeit der »Akademie« entwickelte sich in den Jahren ihres Bestehens durchaus erfolgreich. In den ersten fünf Jahren erwarben 100 Teilnehmerinnen das Akademiestudienzeugnis. 1933 beschloß der Vorstand der »Akademie« die Selbstauflösung und kam damit der nationalsozialistischen Gleichschaltung zuvor. Auch nach 1945 wurde der Gedanke der Akademie nicht erneut zum Leben erweckt.[35]

Die Ausbildung für die soziale Arbeit blieb also langfristig in der Alleinzuständigkeit der Wohlfahrtsschulen. Betrachten wir nun, wie die Sozialen Frauenschulen versuchten, ihren Anspruch nicht nur Fachschulen, sondern Einrichtungen sozialer Erziehung und weiblicher Persönlichkeitsbildung zu sein, in ihrer Unterrichtspraxis umzusetzen versuchten.

Alice Salomon hatte in einem Vortrag auf der Lehrplankonferenz 1924 in Thale am Harz ausgeführt, daß der Unterrichtsstoff der Wohlfahrtsschulen auf drei Fachgruppen zurückzuführen sei: Gesundheitslehre und Psychologie, die das Wissen vom einzelnen Individuum vermitteln; Wirtschafts- und Rechtslehre, die die gesellschaftlichen Grundlagen der individuellen Existenz betreffen; Sozialpolitik und Wohlfahrtspflege, die gleichsam das Handwerkszeug der Sozialarbeiterin zur Beseitigung der Notlage beinhalten.[36] Das Preußische Ministerium für Volkswohlfahrt hatte dann – wie erwähnt – zur Vorbereitung der *Richtlinien* Lehrplanentwürfe für sechs Fachgruppen ausarbeiten lassen: Hygiene und Sozialhygiene, Wohlfahrtskunde, Psychologie und Pädagogik, Volkswirtschaftslehre und Sozialpolitik, Rechts- und Verwaltungskunde, geschlossene Erziehungsfürsorge, und war damit den Vorschlägen von Alice Salomon weitgehend gefolgt. Daß diese Vorstellungen von den einzelnen Schulen – auch außerhalb Preußens – weitgehend geteilt wurden, zeigt ein Blick in die Lehrpläne der einzelnen Schulen.[37] Es lassen sich in der Tat die genannten Gebiete in unterschiedlichen Variationen, Kombinationen und Gewichtungen bei jeder der untersuchten Schulen feststellen. Die Fächer Volkswirtschaftslehre, Gesundheitslehre oder Hygiene, Rechts- oder Gesetzeskunde standen grundsätzlich bei allen Schulen auf dem Lehrplan. Psychologie und Pädagogik oder Erziehungslehre wurden in der Regel zu einem Unterrichtsfach zusammengefaßt, gelegentlich auch gesondert angeboten.[38] In der einen oder anderen Kombination finden sie sich jedoch ebenfalls in allen Lehrplänen. Sozialpolitik wurde von der überwiegenden Zahl der Schulen als besonderes Fach offeriert[39], gelegentlich wurde Sozial*versicherung* besonders ausgewiesen[40], manchmal auch anstelle des Fachs Sozialpolitik. Auch ein besonderes Fach »Wohlfahrtspflege« findet sich bei der Mehrzahl der Schulen.[41] Einige Schulen hoben Armenwesen, Armenpflege, Armenrecht in ihrem Lehrangebot stärker hervor.[42] Nur eine einzige Schule bot ausdrücklich eine *soziologische* Orientierung an.[43] Ebenfalls nur eine Schule wies eine Veranstaltung zur »Technik der sozialen Fürsorge« aus.[44] Insgesamt ist auffallend, daß hygienische, sozialhygienische und Gesundheitsprobleme einen vom Veranstaltungsangebot wie von der Stundenzahl her bedeutsamen Anteil der Ausbildung ausmachten.

Damit ist allerdings noch wenig darüber gesagt, was nun inhaltlich im Rahmen der einzelnen Veranstaltungen unterrichtet und erarbeitet wurde. Darüber geben die Lehrpläne der Schulen, die sich grundsätzlich auf Nennung der Veranstaltungstitel beschränken, keine Auskunft. Hierzu liefern jedoch die *Richtlinien* Informationen, deren Ziel darin bestand, durch inhaltliche Festlegung des Unterrichtsstoffes in den einzelnen Fächern vereinheitlichend zu wirken. Sie enthalten detaillierte Pläne für die eben genannten Fächer. Betrachten wir zunächst jenen für das an allen Schulen unterrichtete Fach »Volkswirtschaftslehre«.[45] Hier finden wir vier Seiten Kleingedrucktes: eine tief gestaffelte, systematische Einführung in die Probleme der Volkswirtschaftslehre. Von den geopolitischen Bestimmungen einer Volkswirtschaft über Geld und Kredit, öffentliche Berufsvertretung und Verbände der landwirtschaftlichen Unternehmer, die Stellung der Frau im Handwerk, die Aktiengesellschaft, Handels-, Zahlungs- und Finanzbilanz bis hin zu bevölkerungspolitischen Fragen wurde hier alles eingeplant, was für ein fundiertes Verständnis der Volkswirtschaftslehre erforderlich ist. Völlig unerfindlich bleibt dabei, wie diese enorme Stofffülle in achteinhalb Monaten (Volkswirtschaftslehre war nur für die Unterstufe vorgesehen) bei einem wöchentlichen Deputat von zwei bis drei Stunden bewältigt werden sollte. Wichtiger in unserem Zusammenhang ist jedoch, daß die Einteilung und Gliederung des Stoffes ausschließlich der Logik und Systematik des Faches »Volkswirtschaftslehre« folgt und den Anspruch der Schulen, anders als die Universitäten sozialerzieherische und persönlichkeitsbildende Einrichtungen zu sein, in keiner Weise aufnehmen. Schon hier werden die Probleme deutlich, die der Anspruch der Sozialen Frauenschulen, nicht für einen alltäglichen Beruf auszubilden, sondern für eine emanzipative weibliche Praxis, in der curricularen Umsetzung aufwarf. Eine Durchsicht der weiteren, in den *Richtlinien* niedergelegten Stoffpläne bestätigt diesen Eindruck. Zwar ist bei den Fächern Psychologie und Pädagogik, Gesundheitslehre und Gesundheitsfürsorge, Rechts- und Verwaltungskunde und insbesondere natürlich bei der Geschlossenen Anstaltsfürsorge deutlicher auf das Feld der sozialen Arbeit, auf den praktischen Wirkungskreis der Wohlfahrtspflegerinnen Bezug genommen als bei den »Grundlagenfächern« Volkswirtschaftslehre und Sozialpolitik. Aber eine explizite Einbeziehung der besonderen erzieherischen Zielsetzungen der Wohlfahrtsschule fehlt auch hier völlig.

Dies alles war auch den Verfassern der *Richtlinien* durchaus bewußt. Sie ordneten die spezifischen Aufgaben, aus denen die »besondere Höhenlage« der Wohlfahrtsschule sich legitimierte, *einem* Fach, der Wohlfahrtspflege, zu.

»Die eigenartige Bildungsaufgabe der Wohlfahrtsschule: eine Einheit zu schaffen aus Stoffwissen und sozialsittlicher Reife, aus theoretischem Unterricht und praktischer Tätigkeit – diese Bildungsaufgabe prägt ihren Charakter vorzüglich dem Fach Wohlfahrtspflege auf ... Wie die Familienfürsorge in der Praxis, so verwirklicht das Fach Wohlfahrtspflege in der Schule das Prinzip der Einheit aller sozialen Arbeit«,

heißt es in der Vorbemerkung zu dem Stoffplan.[46] Dieser schreibt dann allerdings die vereinheitlichenden und »erzieherischen« Aufgaben des Faches selbst[47] wieder dem einführenden Abschnitt »Grundlegung« zu. Hier wurden »Wesen, Aufgaben und Ziel der Wohlfahrtspflege«, »der Mensch als Mittelpunkt aller wohlfahrtspflegerischen Maßnahmen«, »die Triebkräfte der Wohlfahrtspflege« behandelt. Die folgenden Abschnitte des Stoffplans beinhalten dagegen einen Überblick über die gesetzlichen Grundlagen, die Einrichtungen und die Methoden der Wohlfahrtspflege, so daß der Stoffplan insgesamt recht deutlich in eine Rechts-, Institutionen- und Berufskunde einerseits und eine berufs*ethische* Einführung andererseits auseinanderfällt. Hieran wird deutlich, daß die doppelte Aufgabe der Wohlfahrtsschule auf eine Zweispurigkeit des Unterrichts hinauslief: Während die Wissensvermittlung den einzelnen Fächern zufiel, oblag die »sozialsittliche« Aufgabenstellung einer parallel laufenden ethischen Unterweisung. Die Bedeutung einer besonderen beruflichen und sozialen Ethik als Unterrichtsgegenstand wurde auch in den Lehrplandiskussionen immer wieder diskutiert. Zahlreiche Schulen boten ein besonderes Fach »Berufsethik« an[48], wenngleich dem Anspruch nach der gesamte Unterricht von diesem sozialen Ethos durchwirkt sein sollte. »Es gibt dafür kein ›Fach‹, wie wohl vieles von dem, was über diese Dinge zu sagen ist, in einer Stunde Sozialethik oder Lebenskunde oder im Religionsunterricht oder im allgemeinen Psychologie- oder Pädagogik-Unterricht zur Sprache gebracht werden muß.«[49] Faktisch jedoch wurde – wie die Durchsicht der Stoffpläne gezeigt hat – die sozialerzieherische und persönlichkeitsbildende Aufgabe nicht über den fachlichen Wissensstoff umgesetzt, sondern getrennt davon, sei es durch ein arbeitsteilig ausdifferenziertes Fach

»Berufsethik«, sei es durch die atmosphärische Ausstrahlung der Wohlfahrtsschule »als Lebensgemeinschaft«, eine soziale Grundorientierung, die Alice Salomon den »Genius Loci« genannt hat.[50] Die Betonung beider Elemente – des Fachwissens in den genannten Disziplinen *und* der sozialsittlichen Komponente als Voraussetzungen erfolgreicher sozialer Arbeit – stellte die Ausbildungseinrichtungen in eine eigentümlich widersprüchliche Situation. Einerseits legitimierte sich die soziale Ausbildung ausdrücklich als Fachausbildung, die spezifische Kenntnisse und Fertigkeiten zu vermitteln hatte, die die ausgebildete Wohlfahrtspflegerin vom Laien unterscheiden. Die Frühformen der Ausbildung hatten sich aus der Kritik der »dilletantischen Vielgeschäftigkeit« der »Wohlfahrtsdamen« begründet. Und in den zwanziger Jahren war – angesichts staatlicher Prüfungsordnungen und Anerkennungen – völlig unstreitig, daß soziale Arbeit einen Fundus von Fachkenntnissen voraussetzte, der nur in intensiver Auseinandersetzung mit den wissenschaftlichen Fortschritten auf den Gebieten der Sozialpolitik, Hygiene, Pädagogik und Psychologie zu erlangen war.[51] Andererseits drohte gerade die so produzierte »Fachlichkeit« das sozialsittliche Engagement der sozialen Arbeiterin, das »Charisma«, das ja ebenso sehr Voraussetzung erfolgreicher sozialer Arbeit war, folgenreich zu unterminieren. Beide Elemente folgten einer unterschiedlichen Logik und drohten daher permanent in Widerspruch zu geraten. »Fachlichkeit« zielte auf eine auf nachprüfbaren Kenntnissen und Fähigkeiten beruhende, rationale Sachautorität, die den Experten vom Laien unterscheidet und ihm seine spezifische Kompetenz vermittelt. Die »charismatische« Sozialarbeit dagegen, das sozialsittliche Engagement für die »notleidenden Volksklassen«, basierte auf einer Werthaltung, einer sozialen Gesinnung, deren Wurzeln in der spezifischen gesellschaftlichen Rolle liegen, die die bürgerliche Frauenbewegung in Deutschland, der Frau des bürgerlichen Mittelstandes generell zugeschrieben hatte. Die Produktion von Fachlichkeit durch die Ausbildungseinrichtungen ersetzte also die charismatische Motivation zur sozialen Arbeit zunehmend durch eine neue, rationale.[52] Diese Tendenz wurde dadurch verstärkt, daß Sozialarbeit zunehmend *beruflich*, also zu Erwerbszwecken, ausgeübt wurde und auch von daher anders motiviert war als in den Vorstellungen der Pioniere der Frühzeit. Die doppelte Aufgabenstellung der Wohlfahrtsschulen kann also derart reformuliert werden, daß die soziale Ausbildung vor dem Problem stand, Fachlichkeit zu produzieren, um die Grenze zum »sozialen Laien« zu stabilisieren und gleichzeitig die negativen Konsequenzen von »Versachlichung« und »Verberuflichung« zu kompensieren. Während man (bzw. frau) aber für die fachliche Seite der Ausbildung auf die einigermaßen gesicherte Grundlage wissenschaftlicher Disziplinen zurückgreifen konnte, deren Umsetzung in Stoff- und Lehrpläne – zumindest grundsätzlich – ohne weiteres möglich war, blieb die berufsethische Dimension als Gegenstand der Ausbildung stets äußerst verschwommen. Man kann nicht – zitierte Alice Salomon ein Wort Max Webers – »persönliche charismatische Eigenschaften zum Gegenstand traditionaler Anschulung machen«.[53] Die zeitgenössischen Aussagen darüber, was die Wohlfahrtsschule »als Lebensgemeinschaft« bedeuten könnte, schwanken zwischen wolkigem Pathos und Trivialität.[54] Ein Stoffplan für das Fach »Berufsethik« wurde niemals erstellt. So verflüchtigte sich der sozialerzieherische, normativ-ethische Anspruch der Wohlfahrtsschulen zu einer »sozialen Grundhaltung«, mit der die fachlichen Lehrinhalte gleichsam übergossen wurden. Dadurch konnte den versachlichenden Tendenzen in der Sozialarbeit, ihrer Entwicklung zum »Erwerbsberuf« langfristig nicht Einhalt geboten werden. »Die innere Formung des Berufs«, stellte Alice Salomon 1927 resigniert fest, »hat sich – darüber ist kein Zweifel möglich – nicht in derselben Weise wie die äußere entwickelt. Sie ist vielmehr immer stärker zum Problem geworden.« Und an anderer Stelle: »Der charismatische Charakter des Berufs aus der Pionierzeit ist unwiederbringlich dahin.«[55]

Exkurs: Methoden in der Sozialarbeit

Wir können festhalten, daß die Ausbildung an den Sozialen Frauenschulen durch eine Doppelgleisigkeit gekennzeichnet war. Der Fächerkanon, der das für den sozialen Beruf notwendige Wissen und Können vermitteln sollte, wurde ergänzt oder – wenn man so will – überwölbt von dem Anspruch einer »sozialen Gesinnung«, die die normativen, berufsethischen Anforderungen sozialer Arbeit beinhaltete. Ein spezifisches Unterrichtsfach, in dem sich die ethischen Grundlagen *und* die Einheitlichkeit des Berufs in der Ausbildung materialisiert hätten, gab es – wie gezeigt

– nicht. Damit nahm die soziale Ausbildung eine grundsätzlich andere Entwicklung als in England und vor allem den USA. Hier war es insbesondere Mary Richmond gelungen, im »Social Casework« ein Konzept zu entwickeln, das zum vereinheitlichenden Zentrum und zur vorantreibenden Kraft im Prozeß der Entwicklung beruflicher Sozialarbeit in den Vereinigten Staaten wurde. Mary Richmond entfaltete in ihren Arbeiten[56] »Casework« als zentrales Element sozialarbeiterischen Handelns, das die Einheit der Sozialarbeit in Beruf *und* Ausbildung verwirklichte und diese sowohl gegenüber den Laien wie anderen Experten deutlich abgrenzte. Dabei beinhalteten Mary Richmonds grundlegende Schriften nicht grundsätzlich neue, revolutionäre Überlegungen zur Ausgestaltung sozialer Hilfsmaßnahmen. Ihre Bedeutung liegt vielmehr in der Zusammenfassung, Systematisierung und Weiterentwicklung von Tätigkeitselementen und den dahinter stehenden Ideen, die in der angloamerikanischen Sozialarbeit bereits seit dem letzten Drittel des 19. Jahrhunderts praktiziert wurden.

Die wohl wichtigste Wurzel des »Casework« liegt im »friendly visiting«, im Armenbesuch, wie er von den »Charity Organization Societies« (COS) in England und den USA modellhaft entwickelt wurde. Den Ausgangspunkt bildete die Londoner Organisation.

Die ökonomische Entwicklung in England seit den sechziger Jahren des 19. Jahrhunderts führte zur Herausbildung spezifischer sozialer Probleme, die London von den übrigen industriellen Zentren des Landes unterschied. London war weit von den Zentren der Kohle- und Stahlproduktion entfernt. Boden war knapp in der Hauptstadt des Empire, Bodenpreise und Mieten entsprechend hoch, so daß mit dem Aufkommen rohstoff- und raumintensiver Maschinengroßproduktion London seine Attraktivität als Industriestandort verlor. Zurück blieb eine überwiegend auf handwerklicher Grundlage beruhende Kleinindustrie; Kleinunternehmer, die Güter und Dienste für die spezifischen Anforderungen des Marktes der Hauptstadt produzierten und sich dabei exzessiv unqualifizierter, schlecht bezahlter Arbeitskräfte bedienten, die je nach Bedarf kurzfristig angestellt und wieder entlassen wurden. Die Masse dieser chronisch unterbeschäftigten Aushilfsarbeiter bildete den Kern der Londoner Armutsbevölkerung. Während industrielles Wachstum in den Zentren des Nordens mit steigendem Lebensstandard Ansätze einer »respektablen Arbeiterschaft« produzierte, ballte sich im Osten Londons die Masse der

»casual poor«, der Bodensatz der Gesellschaft sozusagen, dessen Lebensformen allen bürgerlichen Normvorstellungen Hohn sprach und der zeitgenössisch als »the residuum« bezeichnet und zunehmend als gesellschaftliche Bedrohung wahrgenommen wurde.[57] Bettelei, Trunksucht, Glücksspiel, Unwissenheit, miserable sanitäre Verhältnisse, all diese Erscheinungen extremer Armut wurden von den zeitgenössischen Armutstheoretikern nicht als Resultat der spezifischen Strukturen des Londoner Arbeitsmarktes, sondern als moralischer Zerfall interpretiert. Nicht *Armut*, sondern *Pauperismus* war das Problem: die Demoralisierung der Armen, der nur mit energischen Erziehungsmaßnahmen entgegengewirkt werden konnte. Die bestehenden Fürsorgeeinrichtungen jedoch taten in den Augen der Zeitgenossen alles andere, als dem Übel abzuhelfen. Im Gegenteil: Sie verschlimmerten es weiter. Die bunte Fülle privatwohltätiger Organisationen, Vereine und Anstalten in London, die nebeneinander und häufig aneinander vorbei versuchten, die verschiedenen Notstände zu lindern, boten dem gewitzten Müßiggänger vielfältige Möglichkeiten, Mehrfachunterstützungen zu erschleichen. Weit entfernt davon, die Armut an der Wurzel zu bekämpfen, vergrößere die planlose Verteilung von Almosen dieselbe, indem sie die moralische Verfassung der Unterschicht untergrabe, sie zur Faulheit, Indolenz und Verantwortungslosigkeit erziehe und gleichzeitig London in einen nationalen Anziehungspunkt für Taugenichtse und Kriminelle verwandle. Der »wahllose Almosenspender« (indiscriminate alms giver), die Inkarnation verfehlter und schädlicher Fürsorgeanstrengung, wurde selbst wiederum als Symptom einer tieferliegenden gesellschaftlichen Ursache verstanden: der räumlichen Trennung von Arm und Reich, wie sie die Stadtentwicklung im Laufe des 19. Jahrhunderts hervorgebracht hatte.[58] Die Entpersönlichung der Fürsorgebeziehung hätte die Armen aus der Kontrolle der Reichen entlassen und sie damit von ihren Verpflichtungen diesen gegenüber befreit. Nur im unmittelbaren, persönlichen Kontakt könnten die Elemente von Kontrolle, Erziehung und Belehrung wieder Bestandteil der Fürsorgebeziehung zwischen den Klassen werden. Und genau hierauf zielte das Programm einer »scientific charity« der englischen Fürsorgereformen seit den sechziger Jahren: auf die wissenschaftlich-systematische Wiederherstellung der persönlichen Kontrolle und Erziehung der Armen.[59]

Die Bemühungen um eine Reorganisation der Fürsorge führten 1869 zur Gründung der »Society for Organizing Charitable Relief and Repressing Mendicity« (später »London Charity Organization Society« genannt): Der Name der neuen Organisation war zugleich ihr Programm: Der Straßenbettel sollte unterdrückt und die Wohltätigkeit nach rationalen Prinzipien reorganisiert werden. Die COS war also keine neben die existierenden Anstalten tretende weitere Hilfseinrichtung. Sie wollte eine Zentralstelle sein, die die existierenden Anstalten und Maßnahmen koordinierte, die vorhandenen Ressourcen planvoll verteilte. Dies wiederum setzte die Formulierung allgemeiner und verbindlicher Prinzipien der Unterstützung voraus, die darauf zielten, die Unterstützungsempfänger schnellstmöglich zu befähigen, ihre Selbständigkeit zurückzugewinnen und für sich selbst zu sorgen, um so die Armut nachhaltig zu bekämpfen. Diesem Ansatz lagen die Prämissen zugrunde, daß erstens Armut kein ökonomisches Strukturproblem, sondern ein individuell moralisches Problem sei; daß zweitens aber die deformierten charakterlich-moralischen Kräfte der Betroffenen bildungs- und entwicklungsfähig seien. Von daher ergaben sich für die Maßnahmen der Armenfürsorge bestimmte Konsequenzen:

Zunächst mußten generalisierbare Unterscheidungsmerkmale gefunden werden, die es erlaubten, zuverlässig den »würdigen« vom »unwürdigen« Armen zu unterscheiden. Wer aus eigener Schuld, Faulheit oder Liederlichkeit in Not geraten war, hatte keine Unterstützung verdient. Wer aber unverschuldet außerstande war, für sich selbst aufzukommen, dem sollte ganz nach den Erfordernissen des individuellen Notstandes geholfen werden. Da aber auch bei den unverschuldet in Not Geratenen Armut – wie gezeigt – als Problem individueller Fähigkeiten und Kräfte verstanden wurde, mußte die Unterstützung auf eine Weckung bzw. Stärkung dieser Kräfte gerichtet sein. Materielle Unterstützung allein war hierzu ungeeignet. Vielmehr bedurfte es dazu persönlicher Beeinflussung, Beratung und Betreuung (»Not Alms but a Friend«). Aus beiden Gründen rückte daher der Armenbesuch ins Zentrum der Tätigkeit der COS: Zum einen, um exakt zu bestimmen, ob der Antragsteller einer Unterstützung überhaupt würdig war; zum zweiten aber, um – wenn dies der Fall war – die genaue Art des Notstandes herauszufinden und die in der Situation angezeigten individuellen Hilfsmaßnahmen zu planen und durchzuführen. In Theorie und Praxis des »visiting«, wie die COS sie herausbildete, sind die Elemente, die die gesamte Entwicklung des »Social Casework« bestimmen, im Keim bereits angelegt: die detaillierte »Ermittlung« des spezifischen Notstands einerseits sowie Planung und Durchführung der individuell gebotenen Hilfe durch persönliche Beeinflussung »of mind upon mind« (M. Richmond).[60]

Bei der Entwicklung der Prinzipien des »visiting« griff die London COS ihrerseits auf historische Vorbilder zurück. Hier sind vor allem die Fürsorgereformen des schottischen Pastors Thomas Chalmers in Glasgow und die Quartiersarmenpflege nach dem Muster des Elberfelder Systems zu nennen. Chalmers hatte 1819 den Pfarrsprenger St. John in Glasgow in 25 Bezirke eingeteilt. Für jeden war ein ehrenamtlicher Armenpfleger zuständig, der jedes Unterstützungsgesuch auf seine Berechtigung zu prüfen und aus der sozialen Situation der Betroffenen heraus die geeigneten Hilfsmaßnahmen zu entwickeln hatte. Voraussetzung dafür war der intensive Kontakt mit dem Armen, der Armenbesuch.[61] In Elberfeld war 1853 die gesamte Armenpflege auf der Grundlage des Quartierssystems reorganisiert worden, wobei wiederum den zuständigen, ehrenamtlichen Armenpflegern die Prüfung der Gesuche und die Gewährung der erforderlichen Unterstützung im engsten Kontakt mit den Armen zufiel. Gerade das Elberfelder System war es, das die »Individualisierung« zum Grundprinzip jeder Fürsorge erhoben hatte.[62] Die hier bereits entwickelten Formen des Armenbesuchs wurden von der London COS in mehrfacher Weise rationalisiert und weiterentwickelt. Aus dem individuellen Armen mit seinen Problemen wurde der »case«: der Fall, der das gesamte Problemfeld einschließlich der Familie umfaßte. Die Ermittlungsergebnisse in den einzelnen Fällen wurden gesammelt, aktenmäßig festgehalten und zentralisiert. Damit war nicht nur eine zentrale Kontrolle zur Verhinderung von Doppelunterstützung und zur Koordination der unterschiedlichen Maßnahmen möglich. Es wurde zugleich systematisch empirisches Material aufbereitet, das ein umfassendes Bild der zu bearbeitenden Armutsproblematik lieferte und die Aufstellung verallgemeinernder Grundsätze und Methoden für die Arbeit der Armenbesucher ermöglichte. Dadurch konnten die Arbeitsprinzipien des »visitors« aus dem charismatischen Halbdunkel individuellen Wohlmeinens, Takts und Einfühlungsvermögens gehoben und zum Gegenstand rationaler, methodischer Arbeitskompetenz gemacht werden. Einmal entwickelt, konnten diese Methoden auf der Grundlage des vorhandenen Fallmaterials gelehrt und gelernt, also zum Gegenstand einer systematischen Unterrichtung gemacht werden. Die Forderung nach einer entsprechenden Ausbildung für »visitors« war die logische Konsequenz. Seit 1896 richtete die London COS besondere Trainingskurse für ihre Mitarbeiter ein. 1903 wurde die »School of Sociology« in London gegründet, die eine Fachausbildung für die soziale Arbeit anbot und dann 1912 in der »London School of Economics« als »Department of Social Science and Administration« aufging.[63]

Das Vorbild der London COS übte rasch Einfluß auf Bemühungen um eine Reorganisation der städtischen Armenfürsorge jenseits des Atlantiks aus. Bereits 1877 wurde in Buffalo die erste COS in den Vereinigten Staaten ins Leben gerufen. Ihr Gründer, Reverend Stephen Humphrey Gurteen, hatte die Arbeit der London COS bei mehreren Aufenthalten in England kennengelernt und war überzeugt, hier die wegweisenden Prinzipien zur Lösung der sozialen Probleme gefunden zu haben, die die nordamerikanischen Städte in der Folge des Bürgerkrieges beunruhigten.[64] Schnell folgten eine Vielzahl nordamerikanischer Städte dem Beispiel von Buffalo: New Haven und Philadelphia 1878, Boston, Brooklyn und Cincinnati 1879, Baltimore 1880, New York 1882. 1889, nur 12 Jahre nach Gründung der COS in Buffalo, gab es bereits 70 Organisationen dieser Art in allen relevanten Großstädten des Kontinents, die dem großen Londoner Vorbild nacheiferten.[65]

Dies war die Situation, die Mary Richmond vorfand, als sie ihre soziale Karriere in Baltimore begann. Sie wurde am 5. August 1861 in Belleville, Illinois, geboren. Ihre Eltern starben früh, und Mary wuchs bei ihrer Großmutter in Baltimore auf. 1878 schloß sie ihre Schulausbildung ab und zog im gleichen Jahr zu einer Tante nach New York, wo sie als Sekretärin zu arbeiten begann. 1880 kehrte sie nach Baltimore zurück, arbeitete dort als Buchhalterin. 1884, nach dem Tod ihrer Großmutter, zog Mary zu ihrer Stiefmutter. (Marys Vater hatte nach dem Tod der Mutter noch einmal geheiratet.) 1888 verlor sie ihre Stellung als Buchhalterin. Eine Zeitlang half sie in einem Hotelbetrieb aus, bis sie sich 1889 auf die neugeschaffene Stelle eines Assistenten des Schatzmeisters der

Baltimore COS bewarb – und eingestellt wurde. Mary hatte bislang den Aufgaben einer COS und den Problemen der Armenfürsorge überhaupt keine besondere Aufmerksamkeit gewidmet. Sie tat es nun mit um so größerem Eifer und wurde in Fachkreisen rasch auch über die Grenzen Baltimores hinaus bekannt. Bereits 1891 wurde sie zur Generalsekretärin der Baltimore COS gewählt, der sie dann bis 1899 vorstand. In diesem Jahr wechselte sie zur COS nach Philadelphia, wo sie innerhalb kurzer Zeit grundsätzliche und erfolgreiche Reorganisationsanstrengungen unternahm. 1909 wurde sie von der eben gegründeten »Russell Sage Foundation« auf den Posten eines Direktors des »Charity Organization Department« berufen. Diese Stelle hatte sie bis zu ihrem Tode 1928 inne. Daneben lehrte sie an der »New York School of Philanthropy« und am »Charity Organization Institute« in New York.[66]

In all diesen verschiedenen Berufspositionen arbeitete Mary Richmond kontinuierlich und zielstrebig an der Entwicklung und Perfektionierung ihres Konzepts des »Social Casework«. Den Ausgangspunkt bildete dabei die Tätigkeit des »visitors«, des Armenbesuchers, die die amerikanische COS dem englischen Vorbild nachgebildet hatte. Mary stellte das Verhältnis von Individuum und sozialer Umwelt, die Frage nach den gestaltenden Kräften der individuellen Persönlichkeit und deren Beeinflußbarkeit durch sozialarbeiterische Interventionen ins Zentrum ihrer Überlegungen. Sie ging damit von Anfang an einen Schritt weiter als die London COS, die die soziale Bedingtheit von Armut völlig ausgeblendet hatte. In ihrem 1899 erschienenen Buch *Friendly Visiting Among the Poor* versuchte Mary Richmond bereits, die Tätigkeit des »visitors« zu systematisieren und auf allgemeine Grundregeln zurückzuführen. Armut – so schrieb sie – läßt sich weder allein mit individuellem Versagen noch ausschließlich mit gesellschaftlichen Bedingungen erklären. Sie ist stets Ausdruck der wechselseitigen Bedingung und Bedingtheit beider. Der »Charakter« des einzelnen Menschen ist der lebendige Ausdruck dieses Wechselverhältnisses. »Character is at the very center of this complicated problem.«[67] Hier hatte also die Hilfe des Armenbesuchers anzusetzen: durch genaue Ermittlung des Notstandes und Mobilisierung aller verfügbaren individuellen wie sozialen Ressourcen. Im Zentrum stand dabei die Familie als unmittelbarer Bezugsrahmen: »visiting« als »Familienfürsorge«. Die Grundelemente von Mary Richmonds Theorie des »Casework« waren hier schon angelegt. Und in dem Maße, wie die Tätigkeit des »visitors« präzisiert und systematisiert wurde, wurde diesem selbst mehr als nur guter Wille und taktvolles Einfühlungsvermögen abverlangt. Das »visiting« setzte nun spezifische Kenntnisse und Fähigkeiten voraus, die allererst erworben werden mußten. So erhob Mary Richmond früh schon die Forderung nach einer Aus- und Fortbildung für die Mitarbeiter der COS. Sie richtete selbst entsprechende Kurse ein und leitete von daher die Notwendigkeit einer besonderen Ausbildungseinrichtung, einer »School of Philanthropy«, ab.[68] Allerdings zielte diese Ausbildung – wie die ersten Versuche in Deutschland[69] – zunächst noch auf eine ehrenamtliche Tätigkeit in der Armenfürsorge. Noch 1899 ging Mary Richmond vom »visiting« als einer nicht-professionellen Tätigkeit aus: »Professional visiting can never be friendly.«[70] In dem Maße jedoch, wie sich über die Ausbildung ein spezifisches Kompetenzprofil herausbildete, das den qualifizierten »charity worker« vom Laien unterschied, bildete »Casework« nicht nur die Grundlage erfolgreicher Armenpflege, sondern stützte zugleich die Forderung nach einer beruflich ausgeübten, professionellen Sozialarbeit.

Mary Richmond begann, umfangreiche Fallsammlungen anzulegen und auszuwerten. Und aus dieser Systematisierung des zusammengetragenen Materials präzisierte sie ihr Konzept des »Social Casework« in den folgenden Jahren immer mehr. Die Ergebnisse dieser jahrzehntelangen Sammlungs- und Forschungsarbeit veröffentlichte sie 1917 in ihrem Buch *Social Diagnosis*, in dem das »Social Casework« erstmals als wissenschaftliches System geschlossen vorgestellt wurde.

Drei Elemente vor allem waren es, die Mary Richmonds Konzept kennzeichneten:
– der Begriff der Persönlichkeit als Einheit von Individualität und sozialer Umgebung;
– die systematische Diagnose des jeweiligen Problems als Voraussetzung angemessener Abhilfe;
– die Vorstellung von der helfenden Intervention als demokratischem Prozeß der Zusammenarbeit von Sozialarbeiter und Klient.

Der Begriff der Persönlichkeit, an dem Mary Richmond das »Social Casework« orientierte, basierte auf einem Konzept des »wider self«, das die menschliche Persönlichkeit als ein komplexes Arrangement individueller Anlagen, Fähigkeiten und Kräfte *und* sozialer, gesellschaftlicher Einflüsse deutet, die in einem permanenten Prozeß wechselseitiger Formung und Beeinflussung stehen. Soziale Hilfe ist daher als Persönlichkeitsentwicklung zu verstehen, die dem Klienten dadurch zur Selbständigkeit verhilft, daß er individuelle Kräfte und soziale Umgebung in ein ausgewogenes Verhältnis bringen kann. Soziale Hilfe zielt demzufolge auf Anpassung (»adjustment«) von Individuum und Umwelt, wobei mit »adjustment« *nicht* die schlichte Anpassung des Individuums an eine vorgegebene Umwelt gemeint ist, sondern die Beeinflussung beider Seiten der Persönlichkeit – auch der sozialen Umgebung. In diesem Sinne ist »adjustment« mit Persönlichkeitsentwicklung identisch. Richmonds »Social Casework« enthält also *auch* eine sozialreformerische Komponente mit der Maßgabe allerdings, daß auf Gesellschaftsstrukturen nicht über Gesetzgebung oder Infrastruktur, sondern über die individuelle Persönlichkeitsbeeinflussung eingewirkt werden soll. In diesem Sinne definierte Mary Richmond: »Social case work consists of these processes, which develop personality through adjustments consciously effected, individual by individual between men and their social environment.«[71]

Voraussetzung einer so verstandenen sozialen Hilfe war die genaue Kenntnis aller die Entwicklung der Persönlichkeit bedingenden Faktoren. Auf deren Bestimmung zielt der Prozeß der sozialen Diagnose. Er enthält im Konzept von Mary Richmond vier Bestandteile: die genaue Ermittlung der verschiedenen Einflußfaktoren, ihre systematische Analyse, die Mobilisierung aller vorhandenen Ressourcen der Persönlichkeitsentwicklung (vor allem Familie, Nachbarschaft, Wohlfahrtseinrichtungen) und schließlich die Behandlung im engeren Sinne. Während dieser letzte Punkt von Mary Richmond nur am Rande behandelt wurde[72], galt ihr besonderes Interesse der Ermittlungstätigkeit und der Auswertung der Ermittlungsergebnisse. Der größte Teil der über 500 Seiten umfassenden *Social Diagnosis* ist deren Problemen gewidmet. Mit minutiöser Genauigkeit und Ausführlichkeit wird dargelegt, welche Fragen der Sozialarbeiter zu stellen, welche Informationsquellen für welche Problemkomplexe zu erschließen und wie deren Auskünfte zu bewerten sind. So wurde die gesamte soziale Umgebung des Klienten unter dem Aspekt der präzisen Erfassung der persönlichkeitsbildenden Faktoren entfaltet und zum Gegenstand wissenschaftlicher Analyse als Grundlage sozialarbeiterischer Kompetenz gemacht.

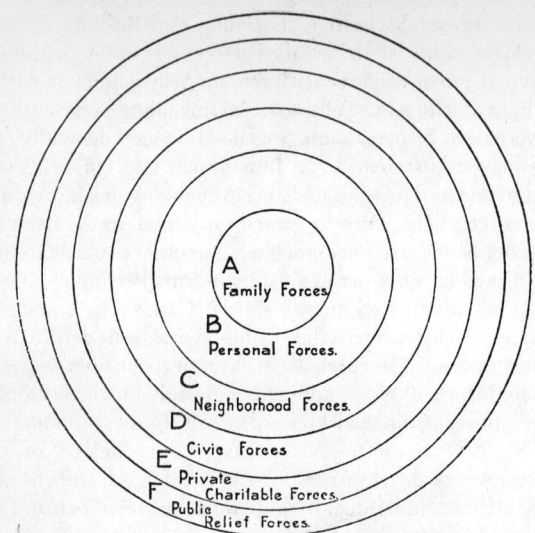

A.—*Family Forces.*
    Capacity of each member for
        Affection.
        Training.
        Endeavor.
        Social development.

B.—*Personal Forces.*
    Kindred.
    Friends.

C.—*Neighborhood Forces.*
    Neighbors, landlords, tradesmen.
    Former and present employers.
    Clergymen, Sunday-school teach-
        ers, fellow church members.
    Doctors.
    Trade-unions, fraternal and bene-
        fit societies, social clubs, fel-
        low-workmen.
    Libraries, educational clubs,
        classes, settlements, etc.
    Thrift agencies, savings-banks,
        stamp-savings, building and
        loan associations.

D.—*Civic Forces.*
    School-teachers, truant officers.
    Police, police magistrates, pro-
        bation officers, reformatories.

Health department, sanitary in-
    spectors, factory inspectors.
Postmen.
Parks, baths, etc.

E.—*Private Charitable Forces.*
    Charity organization society.
    Church of denomination to which
        family belongs.
    Benevolent individuals.
    National, special, and general
        relief societies.
    Charitable employment agencies
        and work-rooms.
    Fresh-air society, children's aid
        society, society for protection
        of children, children's homes,
        etc.
    District nurses, sick-diet kit-
        chens, dispensaries, hospitals,
        etc.
    Society for suppression of vice,
        prisoner's aid society, etc.

F.—*Public Relief Forces.*
    Almshouses.
    Outdoor poor department.
    Public hospitals and dispensaries.

DIAGRAM OF FORCES WITH WHICH THE CHARITY WORKER MAY CO-OPERATE

Mary Richmonds Konzept von »Social Casework« war untrennbar mit den amerikanischen Idealen von Demokratie und Selbstbestimmung verbunden.[73] Dahinter stand die Vorstellung, daß die Verfassung der amerikanischen Gesellschaft grundsätzlich zur Disposition des Gestaltungswillens selbstbestimmter Bürger stehe. Auf Selbstverantwortung gerichtete Persönlichkeitsbildung im Sinne des »Social Casework« war demnach immer zugleich die Verwirklichung demokratischer Prinzipien – eine für den Europäer etwas vordergründig anmutende Vorstellung.[74] Auch der Prozeß der sozialen Diagnose selbst dient – so gesehen – der Verwirklichung von Demokratie. Denn Problemdefinition und Abhilfemaßnahme sollten nicht autokratisch vorgegeben, sondern im Diagnoseprozeß von Sozialarbeiter und Klient gemeinsam herausgearbeitet werden. So stellt sich »Casework« als Prozeß gleichberechtigter Zusammenarbeit von Sozialarbeiter und Klient zum Besten beider dar. »Casework« ist also nicht nur Basis beruflichen Könnens des Sozialarbeiters, sondern zugleich Verwirklichung oberster gesellschaftlicher Werte; es enthält nicht nur die Grundlage beruflicher Kompetenz, sondern zugleich auch das spezifische Berufsethos.[75]

Die optimistischen Hoffnungen, mit dem »Casework« als wissenschaftlich fundiertem Handlungsinstrumentarium die gesellschaftliche Armut in den Vereinigten Staaten nachhaltig bekämpfen zu können, haben sich sichtlich nicht bewahrheitet. Für die Entwicklung beruflicher Sozialarbeit indessen war Mary Richmonds Konzept von zentraler und dauerhafter Bedeutung. Die Kompetenz zum »Casework« hob die Tätigkeit des ehrenamtlichen »visitors« von der Zufälligkeit und Beliebigkeit laienhafter Wohltätigkeit ab und wies sie als wissenschaftlich fundierte, rationale Problemlösungsstrategie aus. Damit bot sie sowohl die Grundlage wie das einheitsstiftende Element für die Entwicklung der Sozialarbeit als Beruf. Im »Casework« war das gemeinsame Element erarbeitet, das die unterschiedlichen Tätigkeitsfelder der Sozialarbeit einte und diese selbst zugleich deutlich von den Tätigkeiten und Aufgaben anderer Experten, der Ärzte und Juristen vor allem, abhob. Anders als in Deutschland wurde hier die Einheitlichkeit des Berufs nicht über die Ideologie vom »Dienst am Volksganzen« gestiftet, sondern über eine spezifische *methodische* Kompetenz, die in einer entsprechenden Ausbildung zu erwerben war. Als Ausbildungsfach gewann das »Social Casework« zentrale Bedeutung, weil aus der wissenschaftlichen Analyse und Systematisierung empirischen Materials spezifische Fachkompetenz entwickelt wurde. Zwar waren für die wissenschaftliche Analyse und Systematisierung die verschiedensten Fachwissenschaften heranzuziehen, aber immer schon im Hinblick auf die Erfordernisse des »Social Casework«. Sie wurden also gleichsam auf den Status von Hilfswissenschaften reduziert. Die Einheitlichkeit des Berufes reproduzierte sich also in der Einheitlichkeit des Ausbildungsgegenstandes, die in den deutschen Lehrplandiskussionen immer beschworen, nie aber praktisch realisiert wurde.

Nicht von ungefähr strahlte daher das »Social Casework« eine Faszination auch auf die deutsche Sozialarbeit und insbesondere die soziale Ausbildung in Deutschland aus. 1926 veröffentlichte Alice Salomon die Schrift *Soziale Diagnose*. Schon der Titel des Buches weist auf Mary Richmonds berühmte Arbeit hin, die hier Pate gestanden hatte.[76] Mit diesem Buch unternahm Alice Salomon den Versuch, den in den USA entwickelten Prinzipien methodischen Handelns in der Sozialarbeit auch in Deutschland Geltung zu verschaffen. Teilweise angeregt durch Alice Salomon, teilweise von ihr unabhängig entstand etwa gleichzeitig eine relativ intensive Diskussion in der Zeitschriftenliteratur um die Möglichkeiten und Probleme einer Rezeption des »Casework« in Deutschland.[77] Dabei wurden neben der Faszination, die das griffige amerikanische Konzept ausstrahlte, stets auch die Schwierigkeiten einer Übertragung nach Deutschland artikuliert. Ebenfalls 1926 publizierte Alice Salomon gemeinsam mit Siddy Wronsky ein weiteres Buch mit dem Titel *Soziale Therapie*. Hierbei handelt es sich um eine Sammlung von Fürsorgefällen, die sich gleichfalls deutlich an US-amerikanische Vorbilder anlehnt und von den Verfasserinnen in der expliziten Absicht publiziert wurde, die Methoden des »Case-Study«, der Einzelfallanalyse, verstärkt in den Unterricht an den Wohlfahrtsschulen einzuführen.[78] Durchsetzen konnten sich diese Versuche nicht.[79] Zwar wurde auch in Deutschland die Individualisierung als Grundprinzip der Fürsorge stets betont. Das Elberfelder System, auf das dieser Grundsatz letztlich zurückging, war eine deutsche »Erfindung«. Und auch die Bedeutung sorgfältiger Ermittlungsarbeit als Voraussetzung einer geordneten Fürsorge war seit langem anerkannt. Schon 1894 hatte Jeanette Schwerin in einem Bericht über die Tätigkeit der 1893 gegründeten »Auskunftsstelle der Deutschen Gesellschaft für ethische Kultur«

eine Anleitung für »Erkundigungen« veröffentlicht.[80] Trotz dieser Traditionen konnte das »Casework« in Deutschland niemals eine vergleichbare Bedeutung als vereinheitlichendes Zentrum sowohl des sozialarbeiterischen Berufshandelns als auch der sozialen Ausbildung erlangen wie in den USA.[81] Die geschilderten Rezeptionsversuche fanden statt, als der soziale Beruf und die soziale Ausbildung in Deutschland aufgrund völlig anderer Entwicklungstraditionen bereits fest institutionalisiert waren. Sie blieben diesen gegenüber stets »aufgesetzt«.

In den zeitgenössischen Diskussionen um die Rezeption des »Casework« in Deutschland wurde stets darauf hingewiesen, daß einer der Gründe für die mangelnde methodische Präzisierung des Individualisierungskonzepts in der deutschen Fürsorge in den Massennotständen als Folge von Weltkrieg und Inflation zu erblikken sei.[82] Und in der Tat: Das massenhafte materielle Elend ganzer Bevölkerungsschichten erforderte standardisierte und vor allem materielle Hilfen und machte die Forderung nach individualisierend-pädagogisierender Beratung und Betreuung obsolet, wenn nicht zynisch. Die Weltwirtschaftskrise der beginnenden dreißiger Jahre stellte die deutsche Fürsorge erneut vor die gleiche Problematik und nahm damit sicherlich den Überlegungen über eine Einführung amerikanischer Methoden in Deutschland im Ansatz ihre Stoßkraft. Letztlich sind dennoch die Gründe für das Scheitern der Bemühungen, die Prinzipien des »Casework« auch in Deutschland einzuführen, in den stark differierenden Basiskonzepten der deutschen und der amerikanischen Sozialarbeit zu suchen.[83]

In den Vereinigten Staaten entwickelte sich die berufliche Sozialarbeit aus den Vorstellungen einer »scientific charity«, wie sie von den COS entwickelt und praktiziert wurde. Die Weiterentwicklung der Prinzipien des »visiting« zum »Social Casework« war zentriert um die empirisch verfahrende, wissenschaftliche Aufklärung von Problemen der Armut und des abweichenden Verhaltens im Spannungsfeld von Individuum und sozialer Umgebung. Sie stand im Kontext einer sich herausbildenden empirischen Sozialwissenschaft, die der Aufhellung gesellschaftlicher Armutszustände und der sozialen Reform verpflichtet war. In ihren Frühphasen standen die Entwicklung der amerikanischen Sozialarbeit und der amerikanischen Soziologie im engsten Zusammenhang. In der sozialen Arbeit mit Kindern und Jugendlichen im Rahmen der seit

Beginn des 20. Jahrhunderts institutionalisierten »child guidance clinic«, einer Art Jugendberatungsstelle, und der Jugendgerichtshilfe – neben Mary Richmonds Arbeiten die wichtigsten Wurzeln des »Casework« in den USA – wurden Konzepte einer »klinischen Soziologie« entwickelt, die auf die empirische Aufklärung und die Behandlung der Ursachen abweichenden Verhaltens zielten. Hier liegt eine der historischen Wurzeln interaktionistischer Soziologie und Kriminologie in Amerika. »Social Casework« und berufliche Sozialarbeit in den USA wurden also auf der Grundlage eines Konzepts empirischer Sozialwissenschaft entwickelt, die auf die Erforschung und Bekämpfung der individuellen Dimensionen von Armut und Devianz zielten.[84]

Wissenschaftlichkeit war auch in Deutschland seit dem ausgehenden 19. Jahrhundert eine der zentralen Forderungen der sozialpolitischen Diskussion, hatte jedoch in der politisch-sozialen Situation Deutschlands einen anderen Bedeutungsgehalt als in den Vereinigten Staaten. Insbesondere in den Diskussionen um eine Reform der Armenfürsorge war dieser von den spezifischen deutschen Traditionen und Organisationsformen der Fürsorge geprägt.

Spätestens seit dem Preußischen Allgemeinen Landrecht war Fürsorge in Deutschland als öffentliche Aufgabe allgemein anerkannt und faktisch auch – sei es staatlich, sei es kommunal – öffentlich organisiert. Der Privatwohltätigkeit kam demgegenüber nur flankierende Bedeutung zu. Seit den achtziger Jahren des 19. Jahrhunderts war neben die traditionelle Armenfürsorge die Arbeiterversicherung mit ihren eigenen Funktionsmechanismen und Organisationsformen getreten, so daß bereits um die Jahrhundertwende ein komplexer administrativer Apparat öffentlicher Sozialpolitik existierte. Kenntnisse über dessen Funktionen und Strukturen machten daher ganz folgerichtig einen wesentlichen Bestandteil der Handlungskompetenz in der eben entstehenden beruflichen Sozialarbeit aus, was sich auch in entsprechenden Ausbildungsprogrammen niederschlug. Zum anderen aber richteten sich sozialpolitische Forderungen in Deutschland zuerst an Staat und Kommunen, sei es auf gesetzgeberische, sei es auf administrativ-organisatorische Maßnahmen zur Behebung bestimmter Notstände; auf gesetzliche Einführung bestimmter Leistungen und/oder die Erstellung bestimmter Fürsorgeeinrichtungen und Anstalten. Die Probleme wurden gewissermaßen immer aus der »Trägerperspektive« behandelt. Die individuellen Probleme und Notstände des Armen traten demgegenüber stark in den Hintergrund. An den Diskussionen des »Deutschen Vereins für Armenpflege und Wohltätigkeit« und den in seinem Rahmen durchgeführten Untersuchungen läßt sich dies beispielhaft nachvollziehen.[85] Aufgrund dieser administrativen und organisatorischen Traditionen entwickelte sich die Sozialarbeit in Deutschland von Anfang an »bürokratielastig«. Sie war Bestandteil öffentlicher Verwaltung und daher eingebunden in deren Funktionslogik. Die spezifischen Formen und Inhalte beruflichen Handelns in der Sozialarbeit in Deutschland sind – wie bereits näher ausgeführt – im Rahmen der Emanzipationstheorie der bürgerlichen Frauenbewegung in Deutschland entwickelt und präzisiert worden. Sozialarbeit entstand als spezifisch weibliche Form gesellschaftlichen Handelns, als »angewandte, auf die Welt übertragene Mütterlichkeit«. Soziale Mütterlichkeit war also das dominante Handlungsmuster der deutschen Sozialarbeit, und Wissenschaftlichkeit blieb stets an die Mütterlichkeit rückgebunden bzw. dieser untergeordnet.[86] Das Konzept der sozialen Mütterlichkeit aber kreiste um die emanzipativen Möglichkeiten und die sozialen Pflichten der bürgerlichen Frau in der bürgerlichen Gesellschaft. Sozialarbeit in Deutschland wurde daher primär unter normativen, nicht empirischen Aspekten entwickelt. Wenn in der deutschen Sozialarbeit von »Persönlichkeitsentwicklung« die Rede war, so ging es hier um die sozial-sittliche Erziehung der bürgerlichen Frau zur »sozialen Gesinnung«, nicht um die Stärkung und Entwicklung der Kräfte des Klienten wie in der Diskussion um das »Social Casework«. Die Entwicklung der deutschen Sozialarbeit war also normativ an der Person des Helfers ausgerichtet und nicht empirisch an der Persönlichkeit des Klienten.

Kennzeichnend für die Entwicklung der deutschen Sozialarbeit war also einerseits eine gewisse Bürokratielastigkeit, eine Fixierung auf Organisation und Absicherung im Rahmen öffentlicher Verwaltung; auf der anderen Seite eine Tendenz zur Verinnerlichung in Form eines Dienstethos, das die faktische bürokratische Organisation sozial überhöhte. Beide Tendenzen haben sich in der Diskussion um die Einführung der Familienfürsorge als vereinheitlichende Form des fürsorgerischen Außendienstes in den deutschen Kommunen exemplarisch niedergeschlagen. Einerseits wurde der Fürsorge hier die Aufgabe zugeschrieben, die Familie, die von der Entwicklung der Industriegesellschaft bedroht sei, zu schützen und zu stärken, ohne daß die Vorstellungen dabei je über Beschwörungsformeln hinausgingen. Andererseits wurden schlichte verwaltungsorganisatorische Reformen durchgeführt, die wesentlich innerbürokratischen Notwendigkeiten dienten. Kulturkritische Leitideologie und bürokratische Organisation verzahnten sich zu einem Maßnahmebündel, das die Auseinandersetzung um eine empirisch fundierte, methodische Handlungskompetenz nach dem Muster des amerikanischen »Casework« nachhaltig verdrängte.

7.2 Berufliche Lage und berufliche Organisation: Sozialarbeit als Erwerbsberuf

Die Zahl der *beruflich* tätigen Frauen in der sozialen Arbeit war bis 1914 gering. Im Weltkrieg stieg sie dann beachtlich und nahm in der Weimarer Zeit rasch weiter zu. Für die Frühphasen beruflicher sozialer Arbeit liegen exakte Zahlen über die Berufstätigkeit nicht vor. Eine von der »Auskunftsstelle für Gemeindeämter der Frau« im Jahre 1910 zusammengestellte Übersicht über die besoldete Tätigkeit von Frauen in der kommunalen Wohlfahrtspflege in 303 deutschen Städten über 10000 Einwohner weist knapp 400 beruflich wahrgenommene Positionen aus.[87] Eine von der »Zentralstelle für Gemeindeämter der Frau«, der Nachfolgeeinrichtung der »Auskunftsstelle«, im Sommer 1915 bei 45 deutschen *Groß*städten durchgeführte Untersuchung ergab, daß in der kommunalen Armen-, Waisen- und Säuglingsfürsorge, im kommunalen Arbeitsnachweis und der kommunalen Wohnungs- und Schulpflege der untersuchten Städte bereits insgesamt 761 Frauen in besoldeten Ämtern tätig waren.[88] In beide Untersuchungen wurden die beruflichen Kräfte in der Privatwohltätigkeit, die insbesondere in den Großstädten nicht unerheblich gewesen sein dürften, nicht aufgenommen. Bei der Volks- und Berufszählung im Jahre 1925 wurden die sozialen Berufe erstmals von der Reichsstatistik selbständig erfaßt. Danach waren 1925 im Wirtschaftszweig 157 »Wohlfahrtspflege und soziale Fürsorge« insgesamt 22547 (!) Angehörige des Berufs »Sozialbeamte, Kindergärtnerinnen« tätig, davon 641 männliche, 21906 weibliche.[89] Da »Sozialbeamte« und »Kindergärtnerinnen« unter einem Beruf subsumiert waren, wurden hier neben den Fürsorgerinnen und Wohlfahrtspflegerinnen die große Zahl der Kindergärtnerinnen, Hortnerinnen und Jugendleiterinnen mitgezählt. Eine von Martha Heynacher 1925 in Preußen durchgeführte Totalerhebung weist »ca. 3000« weibliche Berufskräfte in der sozialen Arbeit aus. Die Untersuchung schloß aber nur Berufskräfte in der kommunalen, offenen Fürsorge ein, nicht die in Anstalten und in der Privatwohltätigkeit.

Diese Zahlen können – wegen der höchst unterschiedlichen Bezugsgrößen – nur ein sehr ungenaues Bild von dem tatsächlichen Unfang beruflicher Arbeit der in unserem Zusammenhang interessanten Fürsorgerinnen und Wohlfahrtspflegerinnen geben. Sie machen dennoch das rasche Wachstum der Berufstätigkeit auf dem Gebiet der sozialen Arbeit deutlich. Dieses bildete den Hintergrund für bereits während des Krieges einsetzende Überlegungen über die angemessene Organisation der berufstätigen Frauen in der sozialen Arbeit.

Bereits 1902 hatte Pastor Johannes Burckhardt den »Verband der Berufsarbeiterinnen der Inneren Mission e. V.« gegründet, der die auf den verschiedenen Arbeitsgebieten der Inneren Mission tätigen Mitarbeiterinnen organisierte. Daneben waren zunächst die »Mädchen- und Frauengruppen für soziale Hilfsarbeit« die einzige Institution, die berufstätige Frauen in der sozialen Arbeit auch überregional zusammenschlossen.[90] Die »Gruppen« hatten bereits 1902 eine Arbeitsvermittlungsstelle für berufstätige Sozialarbeiterinnen gegründet und waren seitdem mit den Problemen beruflicher Sozialarbeit befaßt. Sie waren allerdings keine spezifische Berufsorganisation, da die ehrenamtliche soziale Arbeit den bei weitem größten Bestandteil ihrer Aktivitäten ausmachte.[91] Schon etwa seit Kriegsbeginn wurde jedoch innerhalb der »Gruppen« der Plan diskutiert, die berufstätigen Frauen zu einer selbständigen Gruppe zusammenzuschließen. Diese Vorstellung kreuzte sich jedoch mit Initiativen zur Gründung einer eigenständigen Berufsorganisation außerhalb der »Gruppen« und wurde daher nicht ausgeführt. Im April 1916 veröffentlichten Hedwig Wachenheim und Gertrud Israel kurz hintereinander zwei Aufsätze, in denen sie für die Gründung eines selbständigen Berufsverbandes für Sozialarbeiterinnen warben.[92] Die Ausdehnung der Fürsorge im Kriege habe einen »ganz neuen Stand erwerbstätiger Frauen«[93] geschaffen. Wegen des spezifisch sozialen Charakters dieses neuen Berufes seien die Probleme der Bezahlung und der Arbeitsbedingungen bislang sträflich vernachlässigt worden. Niedrige Bezahlung und schlechte Arbeitsbedingungen hätten jedoch negative Auswirkungen auf die soziale Arbeit und damit für die Betroffenen und letztlich die Allgemeinheit. »Es gilt, dasselbe Vorurteil wie bei den Krankenpflegerinnen zu überwinden, die Anschauung, daß gerade diese Berufe freiwillige Hingabe verlangen. Das aber ist falsch. Wie jeder Beruf verlangt der soziale Beruf Liebe zur Arbeit. Aber er braucht gute Vorbildung, gute Entlohnung und gesundheitlichen Schutz für die, die ihn ausführen.«[94] All diese Ziele seien nur mit einer selbständigen Berufsorganisation zu erreichen, die für ihre Verwirklichung kämpfe.

Die Idee einer solchen Organisation war keineswegs unumstritten. Insbesondere Alice Salomon opponierte. Sie befürchtete, daß dadurch der Entwicklung der Sozialarbeit zu einem »Erwerbsberuf« und damit der Aushöhlung des sozialen Ethos der Sozialarbeit weiter Vorschub geleistet würde. Ihr schwebte eine Institution vor, die sich mehr um die inhaltlichen Probleme der Sozialarbeit zentrierte und berufliche und ehrenamtliche Arbeiterinnen zusammenfaßte, wie dies in den »Gruppen« der Fall war. Gegenüber den konkreten Sorgen und Klagen der beruflichen Fürsorgerinnen über schlechte Bezahlung, Aufstiegschancen und Arbeitsbedingungen zeigte sie sich relativ desinteressiert. Soziale Arbeit war nach ihrer Auffassung eben ein besonderer Beruf, der zuallererst eine spezifische Eignung erforderte. Und wer über diese Eignung verfügte, der würde sich – auch ohne gewerkschaftliche Interessenvertretung – schon durchsetzen. Noch 1927 äußerte sie:

»Man erlernt den Beruf – nicht eine bestimmte Berufsstellung – und in der Ausübung des Berufes erweist sich, ob man in den untergeordneten Stellungen hängenbleibt oder zu höheren aufsteigt ... Die Psychopathologie nennt bestimmte Typen ›Helfernaturen‹. Das sind Menschen, die irgendwie nicht voll ausreifen, die nur unter ständiger unmittelbarer Überwachung etwas leisten ... Am anderen Ende der Linie stehen die geborenen Führernaturen, die Organisatoren, die sich durchsetzen und deren charismatische Eigenschaften nicht erlernt oder eingeprägt, sondern nur geweckt und erprobt werden können.«[95]

Alice Salomon konnte sich in der Organisationsfrage nicht durchsetzen. Auch ihre jüngeren Mitarbeiterinnen neigten der Gegenposition zu.[96] So obsiegten »die Anhänger des rein gewerkschaftlichen Standpunktes« (Alice Salomon): Im November 1916 wurde der »Deutsche Verband der Sozialbeamtinnen« gegründet.

Der »Verband« war ausschließlich eine Frauenorganisation und wurde von Anfang an als reichsweiter Zusammenschluß verstanden. Er gliederte sich in Landes- und Ortsgruppen, sein Sitz war Berlin.[97] Bereits im ersten Jahr seines Bestehens zählte der »Verband« 288 Mitglieder in vier Ortsgruppen. 1926 – nach zehnjährigem Bestehen – waren es immerhin schon 3434 Mitglieder in 72 Orts- und Landesgruppen. Die Entwicklung der Mitgliederzahl im einzelnen ergibt sich aus folgender Tabelle:

Jahr	Mitglieder	Gruppen
1918	603 Mitglieder	7 Orts- und Landesgruppen
1919	1366 Mitglieder	20 Orts- und Landesgruppen
1920	2029 Mitglieder	30 Orts- und Landesgruppen
1921	2300 Mitglieder	34 Orts- und Landesgruppen
1923	2444 Mitglieder	40 Orts- und Landesgruppen
1924	2776 Mitglieder	53 Orts- und Landesgruppen
1925	3177 Mitglieder	62 Orts- und Landesgruppen
1926	3434 Mitglieder	72 Orts- und Landesgruppen

Quelle: Deutscher Berufsverband der Sozialarbeiter und Sozialpädagogen e. V. (Hg.), *Ein Berufsverband zwischen Beharren und Verändern, 60 Jahre DBS,* o. O. 1976.

Der »Verband« hatte es sich zur satzungsmäßigen Aufgabe gemacht, »die beruflichen und Standesinteressen der Sozialbeamtinnen in geistiger, sozialer, rechtlicher und wirtschaftlicher Hinsicht zu heben«.[98] An dieser Zielsetzung orientierten sich die Forderungen, die der »Verband« für seine Mitglieder erhob. Er kämpfte zunächst um die Vereinheitlichung der – bislang stark unterschiedlichen und meist geringen Besoldung der Sozialarbeiterinnen und verlangte eine leistungsgerechte Eingruppierung in die bestehenden Besoldungsgruppen des öffentlichen Dienstes.[99] Daneben strebte er eine Arbeitszeitregelung, die nicht am starren Schematismus kommunaler Bürokratie, sondern an den spezifischen Anforderungen des Berufshandelns sozialer Arbeit orientiert war, sowie eine Urlaubsregelung an, die der meist aufreibenden Tätigkeit der Fürsorgerinnen angemessen war.[100] Darüber hinaus sollten Maßnahmen der Gesundheitsfürsorge durchgeführt werden, die der großen Ansteckungsgefahr, der die Fürsorgerinnen bei ihrer Arbeit ausgesetzt waren, und den sonstigen gesundheitlichen Belastungen Rechnung trug. Insoweit handelte es sich also vorwiegend um gewerkschaftliche Forderungen, die der »Verband« vertrat.

Daneben versuchte er jedoch auch, seiner Eigenschaft als Standes-
organisation gerecht zu werden und Einfluß auf die Festigung des
Berufsbildes zu nehmen. So drang der »Verband« darauf, daß bei
Neueinstellungen grundsätzlich nur noch Fürsorgerinnen mit
staatlicher Anerkennung und einer entsprechenden Fachausbildung berücksichtigt würden. Er nahm enge Kontakte zur Konferenz der sozialen Frauenschulen auf, um auch selbst Einfluß auf
die Ausgestaltung der Ausbildung zu gewinnen, und wandte der
Einrichtung von Fortbildungsmaßnahmen für die Berufsangehöri-
gen besondere Aufmerksamkeit zu. Der »Verband« sprach sich
gegen die Trennung von Innen- und Außendienst und für eine
Gesamtverantwortung der Fürsorgerin für die von ihr bearbeite-
ten Fälle aus. Schließlich bildete er Fachgruppen, in denen die
berufspraktischen Probleme für einzelne Bereiche intensiver behandelt wurden.[101]

Ebenfalls im Jahre 1916 wurde der »Verein katholischer Deutscher Sozialbeamtinnen« mit Sitz in Köln gegründet. Er zählte
Mitte der zwanziger Jahre mehr als 1000 Mitglieder in 29 Ortsgruppen und acht Vorortstellen. 1917 wurde der 1902 gegründete
»Verband der Berufsarbeiterinnen der Inneren Mission« in den
»Verband evangelischer Wohlfahrtspflegerinnen Deutschlands«
mit Sitz in Berlin umgewandelt. Mitte der zwanziger Jahre hatte er
ca. 3000 Mitglieder in 32 Orts- und 14 Landesgruppen. 1919
schlossen sich die drei Berufsverbände zur »Arbeitsgemeinschaft
der Berufsverbände der Wohlfahrtspflegerinnen Deutschlands«
zusammen, der trotz Anerkennung der Selbständigkeit der Mit-
gliedsverbände die gemeinsamen Interessen und Ziele effektvoller
zu vertreten suchte.[102]

1925 – knapp zehn Jahre nach Gründung des »Deutschen Verbandes« – bestanden in Deutschland drei ansehnliche Berufsverbände
weiblicher sozialer Arbeit, zusammengeschlossen in einer gemeinsamen Arbeitsgemeinschaft mit insgesamt fast 8000 Mitgliedern.
In den ersten zehn Jahren ihres Bestehens konnten diese durchaus
gewisse Erfolge im Hinblick auf Besoldung und Arbeitsbedingungen der sozialen Berufsarbeiterinnen, insbesondere aber im Hinblick auf die Anerkennung des neuen Frauenberufs in der Öffentlichkeit verzeichnen. Dennoch blieb die berufliche Situation der
Fürsorgerinnen prekär. Immer wieder wurden Klagen über unzumutbare Arbeitsbelastungen, gesundheitliche Schäden, geringe
Entlohnung laut. Auch Selbstdarstellungen, in denen Fürsorgerin-

nen ihre Arbeitserfahrungen darstellten und reflektierten, gaben Anlaß zur Besorgnis.[103] 1923 veröffentlichte Gertrud Bäumer eine vehemente Kritik an der allgemeinen Neigung, die ökonomischen Probleme und die konkreten Arbeitsbedingungen aus den Diskussionen um die soziale Arbeit und die Wohlfahrtspflege auszusparen. »Ich behaupte, daß die äußeren Bedingungen, unter denen die Sozialbeamtinnen arbeiten, ein *Hohn* auf die obligate idealistische Wertung der sozialen Arbeit ist.« (Hervorhebung und grammatischer Fehler im Original, C. S.)[104] 1925 entschied sich dann der »Deutsche Verein für öffentliche und private Fürsorge«, die berufliche Lage der Fürsorgerin zum Thema seiner Jahresversammlung zu machen.[105] Vorbereitet wurde das Thema durch eine von Martha Heynacher im Auftrag des »Deutschen Vereins« durchgeführte Untersuchung, die auf einer statistischen Erhebung des Preußischen Ministeriums für Volkswohlfahrt basierte.[106] Diese Untersuchung ergab erstmals ein empirisch gesichertes, differenziertes Bild der beruflichen Situation der Fürsorgerinnen in der kommunalen, offenen Sozialverwaltung in Preußen. Etwa 3000 Fragebögen waren über die Regierungspräsidenten verteilt und wieder eingesammelt worden. Einige waren unvollständig ausgefüllt, andere verspätet. 2872 wurden schließlich der Auswertung zugrunde gelegt. Diese ergab, daß immerhin knapp 50% der beruflich tätigen Fürsorgerinnen die staatliche Anerkennung aufgrund einer entsprechenden Fachausbildung besaßen. Weitere 12% hatten eine staatliche Anerkennung aufgrund praktischer Erfahrungen in der Wohlfahrtsarbeit. Im Hinblick auf das Arbeitsgebiet der Fürsorgerinnen zeigte sich ein deutliches Zurücktreten der Spezialfürsorge gegenüber einer auf mehrere Gebiete (Gesundheits-, Erziehungs-, Wirtschafts- und Berufsfürsorge) sich erstreckenden Arbeit. 24% der Fürsorgerinnen waren als Spezialfürsorgerinnen, also nur auf einem Gebiet tätig. Die Hauptgruppe unter ihnen bildeten die Gesundheitsfürsorgerinnen (insgesamt 14%). Dagegen waren nur insgesamt 5% als Spezialfürsorgerinnen auf dem Gebiet der Erziehungsfürsorge tätig, da auf diesem Gebiet die Aktivitäten der Privatwohltätigkeit besonders stark waren. Über die Hälfte aller Fürsorgerinnen (54%) arbeiteten auf allen drei Fürsorgegebieten, meist jedoch in unterschiedlichem Ausmaß und unterschiedlicher Intensität. Nur ca. 30% der Gesamtzahl dagegen waren als Familienfürsorgerinnen im engeren Sinn anzusehen, d.h. solche, die gleichmäßig auf allen drei

Gebieten tätig waren. Sie fanden sich vor allem auf dem Lande und in kleineren Städten. In den Großstädten dagegen war der Anteil der Spezialfürsorgerinnen durchweg relativ hoch. Interessant ist, daß bei der Gruppe der Familienfürsorgerinnen der Anteil der voll ausgebildeten Kräfte am größten war (64 %). Für den zu bewältigenden Arbeitsumfang benutzte die Studie die Zahl der Einwohner pro Fürsorgerin sowie die Größe des Bezirks in qkm als Indikator. Dabei wurden insgesamt starke, teilweise unzumutbare Arbeitsbelastungen deutlich, insbesondere aber ein starkes West-Ost-Gefälle. Im Regierungsbezirk Düsseldorf waren 94 % aller Fürsorgerinnen in der kleinsten Bezirksgröße (1 bis 100 qkm) beschäftigt, in Pommern und Ostpreußen dagegen ca. 24 % in der größten (mehr als 1000 qkm!).

»Daß die nach hunderten von Quadratkilometern bemessenen Entfernungen ein weiteres Hemmnis und eine Erschwernis bedeuten, braucht... nicht erst betont zu werden... Es kommt hinzu, daß in der großen Zahl der Landkreise... das Fahrrad, wenn nicht das einzige, so doch das gebräuchlichste Verkehrsmittel für die Fürsorgerinnen ist... Man wird den Eindruck nicht los, daß in vielen dieser Fälle die wertvollsten Kräfte verbraucht sein müssen, ehe die eigentliche Arbeit anfängt.«[107]

Bei der Art der Anstellungsverhältnisse ist der relativ hohe Beamtenanteil im preußischen Durchschnitt und wiederum ein enormes West-Ost-Gefälle auffallend. Während im Rheinland immerhin 41 % der Fürsorgerinnen in Beamtenpositionen, also in materiell gesicherten Positionen, tätig waren, waren es in Ostpreußen nur 7 % und der Grenzmark 8 %. Umgekehrt bildeten in den Ostprovinzen die nicht-ständigen Angestelltenpositionen einen außerordentlich hohen Anteil (75 % in Ostpreußen, 78 % in Brandenburg, 87 % in der Grenzmark!). Insgesamt lebte also ein hoher Prozentsatz der preußischen Fürsorgerinnen in materiell ungesicherten Verhältnissen. Ein Überblick über die Besoldungsverhältnisse zeigt, daß die preußischen Fürsorgerinnen von dem Ziel des »Deutschen Verbandes der Sozialbeamtinnen« einer generellen Einordnung in Gruppe VII mit Aufstiegschancen noch weit entfernt waren. 54 % der Fürsorgerinnen waren in Gruppe VI, 24 % in Gruppe V und nur 16 % in Gruppe VII eingestuft. Insgesamt war die Besoldung der Fürsorgerinnen mit staatlicher Anerkennung besser als die der übrigen. Bezüglich der Arbeitsgebiete bot der (kleine) Bereich der Erziehungsfürsorge die beste Besoldung.

Die Urlaubsdauer stellte sich im *Durchschnitt* als annehmbar heraus. 59% hatten einen Jahresurlaub von 22 bis 28 Tagen, 24% von mehr als 28 Tagen. Allerdings waren auch hier die Unterschiede erheblich, und in einzelnen Provinzen machte der Anteil der Fürsorgerinnen, die weniger als drei Wochen Urlaub hatten, bis zu 25% aus. Diese Urlaubsregelungen wurden insbesondere im Hinblick auf die starken gesundheitlichen Belastungen der Fürsorgerinnen, die allgemein beklagt wurden, als unbefriedigend empfunden. Die Untersuchung erbrachte indessen nicht den Nachweis eines konkreten Zusammenhangs zwischen ungenügendem Urlaub, unzulänglicher Besoldung und Häufigkeit der Erkrankungen.[108] Von besonderem Gewicht für die Tätigkeit der Fürsorgerinnen war die Art ihres Einsatzes im Rahmen der kommunalen Sozialverwaltung, ein Problem, das mit den Stichworten »Innendienst« und »Außendienst« bezeichnet wurde. Die Untersuchung ergab, daß 40% aller Fürsorgerinnen ausschließlich im Außendienst eingesetzt waren, 51% im Innen- und Außendienst, also *auch* Verwaltungsaufgaben zu erledigen hatten, und nur 9% ausschließlich im Innendienst arbeiteten. Die Problematik von Innendienst und Außendienst war für die Fürsorgerinnen ganz unabhängig von ihrer jeweiligen Tätigkeit in der Sozialverwaltung von zentraler Bedeutung, weil hiermit grundsätzliche Fragen des gesellschaftlichen Auftrages und des beruflichen Selbstverständnisses der Sozialarbeit angesprochen waren.

Der Innendienst in der kommunalen Sozialverwaltung wurde in der Regel von (männlichen) Sachbearbeitern des allgemeinen Verwaltungsdienstes wahrgenommen, denen die aktenmäßige Bearbeitung der Fürsorgefälle oblag, die die Fürsorgerinnen im Außendienst betreuten. In den Persönlichkeiten von Sachbearbeiter und Fürsorgerin stießen zwei grundverschiedene Formen und Prinzipien des Handelns aufeinander, die die kommunale Sozialverwaltung vor erhebliche Funktionsprobleme stellten. Der Sachbearbeiter – für unspezifische Verwaltungsaufgaben ausgebildet und grundsätzlich an beliebiger Stelle in der Verwaltung einsetzbar – repräsentierte das bürokratische Element. Seine Aufgabe war die sachliche, unpersönliche, aktenmäßige Verwaltung. Er hatte nach seinen Vorschriften zu handeln, zuverlässig und verbindlich, aber ohne Ansehen der Person, gleichförmig und routinemäßig. Aufgabe der Fürsorgerin dagegen war per definitionem die Individualisierung. Sie hatte schon auf der Sozialen Frauenschule gelernt, im

Klienten den Menschen zu respektieren, die konkreten Umstände des einzelnen Falles zu ermitteln, die gebotenen Maßnahmen ganz an den Bedürfnissen des Klienten auszurichten. Sie sollte Takt und Einfühlungsvermögen beweisen, persönliche Beziehungen herstellen. Fürsorge war eben »Hilfe von Mensch zu Mensch«. Daß diese beiden grundverschiedenen Elemente in Konflikt geraten mußten, liegt auf der Hand. Die Apparate kommunaler Verwaltung waren ganz auf bürokratische Routinen eingestellt, die neu eindringenden Fürsorgerinnen mußten zwangsläufig in die Rolle von Fremdkörpern im bürokratischen Betrieb geraten. Der hier entstehende Konflikt gab Anlaß zu vielfältigen Klagen auf beiden Seiten. So kritisierten die Fürsorgerinnen den Schematismus und die mangelnde Flexibilität der Bürokratie, die sie an der angemessenen Durchführung ihrer Aufgaben hindere, die Unterordnung der fürsorgerischen Arbeit unter »fachfremde« bürokratische Aspekte.

»Die vielen hemmenden bürokratischen Vorschriften, die sie binden, die ihre Auswirkungsmöglichkeit, aber auch Arbeitsfreudigkeit beeinträchtigen und jede freiere Formung der Arbeit als mit dem behördlichen Apparat unvereinbar hinstellen, sind meistens auf ein mangelhaftes Verständnis für den *Inhalt der Aufgaben* seitens bürokratisch eingestellter Kräfte zurückzuführen.« (Hervorhebung im Original, C. S.)[109]

Umgekehrt beanstandeten die Verwaltungsbeamten die Disziplinlosigkeit der Fürsorgerinnen und die Ungeregeltheit ihrer Arbeit. »Diese straffe Disziplin in bezug auf die Person und die Sache ist ein noch immer unterschätztes Erfordernis jeder beruflichen Arbeit. Sie wird gerade der Frau vielfach nicht leicht. Es muß festgestellt werden, daß nicht selten die Begriffe Disziplinlosigkeit und Freiheit verwechselt werden.«[110] Von der kommunalen Fürsorgearbeit wurde also erwartet, daß sie sich – nunmehr selbst Teil öffentlicher Verwaltung – in einem gewissen Maß den Erfordernissen behördlicher Arbeit anpaßte.

»Der Übergang von der Liebesarbeit zur Berufsarbeit ... bringt ganz von selbst mit sich die straffere Disziplinierung in der grundsätzlichen Ausführung der Arbeit, strafferen Zusammenschluß und Vereinheitlichung, infolge der Verantwortlichkeit gegenüber dem öffentlichen Verband, aber auch ganz zwangsläufig eine stärkere Gebundenheit an die Grundsätze der Verwaltung, eine stärkere Rücksichtnahme auf die von der Wohlfahrtspflegerin vertretene Behörde, und auch, und das nicht als Unwesentlichstes, die Notwendigkeit der Einfügung in den behördlichen Apparat.«[111]

Diese Einfügung indessen zog notwendig eine tiefgreifende Veränderung der Fürsorgetätigkeit nach sich. Schon dadurch, daß fürsorgerisches Handeln als gesonderte Funktion aus dem gesellschaftlichen Lebenszusammenhang ausdifferenziert, daß es zum eigenständigen Beruf wird, verändert es – auch wenn dieser in privatwohltätigen Organisationen ausgeübt wird – seinen Charakter. Gegenüber den Elementen der persönlichen Hilfe, des individuellen Dienstes am Nächsten, treten die generalisierenden und versachlichten Aspekte zunehmend in den Vordergrund. Fürsorge muß auf gesellschaftliche Massennotstände eingehen, muß schematisieren. Die Beziehung zwischen Geber und Nehmer anonymisiert sich. Die Fürsorgerin übernimmt die Vermittlung zwischen beiden. In dem Moment, in dem fürsorgerisches Handeln nun in die öffentliche Bürokratie eingegliedert wird, wandelt es sein Wesen erneut. Öffentliche Bürokratie ist Teil staatlicher Herrschaft. Fürsorge wird daher zum Bestandteil staatlicher Herrschaftsausübung. Sie wird in mancherlei Hinsicht polizeilichen Funktionen angeglichen. Ihre Herkunft aus der öffentlichen Armenpflege mag dies verdeutlichen. Fürsorge bestimmt nun ihre Ziele und Zwecke nicht mehr selbst, sondern ist an die staatlichen – in Gesetzen, Verordnungen und Erlassen niedergelegten – öffentlichen Zielbestimmungen gebunden. Geholfen wird nicht mehr ausschließlich, womöglich nicht einmal primär, weil der Betroffene in Not ist, sondern weil Armut und Devianz eine Gefahr für die bestehende Gesellschaftsverfassung darstellen. Bei Art und Ausmaß der Hilfe kann daher auch nicht mehr allein vom individuellen Notstand ausgegangen werden. Es ist vielmehr stets das (staatlich definierte) Gemeinwohl zu beachten, das in der Regel die gebotene Hilfe beschränkt. Die zu verteilenden Mittel sind aus Zwangsabgaben der Bürger finanziert und müssen daher stets gesamtgesellschaftlich legitimiert werden. Insgesamt entwickelt sich Fürsorge daher mit ihrer Einbindung in die öffentliche Verwaltung deutlich in Richtung auf bürokratisches Handeln: Schematisierung, Generalisierung, Versachlichung sind die notwendigen Folgen.[112] Andererseits gehen die fürsorgerischen Elemente persönlicher Dienstleistungen und Hilfe nicht vollends im bürokratischen Apparat auf. Sie müssen ein gewisses Eigenleben bewahren, da anders die Fürsorgeverwaltung ihre gesellschaftliche Aufgabe nicht zweckentsprechend wahrnehmen kann. Die Folge ist die innerbürokratische Ausdifferenzierung von »Bürokratie« und

»Fürsorge«, die Unterscheidung von »bürokratischem« und »fachlichem« Handeln innerhalb der Sozialverwaltung selbst, wie sie in der Trennung von Innen- und Außendienst zum Ausdruck kommt. Damit ist der innere Widerspruch administrativ organisierter Sozialarbeit als äußerer Gegensatz von Sozialarbeit und Verwaltung institutionalisiert, ein Widerspruch, an dem sich von den Anfängen kommunaler, beruflicher Sozialarbeit bis in die Gegenwart wenig geändert hat.

Wir können resümieren, daß die soziale Arbeit in der Nachkriegszeit zunehmend den Weg beruflicher Ausübung, gewerkschaftlicher wie ständischer Organisation und administrativer Einbindung in die kommunale Sozialverwaltung gegangen ist. Verbunden mit dieser Entwicklung war eine tiefgreifende Veränderung der sozialen Träger sozialer Arbeit. An die Stelle der gebildeten Damen aus den gutbürgerlichen Familien der gehobenen Mittelschicht, die in ehrenamtlicher Sozialarbeit ihre Verpflichtung gegenüber dem »Volksganzen« wahrnehmen und zugleich ihre Emanzipation aus gesellschaftlicher Isolation betreiben wollten, traten zunehmend Frauen aus kleinbürgerlichem Milieu, für die die soziale Arbeit Erwerbsnotwendigkeit und Verheißung von sozialem Aufstieg bedeutete.[113] Der unübersehbare Ausbau kommunaler Fürsorgeleistungen, das breite und verläßliche Angebot sozialer Dienste wurde erkauft mit der Bürokratisierung und Schematisierung sozialer Fürsorge sowie der zunehmenden Verselbständigung apparativer Eigeninteressen gleichermaßen gegenüber den Problemen der Klienten wie den ursprünglich emanzipativen Zielsetzungen der bürgerlichen Frauenbewegung. Die Entwicklung nahm in der Tat einen Verlauf, wie Alice Salomon ihn stets befürchtet hatte, ohne daß sie doch im entferntesten eine Alternative aufzuzeigen vermocht hätte.

7.3 Männer im Frauenberuf: Jugendbewegung und männliche Sozialarbeit

Sozialarbeit ist – wie gezeigt – als exklusiver Frauenberuf entstanden und blieb dies auch bis in die zwanziger Jahre. Erst seit das Reichsjugendwohlfahrtsgesetz von 1922 in § 9, Abs. 3 das Prinzip der Fachlichkeit auch für die Arbeit des Jugendamtes, also die Fürsorgeerziehung und die Jugendpflege festschrieb, begann sich eine berufliche Sozialarbeit von Männern in nennenswertem Umfang herauszubilden. Die wohl wichtigste Wurzel beruflicher Sozialarbeit von Männern liegt in der deutschen Jugendbewegung[114], die das pädagogische Denken und Handeln in Deutschland nachhaltig beeinflußt hat. Jugendbewegung, Reformpädagogik und männliche soziale Arbeit sind aufs engste miteinander verknüpft.

Seit der Jahrhundertwende entstanden an verschiedenen Orten Deutschlands »Wandervogel-Gruppen«, Zusammenschlüsse junger Menschen, die sich gegen die Großstadtkultur auflehnten und im Wandern ein neues Verhältnis zur Natur suchten. 1911 wurde der »Deutsche Pfadfinderbund« gegründet, 1912 die »Akademische Vereinigung Marburg«, Gruppen mit analogen Zielsetzungen. 1913 schlossen sich diese Gruppen im Einigungsbund »Wandervogel e. V.« zusammen.[115] Vom 11.-13. Oktober 1913 fand auf dem Hohen Meißner bei Kassel der »Freideutsche Jugendtag« statt, der wohl den Höhepunkt der Jugendbewegung vor dem Kriege darstellt. In dem Aufruf zur Meißner-Tagung heißt es:

»Die deutsche Jugend steht an einem entscheidenden Wendepunkt. Die Jugend, bisher nur Anhängsel der älteren Generation, aus dem öffentlichen Leben ausgeschaltet und auf eine passive Rolle verwiesen, beginnt, sich auf sich selbst zu besinnen. Sie versucht, unabhängig von den Geboten der Konvention, sich selbst ihr Leben zu gestalten. Sie strebt nach einer Lebensführung, die jugendlichem Wesen entspricht, die es ihr aber zugleich auch ermöglicht, sich selbst und ihr Tun ernst zu nehmen und sich als einen besonderen Faktor in die allgemeine Kulturarbeit einzugliedern. Sie möchte das, was in ihr an reiner Begeisterung für höchste Menschheitsaufgaben, an ungebrochenem Glauben zu einem adeligen Dasein lebt, als einen erfrischenden, verjüngenden Strom dem Geistesleben des Volkes zuführen.«[116]

Die Jugendbewegung markiert also einen entscheidenden Punkt bei der Herausbildung von »Jugend« als eigenständigem biographischen Lebensabschnitt. Dies ging einher mit einer scharfen Auseinandersetzung und Kritik der Lebensformen und -gewohnheiten der Erwachsenenwelt. Gegen die Zivilisation einer verstädterten bürgerlichen Gesellschaft mit all ihren künstlichen, segmentierten Ausdrucksformen wurden die ganzheitlichen Ideale von Natur und Gemeinschaft gesetzt. »Dem eigenen Lebensgefühl entsprach das neue Menschenbild der Ganzheit und inneren

Erfülltheit, mit starker Betonung der Emotionalität, der Tiefe der Innerlichkeit, des Schöpferischen und ebenso auch der Tat. Ursprünglichkeit, Unmittelbarkeit und Echtheit waren wesentliche Momente dieses Bildes.«[117] Zentrales Leitbild der Gruppen der Jugendbewegung war das Leben in der Gemeinschaft. Das gemeinsame Erleben der Natur, das Gefühl der Verbundenheit in der Gruppe, das Einordnen des einzelnen in die Gemeinschaft, aber auch die Unterordnung der Gefolgschaft unter den selbstgewählten Führer, das waren die strukturierenden Prinzipien, nach denen die Jugendgruppen sich aufbauten. Von den konstituierenden Inhalten des Gemeinschaftslebens ist das Wandern an erster Stelle zu nennen. Aus dem »Wandervogel« war die Jugendbewegung hervorgegangen, und die Kritik an der »décadence« der Großstadtkultur manifestierte sich vor allem im Wandern als neuer Form der Aneignung von Natur.

»Sich morgens am Ziehbrunnen zu waschen, dem Bauern für die Bleibe zu danken, längs des Knicks durch das Ackerland zu gehen, den Bach zur Mittagsrast zu wählen und das Feuer zu hüten, dem Wilde nachzuspüren und sich wieder zurecht zu finden, am Abend auf ein Gut zu ziehen, um ein Heulager zu bitten und vielleicht das Abendbrot mit dem Gesinde zu teilen, wohl auch draußen im Windschutz der Tannen zu nächtigen – das alles ließ jeweils ein Stückchen Welt ursprünglich erfahren und lehrte, mit Dingen und Menschen auf kernhaft-schlichte Weise umzugehen.«[118]

Zum Wandern traten weitere Elemente, in denen die »neue Natürlichkeit« sich manifestierte. Die neue Kleidung, die »Tracht«: kurze Hose und offener Kragen, Sandalen und Baskenmütze; die neue Musik: das Singen zu Klampfe und Geige, die »auf Fahrt« mitgeführt wurden, Volkslied und Volkstanz; Laienspiel; der Kult des Lagers und des Lagerfeuers; das neue kameradschaftliche Verhältnis der Geschlechter; die radikale Ablehnung von Alkohol und Nikotin; all dies waren die Elemente, in denen die neue Volkstümlichkeit sich Ausdruck verschaffte. Parallelen zu den ganzheitlich-emotionalen Mütterlichkeitsidealen der bürgerlichen Frauenbewegung und deren kritischer Stoßrichtung gegen eine versachlichte, arbeitsteilige, großstädtische Industriegesellschaft drängen sich auf. Die Gruppen und Bünde der Jugendbewegung verstanden sich stets auch als Erziehungsgemeinschaften. Das gemeinsame Erleben von Natur und Gemeinschaft begriff sich als Prozeß der Selbsterziehung, in dem durch kollektives Handeln und Erleben neue Werte und Maßstäbe verwirklicht wurden. Mit der Jugendbewegung entstand so eine neue Form der Jugendarbeit als eigenständiger pädagogischer Bereich neben Familie und Schule. Die Jugendbewegung veränderte so nicht nur das Verhältnis der Generationen zueinander, sondern setzte selbst pädagogische Akzente, aus denen die Reformpädagogik der Nachkriegszeit bedeutsame Impulse erfuhr.

Weltkrieg und Revolution bedeuteten einen entscheidenden Einschnitt für die deutsche Jugendbewegung. Nach Kriegsende war die erste Generation der Jugendbewegung – soweit sie nicht im Krieg gefallen war – selbst dem Jugendalter entwachsen. Andererseits machten die sozialen Umwälzungen und die materiellen Notstände der Nachkriegszeit eine neue Dimension von »Jugendnot« – wie es zeitgenössisch hieß – deutlich.[119] Für die Begründer der Jugendbewegung vor dem Kriege drängte es sich daher auf, ihre eigenen Erfahrungen und Ziele in eine neue Form pädagogischer Jugendarbeit umzusetzen. So verbanden sich die Traditionen der Jugendbewegung in den zwanziger Jahren mit pädagogischen Reformbestrebungen zu einer eigenen »sozialpädagogischen Bewegung« im Kontext der zeitgenössischen Reformpädagogik.[120] Am weitestgehenden theoretisch ausformuliert wurde diese neue Sozialpädagogik wohl im Werk von Hermann Nohl.[121] Praktisch manifestierte sie sich in vielfältigen Reformansätzen im Bereich der Jugendarbeit, der Jugendfürsorge und der Arbeit mit jugendlichen Straftätern, in deren Kontext sich Sozialarbeit als *männliche* Berufstätigkeit herauszubilden begann. Zu den Pioniertaten in diesem Zusammenhang gehörte die Arbeit von Karl Wilker im Erziehungsheim Berlin-Lichtenberg, das später als »Lindenhof« berühmt wurde und in dem Wilker versuchte, die pädagogischen Ideale der Gemeinschaft, der Selbsterziehung und der Selbstorganisation in einer Zwangserziehungsanstalt zu verwirklichen.[122] Curt Bondy und Walter Herrmann arbeiteten als Aufseher in der Hamburger Jugendstrafanstalt Hahnöversand und initiierten dort wegweisende pädagogische Reformen in der Arbeit mit jugendlichen Strafgefangenen.[123] Insbesondere im Bereich der Fürsorgeerziehung kam es im Laufe der zwanziger Jahre zu weiteren bemerkenswerten Reformansätzen. Aber auch der Aufbau von Beratungsstellen für psychisch behinderte Kinder und Jugendliche, der Ausbau der Jugendgerichtsbarkeit, die Arbeit der sozialen Arbeitsgemeinschaft Berlin-Ost und die Volkshochschulbewegung sind hier zu nennen.[124]

Von besonderer Bedeutung für die Verbindung der Traditionen der Jugendbewegung mit den vielfältigen Reformansätzen in der sozialen Arbeit der zwanziger Jahre war die »Gilde Soziale Arbeit«.

»Die Gilde ›Soziale Arbeit‹ ist der Zusammenschluß der Männer und Frauen, die aus der Jugendbewegung stammen oder ihr im Geiste nahe stehen und ehrenamtlich oder beruflich in der sozialen Arbeit tätig sind. Die Gilde will die Kräfte der Jugendbewegung in der sozialen Arbeit einsetzen und in ihr entwickeln. Ihren Mitgliedern soll sie Anregung und Unterstützung in der Arbeit geben. Darüber hinaus will sie in den Bünden der Jugendbewegung das Gefühl der sozialen Verantwortlichkeit wachhalten und freiwillige und berufliche Mitarbeiter aus ihren Reihen heranziehen. Über den Kreis ihrer Mitglieder hinaus will die Gilde auch Einfluß auf die Gestaltung und Entwicklung der sozialen Arbeit gewinnen«,

so stellte sie selbst programmatisch ihre Zielsetzung dar.[125] Der Anstoß für die Gründung der Gilde im Jahre 1925 war von Justus Erhardt in Berlin und Alwin Brockmann in Schwerin ausgegangen. Über 300 Männer und Frauen fanden sich auf ihren Aufruf hin zusammen, und in der Folge vergrößerte sich der Kreis der Mitglieder stark und dehnte sich über das ganze Reich aus. Die bedeutenden Reformer aus der sozialpädagogischen Bewegung fanden hier ihr Forum. An verschiedenen Orten bildeten sich lokale Gilden-Kreise. Einmal jährlich wurde eine zentrale Arbeitstagung veranstaltet, auf der aktuelle und brisante Themen der Sozialarbeit und Wohlfahrtspflege diskutiert wurden. Die Gilde war also keine berufliche Interessenvertretung, vielmehr ein »fachlicher« Zusammenschluß besonderer Art, der durch inhaltliche Diskussion und Innovation sowohl das Wirken der Mitglieder wie generell die Entwicklung der Sozialarbeit in Deutschland zu beeinflussen suchte.[126]

Die erste *berufliche* Interessenvertretung für männliche Sozialarbeiter wurde 1921 in Berlin gegründet, der »Deutsche Verband der Wohlfahrtspfleger«. 1925 entwickelte sich daraus der »Bund Deutscher Sozialbeamter« unter Leitung von Carl Mennicke. 1927 schließlich wurde – ebenfalls unter Mennickes Leitung – die »Vereinigung des Deutschen Verbandes der Sozialbeamtinnen und des Bundes Deutscher Sozialbeamter« errichtet.[127] Die quantitative Bedeutung dieser männlichen Berufsorganisation war nicht allzu groß. 1925 gab es erst 641 männliche Berufskräfte in der

Wohlfahrtspflege im gesamten Deutschen Reich.[128] Bis 1933 verdreifachte sich ihre Zahl dann auf 1830.[129] Seit das Reichsjugendwohlfahrtsgesetz in § 9, Abs. 3 den Grundsatz der Fachlichkeit für alle Formen der Jugendarbeit festgelegt hatte, stellte sich verstärkt die Frage nach einer entsprechenden fachlichen Ausbildung auch für Männer. Die bisherigen Ausbildungseinrichtungen für die soziale Arbeit waren exklusive *Frauen*schulen. Die erste Ausbildungseinrichtung für Männer war das von Carl Mennicke geleitete Seminar für Jugendwohlfahrt an der Hochschule für Politik in Berlin. 1925 wurde das Seminar in »Sozialpolitisches Seminar, Wohlfahrtsschule und Wirtschaftsschule« umbenannt und bildete seitdem einen den Sozialen Frauenschulen vergleichbaren Ausbildungsgang für die soziale Berufsarbeit von Männern, der die zeitgenössische Prominenz aus Wohlfahrtspflege und Sozialpolitik zu seinen Lehrenden zählte.[130]

Bereits zuvor hatte es Nachschulungskurse für Männer gegeben, die an Sozialen Frauenschulen stattfanden, da nur diese die staatliche Anerkennung besaßen. Der erste Kurs dieser Art wurde 1923 an der von Alice Salomon geleiteten Sozialen Frauenschule im Pestalozzi-Fröbel-Haus durchgeführt. Die Ausbildung von Männern in Frauenschulen führte dann zu Kuriosa wie dem, daß Männer den Titel einer »staatlich anerkannten Wohlfahrtspflegerin« erwarben, und leitete eine grundsätzliche Diskussion – insbesondere im Rahmen der Konferenz der Sozialen Frauenschulen – über die Frage ein, ob in Zukunft Männer und Frauen in gemeinsamen Schulen ausgebildet bzw. Männer zu den Frauenschulen zugelassen werden sollten oder aber getrennte Schulen für Männer und Frauen vorzuziehen seien. Das Preußische Ministerium für Volkswohlfahrt votierte klar für die zweite Alternative und stellte – bis zum Inkrafttreten einer entsprechenden Regelung – die Zulassung von Männern zu Frauenschulen lediglich für besonders begründete Einzelfälle in Aussicht. Anders das Arbeits- und Wohlfahrtsministerium in Sachsen: es gestattete durch Verordnung vom 1. Februar 1926 grundsätzlich die Zulassung von Männern zu den Wohlfahrtsschulen des Landes.[131] In Preußen wurde die Ausbildung von männlichen Wohlfahrtspflegern (in besonderen Schulen) durch Erlaß vom 4. April 1927 geregelt.[132] Analog zur Ausbildung an den Frauenschulen sah dieser eine zweijährige Ausbildung mit anschließendem berufspraktischen Jahr vor. Die Ausbildung konnte in den Hauptfächern »Jugendfürsorge« und

»Wirtschafts- und Berufsfürsorge« erfolgen. Voraussetzung für die Zulassung zur Ausbildung war die mittlere Reife oder eine schulwissenschaftliche Vorprüfung.

Im Zuge der Regelung der männlichen Ausbildung in Preußen erhielt auch das Sozialpolitische Seminar an der Hochschule für Politik in Berlin die staatliche Anerkennung als Ausbildungseinrichtung für männliche Sozialarbeiter und war damit eine vollwertige Wohlfahrtsschule für Männer.[133] Sein Lehrplan glich dem der Sozialen Frauenschulen erstaunlich. Im ersten Jahr: Volkswirtschaftslehre, Sozialpolitik, Sozialhygiene, Staats- und Verwaltungsrecht. Im zweiten Jahr: gesetzliche Grundlagen und Organisation der Wohlfahrtspflege, soziale, pädagogische und psychologische Grundlagen der Wohlfahrtsarbeit. Obwohl doch die Traditionen männlicher Sozialarbeit in die Jugendbewegung zurückwiesen, waren deren spezifisch pädagogische Akzente im Lehrplan der Schule gegenüber den ökonomischen, administrativen und juristischen Lehrgegenständen auffällig unterrepräsentiert.[134] Dies ist sicherlich einer der Gründe, weshalb die männliche Sozialarbeit ein eigenständiges, von der weiblichen deutlich abgehobenes Berufsbild nicht ausprägen konnte.

Auf der ersten Tagung des »Bundes Deutscher Sozialbeamter« im Jahre 1926 ging Hermann Nohl in seinem Festvortrag dieser Problematik nach. »Die Frage ist, ob es nicht auch *eine im Wesen des Männlichen selbst* begründete Funktion gibt, die den Boden für den Aufbau dieses Berufes darbietet und seinen geistigen Typus mitbestimmt«, ob, mit anderen Worten, dem weiblichen Ideal der »geistigen Mütterlichkeit« ein entsprechendes männliches Leitbild entgegengesetzt werden konnte. Nohls Antwort war »die Ritterlichkeit«.

»Wo in Wahrheit die soziale Funktion des männlichen Wesens zu finden ist, zeigt jedes Hühnervolk oder irgend eine andere Tiergruppe. Das Ziel ist nicht so sehr die kommende Generation, als die Sorge für das Ganze der Herde, die Führung der Gruppe, der Schutz und die Verteidigung nach außen, die Hilfe für die Schwachen. Ich erinnere an das Verhalten des Hahns beim Futtersuchen der Hennen. Katz hat neulich berichtet, daß Gänseriche aus Instinkt auch mit einer fremden Gruppe laufen, um sie zu führen und sie zu verteidigen. Auf der Basis solcher biologischen instinktiven Leistung für die Gruppe, die der Mann in der Familie erfüllt und die ihm hier ganz bestimmte Pflichten auferlegt, ... baut sich dann auch wieder eine allgemeine, ideale, geistige Haltung auf, die von der Familieneinstellung befreit ist. Ich will diese geistige Haltung des Mannes, die aus seinem Geschlechtscharakter aufwächst, mit einem alten Wort... seine ›Ritterlichkeit‹ nennen.«[135]

Wie überzeugend auch immer diese biologistische Herleitung sein mochte, in der Praxis sozialer Arbeit konnte sich ein eigenständiges Profil männlicher Sozialarbeit gegenüber dem seit Jahrzehnten in Ausbildung und Praxis geformten Konzept der »geistigen Mütterlichkeit« nicht durchsetzen. Zwar gab es durchaus eine gewisse geschlechtsspezifische Arbeitsteilung in der sozialen Arbeit. Männer waren vorwiegend in der Jugendfürsorge und Jugendpflege, in geschlossenen Anstalten, in der Geschlechtskrankenfürsorge für Männer und in der Zusammenarbeit mit den Jugendgerichten tätig. Die Familienfürsorge dagegen blieb weiter die Domäne der Wohlfahrtspflegerinnen. Ein eigenständiges männliches Berufsbild erwuchs aus dieser Arbeitsteilung indessen nicht. Eine Profilierung von »Ritterlichkeit« war im Alltag kommunaler Fürsorgebehörden auch kaum vorstellbar, nahm sie doch Bezug auf das Gruppengefüge der Jugendbewegung, der Wandervogel- und Pfadfinderbünde und deren Führer/Gefolgschaftskonzept. In experimentellen Jugend- und Erziehungsheimen ließen sich allenfalls noch Anklänge daran reproduzieren: in Ansätzen der Selbstorganisation und Selbsterziehung, wie sie Karl Wilker auf dem Lindenhof erprobte, wenngleich schon hier ein administratives Herrschaftsgefälle unvermeidlich war. Und vor allem im bürokratischen Alltag kommunaler Sozialarbeit war der männliche Sozialarbeiter in keiner Weise mehr der Führer einer pädagogischen Gefolgschaft. Hier war er Sozialbeamter, der spezifische Dienstleistungen zu erbringen hatte, die – auch wo sie von einem Mann getätigt wurden – eher der Logik versorgender und kontrollierender Mütterlichkeit folgten als der ritterlichen Mannesmutes.

Wenn auch ein eigenes Berufsbild männlicher Sozialarbeit nicht hervorgebracht wurde, so trug doch die Öffnung der sozialen Berufsarbeit für Männer dazu bei, ihren Charakter als spezifischen Frauenberuf, als dem Wesen der Frau eigene, spezifisch weibliche Tätigkeit weiter zu verwischen. Die Versachlichungstendenzen, die in der Entwicklung sozialer Arbeit zum »Erwerbsberuf« bereits angelegt waren, erhielten durch das Hinzutreten der Männer fraglos weiteren Vorschub. Insbesondere an den (weiblichen) Ausbildungseinrichtungen wurde die Ideologie von der sozialen Arbeit als spezifisch weiblichem Dienst am Volksganzen zwar weiter hochgehalten. In der Alltagsroutine kommunaler

Jugend- und Wohlfahrtsämter wurde die Sozialarbeit indessen zunehmend zu einem Beruf »wie jeder andere«, zur persönlichen, sozialen Dienstleistung, deren Herkunft aus den Emanzipations-idealen der bürgerlichen Frauenbewegung den alltäglichen Berufs-vollzügen immer äußerlicher wurde.

8. Schlußbetrachtung:
Zur Bürokratisierung von Mütterlichkeit

Im Laufe der zwanziger Jahre kam die Entwicklung beruflicher Sozialarbeit in Deutschland zu einem vorläufigen Abschluß. In Reichsjugendwohlfahrtsgesetz, Reichsfürsorgepflichtverordnung und Reichsgrundsätzen waren modernisierte Rechtsgrundlagen der kommunalen Fürsorge geschaffen, die die Aufgaben der Sozialarbeit präzisierten. Die kommunale Fürsorgeverwaltung war derart reorganisiert und ausgebaut worden, daß die Sozialarbeit ein zunehmendes Übergewicht gegenüber der ehrenamtlichen Fürsorge erhalten hatte. Daß soziale Berufsarbeit spezifische Fachkenntnisse voraussetzte und einer entsprechenden Ausbildung bedürfte, war inzwischen unbestritten. Entsprechende Ausbildungseinrichtungen bestanden in beachtlicher Anzahl. Die Dauer der Ausbildung sowie Art und Umfang des Lehrstoffes waren in staatlichen Prüfungsordnungen geregelt, die Ausbildung selbst staatlich anerkannt. Sozialarbeiter wurden fest besoldet und waren in spezifischen Berufsverbänden organisiert. In der Bezirks-Familienfürsorge schließlich hatte die Sozialarbeit eine vereinheitlichende Form gefunden, die ihre weitere Entwicklung prägen sollte. Sozialarbeit war – mit einem Wort – zum festen Bestandteil der Apparatur kommunaler Sozialverwaltung geworden, als sozialer Dienstleistungsberuf fest etabliert.

Damit hatte sich allerdings der gesellschaftliche Charakter der sozialen Arbeit gegenüber den »Gründerjahren« im späten Kaiserreich tiefgreifend gewandelt. Die großbürgerlichen Damen aus der gehobenen städtischen Mittelschicht, auf die Alice Salomons Konzept des ehrenamtlichen Sozialengagements als weiblicher Emanzipation abzielte, hatten spätestens seit der Inflationszeit aufgehört, als eigenständige soziale Schicht zu existieren. Sie wurden zunehmend durch Frauen aus kleinbürgerlichen und proletarischen Schichten abgelöst, deren soziale Tätigkeit unter völlig veränderten Vorzeichen stattfand. Das Konzept der Ehrenamtlichkeit ergab für sie von Anfang an keinerlei Sinn. Für sie war Sozialarbeit ein Erwerbsberuf, in dem Besoldung und konkrete Arbeitsbedingungen neben der »sozialen Gesinnung« *zumindest* gleichrangige Bedeutung hatten. Als der soziale Beruf schließlich auch für Männer geöffnet wurde, zerbrach das labile Spannungsgefüge von weiblicher Emanzipation, bürgerschaftlicher Verantwortung für das Gesellschaftsganze und einer primär auf die weibliche Persönlichkeitsentwicklung abzielenden Fachlichkeit vollends, das in der Konzeptualisierung von Alice Salomon die gesellschaftliche Voraussetzung der sozialen Arbeit gebildet hatte. Soziale Arbeit in *ihrem* Sinne verstand sich keineswegs als spezialisierte soziale Dienstleistung zur Bearbeitung spezifischer sozialer Probleme. Sie sollte vielmehr dem »parasitären« Leben der bürgerlichen Frau neuen Sinn und Inhalt geben, der ganzheitlichen weiblichen Kultur der Mütterlichkeit in der Gesellschaft gegenüber der »objektiven« männlichen Kultur der Sachlichkeit zur Durchsetzung verhelfen. Sie sollte zugleich die bürgerliche Frau emanzipieren und die sozialen Schäden einer industriell-patriarchalischen Gesellschaft heilen. Dieser – für das Konzept der weiblichen sozialen Arbeit im späten Kaiserreich – konstituierende Zusammenhang von Emanzipation und Hilfe, »Selbsthilfe« und »Fremdhilfe«, wenn man so will, scheiterte in dem Maße, wie die soziale Trägerschaft der Sozialarbeit sich wandelte und diese selbst zum festbesoldeten, administrativ organisierten sozialen Dienstleistungsberuf wurde.[1] Soziale Arbeit als »angewandte, auf die Welt übertragene Mütterlichkeit« (Jeanette Schwerin), angetreten, um die sachlich-männlich bestimmte Kultur durch spezifisch weiblichen Kultureinfluß gesellschaftlich zurückzudrängen, zu ergänzen und zu bereichern[2], wurde in der Sozialbürokratie kommunaler oder verbandlicher Art eben dieser männlichen Kultur unterworfen. Folgte doch Sozialarbeit als sozialpolitisch ausdifferenzierter weiblicher Dienstleistungsberuf genau der Logik von Versachlichung, Arbeitsteilung und Spezialisierung, die im Ursprungskonzept der bürgerlichen Frauenbewegung für die Entstehung der »sozialen Schäden« verantwortlich gemacht und deshalb vehement kritisiert wurde. Diese eigentümliche Verkehrung hatte nicht nur gleichsam symbolische Bedeutung. In der geschlechtsspezifischen Arbeitsteilung von Innen- und Außendienst, von männlichen Leitungs- und weiblichen Ausführungsfunktionen fand sie manifesten Ausdruck im beruflichen Alltag: weibliche Sozialarbeit nach männlicher Weisung.[3] Gerade in dem Maße, in dem die Sozialarbeit durch aktiven Einsatz der bürgerlichen Frauenbewegung gesellschaftlich verallgemeinert wurde –

und an den expandierenden kommunalen Sozialbürokratien führte dabei kein Weg vorbei –, ergab sich die paradoxe Konsequenz der Beschneidung um ihre frauenemanzipatorischen, kultur- und gesellschaftskritischen Perspektiven. Einen nicht unerheblichen Anteil an dieser Entwicklung hatte die sozialdemokratische Frauenbewegung, deren Angehörige seit dem Ersten Weltkrieg massiv in die Sozialarbeit einströmten. Ihnen war naturgemäß das bürgerliche Mütterlichkeitsideal mit seinen normativ-kontrollierenden, kulturell-bevormundenden Implikationen suspekt. Sie zielten *politisch* vor allem auf verbesserte Einrichtungen, ein ausreichendes Leistungsniveau und anerkannte Rechtsansprüche. *Sozial* drängten sie auf feste Besoldung und berufliche Organisation. Beides mußte aber unausweichlich weitere Bürokratisierung und Verrechtlichung sozialer Hilfe nach sich ziehen. Die Wandlungen der gesellschaftlichen Organisation wie der sozialen Trägerschaft der Sozialarbeit hatten ihrerseits Rückwirkungen auf die Sozialen Frauenschulen, die sich von Stätten weiblicher Persönlichkeitsbildung zunehmend zu beruflichen Fachschulen entwickelten mit reichsweit standardisierten, staatlich verordneten Lern- und Prüfungsinhalten. Aus dem emanzipativen weiblichen Sozialengagement war *faktisch* ein eher schlecht bezahlter Dienstleistungsberuf geworden, aus der Bildungseinrichtung »besonderer Höhenlage« *faktisch* eine Fachschule minderen Ranges.

Im Zuge ihrer gesellschaftlichen Ausbreitung in der Weimarer Zeit löste sich Sozialarbeit also zunehmend von den gesellschaftlichen Bewegungen, denen sie ihre Entstehung verdankte. Die Bewegung bürgerlich-kommunaler Sozialreform hatte unter den veränderten politischen und gesellschaftlichen Bedingungen der Republik aufgehört zu existieren. Wie am Beispiel des Frankfurter Wohlfahrtsamtes gezeigt, hatten sich die Ansätze kommunaler Sozialreform vor allem im Ausbau kommunaler Sozialverwaltung niedergeschlagen, die dann die Elemente bürgerschaftlicher Selbstorganisation und Selbstverwaltung zunehmend zugunsten einer differenzierten Fachverwaltung verdrängte. Die Frauenbewegung bestand zwar fort, ihre Beziehungen zur Sozialarbeit lockerten sich jedoch zunehmend. Sie war nicht länger der Ort, an dem die Konzepte sozialer Arbeit formuliert und praktiziert wurden. Sozialarbeit war zum Bestandteil des Programmes sozialstaatlicher Sicherung geworden, das bis zu ihrem Zusammenbruch zum Kernbestand des politischen Kompromisses der Weimarer

Republik zählte. Sozialarbeit hatte eigene bürokratische und fachliche Organisationen ausgebildet und begann, ein »apparatives Eigenleben« im Zusammenhang staatlicher Sozialpolitik zu führen.

Das ursprüngliche, bürgerlich-feministische Reformkonzept – gewonnen an dem Wissenschaftskonzept des »Kathedersozialismus« und der englischen Sozialphilosophie in der Tradition Carlyles, Ruskins und Toynbees – strebte eine soziale Verantwortung des bürgerlichen Mittelstandes für die gesellschaftlichen Unterschichten an, die zugleich die Identifikation des Bürgertums mit dem gesellschaftlichen Ganzen zum Ausdruck brachte. In diesem Verständnis bedeutete soziale Reform zugleich die bürgerliche Verantwortung für die gesamtgesellschaftliche Integration. Gesellschaftliche Integration war definiert als soziale Aufgabe *einer* gesellschaftlichen Schicht. Die bürgerlichen Bemühungen kommunaler Sozialreform führten jedoch zur Herausbildung einer immer komplexeren Fachverwaltung, die die Aufgaben sozialer Fürsorge übernahm. Fürsorge wurde zur Aufgabe einer spezifischen Berufsgruppe, eines Fachbeamtentums. Gesellschaftliche Integration war damit unter der Hand zur Berufsaufgabe umdefiniert worden und wurde in der zeitgenössischen Diskussion auch ausdrücklich als solche konzipiert: »Die Wohlfahrtsbeamtin, wie sie uns vorschwebt, muß ein lebendiges Glied jenes Volkstums sein, in dem sie steht, und dessen Erneuerung ihre Mitaufgabe ist.«[4] Mit solcherlei Vorstellungen wurden die Möglichkeiten einer Berufsgruppe indes systematisch überfordert. Handelte es sich doch bei der beruflich-administrativ organisierten Sozialarbeit – systemtheoretisch gesprochen – um ein gesellschaftlich ausdifferenziertes Subsystem der Hilfe, dem *per definitionem* der Zugriff auf die gesellschaftlichen Basisstrukturen, die Hilfsbedürftigkeit, Diskriminierung und abweichendes Verhalten erzeugen, verwehrt ist. Die Organisationen sozialer Hilfe »arbeiten an der Beseitigung von Problemfällen, die sich aus der Verwirklichung der vorherrschenden Strukturen und Verteilungsmuster immer neu ergeben. Es ist nicht ihre Sache, und überhaupt nicht Sache von Hilfe, sich eine Änderung der Strukturen zu überlegen, die konkrete Formen der Hilfsbedürftigkeit erzeugen.«[5]

Aus der distanzierten Perspektive des historischen Rückblicks ist es erstaunlich, in welchem Maße sich die in der Weimarer Republik geführte Diskussion über das Berufsbild der Sozialarbeiterin gegenüber dem tiefgreifenden gesellschaftlichen Wandel, den die Sozialarbeit seit ihren Anfängen im späten Kaiserreich erfahren hatte, immunisierte. Während die kommunale Selbstverwaltung unter dem Druck der Ereignisse rapide Modernisierungsmaßnahmen durchführte und der »Deutsche Verein« der gesellschaftlichen Entwicklung dadurch Rechnung zu tragen suchte, daß er die alte behäbig-deliberierende Honoratioren-Struktur durch einen schlagkräftigen Apparat »neutralen Sachverstandes« zu ersetzen begann, hielten die sozialen Ausbildungsstätten unbeirrbar an der Mütterlichkeits-Rhetorik aus der Gründerzeit fest. Sie beförderten damit einen einschneidenden Funktionswandel der ursprünglichen Konzeptionen sozialer Arbeit. Von emanzipativ-sozialreformerischen Theorien entwickelten sich diese zu Berufsideologien, die die inneren Widersprüche des alltäglichen Berufshandelns zu bearbeiten halfen, mit denen Sozialarbeit als sozialer Dienstleistungsberuf konfrontiert war; um den Preis allerdings, daß die Ausbildung einer neuen Theorie sozialer Dienste im demokratischen Sozialstaat nachhaltig verdrängt wurde.

Ein Grundprinzip der Fürsorge als »Hilfe von Mensch zu Mensch« ist die Individualisierung. Aufgabe der Fürsorgerin war demnach, die Umstände des konkreten Einzelfalles genau zu ermitteln, auf die Bedürfnisse des Klienten, seine Sorgen und Nöte einzugehen, Takt und Einfühlungsvermögen zu zeigen, eine vertrauensvolle Atmosphäre zu schaffen, die zuallererst die Voraussetzung für wirksame Abhilfe bot. Sozialarbeit als persönliche Dienstleistung konnte auf eine Vertrauensbasis nicht verzichten, »denn die erste Bedingung geistig-sittlicher Hilfe ist in den Hilfsbedürftigen der *Wille, sich selbst helfen zu lassen* . . .« (Hervorhebung im Original, C. S.)[6] Sozialarbeit als administrativ organisierter Beruf dagegen war auf bestimmte, erlern- und reproduzierbare Fachkompetenzen, auf spezialisiertes Wissen und Routinen angewiesen, die diese Vertrauensbasis permanent zu zerstören drohten. »Beamtentum hat einen unpersönlichen Charakter, soziale Hilfe beruht auf persönlichem Vertrauen.«[7] Sozialarbeit als Beruf war daher gezwungen, den eigenen Berufscharakter zumindest partiell beständig zu dementieren, um die Voraussetzungen wirkungsvoller Hilfe nicht selbst zu torpedieren. »Der Sozialbeamte muß etwas von der freischöpferischen Führerpersönlichkeit des ungesuchten Vertrauensmannes behalten können und darf nicht einfach Vollzugsorgan einer unpersönlichen Fürsorgemaschine werden.«[8] Dadurch mußten die durch administrative Organisation und spezialisierte Fachkompetenz erzielten »Verstetigungseffekte« und professionellen Routinen stets zurückgenommen bzw. ihre Herausbildung generell verhindert werden. Umgekehrt: bürokratisch eingebunden und administrativ organisiert, mußte Sozialarbeit unumgänglich immer wieder vom Idealbild individueller, freundschaftlicher »Hilfe von Mensch zu Mensch« abweichen und Konzessionen an Amtsroutinen und verfassungsrechtliche Gleichbehandlungsgebote machen. Auf diese widersprüchlichen Anforderungen an das berufliche Handeln reagierte die Sozialarbeit in Deutschland mit einem Mechanismus der Externalisierung[9]: Der innere Widerspruch wurde als äußerer Gegensatz reformuliert. Die Ausbildungseinrichtungen übernahmen es, die pädagogisierend-fürsorglichen Ideale persönlicher Hilfe als Berufsbild zu stabilisieren, indem ungeachtet aller gesellschaftlichen Veränderungen an den alten Zielvorstellungen aus der Pionierzeit zumindest verbal festgehalten wurde. Sätze wie: »Darum ist nur das Weib zur Wohlfahrtspflegerin berufen, in dem der Trieb zu mütterlicher Hingabe in voller Kraft entfaltet ist.«[10] waren durchaus noch in der Weimarer Zeit zu hören. Auf der anderen Seite wurden die repressiv-kontrollierenden, bürokratischen Elemente der Sozialarbeit zunehmend als »sachfremde«, einengende Kontrolle verstanden, die »der Verwaltung« zugeschrieben wurden, von der sich die Sozialarbeit in ihren »eigentlichen« Aufgaben behindert fühlte. Im Verhältnis von Innen- und Außendienst hat dieses Spannungsgefüge administrative Gestalt gewonnen. Der Begriff der »sozialen Mütterlichkeit« beschrieb damit nicht mehr ein spezifisches Verständnis von weiblicher Emanzipation, sondern diente der Stabilisierung des pädagogischen Selbstbildes einer Sozialarbeit, die ihre bürokratischen und repressiven Elemente dementierte. Soziale Mütterlichkeit wurde zum Leitbild eines sozialarbeiterischen Kompetenzprofils, das sich in seiner diffusen Alltagsorientierung zwar einer »harten« Professionalisierung i. S. juristischer und medizinischer Berufe widersetzte, zugleich aber eine Art Allzuständigkeit zur Bearbeitung ungelöster sozialer Probleme zuverlässig signalisierte und damit die enorme quantitative Ausbreitung sozialarbeiterischer Berufe in der Gesellschaft förderte. Das Schlagwort von der »Hilfe zur Selbsthilfe«, das die Sozialarbeit seit den Anfängen ihrer fast

100jährigen Berufsgeschichte begleitet, hat so faktisch den Ausbau eines weitläufigen Fremdhilfe-Apparates legitimiert. Und erst in den letzten Jahren sind soziale Dienstleistungen vom Typus fürsorgerischen Berufshandelns unter dem Stichwort »soziale Enteignung« zur Zielscheibe praktischer wie theoretischer Kritik geworden. Ein Nachdenken über die Möglichkeiten und Grenzen öffentlicher Fürsorgeapparaturen scheint in der Tat angezeigt. »Man kann nicht berufsmäßig Freundschaft fühlen, nicht berufsmäßig lieben – man kann höchstens berufsmäßig helfen.«[11]

Abkürzungsverzeichnis

AVAVG	Gesetz über die Arbeitslosenvermittlung und die Arbeitslosenversicherung
BGB	Bürgerliches Gesetzbuch
BVerwGE	Entscheidungen des Bundesverwaltungsgerichtes
COS	Charity Organization Society
EGBGB	Einführungsgesetz zum Bürgerlichen Gesetzbuch
JWG	Jugendwohlfahrtsgesetz
RFV	Reichsverordnung über die Fürsorgepflicht
RGBl	Reichsgesetzblatt
RJWG	Reichsjugendwohlfahrtsgesetz
RStGB	Reichsstrafgesetzbuch
WRV	Weimarer Reichsverfassung

Anmerkungen

Einleitung

1 Wehler 1975.
2 Einen zusammenfassenden Überblick über Entwicklung und gegenwärtigen Stand der »Sonderweg-Debatte« gibt Moeller 1984.
3 Zmarzlik 1976, S. 765.
4 Für die bürgerliche Sozialreform s. vor allem vom Bruch 1979, 1980, 1985 und 1986; Ratz 1980; Kuori 1984; für die Frauenbewegung s. Evans 1976, 1978, 1979; Greven-Aschoff 1981; Niggemann 1981; Richebächer 1982.
5 Vgl. Mommsen 1975; Sheehan 1978, S. 239 ff.
6 Vgl. Gilg 1965, S. 178 ff.; Düding 1972; Kuori 1984, S. 129 ff.
7 Münchmeier 1981; Müller 1982; Baron-Landwehr 1983.
8 Ansätze bei Peters 1984 und Riemann 1985.

1. Soziale Frage und Sozialpolitik im Kaiserreich: Die Ausgangslage

1 Die gründlichste und umfangreichste statistisch-quantitative Untersuchung über die Entwicklung der deutschen Wirtschaft seit 1850 findet sich bei Hoffmann u. a. 1965. Zusammenfassende Überblicke geben Borchardt 1972; Fischer 1976; Henning 1976, insbesondere S. 111 ff. Eine knappe, informative Darstellung der wirtschaftlichen Entwicklung von 1850 bis 1890 gibt Wehler 1976, S. 39-111.
2 Eine gute Zusammenfassung der ökonomisch-sozialen Entwicklung Deutschlands nach der Gründerkrise gibt Born 1968, S. 271 ff. Grundlegend und außerordentlich anregend für eine politische, soziale und kulturelle Gesamtschau Deutschlands im ausgehenden 19. Jahrhundert: Rosenberg 1976 und Wehler 1975.
3 Vgl. Wirminghaus 1909, S. 31 ff.
4 Rothert 1909, S. 214.
5 Ausführliches statistisches Material über die Wohnungszustände in Deutschland um die Jahrhundertwende findet sich bei Fuchs 1911, insbesondere S. 877-889.
6 Die Gesundheitsverhältnisse, 1901, S. 261.
7 Zit. nach Militzer-Schwenger 1979, S. 38.
8 Stürmer 1983, S. 21.
9 Rosenberg 1976, S. 56 f.
10 Lamprecht 1921, S. 26.

11 Lamprecht 1922, S. 386f.

12 Zur Finanz- und Zollpolitik vgl. Gerloff 1913; Hardach 1967.

13 Zit. nach: Boese 1939, S. 10.

14 Eine gründliche Darstellung der verschiedenen Richtungen im Verein für Sozialpolitik, ihrer Ziele und Auseinandersetzungen sowie der Entwicklung der Richtungsstreitigkeiten während des Bestehens des Vereins gibt Lindenlaub 1967. Für einen knappen Überblick über das Wirken des Vereins vgl. aus der älteren Literatur: Kesten-Conrad 1911, S. 144-152, und Lexis 1910, S. 804-806; aus der neueren Literatur: vom Bruch 1979, S. 581ff., insbesondere S. 585-591; Tennstedt 1983, S. 69ff.

15 Zur Vorgeschichte der Bismarckschen Arbeiterversicherung vgl. Tennstedt 1981b, S. 663ff.; Quandt 1938. Eine übersichtliche Zusammenfassung der Grundideen der Bismarckschen Arbeiterversicherung gibt Gall 1980, S. 604ff., 648ff.

16 Zur Entstehung und Entwicklung der Sozialversicherung sei hier nur verwiesen auf die »klassischen« Darstellungen von Kleeis 1928 und Vogel 1951 sowie die zusammenfassenden Überblicke von Saul 1980 und Stolleis 1979.

17 In der folgenden Untersuchung wird durchgängig der Begriff Armen-*fürsorge* anstelle der zeitgenössischen Bezeichnung der Armen*pflege* verwendet. Der Ausdruck »Pflege« wurde im ausgehenden 19. Jahrhundert für die Bereiche gebraucht, in denen die Verwaltung Wohlfahrtszwecke verfolgte, also in Abgrenzung zum polizeilich-hoheitlichen Handeln. In der Folge geht es dagegen um die Unterscheidung sozialpolitischer Leistungssysteme und ihrer spezifischen Funktionslogik. Fürsorge wird daher in Abgrenzung zur Versicherung und Versorgung verwendet. Es handelt sich also hier nicht um eine verwaltungsrechtliche, sondern eine sozialpolitisch-theoretische Terminologie.

18 Vgl. Sheehan 1971.

19 Die Gründung des »Deutschen Vereins für Armenpflege und Wohltätigkeit« wird gemeinhin auf das Jahr 1880 datiert. Tatsächlich fand am 26. und 27. November 1880 im Bürgersaal des Berliner Rathauses zunächst eine vorbereitende Versammlung statt, auf der – neben der Diskussion aktueller Fragen der Armenfürsorge – die Einsetzung einer Kommission zur Gründung eines »Deutschen Vereins für Armenpflege und Wohltätigkeit« beschlossen wurde. Diese Kommission berief eine neuerliche Versammlung für den November 1881 ein, auf der der »Deutsche Verein« sich dann formell konstituierte. Ausführlich zur Gründungsgeschichte vgl. Münsterberg 1905, S. 1ff.

20 Zur Tätigkeit und Wirksamkeit des »Deutschen Vereins« vgl. außer der genannten Arbeit von Emil Münsterberg die kritische Darstellung von Tennstedt 1981a sowie Tennstedt 1981c. Eine vollständige Zusammen-

stellung der Schriften des »Deutschen Vereins« bis 1905 nach Themen und Verfassern findet sich bei Emil Münsterberg a.a.O., S. 29 bis 48.

21 Eine Lektüre der zeitgenössischen Schriften des »Deutschen Vereins« darf nicht dazu verleiten, die dort diskutierten und angeregten Reformen für den durchschnittlichen Stand des damaligen Ausbaus der kommunalen Armenfürsorge zu nehmen. In aller Regel beschränkten sich die Reformen bis zum Ersten Weltkrieg auf eine geringe Zahl deutscher Großstädte. Vgl. dazu unten Kapitel 3 a.

22 Flesch 1901.

23 Für eine sorgfältige Funktionsbestimmung der Fürsorge vgl. Schäfer 1966, für einen Überblick Barabas/Sachße 1976.

24 Münsterberg 1909, S. 103f. Vgl. auch Ritter 1980, S. 54ff. (mit weiteren Nachweisen).

2. Die Krise der Quartiersarmenpflege und ihre Reorganisation: Vom Elberfelder zum Straßburger System

1 Das Bayerische Gesetz, die öffentliche Armen- und Krankenpflege betreffend, vom 29. April 1869 hielt grundsätzlich am Heimatprinzip fest, sah jedoch gewisse Ausnahmen vor, »wenn Dienstboten, Gewerbsgehilfen, Lehrlinge, Fabrik- oder andere Lohnarbeiter, welche außerhalb ihrer Heimat im Dienste oder einer anderen ständigen Arbeit stehen, wegen Erkrankung der Hilfe bedürfen« (Art. 11, Abs. I). Zur Durchführung dieser Hilfe konnten die betroffenen Gemeinden Krankenkassen bilden und Beiträge erheben (Art. 20). Hier zeigt sich deutlich, daß eine Trennung von »Armen«- und »Arbeiter«-Frage zum damaligen Zeitpunkt noch kaum vorgenommen wurde. Die Besonderheiten der Armenfürsorge in Elsaß-Lothringen beruhten auf französischen Traditionen, die hier zunächst beibehalten wurden. Vgl. dazu unten S. 45. Für eine Übersicht über die gesetzlichen Grundlagen der Armenfürsorge im Deutschen Reich vgl. Münsterberg 1897, S. 30ff.

2 Zur allmählichen Durchsetzung des Unterstützungswohnsitz-Prinzips in Deutschland in der zweiten Hälfte des 19. Jahrhunderts vgl. ausführlich Sachße/Tennstedt 1980, S. 275ff.

3 In ähnlicher Weise verfahren auch die Ausführungsgesetze der übrigen Länder. Eine umfassende Zusammenstellung der Ausführungsgesetzgebung zum »Reichs-Gesetz über den Unterstützungswohnsitz« vom 6. Juni 1870 findet sich bei Rocholl 1873.

4 Die Vorbildfunktion des Elberfelder Systems betrifft also nur die *städtische* Armenfürsorge. Auf dem Lande vollzogen sich andere Entwicklungen, die hier außer Betracht bleiben, da die Entstehung *beruflicher* Sozialarbeit, die hier untersucht wird, eindeutig ein Ergeb-

nis der Entwicklung des großstädtischen Fürsorgewesens ist.

5 Die gesetzliche Grundlage hierfür bot die preußische Gemeindeordnung vom 11. März 1850 (Königlich preußische Gesetz-Sammlung 1850, S. 213), die später durch die Städteordnung für die Rheinprovinz vom 15. Mai 1856 (Königlich preußische Gesetz-Sammlung 1856, S. 405 ff.) abgelöst wurde.

6 § 11 der Armenordnung für die Stadt Elberfeld. Die Ordnung ist auszugsweise abgedruckt bei Sachße/Tennstedt 1980, S. 286 f.

7 Die Verpflichtung der Armenpfleger in Elberfeld und eine Ansprache des Vorsitzenden 1964. Zit. nach: Böhmert 1886, S. 69.

8 Kayser 1900, S. 8 f. Es ist interessant, daß die in der Folge in der einschlägigen Literatur als Kernelement des Elberfelder Systems und jeder zweckgerechten Armenfürsorge schlechthin hervorgehobene »Individualisierung« zumindest teilweise durch sogenannte Tarife, die die Festlegung eines Existenzminimums enthielten, neutralisiert wurde (§ 4 der Elberfelder Armenordnung). Die Selbständigkeit der Pfleger wurde also durch Richtsätze beschränkt, die auf der Grundlage des ortsüblichen Tagelohns »gewöhnlicher Tagearbeiter unter Abrechnung von 14 %« festgelegt wurden. Zur historischen Entwicklung der Regelsatzproblematik vgl. die Übersicht bei Hofmann/Leibfried 1980, insbes. S. 265 ff.

9 Diese Grundsätze waren z. B. durchaus bereits in älteren Systemen städtischer Armenfürsorge verwirklicht, insbesondere die berühmte Hamburger Armenreform von 1788 hatte ihrerseits Vorbildfunktion für Elberfeld. Die Erfolge der Elberfelder Ordnung sind daher wohl weniger auf die Originalität der Grundsätze als auf ihre gebündelte Anwendung in einer Phase ökonomischen Aufschwungs zurückzuführen. Vgl. dazu Sachße/Tennstedt 1980, S. 217. Eine materialreiche Darstellung des Elberfelder Systems findet sich bei Böhmert 1886, S. 48-97, sowie Böhmert 1887, S. 142-148. Vgl. außerdem Werner 1953, S. 16-78.

10 Eine ausführliche tabellarische Darstellung der Entwicklung von Einwohnerzahl, Unterstützungsfällen und Unterstützungsaufwendungen für die Zeit von 1855-1901 findet sich bei Berger 1979, S. 58-61.

11 »Die Vorsitzenden der Elberfelder Armenverwaltung sind von Anfang an hervorragende Mitglieder des Deutschen Vereins gewesen... und darin liegt die Beziehung, die unseren Verein mit Elberfeld verknüpft, daß keine andere Stelle in solchem Maße wie die unsere Trägerin und Verbreiterin der Ideen geworden ist, die von Elberfeld ausgegangen sind; von keiner Stelle ist eindringlicher als von uns aus die Bedeutung des Systems durch Berichte, durch Schriften, durch Verhandlungen weitergetragen worden, und die Persönlichkeiten, die sich in Deutschland um die Verbreitung des Elberfelder Systems und seine Belebung Verdienste erworben haben, sind durchweg Angehörige unseres Ver-

eins gewesen.« Emil Münsterberg, *Stenographischer Bericht 1903*, S. 6.

12 Münsterberg 1903, S. 44. Vgl. dazu die Aufstellung bei Krug v. Nidda 1955, S. 155, sowie Böhmert 1886, S. 97ff.; Böhmert 1887, wo die Armenordnungen von 77 deutschen Städten auf dem Stand von 1887 abgedruckt sind.

13 Diskussionsbeitrag von Freiherr von Reitzenstein auf der 14. Jahresversammlung des »Deutschen Vereins« am 25. September 1894 in Köln, *Stenographischer Bericht 1894*, S. 57.

14 Brinkmann 1894, S. 10.

15 Vgl. Klumker 1918, S. 62; Brinkmann 1894, S. 14ff.

16 Eine ausführliche Darstellung der unterschiedlichen Organisationsformen, Zuständigkeitsregelungen und Kompetenzen in der Armenverwaltung einer Vielzahl deutscher Städte im Jahre 1900 findet sich bei Kayser 1900, insbesondere S. 15ff.

17 Vgl. dazu die anschauliche Tabelle bei Kayser 1900, S. 36.

18 Auf diesen Aspekt weisen insbesondere Kayser 1900, S. 39f., und Klumker 1918, S. 63, hin.

19 Vgl. dazu die tabellarische Zusammenstellung bei Zimmermann 1894, S. 44-54, für das Jahr 1894 und die Angaben bei Kayser 1900, S. 40ff., für das Jahr 1900.

20 Vgl. die Berichte von Brinkmann 1894 und Zimmermann 1894 und die dazu auf der 14. Jahresversammlung des »Deutschen Vereins« geführte Diskussion, *Stenographischer Bericht 1894*, S. 22-64, sowie die Berichte von Kayser 1900 und Hildebrand 1900 und die hierzu auf der 20. Jahresversammlung geführte Diskussion, *Stenographischer Bericht 1901*, S. 6-32.

21 Vgl. dazu Zimmermann 1894, S. 31ff., insbes. die tabellarische Zusammenstellung S. 37ff.

22 Vgl. dazu den Diskussionsbeitrag von Lange auf der 14. Jahresversammlung des »Deutschen Vereins«, *Stenographischer Bericht 1894*, S. 35ff., der einen Zusammenhang zwischen der zunehmenden Heranziehung von Lehrern zur ehrenamtlichen Armenfürsorge und den steigenden Unterstützungsleistungen herstellt. Eine tabellarische Übersicht über die soziale Herkunft der ehrenamtlichen Armenpfleger verschiedener Städte findet sich bei Kayser 1900, S. 13. Ergänzende Zahlen bei Münsterberg 1903, S. 25.

23 Diskussionsbeitrag auf der 14. Jahresversammlung des »Deutschen Vereins«, *Stenographischer Bericht 1894*, S. 44.

24 Diskussionsbeitrag auf der 14. Jahrestagung des »Deutschen Vereins«, *Stenographischer Bericht 1894*, S. 49.

25 Brinkmann 1894 und Zimmermann 1894. Den Vorschlägen der Referenten folgte im wesentlichen auch die vom »Deutschen Verein« im Anschluß an die Verhandlungen angenommene Resolution: »1. Die

örtliche Armenpflege ist in der Regel lediglich durch ehrenamtliche Kräfte auszuüben. 2. Eine allgemeine Ausnahme von dieser Regel ist nur bei den in Groß- und Fabrikstädten sich für die Ausübung der Armenpflege ergebenden Schwierigkeiten und auch nur insoweit zugelassen, als den dann neben den Ehrenbeamten zu verwendenden Berufsbeamten eine Unterstützung der ehrenamtlichen örtlichen Organe aufzutragen ist. 3. Falls in besonderen Fällen auch eine sonstige Mitwirkung von Berufsbeamten bei der örtlichen Armenpflege zweckmäßig erscheint, ist diese nur insoweit und nur nach Prüfung des einzelnen Falles zuzulassen, als dadurch eine Gefährdung der Berufsfreudigkeit und des Verantwortlichkeitsgefühls der ehrenamtlichen Organe nicht entstehen kann. Auch ist diese Thätigkeit der Berufsbeamten auf thatsächliche Feststellungen zu beschränken und sind letztere vor weiterer Benutzung den ehrenamtlichen Organen zur Nachprüfung mitzuteilen.« *Stenographischer Bericht 1894*, S. 63 ff.

26 Schwander 1905 c, S. 7.

27 Schwander 1905 b, S. 169 f.

28 Probleme und Mißstände des Armenwesens in Elsaß-Lothringen wurden auf der 16. Jahrestagung des Deutschen Vereins in Straßburg am 24. und 25. September 1896 ausführlich diskutiert. Vgl. *Stenographischer Bericht 1896*. Den Diskussionen lag ein ausführlicher Bericht von Ruland 1896 zugrunde, der eine übersichtliche Darstellung der gesetzlichen Grundlagen und der Organisation des Armenwesens in Elsaß-Lothringen enthält. 1905 wurde das Thema erneut Gegenstand der Verhandlungen des »Deutschen Vereins«, und zwar im Rahmen der Auseinandersetzung mit dem Generalthema »Die heutigen Anforderungen an die öffentliche Armenpflege im Verhältnis zur bestehenden Armengesetzgebung«. In diesem Zusammenhang erstattete Rudolf Schwander seinen kritischen Bericht »Die heutige Gesetzgebung und Organisation der öffentlichen Armenpflege in Elsaß-Lothringen« (Schwander 1905 b). Eine ausführliche Darstellung des Armenwesens in Elsaß-Lothringen findet sich bei Schwander 1899; für eine Darstellung der Entwicklung des Armenwesens in der französischen Revolution vgl. Schwander 1904.

29 Vgl. Ruland 1896, S. 23; Schwander 1905 c.

30 Eine übersichtliche Darstellung des »Straßburger Systems« findet sich bei Steinhilber 1931; ausführlich und in kritischer Auseinandersetzung mit der früheren Straßburger Fürsorgeorganisation wie auch dem Elberfelder System: Schwander 1905 c. Dort ist die neue Straßburger Armenordnung vollständig abgedruckt.

31 Schwander 1905 c, S. 28.

32 A. a. O., S. 29; zur Weiterentwicklung des Elberfelder durch das Straßburger System vgl. Klumker 1918, S. 62 ff.

33 Vgl. Steinhilber 1931, S. 73; Schwander 1905 c, S. 29.

3. Von der Fürsorge zur Wohlfahrtspflege: Differenzierung und Verwissenschaftlichung der Armenfürsorge

1 Vgl. dazu Lindemann 1897.

2 Forsthoff 1938, 1. Kapitel.

3 Vgl. z. B. Adickes 1903; Bücher 1898 sowie die neuere Darstellung von Krabbe 1979 sowie Krabbe 1983.

4 Vgl. unten Teil II, Kap. 5, Exkurs: Sozialdemokratie und Wohlfahrtspflege. Zu den Ansätzen sozialdemokratischer Kommunalpolitik, insbes. kommunaler Sozialpolitik, vgl. Tennstedt 1983, S. 378 ff., 573 ff.

5 Eine gründliche Würdigung des kommunal- und sozialpolitischen Wirkens von Karl Flesch unter besonderer Berücksichtigung der von ihm durchgesetzten arbeitsrechtlichen Reformen findet sich bei Weitensteiner 1976; für einen knappen Überblick vgl. den Nachruf von Jastrow 1915.

6 Die wichtigsten Schriften Fleschs sind zusammengefaßt in dem Sammelband: *Karl Fleschs soziales Vermächtnis*, Frankfurt 1922. Dort findet sich auch eine vollständige Bibliographie seiner Arbeiten. Die von Hans Maier verfaßte Einleitung gibt eine gute Einführung in das sozialpolitische Denken Fleschs. Vgl. dazu auch Weitensteiner 1976, S. 14 ff.

7 Maier 1922, S. 11.

8 So der Titel seiner berühmten Schrift, die zuerst in den Schriften des Deutschen Vereins, Heft 54, Leipzig 1901, erschien. Zum Problem vgl. auch Schwander 1905 a, S. 154.

9 v. Hollander 1901, S. 2. Ähnlich auch Buehl/Flemming 1905, S. 88.

10 Vgl. dazu Buehl/Flemming 1905, S. 74 ff., 94; Brandts/Zimmermann 1897.

11 Buehl/Flemming 1905, S. 80. Grundsätzlich zum Problem Aschrott/Flesch 1896, S. 23-56. Vgl. auch die Darstellung bei Orthbandt 1980, S. 22-29. Durch das »Reichsgesetz betreffend die Einwirkung von Armenunterstützung auf öffentliche Rechte« vom 15. März 1909 wurden später die Diskriminierungen, soweit sie auf *Reichs*gesetzen beruhten, abgemildert, insbesondere Maßnahmen der Kranken- und Jugendfürsorge von den öffentlich-rechtlichen Diskriminierungen ausgenommen. Einzelne Länder führten entsprechende Bestimmungen für ihre Landesgesetzgebung ein, so Sachsen, Bayern, Württemberg, Hessen. In Preußen jedoch bestand die öffentlich-rechtliche Diskriminierung der Empfänger von Armenunterstützung landesgesetzlich bis 1918 fort.

12 Vgl. Schwander 1905 c, S. 23 ff.; Schwander 1905 a, S. 155 f.; ferner die Verhandlungen des »Deutschen Vereins« auf seiner 25. Jahresversammlung in Mannheim, *Stenographischer Bericht 1905*, S. 90 ff. Ein

Rechtsanspruch auf Fürsorgeleistungen wurde erstmals durch Urteil des Bundesverwaltungsgerichtes vom 24. Juni 1954 (BVerwGE 1, 159) anerkannt.

13 Buehl/Flemming 1905.

14 A. a. O., S. 69.

15 Einen auch heute noch lesenswerten Überblick über die historische Entwicklung von Arbeitslosigkeit und Maßnahmen zu ihrer Bekämpfung bieten die Artikel »Arbeitslosigkeit und Arbeitslosenversicherung« und »Arbeitsnachweis und Arbeitsbörsen« von Adler 1909. Grundsätzlich zu den Aufgaben der Armenfürsorge bei der Bekämpfung von Arbeitslosigkeit: Buehl 1899; vgl. auch Faust 1982.

16 Zu den Wanderarbeitsstätten als spezifischem Betätigungsfeld der Privatwohltätigkeit vgl. Sachße/Tennstedt 1980, S. 253 ff.

17 Zu den Frankfurter Arbeitslosendemonstrationen und den daran anknüpfenden Diskussionen in Stadtverwaltung und Reichstag vgl. Weitensteiner 1976, S. 86 ff.

18 Für eine zeitgenössische kritische Auseinandersetzung mit den kommunalen Notstandsarbeiten s. Jastrow 1902; vgl. auch Hartmann 1902 und Bernhard 1913.

19 Wermel/Urban 1949, Teil I, S. 80 ff.; Weller 1969, S. 25.

20 Zum Genter System vgl. Wermel/Urban 1949, Teil I, S. 82 ff.; Weller 1969, S. 23 ff.; Henning 1974.

21 Zum allmählichen Aufbau der Arbeitslosenversicherung seit 1914 vgl. Wermel/Urban 1949, Teil II; Weller 1969, S. 32 ff., sowie Leibfried 1977, vgl. ferner unten Kap. 6 a.

22 Zur Vorgeschichte des gewerblichen Schiedsgerichts in Frankfurt ausführlich Weitensteiner 1976, S. 109 ff.

23 Zu jeder Spruchsitzung des gewerblichen Schiedsgerichtes wurden der Vorsitzende und je zwei Beisitzer herangezogen.

24 Die reichseinheitliche Einführung der Gewerbegerichte war mit einer erheblichen Kompetenzeinbuße gegenüber den gewerblichen Schiedsgerichten sozialpolitisch fortschrittlicher Städte wie Frankfurt a. M. verbunden. Vgl. dazu und zur Vorgeschichte des Reichsgesetzes insgesamt Weitensteiner 1976, S. 127 ff.

25 Vgl. dazu die Auflistung bei Jastrow 1902, S. 142 ff.

26 So erhielt die Frankfurter Arbeitsvermittlungsstelle erst 1912 den Namen »Arbeitsamt«.

27 Vgl. dazu die Zahlen bei Jastrow 1902, S. 158 ff.; Kaiserlich Statistisches Amt 1913; zur Geschichte der Arbeitsvermittlung ausführlich Francke 1913.

28 Gesetz über Arbeitsvermittlung und Arbeitslosenversicherung vom 16. 7. 1927 (RGBl I, S. 187 ff.).

29 Münsterberg 1895, S. 57. Der Bericht gibt einen anschaulichen Überblick über die Maßnahmen der deutschen Großstädte zur Bearbeitung

der Obdachlosenproblematik in den neunziger Jahren. Vgl. auch die grundsätzliche Arbeit von Kalle 1888.

30 Münsterberg 1895, S. 37.

31 Harteck 1929, S. 148.

32 Ausführlich zum Bund deutscher Bodenreformer: Berger-Thimme 1976, insbes. S. 71 ff.

33 Eine Übersicht über die gesetzlichen Grundlagen der Wohnungsaufsicht und die entsprechenden Durchführungsverordnungen findet sich bei Gut 1930a; zum Verein Reichswohnungsgesetz vgl. Berger-Thimme, 1976, S. 39 ff. Dort (S. 147 ff.) findet sich auch eine ausführliche Auseinandersetzung mit der Wohnungsgesetzgebung in Hamburg, Hessen und Preußen.

34 Gut 1930c, S. 435.

35 Zum Begriff vgl. Flesch 1922, S. 133 ff. Zur Wohnungspolitik der Stadt Frankfurt vgl. Seitz, 1983, S. 393 ff.

36 Vgl. Gut 1930a und 1930b. Eine ausführliche Darstellung der Aufgabengebiete der Wohnungspflege findet sich bei Bergerhoff 1922.

37 Vgl. dazu Baum 1928, insbesondere S. 6 ff. (Die Wurzeln der Familienfürsorge in der Wohnungsfürsorge des Kreises Worms.) Vgl. dazu auch unten S. 243 ff. Die Wohnungsfürsorge wird bei Marie Baum (1919) ganz der Gesundheitsfürsorge zugerechnet. Auch hier zeigt sich die Verwobenheit mit anderen Fürsorgemaßnahmen.

38 Vgl. Fischer 1933, S. 58 ff., 161 ff.; Stürzbecher 1966.

39 Dadurch unterscheiden sie sich von dem ärztlichen Personal der *staatlichen* Medizinalaufsicht, die sich im Kontext der entstehenden Territorialstaaten entwickelt hatte und ausschließlich gesundheitspolitische Aufgaben hatte. Zur Doppelstruktur des öffentlichen Gesundheitswesens vgl. den übersichtlichen Abriß bei Labisch 1982.

40 Reclam 1869, S. 2 f.

41 Zur Entwicklung der Sozialhygiene in Deutschland vgl. Tennstedt 1983, S. 555 ff.

42 Vgl. dazu Spree 1981, insbes. S. 156 ff.; Goudsblom 1979.

43 Spree 1981, S. 115 ff. mit weiteren Nachweisen; detaillierte Angaben über zentrale Wasserversorgung und Kanalisation in den preußischen Städten finden sich bei Silbergleit 1908, Teil B, S. 236 ff., und Teil C, S. 352 ff.; zu den Widerständen gegen und Auseinandersetzungen um zentrale Kanalisation und Wasserklosett vgl. Gleichmann 1979.

44 Einen Vorläufer hatten diese Einrichtungen in der Leipziger Ziehkinderanstalt, deren Leitung 1883 Max Taube übernahm, um die Anstalt in der Folge zu einer für ihre Zeit vorbildlichen Säuglings- und Kleinkinderfürsorgestelle auszubauen. Vgl. dazu unten S. 75 f.

45 Tugendreich 1910, S. 283.

46 A. a. O., S. 287 ff.

47 Kommunale Maßnahmen zur Bekämpfung der Säuglingssterblichkeit

und zum Schutz der Mütter wurden auch im »Deutschen Verein« ausführlich diskutiert. Vgl. Hauser/Münsterberg 1897; Brugger/Finkelstein/Baum 1905.

48 Thissen/Trimborn 1910, S. 111. Besondere Bedeutung für die Entwicklung der Schulfürsorge hat Anna von Gierke, die 1908 bis 1933 den Vorsitz des Vereins Jugendheim Charlottenburg e. V. innehatte und dessen vielfältige sozialpädagogische Aktivitäten leitete. Zu Anna v. Gierke und dem Jugendheim vgl. Baum 1954; Peters 1984, S. 347–362.

49 Peter Krautwig, Naturwissenschaft und Gesundheitswesen in Köln, zit. nach: Thissen/Trimborn 1910, S. 120f.; zur Tuberkulosefürsorge vgl. weiter Samter/Kohlhardt 1904.

50 Eine Übersicht über den Stand des Ausbaus der Gesundheitsfürsorge vor dem Ersten Weltkrieg findet sich bei Thissen/Trimborn 1910, S. 78-125; für die Zeit der Weimarer Republik vgl. Möllers 1930, S. 201-478.

51 Vgl. Lindemann 1906, S. 3-19; für den Versuch einer Systematisierung vgl. Labisch 1982, S. 750.

52 Lindemann 1906, S. 19; Krautwig 1913; Thissen/Trimborn 1910, S. 125.

53 Von den 64 städtischen Gesundheitsämtern, die 1929 in Deutschland existierten, stammten vier aus der Vorkriegszeit, 60 aus dem Jahrzehnt von 1919 bis 1929. Die meisten Gründungen entfallen auf die Jahre 1919 (8) und 1920 (15). Von den 1923 vorhandenen 28 Kreisgesundheitsämtern stammt nur eines aus der Vorkriegszeit. Vgl. Stürzbecher 1978, S. 763f.

54 Vgl. dazu die Übersicht bei Buehl/Flemming 1905, S. 17ff.

55 Münsterberg 1905, S. 117f. Als wichtigste Arbeiten des »Deutschen Vereins« in diesem Bereich sind zu nennen: Ohly/Eberty 1885; Cuno/Schmidt 1900; Pütter 1902; Schiller/Schmidt/Köhne 1903; Klumker/Petersen 1907; Schmidt 1910.

56 Zur Entwicklung der Fürsorgeerziehung im 19. Jahrhundert vgl. den Überblick bei Scherpner 1979, insbes. 9. Kapitel: Die Anfänge öffentlicher Jugendfürsorge im 19. Jahrhundert, S. 156ff.; ausführlich Dittmer 1960; Koch 1936. Einen Überblick über den Stand der einschlägigen Gesetzgebung im In- und Ausland um die Jahrhundertwende gibt Schiller 1903.

57 Die Abgrenzung von Fürsorgeerziehung und Armenfürsorge im einzelnen warf außerordentlich schwierige Probleme auf, die Literatur und Rechtsprechung immer wieder beschäftigt haben. Vgl. dazu die detaillierte Darstellung von Schiller/Schmidt/Köhne 1903.

58 Zum Ziehkinderwesen vgl. die knappen Darstellungen bei Petersen 1907, S. 57-64, und Scherpner 1979, S. 156ff.; ausführlich Pütter 1902.

59 Zum Gemeindewaisenrat vgl. insbesondere Cuno 1900.

60 Pütter 1902, S. 22.

61 Petersen 1907, S. 62 f.

62 Cuno 1900, S. 17 f.; ausführlich zu Max Taube und der Leipziger Ziehkinderanstalt Studders 1919.

63 Vgl. Scherpner 1979, S. 170 f.; Studders 1919. Mit dem Inkrafttreten des BGB drohte der Berufsvormundschaft ein harter Rückschlag, da die vormundschaftsrechtlichen Regelungen des BGB ausschließlich die Einzelvormundschaft vorsahen. Erst nach zähen Interventionen Taubes, in die sich auch der »Deutsche Verein« einschaltete, gelang es, in Gestalt von Artikel 136 EGBGB einen Kompromiß zu erreichen, der es der Landesgesetzgebung überließ, neben der im BGB vorgesehenen ehrenamtlichen Einzelvormundschaft auch die Berufsvormundschaft zuzulassen.

64 So ist Klumkers Schrift *Vom Werden deutscher Jugendfürsorge* (Klumker 1931) als Geschichte der Berufsvormundschaft konzipiert. Zur Entwicklung der Berufsvormundschaft in Deutschland vgl. die grundsätzliche Arbeit von Klumker/Petersen 1907.

65 Zur Entstehung und Arbeit des Archivs vgl. Klumker 1931 sowie unten S. 92.

66 Schmidt 1910.

67 Zur Entwicklung der ersten Jugendämter vgl. Hasenclever 1978, S. 20 ff., sowie Scherpner 1979, S. 175 ff.

68 Cuno 1900, S. 15 f.; vgl. auch Pütter 1902, S. 19-21; Schmidt 1910, S. 58.

69 Buehl/Flemming 1905, S. 79.

70 Vgl. Krug v. Nidda 1955, S. 148 ff.

71 Roestel 1881, S. 21 ff.

72 Künzer 1894, S. 103 ff.; Böhmert 1887, S. 109. Vgl. auch die Entscheidung des Bundesamtes für das Heimatwesen vom 11. 9. 1897, Bd. 30, S. 60.

73 *Stenographischer Bericht 1891*, S. 156 f.

74 Münsterberg 1891, S. 19 ff., sowie die Verhandlungen zu diesem Thema auf der 12. Jahresversammlung des »Deutschen Vereins«, *Stenographischer Bericht 1891*, S. 77 ff.

75 Vgl. Flesch 1897, S. 5 ff.; Tugendreich 1910, S. 87 ff.; Kühn 1926, S. 69 ff.

76 Vgl. Buehl/Flemming 1905, S. 83; Flesch 1901, S. 20; Flesch 1897, S. 6.

77 Webb/Webb 1911; vgl. Webb 1914.

78 Sidney Webb/Beatrice Webb, *Das Problem der Armut*, Jena 1912. Zu Helene Simon vgl. die biographische Skizze von Friedländer 1962 sowie die umfangreiche Arbeit von Klöhn 1982.

79 Fuld 1888, S. 281 ff.

80 Die folgende Darstellung stützt sich im wesentlichen auf Achinger

1965 sowie den aus Anlaß des 10. Todestages von Wilhelm Merton publizierten Sammelband: *Soziales Museum* 1926. Ein knapper Überblick über Leben und Wirken Wilhelm Mertons findet sich bei Ottenheimer 1959; eine ausführliche Darstellung der Arbeit des »Instituts für Gemeinwohl« und seiner verschiedenen Abteilungen findet sich in den Jahresberichten des »Instituts«. Die *Berichte des Instituts für Gemeinwohl zu Frankfurt am Main* für die Geschäftsjahre 1896/97 bis 1913/14 (Frankfurt 1902-1916) finden sich in der Bibliothek des Stadtarchivs Frankfurt.

81 Brückner 1892.
82 Polligkeit 1926b, S. 30.
83 Brückner 1892, S. VII.
84 Achinger 1965, S. 183.
85 Zu den dahinter stehenden politischen Spannungen vgl. Ratz 1980, S. 24f.
86 Zum Berliner Büro vgl. Jastrow 1926, S. 68ff.; Heyde 1926, S. 72ff., und Ratz 1980, S. 71ff.
87 Merton hatte sogar versucht, Max Weber als Direktor für das »Institut für Gemeinwohl« zu gewinnen, der sich sehr interessiert zeigte und erst nach längerem Zögern ablehnte. Vgl. Kluke 1972, S. 33.
88 Zur Gründung von »Akademie« und Universität vgl. Wachsmuth 1929 und Kluke 1972.
89 Die folgende Darstellung stützt sich vor allem auf die Jubiläumsberichte zum 25-, 50- und 60jährigen Bestehen der »Centrale« sowie die Jahresberichte für die Geschäftsjahre 1901/02, 1902/03, 1903/04, 1906/07 und 1907/09. Sämtliche Berichte wurden mir freundlicherweise vom »Institut für Sozialarbeit« in Frankfurt überlassen.
90 Eine anschauliche Übersicht über die Vielzahl von Einrichtungen und Vereinigungen gibt Brückner 1892; in einer vom Stadtbund der Frankfurter Vereine für Armenpflege und Wohltätigkeit herausgegebenen Studie *Die private Fürsorge in Frankfurt am Main. Ein Hand- und Nachschlagebuch* (Stadtbund 1901), werden 221 private Fürsorgevereine und -einrichtungen aufgelistet; vgl. auch Flesch 1890.
91 Das provisorische Berliner Büro wurde als Abteilung für Armenpflege und Wohltätigkeit der »Centralstelle für Arbeiterwohlfahrtseinrichtungen« in Berlin angegliedert. Die Leitung behielt Emil Münsterberg. Vgl. *Bericht des Instituts für Gemeinwohl*, 1902.
92 Zit. nach: Polligkeit, o. J., S. 15.
93 Spann 1905; Spann 1909.
94 Centrale für private Fürsorge, o. J.
95 Archiv des »Instituts für Gemeinwohl«, Umschlag 182.
96 Polligkeit, o. J., S. 30f.
97 Archiv des »Instituts für Gemeinwohl«, Umschlag 186.
98 A. a. O.

99 Zu Polligkeit vgl. unten Kap. 6, S. 216 ff., sowie die ausführliche Biographie von Krug v. Nidda 1961. Die Bedeutung Polligkeits für die Entwicklung des »Deutschen Vereins« wird kritisch gewürdigt bei Tennstedt 1981 a und Tennstedt 1981 c.

100 Zentrale für private Fürsorge in Berlin 1910, S. III. Eine geplante ausführliche Darstellung der Geschichte der Berliner »Zentrale für private Fürsorge« zum 15jährigen Bestehen ist infolge der Kriegsereignisse nicht zustande gekommen, so daß Informationen über ihre Arbeiten spärlich sind. Für einen Überblick vgl. Lohse 1914, S. 14 f. Ausführlicher: *Tätigkeitsbericht* 1911; zur Entstehung der »Deutschen Gesellschaft für ethische Kultur« vgl. unten S. 122 ff.

101 Lohse 1914, S. 15.

102 Zu Frieda Duensing und der »Berliner Zentrale für Jugendfürsorge« vgl. ausführlich: Duensing 1922 sowie Koepp 1927.

103 Abschließend sei angemerkt, daß auch die konfessionelle Privatwohltätigkeit in den neunziger Jahren einen Prozeß der Bürokratisierung, Rationalisierung und Professionalisierung erlebte. Die bereits 1848 gegründete evangelische »Innere Mission« – zunächst als dezentralisierte Evangelisierungsbewegung entstanden und aktiv – erfuhr in dieser Zeit eine Veränderung hin zum Wohltätigkeitsverband mit fachlichen Untergliederungen, zentraler Leitung, fester, bürokratischer Organisationsstruktur und hauptamtlichem Personal, die eine präzisere Koordination der Tätigkeit mit Kommunen und/oder Staat ermöglichte bzw. zum Zwecke solcher Koordination erforderlich wurde. Der 1897 gegründete »Caritas Verband« diente von vornherein der organisatorischen Straffung der Arbeit der vielfältigen, bereits existierenden Caritasvereine in allen Teilen Deutschlands. Auch hier vollzog sich eine Entwicklung vom auf persönlichem Engagement beruhenden Mitgliederverein hin zur bürokratischen Großorganisation mit funktionaler Arbeitsteilung und besoldetem Personal. Trotz einer Vorreiterfunktion im Hinblick auf fachliche Ausbildung und Beschäftigung hauptamtlichen Personals im 19. Jahrhundert hatte die konfessionelle Privatwohltätigkeit für die Herausbildung des spezifischen Konzepts moderner Sozialarbeit in Deutschland nur flankierende Bedeutung, dessen Motivationsgrundlagen eine verweltlichte Sozialethik mit wissenschaftlicher Rationalität und weiblicher Emanzipation in Einklang zu bringen suchten, »soziale Gesinnung« also gerade nicht auf religiöse Überzeugungen gründeten. Die konfessionellen Verbände werden daher hier – unbeschadet ihrer Bedeutung für die Entwicklung der Sozialarbeit im übrigen – nur am Rande erwähnt. Für einen knappen Überblick vgl. Sachße/Tennstedt 1980, S. 227 ff. Zur Entwicklung der »Inneren Mission« insbesondere Olk/Heinze 1981.

104 Wilhelm Merton, in: Brückner 1892, S. VII.

105 Die folgenden Ausführungen stützen sich wesentlich auf die eindringliche Darstellung bei vom Bruch 1986 und 1980, insbes. S. 294-363; vgl. auch vom Bruch 1985.

106 Zum Konzept der Nationalökonomie als »politisch-moralischer« Wissenschaft vgl. neben den genannten Arbeiten von Rüdiger vom Bruch vor allem Schmoller 1900; insbes. Einleitung, III; Schmoller 1911; Lindenlaub 1967, S. 1 ff., und Kouri 1984, S. 99 ff.

107 Zur gesellschaftlichen Bedeutung und zum Selbstbild des akademischen Wissenschaftlers im Deutschen Kaiserreich vgl. die grundlegende Arbeit von Ringer 1983.

108 Brinkmann 1897; Freund 1895. Außer diesen sachlichen gab es auch personelle Ansätze zu einer Überwindung der Trennung. So waren eine Reihe prominenter Mitglieder des »Deutschen Vereins« zugleich Mitglieder im »Verein für Socialpolitik«: Karl Flesch, Fritz Kalle, Frhr. v. Reitzenstein, Leo Ludwig-Wolf und Wilhelm Merton.

109 Ein vollständiges Verzeichnis der Schriften des »Vereins für Sozialpolitik« bis 1910 findet sich bei Kesten-Conrad 1911, S. 149 ff.; ein vollständiges Verzeichnis bis 1939 bei Boese 1939, S. 305 ff.; zu Max Webers Untersuchung über die ostelbischen Landarbeiter vgl. die aufschlußreichen Recherchen von Tennstedt 1986.

110 Zur Bedeutung und Entwicklung der Enquete-Forschung vgl. Stieda 1909. Eine ausführliche Analyse der Enqueten des »Vereins für Sozialpolitik« unter methodischen Aspekten findet sich bei Gorges 1980. Vgl. auch Schäfer 1971, S. 193–201.

111 Oberschall 1965, S. 23.

112 Schnapper-Arndt 1888. Neben der in Fußnote 111 genannten Arbeit vgl. Oberschall 1981, S. 15 ff.

113 Kaiserliches Statistisches Amt 1887.

114 Vgl. oben Kap. 3.2 Abschn. Gesundheitsfürsorge, S. 63 ff.

115 Spree 1981, S. 156 ff.

4. Sozialarbeit als Frauenberuf: Die bürgerliche Frauenbewegung und das Konzept der »geistigen Mütterlichkeit«

1 v. Hippel 1792, zit. nach dem Neudruck Frankfurt 1977, S. 48.

2 Zu den Anfängen der deutschen Frauenbewegung in der Revolution von 1848 vgl. Twellmann 1976. Zur Hamburger Frauenhochschule vgl. Monika Simmel 1980, S. 111 ff.; Spranger 1916, S. 22 ff.

3 Zu Person und Aktivitäten von Louise Otto vgl. neben Twellmann 1976, S. 1-33, vor allem Gerhard/Hannover-Drück/Schmitter 1980, insbes. die instruktive Einleitung.

4 Zur Entwicklung der Frauenbewegung zwischen 1865 und 1889 vgl. Twellmann 1976, S. 34 ff.; Schenk 1981, S. 26 ff.; zur Gründung des BDF insbes. Greven-Aschoff 1981, S. 87 ff. Einen knappen, aber instruktiven Überblick über Entwicklung und Stand der Frauenbewegung in Deutschland gibt das Einführungskapitel in: Kaiserliches Statistisches Amt 1909, S. 5-28.

5 Zur Entstehung und Entwicklung der sozialistischen Frauenbewegung in Deutschland vgl. Thönnessen 1976, insbes. S. 11-79; Evans 1979, insbes. S. 53-82, sowie die neueren Arbeiten von Niggemann 1981 und Richebächer 1982.

6 Marx 1969, S. 514.

7 Die »heimliche Bürgerlichkeit« der in der sozialistischen Theorie entworfenen und in der proletarischen Frauenbewegung rezipierten Vorstellungen von Familie, Erziehung und Sexualität wird bei Niggemann 1981 gründlich und überzeugend herausgearbeitet, vgl. insbes. S. 237-281. Im Ergebnis ebenso Richebächer 1982.

8 Zit. nach v. Zahn-Harnack 1928, S. 166.

9 Organisatorische Kristallisationspunkte des »linken Flügels« waren der Berliner »Verein Frauenwohl«, der eine Reihe von Schwesterorganisationen in Norddeutschland und Ostpreußen begründet hatte, und der »Verband fortschrittlicher Frauenvereine«, der 1899 in Berlin gegründet wurde und eine eigene Dachorganisation für die »linken« Vereine bildete, die ihrerseits aber durchweg im BDF Mitglieder blieben. Die Einflußchancen des linken Flügels im BDF stiegen insbesondere nach 1899, als Marie Stritt, die selbst dem linken Flügel zugerechnet wurde, als Nachfolgerin von Auguste Schmidt zur Vorsitzenden des BDF gewählt wurde. Der linke Flügel ist in der offiziösen Geschichtsschreibung der bürgerlichen Frauenbewegung, die im wesentlichen von Frauen aus dem Umkreis der Gemäßigten bestritten wurde, recht stiefmütterlich behandelt worden. Über die Arbeit der Radikalen informieren in der zeitgenössischen Literatur nur einige kleinere Schriften. Vgl. E. Lüders 1904 und Cauer 1913. Gründliche Darstellungen der Richtungskämpfe im BDF, die in gewisser Weise an die Auseinandersetzungen im »Verein für Sozialpolitik« gemahnen, finden sich in der neueren Literatur vor allem bei Evans 1976, S. 186 ff., sowie Greven-Aschoff 1981, insbes. S. 87-124. Vgl. ferner *Feministische Studien*, Heft 1/Mai 1984 (Schwerpunkt: Die Radikalen in der alten Frauenbewegung), insbes. Wischermann 1984, Gerhard 1984, Braun-Schwarzenstein 1984 und Dürkop 1984.

10 Bäumer 1905, S. 324. Ausführlich zum Frauenbild Gertrud Bäumers: Wittrock 1983, S. 14 ff., die allerdings die Propagierung des Mütterlichkeitsideals ganz in die zwanziger Jahre verlegt und die älteren Traditionen übersieht.

11 Zit. nach Twellmann 1976, S. 21.

12 Zur Entwicklung des bürgerlichen Familienbildes seit der zweiten Hälfte des 18. Jahrhunderts vgl. Rosenbaum 1982, insbes. Kap. 4, Die Familie im Bürgertum, S. 251-380; Schwab 1975. Zur Bedeutung der Entstehung der bürgerlichen Familie im gesellschaftlichen Prozeß der Polarisierung von Öffentlichkeit und Privatsphäre vgl. Habermas 1968, S. 55 ff.

13 Die Entwicklung von Kindheit und Mütterlichkeit als Komplementärbegriffen wird anschaulich herausgearbeitet bei Reyer 1981; ausführlicher Reyer 1983. Zur Entwicklung des Mutter-Kind-Verhältnisses als Kern der modernen Kleinfamilie vgl. auch Shorter 1977, S. 199 ff.; zur Entdeckung der Kindheit grundsätzlich Ariès 1975, dessen Quellenmaterial sich allerdings ganz auf Frankreich bezieht.

14 Vgl. dazu Hausen 1980, S. 161 ff.; zur Entstehung eines gesellschaftlichen Bildes der Frau als Haus- und Familienwesen vgl. auch Gerhard 1978, insbes. S. 124-153.

15 Carl Welcker, *Geschlechtsverhältnisse*, in: Karl Rotteck/Carl Welcker (Hg.), *Staatslexikon oder Enzyklopädie der Staatswissenschaften*, Bd. 6, Altona, 1838 (zit. nach Hausen 1980, S. 168).

16 Zu den utopischen Gehalten dieses Familienbildes vgl. Greven-Aschoff 1981, S. 31 ff.

17 Greven-Aschoff 1981, S. 36.

18 Vgl. Gebert, o. J.; zu Fröbels Pädagogik und ihrer Rezeption in der Frauenbewegung vgl. den Überblick bei Twellmann 1976, S. 73 ff.; zur Mütterlichkeitspädagogik von Rousseau bis Schrader-Breymann vgl. Simmel 1980.

19 Neben Henriette Schrader-Breymann war es vor allem Henriette Goldschmidt, die sich für die Rezeption der Ideen Fröbels in der bürgerlichen Frauenbewegung und deren Umsetzung in spezifische Frauenberufe eingesetzt hat. Sie gründete 1871 (noch vor dem Berliner Pestalozzi-Fröbel-Haus!) den »Leipziger Verein für Familien- und Volkserziehung«, der Kindergärten und ein Kindergärtnerinnen-Seminar betrieb. Gleichzeitig gehörte sie neben Auguste Schmidt und Helene Lange dem Vorstand des ADF an. Zu Henriette Goldschmidts Leben und Arbeit vgl. Siebe/Prüfer 1922. Zu Henriette Schrader-Breymann vgl. Lyschinska 1922; Wolffheim 1948/49 und Hoffmann 1962.

20 Bäumer 1909, S. 9, 19.

21 Lange 1904, S. 12 ff.

22 Daß dabei klassenspezifische Einschränkungen gemacht werden mußten, irritierte die Protagonistinnen der Kulturaufgabe der Frau wenig: »... ob der größte Teil der Menschheit dauernd darauf verzichten muß, in der Berufsarbeit zugleich die volle und innere Befriedigung zu finden, kann niemand voraussagen... Da aber, wo die Arbeit noch Persönlichkeitsausdruck sein kann, wo wirklich geistige und seelische

Werte in ihr Leben gewinnen können, wo es sich um den Aufbau der Kultur im eigentlichen Sinne handelt, soll das weibliche Prinzip überall neben das männliche treten.« Lange 1904, S. 14. Zur Bedeutung des Mütterlichkeitsideals in der bürgerlichen Frauenbewegung um die Jahrhundertwende vgl. Stoehr 1983.

23 Zit. nach: *Mädchen- und Frauengruppen* 1903, S. 5 f. Dort ist der vollständige Wortlaut des Aufrufs sowie die vollständige Liste der Mitglieder des Komitees und der Unterstützer des Aufrufs abgedruckt.

24 Vgl. die heftige Kritik der überkommenen Formen sozialer Vereinsarbeit von Frauen bei Salomon 1908 a, S. 40 ff.

25 Gründungsaufruf in: *Mädchen- und Frauengruppen* 1903, S. 5. Die Idee einer Ausbildung für soziale Hilfstätigkeit hatte durchaus Vorläufer im 19. Jahrhundert. Bereits in den dreißiger Jahren hatte Johann Hinrich Wichern im »Rauhen Haus« eine Ausbildungsstätte eingerichtet, in der die von ihm »Brüder« genannten jungen Missionsarbeiter auf ihre vielfältigen Arbeitsgebiete vorbereitet wurden. 1836 begründete Theodor Fliedner in Kaiserswerth die erste Ausbildungsstätte für Diakonissen, und die Ausbildung für Kindergärtnerinnen in der Tradition Fröbels war in Henriette Schrader-Breymanns Pestalozzi-Fröbel-Haus in Berlin bereits seit den siebziger Jahren fest organisiert. Das neue Element in den »Gruppen« war die Lösung sozialer Ausbildung aus dem Kontext religiös motivierter Wohltätigkeit und ihre Verbindung mit dem emanzipativen Gedankengut der deutschen Frauenbewegung. Dadurch gewann der Gedanke der weiblichen Persönlichkeit auch gegenüber dem Konzept von Schrader-Breymann eine neue Dimension.

26 Zur Organisation der »Gruppen«, ihrer praktischen Arbeit und der Entwicklung ihrer Mitgliederzahlen vgl. *Mädchen- und Frauengruppen* 1903, S. 7 ff.; Salomon 1913 a, S. 11 ff.

27 A. a. O., S. 65.

28 A. a. O., S. 3.

29 Lange 1921, S. 87.

30 Wachenheim 1973, S. 20 f.

31 Zu Bertha Pappenheim vgl. Kaplan 1981, S. 77-115; DeClerck-Sachße/ Sachße 1981.

32 Salomon 1913 a, S. 4.

33 Zu Jeanette Schwerin vgl. Sachs 1912, S. 205 ff., sowie Ottenheimer 1959, S. 835 f.; Salomon 1899.

34 Jodl 1917, S. 187. Ein knapper Überblick über Gründung, Ziele und organisatorische Entwicklung der »Deutschen Gesellschaft für ethische Kultur« findet sich bei M. Henning 1914, S. 34 ff., mit informativen Hinweisen auf die zeitgenössische Literatur zur ethischen Bewegung. Zu Felix Adler und der Bewegung für ethische Kultur in den USA vgl. Friess 1981.

35 Vgl. Lübbe 1963, S. 142 ff.

36 Vgl. Scheibe 1976, S. 212 ff.

37 Vgl. oben Kapitel 3.3, S. 94.

38 Schreiber 1904, S. 1.

39 Jones 1984, S. 252.

40 Auf die Arbeit der Londoner COS wird im Zusammenhang der Entwicklung methodisch-sozialarbeiterischen Handelns genauer eingegangen. Vgl. Teil 2, Kap. 7, Exkurs: Methoden in der Sozialarbeit.

41 Vgl. zu allen Aspekten die vorzügliche Studie von Jones, 1984, der die Reformansätze im Reich der Armenfürsorge seit den sechziger Jahren vor dem Hintergrund der spezifischen ökonomischen Strukturen der Armut in London und der sich wandelnden theoretischen Armutsinterpretationen in England diskutiert.

42 Picht 1913, S. 8 ff.; der Begriff wurde auch von Alice Salomon verwendet. Vgl. Salomon 1914, S. 207.

43 Die folgende Darstellung stützt sich im wesentlichen auf v. Schulze-Gaevernitz 1894 und 1890. Diese Arbeiten rekonstruieren Carlyles Gesellschaftstheorie aus dem umfangreichen Gesamtwerk. Für einen Einblick in Carlyles Gesellschaftsdenken ist von den Einzelwerken am ehesten auf Carlyle 1899, für seine Einschätzung der Arbeiterbewegung und der sozialen Frage auf Carlyle 1895 und für eine satirische Zeitkritik auf Carlyle 1900 zu verweisen. Zu Carlyle vgl. ferner den knappen Überblick von Beckmann 1940/41 sowie die ausführliche Biographie von T. Fischer 1882. Dort findet sich auch eine vollständige Bibliographie der Arbeiten Carlyles. Zu Schulze-Gaevernitz vgl. Krüger 1983.

44 Carlyle 1899, S. 236 f.

45 Thomas Carlyle, zit. nach: v. Schulze-Gaevernitz 1894, S. 138.

46 Thomas Carlyle, zit. nach: v. Schulze-Gaevernitz 1890, S. 271.

47 Zu Ruskin vgl. Broicher 1907; v. Schulze-Gaevernitz 1890, S. 400 ff.; ausführlich: Kemp 1983.

48 Seine gesammelten Werke umfassen insgesamt 39 Bände, London: G. Allen 1903-1912.

49 Ruskin 1857.

50 Ruskin 1902; vgl. dazu Papajewski 1930.

51 Zu Toynbee vgl. v. Schulze-Gaevernitz 1900, S. 408 ff.; Picht 1913, S. 11 ff.; Lord Millner, *Reminiscence*, in: Toynbee 1928, S. IX-XXX.

52 Zu Barnett und der Gründung von Toynbee Hall vgl. Hecker 1968, S. 27 ff.; Picht 1913, S. 8 ff.; Barnett 1919.

53 Werner Picht definierte »Settlement« als »eine Niederlassung Gebildeter in einer armen Nachbarschaft, die den doppelten Zweck verfolgen, die dortigen Lebensverhältnisse aus eigner Anschauung kennenzulernen und zu helfen, wo Hilfe nottut«. Picht 1913, S. 1.

54 Picht 1913, S. 83 ff.

55 Zit. nach Siegmund-Schultze 1914, S. 86. Die Literatur zu Toynbee Hall und der Settlement-Bewegung ist umfangreich. Für einen ersten Überblick vgl. v. Erdberg 1911; Schreiber 1930; Kellog 1934. Aus der Fülle der zeitgenössischen deutschsprachigen Broschüren- und Aufsatzliteratur sei hier nur verwiesen auf: Schreiber 1904; Jacobi 1914; Siegmund-Schultze 1914; Salomon 1913 b; Salomon 1914. Ausführlich: Picht 1913; Foerster 1919, S. 33-128; Pimlott 1935. Aus der neueren Literatur ist insbesondere zu verweisen auf Hecker 1968; Abel 1979, sowie die Auseinandersetzungen mit der Settlement-Bewegung unter dem Aspekt einer Geschichte der Methoden sozialer Arbeit bei Woodroofe 1974, S. 56-74, und Müller 1982, S. 35 ff.

56 Vgl. die Übersichten bei v. Erdberg 1911, S. 480 f., sowie Picht 1913, S. 29 ff.

57 Vgl. Hecker 1968, Anhang B.

58 Abel 1979, S. 619; vgl. auch Hecker 1968, S. 67.

59 Vgl. Jones 1984, Kap. 16, S. 281 ff.

60 Booth 1902-1903. Vgl. dazu Hecker 1968, S. 74 ff.

61 Abel 1979, S. 622.

62 Dieser Aspekt der Settlement-Arbeit wird besonders betont von Foerster 1919, S. 38 ff.

63 William Beveridge, *Power and Influence*, zit. nach: Woodroofe 1974, S. 68.

64 Zit. nach Siegmund-Schultze 1914, S. 89.

65 Auch zur Settlement-Bewegung in den USA liegt eine umfangreiche Literatur vor. Außer auf die in Anmerkung 52 zitierten Handbuch-Artikel sei hier verwiesen auf die älteren Darstellungen von Münsterberg 1906 und Henderson 1890 sowie die neueren Arbeiten von Trattner 1979, S. 134-158, und Leiby 1978, S. 111-135. Ausführlich Davis 1967.

66 Vgl. Coit 1893.

67 Vgl. dazu die autobiographische Darstellung von Addams 1913.

68 v. Erdberg 1911, S. 478.

69 Berühmt geworden sind die *Hull House Maps and Papers. A Presentation of Nationalities and Wages in a Congested District of Chicago*. By Residents of Hull House, a Social Settlement at 335 Halsted St., Chicago, Ill., New York 1895; die Studien *The City Wilderness*, Boston 1898, und *Americans in Process*, Boston 1902.

70 Zum Hamburger Volksheim vgl. die knappen Darstellungen bei Oestreich 1965, S. 49 f., und Buck 1982, S. 129 ff., mit weiteren Nachweisen.

71 Zur Arbeit der SAG und ihrem Gründer Siegmund-Schultze vgl. die ausführlichen Darstellungen von Weyer 1981, Gerth 1975 und Kniffka 1972 sowie die Sammelbände: *Lebendige Ökumene* 1965; Reschke 1966; Delfs 1972. Eine knappe Darstellung der Settlement-Arbeit in

Deutschland findet sich bei Westerkamp 1929.

72 Im Weltkrieg erlebte die Settlement-Arbeit in Deutschland eine bemerkenswerte Variante: 1916 wurde auf Initiative von Siegfried Lehmann im Berliner Scheunenviertel das »Jüdische Volksheim« gegründet. Diese Gründung ist im Zusammenhang einer neu erwachten Begeisterung, insbesondere in Kreisen der jüdischen Intelligenz, für die spezifisch jüdische Volkskultur zu sehen, wie sie vom Ostjudentum repräsentiert wurde. Die Ausbreitung des zionistischen Gedankens und Erfahrungen deutsch-jüdischer Soldaten an der galizischen Front waren mit ursächlich für diese Entwicklung, die zu einer »Umwertung« der Ostjuden im Bewußtsein großer Teile der assimilierten deutschen Juden und einem regen Interesse an ihren Bräuchen und Lebensformen führte. Das »Scheunenviertel«, ein Armutsquartier mitten in Berlin, war ein Ballungszentrum ostjüdischer Einwanderer. Hier versuchte eine Gruppe jüdischer Intellektueller die Gedanken Carlyles, Ruskins und Toynbees gleichsam unter jüdischem Vorzeichen zu neuem Leben zu erwecken: Bildung und kulturelle Aufklärung für die ostjüdische Armutsbevölkerung, von der man zugleich die traditionellen Bräuche und Kulturen jüdischen Volkslebens zurückzugewinnen hoffte. Kinder-, Jugend- und Kulturarbeit (wie man heute sagen würde) standen daher im Zentrum der Arbeit dieses jüdischen Settlements, an dem sich ein Großteil der intellektuellen Prominenz der deutschen Juden beteiligte: Martin Buber, Gerchom Scholem, Gustav Landauer, Franz Kafka, Max Brod. Die Arbeit des Volksheims war von Anfang an umstritten und nur von recht kurzer Dauer. Das Volksheim bestand nur bis 1929. Zum Volksheim vgl. Geisel 1981, S. 19 ff., 46 ff.; Adler-Rudel 1959, S. 51-56; Weil 1930; Lubinski 1930 sowie die programmatischen Artikel von Lehnert 1916/17 und Lemm 1916/17.

73 In vier Aufsätzen befaßte sich Alice Salomon explizit mit der englischen Settlement-Bewegung, in zwei Beiträgen würdigte sie die Arbeit von Jane Addams, und in mehreren Berichten über die soziale Arbeit in England und USA ging sie ebenfalls auf die Settlements ein. Vgl. Muthesius 1958, S. 288 ff.

74 Peyser 1958, S. 65. Jenseits der »Standardbiographie« von Dora Peyser existieren zwei autobiographische Arbeiten von Alice Salomon: Salomon 1933; Salomon 1983 sowie zwei neuere Arbeiten über Alice Salomon: M. Simmel 1981; Landwehr 1981.

75 Salomon 1927, S. 204.

76 Salomon 1908a, S. 12 f.; zur Vorstellung vom »weiblichen Parasitismus« vgl. Salomon 1912 sowie M. Simmel 1981, S. 375 ff.

77 Salomon 1908a, S. 37.

78 Vgl. die ausführliche Darstellung bei Salomon 1908a, S. 17 ff.

79 Mädchen- und Frauengruppen 1900, Sp. 44.

80 Salomon 1913, S. 69.

81 Der Lehrplan dieses Kurses wird ausführlich dargestellt bei Salomon 1908a, S. 57ff.

82 Vgl. oben Kap. 3.3, S. 90ff.

83 Zur Vorgeschichte der Gründung der Berliner Sozialen Frauenschule vgl. Salomon 1913a, S. 69ff., und Salomon 1908a, S. 60ff. Zur Geschichte der Schule des »Deutsch-Evangelischen Frauenbundes« vgl. Hilpert 1982.

84 Vgl. Levy 1907; v. Frankenberg 1907 sowie: *Stenographischer Bericht 1907*, insbes. S. 110.

85 Die Kindergärtnerinnen-Ausbildung nach dem Vorbild des Pestalozzi-Fröbel-Hauses wurde in Preußen bereits durch Ministerialerlaß vom 6. Februar 1911 staatlich anerkannt. Zur Entwicklung der Ausbildung für Kindergärtnerinnen, Hortnerinnen und Jugendleiterinnen und ihre Vorbildfunktion für die Sozialen Frauenschulen vgl. Mayer-Kulenkampff 1928.

86 Durch Ministerialerlaß vom 18. August 1908 war in Preußen das höhere Mädchenschulwesen neu geordnet worden, gleichzeitig wurde das Universitätsstudium auch für Frauen eröffnet. Die Situation erschien also günstig für die Gründung einer neuen weiblichen Bildungseinrichtung in Preußen.

87 Carlyle 1899, S. 237.

88 Salomon 1908b.

89 Salomon 1908a, Anhang S. 94ff.

90 Vgl. Salomon 1913a, S. 76. Die Angaben über die Gründungsdaten der einzelnen Schulen und die Anzahl der bis Kriegsausbruch begründeten Schulen schwanken. Abweichende Angaben z.B. bei Salomon 1927, S. 57ff.; Dietrich 1926/27, S. 219. Zur Geschichte der katholischen Ausbildungseinrichtungen insbes. vgl. Ried 1925.

91 *Stenographischer Bericht 1881*.

92 Friedenthal 1881; Chuchul 1885; Osius/Chuchul 1896. Auf der 16. Jahresversammlung des »Deutschen Vereins« im September 1896 in Straßburg wurde eine Resolution verabschiedet, die die Heranziehung von Frauen zur öffentlichen Armenpflege als »dringende Notwendigkeit« bezeichnete. Vgl. *Stenographischer Bericht 1896*.

93 Vgl. Hirschfeld 1909, S. 9ff.; Salomon 1901, S. 43ff.

94 Hirschfeld 1909, S. 10; Salomon 1901, S. 41f.

95 Münsterberg 1909, S. 146.

96 Apolant 1910, S. 41-76.

97 S. oben Kapitel 3.2, 3.3.

98 Zuverlässige Statistiken über die Zahl der in diesen Bereichen berufstätigen Frauen vor dem Ersten Weltkrieg existieren nicht. In der Berufsstatistik des Reiches werden sozialarbeiterische Berufe erstmals 1925 selbständig ausgewiesen. Schätzungen und Umfragen für die Zeit vor

1914 sprechen von ca. 450 berufstätigen Frauen in der Wohlfahrtspflege, wobei allerdings die Grenze zu verwandten Berufen nicht immer klar gezogen wird. Vgl. Apolant 1910; Salomon 1913a, S. 80f.

99 Peters 1968, S. 21; Skiba 1969, S. 42ff.

5. Fürsorgeentwicklung und Weltkrieg: Die »Vergesellschaftung der Reproduktion«

1 Lorenz 1928, S. 318; vgl. Umbreit 1928, S. 50.

2 Zur Lage und Entwicklung der Industriearbeiterschaft während des Krieges vgl. vor allem die grundlegende Arbeit von Kocka 1973, insbes. S. 12ff. Dort finden sich ausführliche statistische Angaben und weitere Nachweise. Vgl. auch Preller 1949, S. 4-33.

3 Die Arbeitsschutzbestimmungen der Reichsgewerbeordnung waren durch das Notdienstgesetz vom 4. August 1914 außer Kraft gesetzt worden, so daß zehn- und zwölfstündige Arbeitstage für Frauen nicht ungewöhnlich waren, vgl. Umbreit 1928, S. 128; zur Diskussion um Geburtenrückgang und Bevölkerungspolitik vgl. Greven-Aschoff 1981, S. 151f.

4 Zum folgenden vgl. Kocka 1973, S. 71ff.

5 Zit. nach Kocka 1973, S. 86.

6 Zur Notsituation der freien Berufe in Berlin vgl. Salomon 1916.

7 Am 31. August 1916 richtete die Oberste Heeresleitung ein entsprechendes Schreiben an den Kriegsminister, das man später »Hindenburg«-Programm genannt hat. Vgl. v. Gersdorff 1969, S. 20.

8 RGBl 1916, S. 1333.

9 Vgl. Kocka 1973, S. 120ff.; Umbreit 1928, S. 109ff., 127ff.

10 Zum Gesetzgebungsprozeß vgl. Umbreit 1928, S. 145ff., sowie Kocka 1973, S. 114f., ausführlich Dierkopf 1937.

11 Lapinsky 1928/29, S. 395.

12 Jastrow 1918, S. 7.

13 RGBl 1888, S. 59.

14 RGBl 1914, S. 332.

15 RGBl 1915, S. 629.

16 Vgl. §2 des Gesetzes. Der Kreis der Unterstützungsberechtigten wurde durch die Bekanntmachung des Bundesrates, betreffend die Unterstützung von Familien in den Dienst eingetretener Mannschaften, vom 21. Januar 1916 auf elternlose Enkel, Stiefeltern, Stiefgeschwister, Stiefkinder, *schuldlos* geschiedene Ehefrauen, nicht-eheliche Kinder der Ehefrau, Pflegeeltern und Pflegekinder erweitert. Das »Gesetz, betreffend die Unterstützung von Familien in den Dienst eingetretener Mannschaften« und die Bekanntmachung des Bundesra-

tes sind abgedruckt in: Zentrale für private Fürsorge in Berlin 1917, S. 32 ff.

17 Durch Bundesrats-Bekanntmachung vom 21. Januar 1916 und vom 3. Dezember 1916. Vgl. Zentrale für private Fürsorge in Berlin 1917, S. 47.

18 Guttmann 1917, S. 10; *Verwaltungsbericht der Stadt Frankfurt* 1917, S. X.

19 Zit. nach: Zentrale für private Fürsorge in Berlin 1917, S. 42 f.

20 A. a. O., S. 43.

21 Vgl. Wex 1929, S. 15; Guttmann 1917, S. 17, 73; Maier 1920, S. 12.

22 RGBl 1907, 214.

23 Zit. nach: Zentrale für private Fürsorge in Berlin 1917, S. 111.

24 Polligkeit 1917, S. 24; zum Begriff der Kriegswohlfahrtspflege vgl. auch Krug v. Nidda 1955, S. 206 ff.

25 Polligkeit 1917.

26 Grundsätze über die Zuständigkeit für die soziale Kriegsbeschädigten- und Kriegshinterbliebenenfürsorge vom 6. Dezember 1919, zit. nach: Wolfram 1930, S. 48.

27 Vgl. *Stenographischer Bericht 1915*.

28 RGBl 1919, S. 187.

29 RGBl 1920, S. 1066.

30 Zur sozialen Fürsorge für Kriegsbeschädigte und -hinterbliebene vgl. die zusammenfassenden Darstellungen bei Muthesius 1928 a, S. 9 ff.; Wex 1929, S. 18 ff.; Wolfram 1930, S. 47 ff.; ausführlich: Zentrale für private Fürsorge in Berlin 1917, S. 152 ff., 187 ff., sowie Luppe 1918 a.

31 Lindemann 1917, S. 66 f.; zur kommunalen Hausbesitzer- und Mittelstandsfürsorge vgl. außer Lindemann auch: Hirsch 1915.

32 Evans 1978, S. 195.

33 Bäumer 1916, S. 3.

34 Bäumer 1915/16, S. 57.

35 Zit. nach Greven-Aschoff 1981, S. 260, Fn. 49.

36 Zu den wenigen Frauen, die pazifistische Bestrebungen auch während des Krieges unterstützten, gehörten u. a. Lyda Gustava Heymann und Anita Augspurg. Ihre Beteiligung an der Organisation eines internationalen Friedenskongresses bürgerlicher Fragen in Den Haag 1915 wurde vom Gesamtvorstand des BDF als »unvereinbar mit der vaterländischen Gesinnung und der nationalen Verpflichtung der deutschen Frauenbewegung« angesehen. Vgl. Greven-Aschoff 1981, S. 155.

37 Bäumer 1916, S. 1.

38 So Gertrud Bäumer in ihrer *Heimatchronik* während des Weltkrieges, Berlin 1930, zit. nach v. Gersdorff 1969, S. 16; einen anschaulichen Eindruck von der nationalistisch-exaltierten Stimmung im »Nationalen Frauendienst« vermittelt Salomon 1983, 10. Kap., Patriotismus ist nicht genug, S. 144 ff.

39 Zur Arbeit des »Nationalen Frauendienstes« vgl. v. Gersdorff 1969, S. 15 ff.; Bäumer 1916, S. 2 ff.; Zentrale für private Fürsorge in Berlin 1917, S. 144 ff.; M. E. Lüders 1937, S. 7 ff.; Lensch 1918, S. 62 ff., sowie die Fülle der Berichte von »Nationalen Frauendiensten« einzelner Städte.

40 Zu den Organisationsformen der kommunalen Kriegsfürsorge vgl. vor allem Lindemann/Schwander/Südekuhm 1919, S. 43 ff.

41 Zur Arbeit des »Nationalen Frauendienstes« in Frankfurt vgl. *Denkschrift des Nationalen Frauendienstes Frankfurt a. Main* 1919; Nationaler Frauendienst Frankfurt a. M. 1915.

42 Lensch 1918, S. 63.

43 Die bürokratische Organisation des weiblichen Hilfsdienstes beim Kriegsamt, seinen Abteilungen und nachgeordneten Dienststellen ist außerordentlich komplex und weit verzweigt. Im folgenden werden lediglich – vergröbernd – die Grundstrukturen dargestellt. Für Einzelheiten vgl. vor allem die bei v. Gersdorff 1969, S. 128 ff., abgedruckten Dokumente und Materialien sowie die Darstellung bei Lorenz 1928, S. 317 ff. Für einen Überblick vgl. Landwehr 1983, S. 85 ff., ferner Bajohr 1979, S. 108 ff.

44 Die organisatorische Trennung der Arbeitskräftebeschaffung von der Durchführung der Fürsorgeaufgaben wurde durch Verfügung vom 6. 6. 1917 aufgehoben und beide Funktionen beim Kriegsarbeitsamt zusammengefaßt. Vgl. Lorenz 1928, S. 321 f.; M. E. Lüders 1937, S. 119 ff.; vgl. ferner die Darstellung bei Hempelmann 1938, S. 9-14.

45 Vgl. Peyser 1958, S. 74 ff., sowie Salomon 1983, S. 156 ff.; für Anna v. Gierke vgl. Baum 1954, S. 69 ff. Vgl. ferner die Aufstellung bei M. E. Lüders 1937, S. 122.

46 v. Gersdorff 1969, S. 25.

47 Abgedruckt bei v. Gersdorff 1969, S. 129 f.

48 Vgl. Baum 1954, S. 70.

49 So wurden am »Frauenseminar für soziale Berufsarbeit« in Frankfurt im April und Mai 1917 sogenannte Notkurse für Fabrikpflegerinnen im Auftrag der lokalen Kriegsamtsstelle durchgeführt. Vgl. *Bericht über die Einrichtung und den Verlauf des Notkurses zur Ausbildung von Fabrikpflegerinnen*, Archiv des »Instituts für Gemeinwohl«, Umschlag 196.7. Da in München der Plan zur Einrichtung einer Sozialen Frauenschule 1917 im ersten Anlauf noch nicht verwirklicht wurde und der Bedarf groß war, veranstaltete das dortige »Institut für Soziale Arbeit« (eine dem Frankfurter »Institut für Gemeinwohl« nachgebildete Einrichtung, die aber nie deren Bedeutung erlangte) in Zusammenarbeit mit anderen lokalen Fürsorgeverbänden im Herbst 1917 einen Kurs für »Sozialpflegerinnen«, die insbesondere in der Fabrikpflege eingesetzt werden sollten. Der Kurs diente also u. a. dem Nachweis der Notwendigkeit einer besonderen Ausbildungseinrich-

tung. Vgl. *Zusammenfassender Bericht über die Verhandlungen und Beschlüsse bei der Errichtung des Kriegsausbildungskurses für Sozialpflegerinnen*, Stadtarchiv München, Bestand Schulamt 3525; zum »Institut für soziale Arbeit« in München vgl. Singer 1906.

50 Greven-Aschoff 1981, S. 149.

51 Wex 1929, S. 11 ff.

52 Vgl. die in Anmerkung 39 zitierte Literatur.

53 Zepler 1916, S. 6.

54 Z. B. Käthe Duncker, zit. bei Zepler 1916, S. 16 f. Vgl. dazu Richebächer 1982, S. 284.

55 Zit. bei Zietz 1915, S. 2.

56 Vgl. die Übersicht bei Zietz 1915, S. 4 f. In Berlin wurden die 23 parallel zu den Unterstützungskommissionen des Lieferungsverbandes gebildeten Kommissionen des »Nationalen Frauendienstes« paritätisch von einer bürgerlichen und einer sozialdemokratischen Frau geleitet. Zur Zusammenarbeit bürgerlicher und sozialdemokratischer Frauen im »Nationalen Frauendienst« vgl. auch v. Harnack 1915, S. 12.

57 Zietz 1915, S. 6.

58 Zur Haltung der Sozialdemokratie gegenüber der Kommunalpolitik vgl. v. Saldern 1976, mit weiteren Nachweisen.

59 Vgl. Tennstedt 1983, S. 576; weitere Zahlenangaben bei v. Saldern 1976, S. 320, sowie v. Saldern 1977, S. 29.

60 Jacobsohn 1911, S. 48 ff., S. 65.

61 Vgl. Monat 1961, S. 15 ff.; grundsätzlich zur Diskussion kommunaler Armenpolitik in der sozialistischen Arbeiterbewegung nach der Gründung des Deutschen Reiches vgl. Tennstedt 1983, S. 378 ff.

62 Vgl. oben Teil I, 3.2.

63 v. Saldern 1976, S. 315.

64 Zur Bedeutung der Kommunalpolitik für die Ausbreitung des Reformismus in der Sozialdemokratischen Partei vgl. v. Saldern 1977.

65 Stuttgart 1897.

66 Vgl. oben Teil I, Kap. 3.

67 Vgl. dazu ausführlich Tennstedt 1983, S. 573 ff.

68 Emanuel Wurm (Hg.), *Volkslexikon*, Nürnberg 1894, Stichwort: Armenwesen, S. 435, zit. nach: Tennstedt 1983, S. 386.

69 A. a. O., S. 435 f.

70 Nitzschke 1914, S. 301.

71 Vgl. dazu die zusammenfassende Darstellung bei Hirsch 1917, S. 41-67, sowie Hirsch 1908, S. 402 ff., wo einzelne sozialdemokratische Forderungen im Detail dargestellt werden, allerdings vornehmlich mit Bezug auf Berlin. Für die Wohnungs- und Gesundheitspolitik ausführlich: Tennstedt 1983, S. 573 ff.

72 RGBl 1903, S. 113.

73 Bis zur Einführung des Reichsvereinsgesetzes durften Frauen nicht

Mitglieder der Partei sein und bildeten eigenständige Organisationen neben dieser. Daher fanden auch eigenständige Frauenkonferenzen parallel zu den Parteitagen statt, deren Beschlüsse für die Parteigremien keine unmittelbare Verbindlichkeit hatten.

74 Zietz 1912, S. 35.

75 A. a. O., S. 36.

76 Zur sozialdemokratischen Fürsorgearbeit vor dem Weltkrieg vgl. neben Zietz 1912 auch Monat 1961, S. 36 ff.

77 Zepler 1916, S. 18.

78 Vgl. oben Teil I, Kap. 4.3.

79 Vgl. vor allem die Artikel 151, 157, 161, 163 Abs. 2, 165 WRV.

80 Auf dieses Problem wies Heinrich Schulz, Mitglied des Parteiausschusses und Beamter im Reichsinnenministerium, hin: »Ich komme in große Schwierigkeiten, wenn ich von 50 katholischen und anderen konfessionellen Verbänden Anträge auf Unterstützung bekomme und der sozialdemokratischen Organisation gar nichts geben kann.« (Zit. nach Monat 1961, S. 55, Fn. 21.)

81 So die Richtlinien für den Hauptausschuß der Arbeiterwohlfahrt, zit. nach: Juchacz/Heymann 1924, S. 22.

82 Vgl. oben Teil I, Kap. 3.3; grundsätzlich Simon 1922.

83 Ein Überblick über die Tätigkeit der Arbeiterwohlfahrt findet sich bei Monat 1961, S. 61 ff., sowie bei Juchacz/Heimann 1924, S. 48 ff., und Bopp 1930, S. 43 ff.

84 Bopp 1930, S. 43.

6. Fürsorgeentwicklung in der Weimarer Republik: Soziale Aufgaben im neuen Volksstaat

1 Zur Entstehung der Weimarer Republik und der Weimarer Reichsverfassung vgl. Rosenberg 1978; Kolb 1972; Preller 1949, S. 89-225, sowie die Gesamtdarstellung bei Schulze 1983; für eine verfassungstheoretische Analyse der Weimarer Reichsverfassung vgl. Kirchheimer 1964.

2 Bessel 1983, S. 212. Zur sozialpolitischen Problematik der Demobilmachung vgl. weiter Feldmann 1974 und Bajohr 1979, S. 158 ff.

3 Vgl. oben Kap. 5.2.

4 Petzina 1977, S. 83.

5 A. Rosenberg 1978, S. 129.

6 Zur Inflation und ihren sozialen Auswirkungen vgl. Feldmann 1978; Witt 1978; Eulenburg 1924.

7 Eulenburg 1924, S. 789.

8 Die Not in Berlin 1923, S. 21, 23.

9 Eulenburg 1924, S. 789 f.

10 RGBl 1918, S. 1305.

11 RGBl 1927, I, S. 187.

12 Zur Erwerbslosenunterstützung nach der Verordnung vom 13. November 1918 vgl. Reichsarbeitsministerium 1929, S. 157 ff.; Preller 1949, S. 236 ff.; Wermel/Urban 1949, Teil II, S. 29 ff., sowie den Überblick in: *Arbeitsrecht und Arbeiterschutz* 1921, S. 44 ff.

13 Das Reichsarbeitsministerium ist durch Erlaß vom 21. März 1919 (RGBl 1919, S. 237) aus dem bereits am 4. Oktober 1918 gegründeten Reichsarbeitsamt hervorgegangen. Es besaß u. a. die Zuständigkeit für die Bearbeitung der Aufgaben des Reichs auf dem Gebiet der Wohlfahrtspflege. Zur Vorgeschichte, Entstehung und Organisation des Reichsarbeitsministeriums vgl. Reichsarbeitsministerium 1929, S. 12 ff.; zur produktiven Erwerbslosenfürsorge vgl. Reichsarbeitsministerium, a. a. O., S. 136; Preußisches Ministerium für Volkswohlfahrt 1925 sowie Hirtsiefer 1924, S. 192 ff.

14 RGBl 1918, S. 1421.

15 RGBl 1920, S. 876.

16 RGBl 1922, I, S. 657.

17 Zum »Gesetz über den Arbeitsnachweis« vgl. Preller 1949, S. 276 ff.; Reichsarbeitsministerium 1929, S. 141 ff.

18 RGBl 1923, I, S. 984.

19 RGBl 1924, I, S. 121.

20 Zur Vorgeschichte des Gesetzes vom 16. Juli 1927 ausführlich Preller 1949, S. 369 ff.; Wermel/Urban 1949, Teil II, S. 46 ff. Zu den Strukturen der Arbeitsvermittlung und Arbeitslosenversicherung nach dem Gesetz ausführlich Wermel/Urban 1949, Teil II, S. 63 ff.

21 RGBl 1920, S. 989.

22 Vgl. oben Kap. 5.2, S. 160.

23 RGBl 1919, S. 187.

24 Die »Grundsätze über Aufgaben und Zuständigkeit der sozialen Kriegsbeschädigten- und Kriegshinterbliebenenfürsorge« vom 6. Dezember 1919 sind abgedruckt in: Behrend/Stranz-Hurwitz 1923, S. 136 ff.

25 Vgl. Ziff. 13 der »Grundsätze«, a. a. O., S. 149, sowie die Richtlinien für die Erziehung und Ausbildung von Kriegerwaisen und Kindern Kriegsbeschädigter vom 4. April 1921, a. a. O., S. 179 ff.

26 Vgl. Ziff. 1 der »Grundsätze«.

27 Vgl. dazu die Verordnung vom 8. Februar 1919, §§ 2, 6, 9.

28 Vgl. Statistisches Bundesamt 1972, S. 225; Schirmel 1927, S. 56.

29 RGBl 1920, S. 458.

30 Zur Fürsorge für die Kriegsbeschädigten und Kriegshinterbliebenen vgl. vor allem die Übersichten bei Muthesius 1928, S. 9 ff.; Hirschfeld/Dünner 1924; Richter 1924 sowie die ausführlicheren Darstellungen

in: *Arbeitsrecht und Arbeitsschutz* 1921, S. 50-66, und Reichsarbeitsministerium 1929, S. 204-235. Ausführliche Hinweise auf die
umfangreiche zeitgenössische Literatur finden sich bei Behrend/
Stranz-Hurwitz 1923. Die Kriegsopferfürsorge unter dem Aspekt
zielgerichteter Arbeitsfürsorge wird ausführlich und im internationalen Vergleich untersucht bei Geyer 1983.

31 RGBl 1922, I, S. 675.

32 Das besondere Problem der Fürsorgegesetzgebung für die Sozial- und
Kleinrentner bestand in der Anpassung der Unterstützungsbeträge an
die galoppierende Geldentwertung. Dem wurde zunächst durch
rasche Gesetzesänderung, später durch gleitende Anpassung der
Unterstützungssätze Rechnung getragen. Vgl. Leibfried 1981, S. 472.

33 RGBl 1923, I, S. 104.

34 Vgl. v. Gemmingen 1929a, S. 413; v. Gemmingen 1929b, S. 625.

35 RGBl 1918, S. 1143. Eine empirische Darstellung der Wohnungsnot in
der Weimarer Zeit gibt Schwan 1929.

36 RGBl 1923, I, S. 754.

37 RGBl 1917, S. 659, und RGBl 1918, S. 114.

38 RGBl 1922, I, S. 273.

39 RGBl 1923, I, S. 353; zur Wohnungszwangsbewirtschaftung und zum
Mieterschutz vgl. die Darstellungen in: Reichsarbeitsministerium
1929, S. 268 ff., und Hirtsiefer 1924, S. 75 ff.

40 Für die Vorkriegsentwicklung vgl. oben Kap. 3.2, S. 59 ff.

41 Einen Überblick über die Gesetzgebung der deutschen Länder auf
diesem Gebiet findet sich bei Gut 1930a, S. 781 f.; vgl. auch Wölz
1930.

42 Zur Terminologie vgl. oben Kap. 3.2, S. 61 f.

43 Vgl. dazu Zimmermann 1930, S. 769.

44 Kap. 6.3. Zur Wohnungsaufsicht und Wohnungspflege vgl. neben den
genannten Artikeln aus dem Handwörterbuch des Wohnungswesens
die Übersichten bei Gut 1929a und b sowie die ausführliche Darstellung bei Bergerhoff 1922.

45 Vgl. Reichsarbeitsministerium 1929, S. 268 ff.; Hirtsiefer 1924,
S. 102 f., 125.

46 RGBl 1921, S. 773.

47 Vgl. Hirtsiefer 1924, S. 119 ff. Für die Förderung des Wohnungsneu-
baus insgesamt vgl. die Darstellungen bei Hirtsiefer 1924, S. 82-139,
und Reichsarbeitsministerium 1929, S. 265-295, sowie die ausführliche Darstellung bei Gut 1928. Eine Einführung in die Diskussion um
eine grundsätzliche Neugestaltung des Wohnungsbaues nach dem
Ersten Weltkrieg findet sich bei Uhlig 1979, S. 5-8, mit weiteren
Nachweisen.

48 Petzina 1977, S. 91.

49 Der folgende Überblick beschränkt sich auf die Entwicklung des

kommunalen Gesundheitswesens. Die Gesundheitsfürsorge der Krankenversicherungen bleibt hier außer Betracht. Für eine ausführliche Darstellung der Organisation des gesamten Gesundheitswesens im Deutschen Reich vgl. die instruktiven Beiträge in: Reichsausschuß für das ärztliche Fortbildungswesen 1928 sowie Labisch/Tennstedt 1986, Teil II, Kap. 5–8. Für gesundheitspolitische Innovationen der Krankenkassen in der Weimarer Republik vgl. Hansen/Heisig/Leibfried/Tennstedt 1981.

50 Eheberatung wurde damals *nicht* als psycho-soziale Beratung in einer spezifischen Lebenssituation verstanden, sondern als gesundheitliche Aufklärung unter rassenhygienischen Aspekten. »Das denkbar höchste sozialhygienische Arbeitsziel würde die wirksame Beeinflussung der Wahl des Ehepartners nach rassebiologischen und gesundheitlichen Grundsätzen sein. Neben der Gesundheitssteuerung der Bevölkerung würde sie vielleicht einer positiven Auslese durch die Fruchtbarkeit der Besten, der Leistungsfähigsten, führen.« (Wendenburg 1929, S. 54) Zur Bedeutung der Rassenhygiene in der Weimarer Zeit, vgl. Labisch/Tennstedt 1985, Teil III, Kap. 5.

51 Vgl. die Zusammenstellung bei Wendenburg 1929 sowie bei Krabbe 1961, S. 112 f.; Baum 1919, die allerdings außer den genannten Gebieten die gesamte Wohnungsfürsorge zur Gesundheitsfürsorge zählt. Für ein konkretes Beispiel vgl. Hagen 1925.

52 Vgl. Wendenburg 1929, S. 144.

53 Krautwig 1925, S. 458.

54 Die konfliktreichsten Auseinandersetzungen fanden allerdings zwischen der Ärzteschaft und den Krankenkassen statt. Zwischen 1920 und 1923 kam es zu reichsweiten Ärztestreiks (!) um Art, Ausmaß und Modalitäten der Kassenleistungen an die Ärzte sowie die Eigenbetriebe (Ambulatorien) der Kassen. Vgl. dazu Hansen/Heisig/Leibfried/Tennstedt 1981, S. 152 ff.

55 Frankenthal 1930, S. 775.

56 Vgl. oben Kap. 3.2, S. 70 f.

57 Vgl. Krautwig 1925, S. 445; Wendenburg 1929, S. 22 ff.

58 Krautwig 1925, S. 464 ff.

59 Polligkeit 1905, insbes. S. 21 ff.

60 Simon 1915.

61 Felisch 1917.

62 Jugendämter als Träger öffentlicher Fürsorge im Reich. Bericht über die Verhandlungen des Deutschen Jugendfürsorgetages am 20. und 21. September 1918 in Berlin, Berlin 1919, zit. nach: Hasenclever 1978, S. 44.

63 Eine Liste der Mitglieder der Sachverständigen-Kommission findet sich in: Deutscher Verein für öffentliche und private Fürsorge 1961, Bd. I, S. 292 f. Es handelt sich bei den »Materialien« um Unterlagen

aus dem Nachlaß von Wilhelm Polligkeit.

64 Abgedruckt in: Deutscher Verein für öffentliche und private Fürsorge 1961, S. 220-291.

65 RGBl 1922, I, S. 633; RGBl 1922, I, S. 67. Eine übersichtliche und materialreiche Darstellung der Entstehungsgeschichte des RJWG findet sich bei Hasenclever 1978, S. 41-72. Bei Hasenclever, S. 223 ff., ist auch der ursprüngliche Gesetzeswortlaut in gekürzter Form abgedruckt, die vollständige Fassung bei Behrend/Stranz-Hurwitz 1923, S. 284 ff. Zu Entstehung und Inhalt des RJWG vgl. weiter die zeitgenössischen Kommentierungen von Friedeberg/Polligkeit 1923; Blaum/Riebesell/Starck 1923; Bäumer/Hartmann/Becker 1923.

66 Neundörfer 1923.

67 Die von der Sachverständigen-Kommission vorgeschlagene Fassung des § 1, Abs. 3, die einen eindeutigen Vorrang der privaten Jugendhilfe vorsah, wurde im Reichstags-Ausschuß zugunsten der Kompromißformel »unbeschadet der Mitarbeit freiwilliger Tätigkeit« abgemildert. Vgl. Deutscher Verein für öffentliche und private Fürsorge 1961, S. 222. Und auch in §§ 4 und 7 sind lediglich Zusammenarbeit, Anregung und Förderung vorgeschrieben, aber kein Rangverhältnis. Ein solches wurde erst in der JWG-Novelle von 1961 festgelegt.

68 RGBl 1923, I, S. 135.

69 Vgl. Deutscher Verein für öffentliche und private Fürsorge 1961, S. 228 f.

70 A. a. O., S. 233 ff.

71 Vgl. Kap. 6.3, S. 232 ff.

72 Ernst Forsthoffs berühmte Schrift *Die Verwaltung als Leistungsträger*, die in diesem Zusammenhang einen Anfang machte, erschien erst 1938!

73 Zum Verhältnis von Eingriff und Leistung im Jugendhilferecht vgl. Schneider 1964.

74 Es handelt sich um eine Notverordnung aufgrund des Ermächtigungsgesetzes vom 8. Dezember 1923, RGBl 1924, I, S. 110.

75 *Statistik des Deutschen Reiches* 1933, Anhang: Die öffentliche Jugendhilfe im Deutschen Reich in den Reichsjahren 1927-1929, S. 237.

76 Der »Dringlichkeitsantrag« ist abgedruckt in: *Nachrichtendienst des Deutschen Vereins für öffentliche und private Fürsorge*, Nr. 42/Oktober 1923. Dieses Heft des Nachrichtendienstes kostete für Mitglieder 550 Mio., für Nichtmitglieder 660 Mio. Reichsmark! Zum Dringlichkeitsantrag vgl. auch Orthband 1980, S. 211 ff.

77 Brandts/Zimmermann 1897.

78 v. Hollander/Sperling/Thode 1912.

79 *Stenographischer Bericht 1913*, S. 143.

80 *Ein deutsches Reichsarmengesetz* 1913.

81 *Stenographischer Bericht 1914*, S. 157.

82 Vgl. *Stenographischer Bericht 1917; Die öffentliche Armenpflege* 1917.

83 Zu Polligkeits Denkschrift vgl. Krug v. Nidda 1961, S. 53 ff.

84 Die Arbeit Diefenbachs erschien in Buchform unter dem Titel *Ein Reichsarmengesetz*, Karlsruhe 1920.

85 Für einen Überblick über den Inhalt von Diefenbachs Arbeit vgl. *Bericht über die Berliner Tagungen 1919*, S. 275 ff.

86 Zum »Institut für Gemeinwohl« und der »Centrale für private Fürsorge« vgl. oben Kap. 3.3.

87 Zunächst wurden fünf Fachausschüsse gebildet: Ausschuß für städtische Fürsorge, Ausschuß für ländliche Fürsorge, Ausschuß für Jugendfürsorge, Ausschuß für private Fürsorge und Ausschuß für Fragen der Ausbildung von Wohlfahrtsbeamten.

88 Zur Neuorganisation des »Deutschen Vereins« vgl. die Selbstdarstellung von Polligkeit 1930/1961, insbes. S. 354 ff.; Krug v. Nidda 1961 sowie die kritische Würdigung bei Tennstedt 1981 a und 1981 c.

89 Der Name der Jahresversammlung des »Deutschen Vereins« war im Zuge der Neuorganisation 1919 in »Deutscher Fürsorgetag« geändert worden.

90 *Verhandlungen 1921.*

91 Die Leitsätze sind abgedruckt in: Polligkeit 1922.

92 A. a. O., Sp. 708, 709.

93 *Denkschrift des Reichsarbeitsministeriums 1925.* Der Verfasser der Denkschrift war der im Reichsarbeitsministerium zuständige Ministerialdirektor Erwin Ritter.

94 RGBl 1924, I, S. 100; RGBl 1924, I, S. 765.

95 Die landesrechtlichen Ausführungsverordnungen zur RFV sind vollständig abgedruckt bei Dünner 1925, S. 82 ff. Einen knappen Überblick über die Zuständigkeitsregelung in den einzelnen Ländern gibt Muthesius 1928 a, S. 48 ff.; ausführlicher Muthesius 1928 b, S. 19 ff.

96 Notverordnung zur Ausführung der »Reichsverordnung über die Fürsorgepflicht« vom 13. Februar 1924 und zum »Reichsgesetz für Jugendwohlfahrt« vom 9. Juli 1922, abgedruckt bei Dünner 1925, S. 111 ff.

97 Vgl. dazu Muthesius 1928 a, S. 64 ff.; Ruppert 1924.

98 Zur inhaltlichen Vorbereitung der Reichsgrundsätze wurde am 8. März 1924 eine zehnköpfige Sachverständigenkommission eingesetzt, von deren Mitgliedern fünf von der Reichsregierung, fünf vom »Deutschen Verein« bestimmt wurden. Schriftführer der Kommission war Wilhelm Polligkeit. Die Kommission legte der Reichsregierung am 10. Juli 1924 einen Entwurf vor, der jedoch nicht in allen Punkten deren Zustimmung fand. Das Reichsarbeitsministerium erarbeitete daher einen eigenen Regierungsentwurf, auf dem die endgültige Fassung der Reichsgrundsätze beruht. Zur Arbeit der

Sachverständigenkommission vgl. Krug v. Nidda 1961, S. 94 ff.; zu den verschiedenen Entwürfen vgl. Luppe 1924.

 99 Zu den Details der Kontroverse vgl. Tennstedt 1981 a, S. 85 ff.

100 Vgl. oben Kap. 5.2.

101 Die Bestimmungen wurden durch die Bundesratsverordnung vom 15. Februar 1917 nochmals verschärft.

102 *Stenographischer Bericht 1918*, S. 114 ff.

103 A. a. O., S. 126 f.

104 *Soll die Staatsaufsicht*, 1917.

105 *Stenographischer Bericht 1918*, S. 162 f.

106 Zit. nach Krug v. Nidda 1955, S. 223.

107 Abgedruckt in: *Zeitschrift für das Armenwesen*, 21. Jg./1920, S. 23 f.

108 Zit. nach Krug v. Nidda 1955, S. 224.

109 Zur Gründung der Spitzenverbände und der Liga vgl. den Überblick bei Krug v. Nidda 1955, S. 267 ff., sowie die einschlägigen Stichworte in: Dünner 1929; anschaulich v. Holbeck 1925.

110 RGBl 1923, I, S. 494.

111 Gerhardt 1948, Bd. 2, S. 230.

112 Zur Entstehung und Entwicklung der Bank ausführlich Nitsch 1973.

113 Zur Diskussion um Autonomie und Gleichberechtigung der freien Wohlfahrtspflege seit den späten Kriegsjahren vgl. die Zusammenfassung bei Krug v. Nidda 1955, S. 249 ff.

114 Vgl. Heinze/Olk 1981; ausführlicher am Beispiel der »Inneren Mission«: Olk/Heinze 1981; zur historischen Entwicklung der Freien Wohlfahrtspflege vgl. auch Bauer 1984.

115 Vgl. Kap. 3.3.

116 Vgl. Kap. 5.3.

117 Vgl. Kap. 6.1.

118 Albrecht 1920, S. 11 f.

119 Kracht 1924, S. 434.

120 Vgl. den Überblick bei Schirmel 1927, S. 10 f. Die folgende Darstellung beschränkt sich auf die Probleme städtischer Wohlfahrtsämter. Für den ländlichen Bereich vgl. Richter 1919.

121 Einen Überblick über den Stand der Diskussion *vor* Inkrafttreten der Reichsfürsorgepflichtverordnung geben Albrecht 1920, *Aufgaben und Organisation* 1921 sowie (ausführlicher) Klumker/Schmittmann 1920; für den Stand der Diskussion *nach* Inkrafttreten der Reichsfürsorgepflichtverordnung vgl. Memelsdorff 1926.

122 Vgl. oben Kap. 6.1.

123 Krautwig 1921, S. 7 ff.; für einen Überblick über die Kompetenzkonflikte zwischen Jugendämtern und Gesundheitsämtern vgl. Memelsdorff 1926, S. 61 ff.

124 Vgl. oben Kap. 6.1, S. 202 ff.

125 Vgl. oben Kap. 3.2, S. 63.

126 Vgl. den Überblick bei Memelsdorff 1926, S. 35 ff., sowie Albrecht 1921, S. 12 ff.

127 Albrecht 1920, S. 14 f.

128 Die Vorbildfunktion des Frankfurter Wohlfahrtsamtes beruhte darauf, daß es von Anfang an die Armenfürsorge zur Basis des organisatorischen Aufbaus der kommunalen Wohlfahrtspflege machte, *nicht* dagegen auf der Tatsache konsequenter Vereinheitlichung der kommunalen Wohlfahrtspflege. Insoweit waren andere Städte, allen voran Düsseldorf und Nürnberg, erheblich fortgeschrittener. Vgl. dazu Baum 1928, S. 57 ff. Für einen Überblick über die Verfassung städtischer Wohlfahrtsämter vgl. Albrecht 1920, S. 19 ff.; Memelsdorff 1926, S. 86 ff.; Kracht 1920, S. 438 f.; Michel 1929.

129 Das Statut ist abgedruckt in: *Handbuch* 1919, S. 11.

130 Zur Organisation des Frankfurter Wohlfahrtsamtes vgl. *Die Entstehung*, 1920, sowie *Handbuch* 1919, S. 3 ff., und den *Bericht des Magistrats über die Verwaltung und den Stand der Gemeinde-Angelegenheit der Stadt Frankfurt am Main im Verwaltungsjahre 1918*, S. 99 ff. (Stadtarchiv Frankfurt SD 1/96).

131 Zur Gründung des Jugendamtes in Frankfurt vgl. Luppe 1918 b, S. 12 ff.

132 Vorläufige Geschäftsanweisung für die Kreise, Bezirke und Kreisstellen in Ausführung der Amtsordnung für das Wohlfahrtsamt vom 7. Juli 1918, abgedruckt in: *Handbuch* 1919, S. 12 f.

133 Zur Entwicklung der ehrenamtlichen Bezirksarmenpflege vgl. ausführlich oben Kap. 2.

134 Die Namen sämtlicher 1918 amtierender Pfleger und Vorsteher sind abgedruckt in: *Handbuch* 1919, S. 7-10.

135 Das Statut vom 2. September 1924 ist abgedruckt in: *Handbuch* 1926, S. 5 f. Dort sind auch die neugebildeten Fachausschüsse und ihre Mitglieder aufgeführt, S. 7 f. Zur Neuordnung des Wohlfahrtsamtes vgl. weiter den *Bericht des Magistrates ..., 1924/25 und 1925/26* (Anm. 130), S. 158 ff.

136 Sie stieg 1928 auf 115, 1929 auf 120 weiter an.

137 *Bericht des Magistrates ... 1924/25 und 1925/26*, (Anm. 130), S. 159.

138 Vgl. den Bericht des Verwaltungsoberinspektors Baldes *Über die in der Kölner Wohlfahrtspflege gewonnenen Beobachtungen und Erfahrungen. Dienstreise vom 12. bis 18. April 1926*, Stadtarchiv Frankfurt, Magistrats-Akte V 69, sowie die von Dr. Ing. Eicke verfaßte Expertise *Allgemeine Vorschläge zur Umorganisation des Wohlfahrtsamtes*, Stadtarchiv Frankfurt, Magistrats-Akte V 60/IV.

139 Stadtarchiv Frankfurt, Magistrats-Akte V 69.

140 Zur Neuorganisation vgl. den *Bericht des Magistrats ... 1927/28*, (Anm. 130), S. 179 ff. Im Laufe des Jahres 1928 kam es durch Einbeziehung von weiteren Aufgaben des Gesundheits- und des

Wohnungsamtes zu weiteren organisatorischen Veränderungen, die aber an der grundsätzlichen Organisationsstruktur des Fürsorgeamtes nichts mehr änderten. Vgl. dazu den *Bericht des Magistrats... 1928/29*, (Anm. 130), S. 196ff.

141 Die Entwicklung war keineswegs auf Frankfurt beschränkt. Sie läßt sich analog auch in den übrigen deutschen Städten in der gleichen Zeit beobachten. Für München vgl. Hack 1926; für Berlin Schirmel 1927.

142 Vgl. Kap. 2.

143 Vgl. z. B. A. Fischer 1927; Offenberg 1929a.

144 Ausführungen dazu finden sich lediglich bei Baum 1928, S. 34ff., die jedoch in einem Pauschalverweis auf das amerikanische casework münden (vgl. dazu unten Kap. 7 Exkurs) und nicht deutlich werden lassen, was die Kernelemente eines besonderen »family casework« sein könnten.

145 Vgl. im einzelnen Baum 1928, S. 6ff.

146 Zum ganzen vgl. oben Kap. 5.2 und 5.3.

147 Ein guter Überblick zur Problematik der Familienfürsorge als einheitlicher Bezirksfürsorge findet sich bei Ollendorf 1927, S. 95-114. Für einen kurzen geschichtlichen Abriß der Entwicklung der Familienfürsorge in Deutschland vgl. Link 1976.

148 Vgl. Baum 1928, S. 80ff.

149 Vgl. Ollendorf 1927, S. 147; Baum 1928, S. 118ff.

150 Vgl. *Vorschlag des städtischen Wohlfahrtsamtes und des städtischen Jugendamtes zur Vereinheitlichung des Fürsorgewesens*, Stadtarchiv Frankfurt, Magistratsakte V 69.

151 Vgl. Baum 1928, S. 66ff.

152 *Entwurf einer vorläufigen Geschäftsanweisung für die Fürsorgerinnen des städtischen Jugend- und Wohlfahrtsamtes*, Stadtarchiv Frankfurt, Magistratsakte V 69.

153 *Bericht des Magistrats... 1928/29*, (Anm. 130), S. 196f.

154 Vgl. Kap. 2.

7. Sozialarbeit als Beruf: Ansätze einer Professionalisierung

1 Die Literatur zur »Professionalisierung« der Sozialarbeit ist vielfältig, wenngleich historische Rekonstruktionen der Entwicklung sozialer Arbeit als Beruf für Deutschland bislang nicht vorliegen. Zum Begriff der Professionalisierung allgemein vgl. die einführenden Darstellungen von Hartmann 1968 und Daheim 1977; für die Professionalisierung in der Sozialarbeit vgl. die grundlegende Arbeit von Toren 1972; für die spezifischen Professionalisierungsprobleme der Sozialarbeit in Deutschland vgl. die Darstellungen von Bohle/Grunow 1981 und Sachße 1984 sowie Dewe/Otto 1984. Für eine subtile Darstellung der

spezifischen Paradoxien professionellen Handelns in sozialen Berufen vgl. Schütze 1984.

2 Salomon 1927, S. 9.

3 Archiv des »Instituts für Gemeinwohl«, Umschlag 196, insbes. 196.2-6. Selbstverständlich waren auch Wilhelm Merton und das »Institut für Gemeinwohl« an der Gründung des Frauenseminars beteiligt. Das »Institut« finanzierte die Vorarbeiten, die im wesentlichen von Rosa Kempf durchgeführt wurden (die dann die erste Leiterin des Seminars wurde), und beteiligte sich später mit einem jährlichen Zuschuß von 2000 M an der Finanzierung. Archiv des »Instituts für Gemeinwohl«, Umschlag 196.6.

4 Das waren zunächst das Münchner »Institut für Soziale Arbeit«, der »Jüdische Frauenbund«, der »Landesverband für Säuglings- und Kleinkinderfürsorge«, der Münchner »Volksbildungsverein«, der »Verband evangelischer Frauenvereine«. Diese fünf Verbände hatten auch die Vorarbeiten für die Schulgründung ganz wesentlich getragen. Zur Gründung und Organisation der Münchner Frauenschule vgl. Stadtarchiv München, Bestand Schulamt, 3516.

5 Vgl. die Übersicht bei Salomon 1927, S. 9 ff., sowie die detaillierten Ausführungen im Protokoll über die Tagung der Konferenz der Sozialen Frauenschulen Deutschlands am 27. Oktober 1917 in Berlin. Stadtarchiv München, Bestand Schulamt, 3516.

6 Ministerialblatt für die Preußische Innere Verwaltung 1918, S. 202 ff.

7 Zu Helene Weber und der Gründung der Sozialen Frauenschule des »Katholischen Frauenbundes« vgl. Rieden 1983.

8 Die Prüfungsordnung vom 22. Oktober 1920 (abgedruckt in: *Volkswohlfahrt* 1920, S. 355 ff.) folgte damit – anders als die vom 10. September 1918 – dem Vorbild der von Alice Salomon geleiteten Sozialen Frauenschule am Pestalozzi-Fröbel-Haus in Berlin. Die in deren Lehrplan ebenfalls vorgesehene Unterscheidung von Ober- und Unterstufe wurde – dem Charakter einer Prüfungsordnung entsprechend – zwar nicht ausdrücklich festgelegt, aber auch nicht ausgeschlossen. Sie setzte sich faktisch in der Folge an allen Schulen Deutschlands durch.

9 Die »Öffnung« der sozialen Ausbildung war für ihre weitere Entwicklung von ausschlaggebender Bedeutung. Wurde doch damit der ohnehin bestehende Trend »weg von der Universität« und hin zu einer praxisorientierten Fachschule bestärkt. Hier liegt einer der Gründe dafür, daß die soziale Ausbildung in Deutschland eine besondere »Höhenlage« erhielt und nicht wie in England und den USA allmählich in die Universität eingegliedert wurde. Vgl. dazu Salomon 1927, S. 46 ff.

10 Die §§ 5 und 19 der Prüfungsordnung sahen außerdem Ausnahmeregelungen vor, die die Zulassung zur sozialen Ausbildung auch ohne

die in § 4 geforderte Vorbildung ermöglichten (§ 5) und sogar die staatliche Anerkennung ohne jede Ausbildung möglich machten, sofern die Betreffenden eine langjährige soziale Praxis vorweisen konnten (§ 19). Beide Übergangsregelungen stellten die Schulen gelegentlich vor erhebliche Entscheidungs- und Auswahlprobleme. Vgl. Salomon 1927, S. 44 ff.

11 *Volkswohlfahrt* 1920, S. 355 ff.

12 »Vereinbarung über die gegenseitige Anerkennung der staatlich anerkannten Wohlfahrtspflegerinnen« vom 26. März 1931, Reichsministerialblatt Nr. 14 vom 4.4.1931, S. 296.

13 Die treibenden Kräfte dabei waren Helene Weber im Ministerium und Alice Salomon als Vorsitzende der Konferenz. Die Geschäftsstelle der Konferenz war an der Schule der Vorsitzenden im Pestalozzi-Fröbel-Haus in Berlin, Barbarossastraße 65, angesiedelt, so daß auch von daher eine reibungslose Zusammenarbeit möglich war, die gewährleistete, daß die auf Initiative des Ministeriums in Preußen geführten Diskussionen über das Medium der Konferenz die Entwicklung in ganz Deutschland prägten.

14 Die auf dieser Konferenz gehaltenen Vorträge sind veröffentlicht in: Preußisches Ministerium für Volkswohlfahrt 1926. Die achte Tagung der Konferenz der Sozialen Frauenschulen Deutschlands fand am 10. Oktober 1924 im unmittelbaren Anschluß an die Preußische Lehrplankonferenz ebenfalls in Thale am Harz statt. Die Vorsitzende verstand es, die verschiedenen Wirkungskreise vorzüglich zu koordinieren! Als sie die Konferenz über die vorangegangenen Preußischen Lehrplandiskussionen informierte, wurde Protest außerpreußischer Vertreter dagegen laut, daß derart allgemein bedeutsame Gegenstände exklusiv von den preußischen Behörden und Schulen verhandelt würden. Auch hier wurden die Zusammenhänge also sehr wohl gesehen. Vgl. *Protokoll der achten Tagung der Konferenz der Sozialen Frauenschulen Deutschlands am 18. Oktober 1928 in Thale am Harz*, Archiv des Deutschen Caritas-Verbandes, Freiburg i. Brsg., Bestand CA VIII 36 A.

15 Preußisches Ministerium für Volkswohlfahrt 1930.

16 Vgl. dazu Kap. 4.3.

17 Preußisches Ministerium für Volkswohlfahrt, 1930, S. 3 f. Die Richtlinien folgten hier den Überlegungen und der Terminologie eines Vortrags von Gertrud Bäumer auf der Internationalen Konferenz für Wohlfahrtspflege und Sozialpolitik vom 9.-13. Juli 1928 in Paris. Vgl. Bäumer 1928.

18 Bäumer 1928, S. 1.

19 Preußisches Ministerium für Volkswohlfahrt 1930, S. 11; Bäumer 1928, S. 2 ff.; Salomon 1927, S. 62.

20 Salomon 1927, S. 199.

21 Vgl. Kap. 4.3.
22 Preußisches Ministerium für Volkswohlfahrt 1930, S. 5.
23 A.a.O., S. 5.
24 Salomon 1927, S. 176.
25 Salomon 1958, S. 243. Ausführlich zum Theorie-Praxis-Verständnis in den Frühphasen sozialer Ausbildung: Goeschel/Sachße 1981.
26 Vgl. dazu Goeschel/Sachße 1981, S. 435 ff.
27 Zur Diskussion um den Beitrag der Universitäten zur sozialen Ausbildung vgl. Feld 1925/26; Klumker 1929; Jeserich 1929; Scherpner 1929; Baum 1931.
28 Zum folgenden vgl. Salomon 1927, S. 172 ff.
29 Ausführlich zum »Frauenhochschulstudium« in Köln vgl. Stier-Somlo 1916.
30 Salomon 1958, S. 248. Einen guten Überblick über Ziele und Organisation der Akademie gibt Dietrich 1925/26.
31 Salomon 1958, S. 248.
32 A.a.O., S. 245.
33 Peyser 1958, S. 97.
34 Zit. nach a.a.O., S. 98; ausführlicher zur Familienforschung der »Akademie«: M. Simmel 1981, S. 389 ff.
35 Bei der 1911 von Henriette Goldschmidt in Leipzig gegründeten »Hochschule für Frauen« handelt es sich um eine Ausbildungseinrichtung für weibliche Erziehungsberufe, nicht um eine akademische Hochschule. Auf sie ist in diesem Zusammenhang daher nicht einzugehen. Vgl. dazu Spranger 1916.
36 Salomon 1926 b.
37 Lehrpläne aus den zwanziger Jahren waren mir von 13 Schulen – das sind gut 43 % der damals in der Konferenz der Sozialen Frauenschulen Deutschlands zusammengeschlossenen – zugänglich und liegen den folgenden Ausführungen zugrunde: Frauenschule der »Inneren Mission« zu Berlin; Soziale Frauenschule des »Katholischen Frauenbundes Deutschland«, Zweigverein Berlin; Soziale Frauenschule des Landesverbandes für »Christlichen Frauendienst« in Sachsen zu Dresden; Evangelisch-soziales Frauenseminar, Elberfeld; Soziale Frauenschule und sozialpädagogisches Institut, Hamburg; Wohlfahrtsschule der Stadt Köln; Soziale Frauenfachschule zu Königsberg i. Pr.; Sozialpädagogisches Frauenseminar der Stadt Leipzig; Soziale Frauenschule Mannheim; Wohlfahrtsschule Münster; Soziale Frauenschule des »Schwäbischen Frauenvereins«, Stuttgart (sämtlich im Archiv des »Deutschen Caritas-Verbandes« Freiburg i. Brsg., CA VIII/b33, CA VIII/34 C); Frauenseminar für Soziale Berufsarbeit, Frankfurt (Archiv des »Instituts für Gemeinwohl« 196.5, 196.6); Soziale Frauenschule der Stadt München (Stadtarchiv München, Bestand Schulamt 3515).

38 Üblich war z. B. »psychologische Pädagogik« (Soziale Frauenschule
   des »Katholischen Frauenbundes Deutschlands«, Zweigverein Berlin) oder »Psychologie und Pädagogik« (Soziale Frauenschule des
   Landesverbandes für »Christlichen Frauendienst« in Sachsen, Dresden). Ein getrenntes Angebot hatte z. B. das Evangelisch-soziale
   Frauenseminar in Elberfeld.

39 Eine Ausnahme bildete die Wohlfahrtsschule Münster und die Soziale
   Frauenschule München.

40 So im Evangelisch-sozialen Frauenseminar Elberfeld, der Wohlfahrtsschule Münster, der Wohlfahrtsschule der Stadt Köln, dem Frauenseminar für Soziale Berufsarbeit Frankfurt, der Sozialen Frauenschule
   des »Katholischen Frauenbundes«.

41 Mit Ausnahme der Sozialen Frauenschule des »Katholischen Frauenbundes« und der Sozialen Frauenschule Mannheim.

42 Soziale Frauenschule des »Katholischen Frauenbundes Deutschlands«, Zweigverein Berlin; Soziale Frauenschule zu Königsberg
   i. Pr.; Sozialpädagogisches Frauenseminar der Stadt Leipzig; Soziale
   Frauenschule Mannheim; Evangelisch-soziales Frauenseminar Elberfeld; Wohlfahrtsschule Münster; Wohlfahrtsschule der Stadt Köln;
   Soziales Frauenseminar Frankfurt.

43 Soziale Frauenschule des »Katholischen Frauenbundes Deutschland«,
   Zweigverein Berlin.

44 Frauenseminar für Soziale Berufsarbeit Frankfurt.

45 Preußisches Ministerium für Volkswohlfahrt 1930, S. 35 ff.

46 A. a. O., S. 23.

47 A. a. O., S. 24 ff.

48 Frauenschule der »Inneren Mission« zu Berlin; Sozialpädagogisches
   Frauenseminar der Stadt Leipzig; Soziale Frauenschule Mannheim;
   Soziale Frauenschule des »Schwäbischen Frauenvereins«, Stuttgart;
   Soziale Frauenschule und Sozialpädagogisches Institut, Hamburg;
   Soziale Frauenschule der Stadt München; Evangelisch-soziales Frau-
   enseminar Elberfeld.

49 Preußisches Ministerium für Volkswohlfahrt 1930, S. 5.

50 Salomon 1958, S. 247.

51 »Erst die Fortschritte der Wissenschaft haben uns neue Hilfsmittel in
   die Hand gegeben, um die Haltung eines Menschen zu seinen
   Lebensaufgaben und zu seiner Umwelt, um seine Gesundheit, seine
   Wohnung, seine Arbeit und seine Erholung zu beeinflussen.« Salomon 1926a, S. 4.

52 Der Widerspruch zwischen der professionellen Fachautorität und der
   »charismatischen« Schwungkraft sozialer Arbeit wurde von Porter
   Lee, dem damaligen Leiter der New Yorker Wohlfahrtsschule, be-
   rufssoziologisch präzise in einem Vortrag auf der Internationalen
   Konferenz für Wohlfahrtspflege und Sozialpolitik am 9.-13. Juli 1928

in Paris herausgearbeitet. Vgl. Lee 1928.

53 Salomon 1927, S. 203 f.

54 Vgl. vor allem Offenberg 1926, S. 95 ff.

55 A. a. O., S. 199, 203. Die vorstehenden Ausführungen zur Entwicklung der sozialen Ausbildung in der Weimarer Zeit stützen sich neben den zitierten Archivalien vor allem auf die im Zusammenhang der Lehrplandiskussion herausgegebenen Schriften des Preußischen Ministeriums für Volkswohlfahrt: Preußisches Ministerium für Volkswohlfahrt 1926, 1930, 1931, sowie auf die grundlegende Darstellung von Salomon 1927. Daneben ist auf folgende zusammenfassende Darstellungen der Entwicklung sozialer Ausbildung in Deutschland zu verweisen: Beerensson 1915 und 1925; Dietrich 1926/27 und 1928/29 sowie Dietrich 1955; Mayer-Kulenkampff 1928; ausführlich Haedrich 1967.

56 Hier sind vor allem ihre drei zentralen Bücher zu nennen: Richmond 1899, 1917 und 1922/71. Eine Zusammenstellung ihrer wichtigsten Reden und Papiere findet sich bei Colcord 1930.

57 Die spezifischen Strukturen der Londoner Armut als Resultat des »casual labour problem« werden bei Jones 1984, Teil I (The London Labour Market and the Casual Labour Problem) ausführlich dargelegt.

58 Jones 1984, Teil III (Middle-Class London and the Problem of the Casual Poor).

59 Vgl. dazu auch Kap. 4, Exkurs: Über sozialen Idealismus und soziale Settlements.

60 Zur London COS vgl. die ausführliche Darstellung bei Woodroofe 1974, S. 25-55, mit umfangreichen weiteren Nachweisen, sowie Young/Ashton 1956, S. 92 ff.

61 Zu Chalmers Reformen der Armenfürsorge in Glasgow vgl. den Überblick bei De Schweinitz 1943, S. 100 ff., sowie Young/Ashton 1956, S. 67 ff.

62 Vgl. oben I, Kap. 2; zum Einfluß des Elberfelder Systems auf englische Reformüberlegungen in den siebziger Jahren vgl. Rose 1982, S. 73 ff.

63 Zur Entwicklung der sozialen Ausbildung in England vgl. Smith 1965.

64 Zu Gurteen und der Gründung der Buffalo COS vgl. Lewis 1966.

65 Zur Entwicklung des Charity Organization Movements in den USA vgl. den Überblick bei Lubove 1965, S. 1 ff., sowie Pumphrey 1956. Eine anschauliche Darstellung der Arbeit der amerikanischen COS bringt Münsterberg 1906, S. 39-56; ausführlich Watson 1922.

66 Zu Richmonds Biographie vgl. Pumphrey 1956, insbes. S. 2-58, sowie den Überblick bei Woodroofe 1974, S. 101 ff., und Rich 1952 sowie Pittman-Munke 1985.

67 Richmond 1899, S. 8 f.

68 Richmond 1930a und 1930b. Die erste selbständige Schule für Soziale Arbeit in den USA, die New York School of Philanthropy, ging aus der bereits 1898 von der New York COS gegründeten Summer School of Philanthropy hervor. 1919 wurde sie in New York School of Social Work umbenannt und später als Graduate School of Social Work der Columbia University in New York eingegliedert. Zur Entwicklung der sozialen Ausbildung in den USA vgl. Abott 1931.

69 Vgl. oben Kapitel 4.3.

70 Richmond 1899, S. 180.

71 Richmond 1922, S. 98 f.

72 Dies gilt sowohl für ihre Schrift *Social Diagnosis*, wie für das fünf Jahre später erschienene Buch *What is Social Case Work*, das das Casework-Konzept präzisierte, ohne doch das Element der Behandlung (treatment) detailliert auszuarbeiten.

73 Vgl. z. B. Richmond 1922, Kap. XI: Case Work and Democracy, S. 244 ff.

74 Vgl. in diesem Sinne die Auseinandersetzung mit dem amerikanischen Casework-Konzept von Scherpner, o. J., S. 14 ff., insbes. S. 17.

75 Anschauliche Darstellungen der Entwicklung des Casework-Konzepts von Mary Richmond finden sich bei Woodroofe 1974, S. 101-117, und Lubove 1965, S. 22-54, der vor allem die Bedeutung des »Casework« für die Stabilisierung der Sozialarbeit als Beruf herausarbeitet. Vgl. außerdem den Überblick bei Germain 1974, S. 20 ff.

76 Salomon 1926 a. Bei diesem Buch handelt es sich im wesentlichen um eine Kompilation, z. T. sogar wörtliche Übersetzung aus Richmond 1917 und De Schweinitz o. J. Alice Salomons eigener Beitrag beschränkt sich auf ein einführendes Kapitel zur Entwicklung der sozialen Fürsorge (S. 1-6).

77 Vgl. Mende 1925; Scherpner, o. J., ursprünglich erschienen in: *Freie Wohlfahrtspflege*, Bd. I (1926/27), S. 509-522, Bd. II (1927/28), S. 26-34, 69-81, 120-130.

78 Wronsky/Salomon 1926, vgl. insbes. Einleitung S. V.

79 Insbes. Siddy Wronsky hat sich um eine Weiterentwicklung des Konzepts der Sozialen Therapie durch eine verstärkte Orientierung an psychologischen und psychotherapeutischen Erkenntnissen bemüht. Vgl. Wronsky 1930; Wronsky/Kronfeld 1931. Diese Konzepte gewannen aber weniger auf die deutsche Sozialarbeiterausbildung Einfluß als später – nach Siddy Wronskys Emigration – auf die soziale Ausbildung in Palästina und Israel, die unter ihrem maßgeblichen Einfluß aufgebaut wurde.

80 Abgedruckt in: *Tätigkeitsbericht*, 1911, S. 90-93. Hier zeigt sich ein früher Einfluß der englischen und amerikanischen COS auf die deutsche Armenfürsorge: Die »Auskunftsstelle« der Deutschen Gesellschaft für ethische Kultur, aus der später die Berliner »Zentrale für

private Fürsorge« hervorging, wie auch die Frankfurter »Zentrale für private Fürsorge« lehnten sich bewußt an die Vorbilder der angloamerikanischen COS an. Zu den »Zentralen« in Deutschland vgl. Kap. 3.3.

81 Methoden der Fürsorge wurden in den einschlägigen Lehrbüchern zwar behandelt, aber stets eher am Rande. Vgl. Salomon 1921, S. 145-150; Friedländer 1930.

82 Vgl. z. B. Salomon 1926a, Vorwort; Scherpner, o. J., S. 39f.; Polligkeit 1926a, S. 7.

83 Die folgende Darstellung muß sich auf höchst skizzenhafte Überlegungen beschränken. Während in den USA eine relativ breite Literatur zu den wissenschaftstheoretischen und wissenschaftshistorischen Implikationen der Entwicklung des »Social Casework« vorliegt (für einen ersten Überblick vgl. Germain 1974 mit weiteren Nachweisen), fehlt eine systematische Untersuchung über die Entwicklung und die Probleme der Methoden in der Sozialarbeit für Deutschland bislang völlig. Die Arbeit von C. W. Müller 1982 bringt eine Fülle von anregenden Anstößen, bleibt jedoch punktuell und vernachlässigt die wissenschafts- und sozialhistorische Dimension des Problems. Die gründliche Arbeit von B. Müller 1985 blendet dagegen die historische Entwicklung methodischen Handelns in der Sozialarbeit in Deutschland und den USA weitgehend aus. Der Versuch von Leitner 1981, die Entstehung der Sozialarbeit in Deutschland in Analogie zur US-amerikanischen Entwicklung »aus dem Geist der Soziologie« zu rekonstruieren, führt völlig in die Irre, da er die spezifischen Wurzeln der Sozialarbeit in Deutschland »im Geiste« des »Kathedersozialismus« und der bürgerlichen Frauenbewegung gänzlich übergeht.

84 Das Konzept des »Social Casework« in den USA hat in den zwanziger und dreißiger Jahren erhebliche Modifikationen vor allem durch eine intensive Rezeption zeitgenössischer Psychiatrie und Psychoanalyse erfahren und damit eine zunehmende Einengung auf individual-psychische Probleme. Hierauf ist in diesem Zusammenhang nicht weiter einzugehen. Für einen Überblick vgl. Lubove 1965, S. 85 ff.; Woodroofe 1974, S. 118 ff.

85 Vgl. dazu oben Kap. 3.2. Auch in den Diskussionen um die Einführung der Familienfürsorge läßt sich ähnliches beobachten. Familienfürsorge wurde stets unter dem Aspekt der organisatorischen Ausgestaltung des fürsorgerischen Außendienstes und dem einer Leitideologie betrachtet, nicht dagegen unter dem Aspekt der empirischen Erforschung von Familiennotständen. Vgl. Baum 1928.

86 An der Entwicklung der sozialen Ausbildung in Deutschland wurde dies im vorigen Abschnitt 7.1 ausführlich dargelegt.

87 Apolant 1910, S. 41-77.

88 Apolant 1915/16. Den 761 berufstätigen Frauen standen 1915 immer-

hin 9973 ehrenamtlich tätige Frauen in der kommunalen Armen-, Waisen-, Schul- und Wohnungspflege gegenüber! Vgl. Apolant 1915/16. Zur Entwicklung ehrenamtlicher Arbeit im Kaiserreich und in der Weimarer Zeit vgl. v. Kondratowitz 1983.

89 *Statistik des Deutschen Reiches* 1927. Angehörige des Berufes »Sozialbeamte, Kindergärtnerinnen« waren außer im Wirtschaftszweig »Wohlfahrtspflege und soziale Fürsorge« auch noch in anderen Wirtschaftszweigen, insbesondere der Schul- und Krankenpflege, tätig. Insgesamt weist die Reichsstatistik 31351 Angehörige dieses Berufes aus, davon 831 männliche und 30520 weibliche.

90 Seit 1896 hatten die »Gruppen« Schwestervereine in zahlreichen deutschen Städten gegründet. 1908 gab es bereits 16 solcher auswärtiger Vereine, und 1910 fand die erste Konferenz der Vereine in Heidelberg statt. Vgl. Salomon 1913a, S. 87ff.

91 Zur Arbeit der »Gruppen« vgl. oben Kap. 4.2.

92 Wachenheim 1916; Israel 1916.

93 Israel 1916, S. 58.

94 Wachenheim 1916, S. 21.

95 Salomon 1927, S. 75.

96 Gertrud Israel, die Mitinitiatorin des »Deutschen Verbandes«, war Mitglied der Berliner »Gruppen«, und Adele Beerensson, die erste Vorsitzende des »Deutschen Verbandes«, war eine enge Mitarbeiterin von Alice Salomon.

97 Die Geschäftsstelle des »Verbandes« befand sich – trotz der Auseinandersetzungen um seine Gründung – bis 1925 in den Räumen der von Alice Salomon geleiteten Sozialen Frauenschule in der Barbarossastraße in Berlin-Schöneberg! Erst danach bezog sie eigene Räume.

98 §2 der Satzung des »Deutschen Verbandes der Sozialbeamtinnen«, abgedruckt in: Deutscher Berufsverband 1976, S. 180ff.

99 Fürsorgerinnen sollten grundsätzlich in Gruppe VII eingeordnet werden, Hilfsfürsorgerinnen in Gruppe VI, Oberfürsorgerinnen in Gruppe VIII, für Sozialreferentinnen war Gruppe IX und Sozialdezernentinnen Gruppe X vorgesehen. Vgl. Deutscher Berufsverband 1976, S. 38.

100 Fürsorgerinnen sollten einen gestaffelten Urlaub von 21 Tagen im Probejahr, 28 Tagen bis zum 30. Lebensjahr und 35 Tagen vom 31. Lebensjahr an erhalten. Vgl. Deutscher Berufsverband 1976, S. 40.

101 Die Fachgruppen waren: Fürsorgerinnen in Polizei- und Pflegeämtern, Fabrikpflege, Arbeitsnachweis und Berufsberatung, Familienfürsorge. Zur Arbeit des Verbandes vgl. die Darstellung von Beerensson 1976, S. 21-54, sowie Israel 1925/26.

102 Zur Gründung und Entwicklung der konfessionellen Verbände und der Arbeitsgemeinschaft vgl. den knappen Überblick von Weber 1924. Zur Entwicklung der Mitgliederzahlen der Verbände siehe

Reichsarbeitsverwaltung 1925 sowie Reichsarbeitsministerium 1930.

103 Vgl. Stieve 1925; Dyck/Stieve 1926; die ähnlich gelagerte Arbeit von Zadow erschien allerdings erst 1929; vgl. auch den männlichen Erfahrungsbericht von Jannasch 1928.

104 Bäumer 1923/24.

105 *Bericht über die Verhandlungen* 1926, S. 125 ff.

106 Heynacher 1925.

107 A. a. O., S. 25 f.

108 A. a. O., S. 55 ff. Eine zusammenfassende Würdigung der Studie von Martha Heynacher findet sich bei Beerensson 1925/26.

109 Beerensson 1925/26, S. 299.

110 Krieger 1924/25, S. 205.

111 A. a. O.

112 Zu den Problemen des Aufeinandertreffens von »Bürokratie« und »Fürsorge« in der kommunalen Sozialverwaltung vgl. die bemerkenswerte Arbeit von Truhel 1936; vgl. auch A. Fischer, o. J.; Jannasch 1928, S. 5 ff.

113 Salomon 1930.

114 Vgl. Koebner/Janz/Trommler 1985.

115 Zur Frühgeschichte der Jugendbewegung vgl. Laqueur 1962, S. 13 ff.; Giesecke 1981, S. 11-80.

116 Zit. nach Flitner/Kudritzki 1961, S. 277 f.

117 Scheibe 1976.

118 Bohnenkamp 1964, S. 36.

119 Vgl. dazu die literarischen Darstellungen bei Erhardt 1931 und Glaser 1932.

120 Vgl. die zusammenfassende Darstellung bei G. Herrmann 1956.

121 Eindringlich zusammengefaßt in: Nohl 1949b.

122 Zu Wilkers Arbeit im »Lindenhof« vgl. den Überblick bei Scheibe 1976, S. 334 ff., mit weiteren Nachweisen.

123 W. Herrmann 1926; Bondy 1925.

124 Vgl. den Überblick bei G. Herrmann 1956, S. 24 ff., mit weiteren Nachweisen. Zur Sozialen Arbeitsgemeinschaft Berlin-Ost vgl. Kap. 4, Exkurs: Über Settlements und sozialen Idealismus, mit weiteren Nachweisen. Zur Volkshochschulbewegung vgl. Grundtvig 1927 und die verschiedenen Arbeiten von Flitner 1921, 1924, 1928, sowie Picht 1919.

125 Rundbrief der »Gilde Soziale Arbeit«, Nr. 10/Mai 1928, S. 1.

126 Die »Gilde Soziale Arbeit« kam 1933 einer »Gleichschaltung« durch Selbstauflösung zuvor. 1947 wurde sie von früheren Mitgliedern neu gegründet. Sie existiert und arbeitet bis heute. Das Wirken und die Entwicklung der Gilde im Kontext der Sozialpolitik der Weimarer Zeit harrt noch gründlicherer historischer Erforschung. Erste Ansätze finden sich bei Cleve 1975. Für einen Überblick über Gründung

und Entwicklung der Gilde vgl. Gilde Soziale Arbeit 1975 und Thorun 1982.

127 Vgl. Weber 1924, S. 359; Offenberg 1929 b, S. 780.

128 *Statistik des Deutschen Reiches* 1927.

129 *Statistik des Deutschen Reiches* 1936. Der Bund Deutscher Sozialbeamter zählte 1927 400 Mitglieder. Vgl. Reichsarbeitsministerium 1930, S. 185.

130 Zu den Lehrenden zählten u. a. Walter Friedländer, Robert Kempner, Hans Muthesius und August Oswalt.

131 *Blätter für Wohlfahrtspflege,* hg. vom Sächsischen Landeswohlfahrts- und Jugendamt, 6. Jg./1926, Heft 2, S. 38.

132 *Volkswohlfahrt* 1926, S. 420 f.

133 Das »Sozialpolitische Seminar« wurde 1931 dem Pestalozzi-Fröbel-Haus unter dem Namen »Berliner Seminar für Sozialarbeiter« angegliedert. Die Leitung übernahm dort August Oswalt. Hans Muthesius und Walter Friedländer wurden bereits 1933 ihrer Aufgaben enthoben. August Oswalt mußte die Leitung der Schule 1935 abgeben. Zur Entwicklung vgl. Oswalt 1932.

134 Vgl. Salomon 1927, S. 153 ff. Die Durchsicht eines Stundenplans für das WS 1934/35, der mir freundlicherweise von Herrn Dr. August Oswalt zur Verfügung gestellt wurde, bestätigt diese Darstellung.

135 Nohl 1949 a, S. 144 f.

8. Schlußbetrachtung: Zur Bürokratisierung von Mütterlichkeit

1 Zum Verhältnis von Selbsthilfe und Fremdhilfe in Frauenbewegung und Sozialarbeit vgl. Sachße 1983.

2 Zum Verhältnis männlicher und weiblicher Kultur vgl. G. Simmel 1983.

3 Diese Problematik ist erst in jüngster Zeit wieder Gegenstand der Diskussion geworden. Vgl. dazu den Bericht von Cramon-Daiber u. a. 1981.

4 Heinen 1920, S. 119.

5 Luhmann 1975, S. 35.

6 A. Fischer, o. J., S. 319.

7 A. a. O., S. 320.

8 A. a. O., S. 321.

9 Zu den Widersprüchen einer Professionalisierung der Sozialarbeit vgl. die Analyse bei Münchmeier 1981, S. 155 ff.

10 Heinen 1920, S. 116.

11 A. Fischer, o. J., S. 326.

Literatur

Abel, Emily K.: *Toynbee Hall. 1894-1914,* in: *Social Service Review* 1979, S. 606-632

Abott, Edith: *Social Welfare and Professional Education,* Chicago 1931

Achinger, Hans: *Wilhelm Merton in seiner Zeit,* Frankfurt 1965

Addams, Jane: *20 Jahre soziale Frauenarbeit in Chicago,* München 1913

Adickes, Franz: *Die sozialen Aufgaben der deutschen Städte,* Leipzig 1903

Adler, Georg: *Arbeitslosigkeit und Arbeitslosenversicherung,* in: Johannes Conrad u. a. (Hg.), *Handwörterbuch der Staatswissenschaften,* 3. Aufl., 1. Band, Jena 1909, S. 1101 ff.

Adler, Georg: *Arbeitsnachweis und Arbeitsbörsen,* in: Johannes Conrad u. a. (Hg.), *Handwörterbuch der Staatswissenschaften,* 3. Aufl., 1. Band, Jena 1909, S. 1130 ff.

Adler-Rudel, Siegfried: *Ostjuden in Deutschland,* Tübingen 1959

Albrecht, Gerhard: *Städtische Wohlfahrtsämter,* Berlin 1920

Albrecht, Gerhard u. a. (Hg.): *Handwörterbuch des Wohnungswesens,* Jena 1930

Apolant, Jenny: *Stellung und Mitarbeit der Frau in der Gemeinde,* Leipzig/ Berlin 1910

Apolant, Jenny: *Die Mitwirkung der Frau in der kommunalen Wohlfahrtspflege,* in: *Die Frau,* 23. Jg., 1915/16, S. 330 ff.

Arbeitsrecht und Arbeiterschutz. Die sozialpolitische Gesetzgebung des Reiches seit 9. November 1918, Berlin 1921

Ariès, Philipp: *Geschichte der Kindheit,* München/Wien 1975

Aschrott, Paul-Felix: *Das englische Armenwesen in seiner historischen Entwicklung und in seiner heutigen Gestalt,* Leipzig 1886

Aschrott, Paul-Felix/Flesch, Karl: *Die Handhabung von Bestimmungen betreffend den Verlust des Wahlrechts bei Empfang öffentlicher Armenunterstützung,* Leipzig 1896 (Schriften des Deutschen Vereins für Armenpflege und Wohltätigkeit, Heft 25)

Aufgaben und Organisation der städtischen Wohlfahrtsämter, Frankfurt a. M. 1921 (Schriften des Frankfurter Wohlfahrtsamtes, Bd. VII)

Bäumer, Gertrud: *Was bedeutet in der Frauenbewegung »jüngere« und »ältere« Richtung?,* in: *Die Frau,* 12. Jg. 1905, Heft 6, S. 324 ff.

Bäumer, Gertrud: *Die Frauenbewegung und die Zukunft unserer Kultur,* Berlin 1909

Bäumer, Gertrud: *Wir Frauen,* in: *Frauenfrage,* 16. Jg., 1915/16, S. 57

Bäumer, Gertrud: *Die deutsche Frau in der sozialen Kriegsfürsorge,* Gotha 1916

Bäumer, Gertrud: *Die Stellung der Sozialbeamtin und der Sinn der Wohlfahrtspflege,* in: *Die Frau,* 31. Jg., 1923/24, S. 262 ff.

Bäumer, Gertrud: *Der Anteil der Wissenschaften an der sozialen Ausbil-*

dung, in: *Internationale Konferenz für Wohlfahrtspflege und Sozialpolitik*, Paris 9.–13. Juli 1928, Karlsruhe 1928

Bäumer, Gertrud/Hartmann, Rudolf/Becker, Hans: *Das Reichsgesetz für Jugendwohlfahrt, aufgrund des amtlichen Materials herausgegeben*, Berlin 1923

Bajohr, Stefan: *Die Hälfte der Fabrik. Geschichte der Frauenarbeit in Deutschland 1914-1945*, Marburg 1979

Barabas, Friedrich/Sachße, Christoph: *Bundessozialhilfegesetz: Sozialstaatliche Versorgung oder Armenpolizei*, in: *Kritische Justiz* 4/1976, S. 359ff.

Barnett, Henrietta: *Canon Barnett. His Life, Work and Friends*, Boston 1919

Baron, Rüdeger/Landwehr, Rolf (Hg.): *Geschichte der Sozialarbeit*, Weinheim/Basel 1983

Bauer, Rudolph (Hg.): *Die liebe Not. Zur historischen Kontinuität der freien Wohlfahrtspflege*, Weinheim/Basel 1984

Baum, Marie (Hg.): *Grundriß der Gesundheitsfürsorge*, Wiesbaden 1919

Baum, Marie: *Familienfürsorge*, 2. Aufl., Karlsruhe 1928

Baum, Marie: *Wohlfahrtspflege als Lehrfach an Universitäten*, in: *Soziale Praxis*, 40. Jg., 1931, Spalte 927ff.

Baum, Marie: *Anna v. Gierke. Ein Lebensbild*, Weinheim/Berlin 1954

Beckmann, Emmy: *Thomas Carlyle. Sozialpolitik aus deutschem Geist*, in: *Die Frau*, 48. Jg., 1940/41, S. 52-56

Beerensson, Adele: *Soziale Frauenbildung in Deutschland*, in: *Zeitschrift für das Armenwesen*, 16. Jg., H. 5/6, 1915, S. 78–87

Beerensson, Adele: *Zur Berufslage der Fürsorgerin. Wende?*, in: *Die Frau*, 33. Jg., 1925/26, S. 296ff.

Beerensson, Adele: *25 Jahre soziale Frauenschulen – soziale Frauenbildung*, in: *Deutsche Zeitschrift für Wohlfahrtspflege* 1926, S. 19-26

Beerensson, Adele: *10 Jahre soziale Berufsarbeit*, in: Deutscher Berufsverband der Sozialarbeiter und Sozialpädagogen 1976

Behrend, Ernst/Stranz-Hurwitz, Helene (Hg.): *Sammlung von Wohlfahrtsgesetzen des Deutschen Reiches und Preußens*, Berlin/Leipzig 1923 (Guttentagsche Sammlung Deutscher Reichsgesetze Nr. 152)

Berger, Giovanna: *Die ehrenamtliche Tätigkeit in der Sozialarbeit. Motive, Tendenzen, Probleme. Dargestellt am Beispiel des Elberfelder Systems*, Frankfurt/Bern/Las Vegas 1979

Bergerhoff, Kuno: *Wohnungspflege*, Stuttgart 1922

Bernhard, Ernst: *Die Vergebung öffentlicher Arbeiten in Deutschland im Kampf gegen die Arbeitslosigkeit*, Berlin 1913

Bericht des Instituts für Gemeinwohl für das Geschäftsjahr 1897/98, Frankfurt 1902

Bericht über die Berliner Tagungen des Deutschen Vereins für öffentliche und private Fürsorge vom 13.-18. Oktober 1919 in Berlin, in: *Zeitschrift für das Armenwesen*, 20. Jg., 1919, S. 275 ff.

Bericht über die Verhandlungen des 39. Deutschen Fürsorgetages des Deutschen Vereins für öffentliche und private Fürsorge am 14., 15. und 16. Oktober 1925 in Breslau, Karlsruhe 1926 (Schriften des Deutschen Vereins für öffentliche und private Fürsorge, n. F., Heft 7)

Berger-Thimme, Dorothea: *Wohnungsfrage und Sozialstaat. Untersuchungen zu den Anfängen staatlicher Wohnungspolitik in Deutschland (1873-1918)*, Bern 1976

Bessel, Richard: »*Eine nicht allzu große Beunruhigung des Arbeitsmarktes. Frauenarbeit und Demobilmachung in Deutschland nach dem Ersten Weltkrieg*, in: *Geschichte und Gesellschaft*, 9. Jg., 1983, Heft 2, S. 211-229

Blaum, Kurt/Riebesell, Paul/Starck, Gottlieb: *Reichsjugendwohlfahrtsgesetz vom 9. Juni 1922. Handausgabe mit Einleitung, Erläuterungen und Anhang von Mustersatzungen und Formularen*, Mannheim/Berlin/Leipzig 1923

Böhmert, Victor: *Das Armenwesen in 77 deutschen Städten und einigen Landarmenverbänden*, Allgemeiner Theil, Dresden 1886; Specieller Theil, Dresden 1887

Boese, Franz: *Geschichte des Vereins für Sozialpolitik. 1872-1932*, Berlin 1939

Bohle, Hartwig/Grunow, Dieter: *Verberuflichung sozialer Arbeit*, in: Projektgruppe Soziale Berufe (Hg.), *Sozialarbeit: Professionalisierung und Arbeitsmarkt. Expertisen III*, München 1981, S. 151-176

Bohnenkamp, Hans: *Die Jugend vom Hohen Meißner*, in: *Zeitschrift für Pädagogik*, Beiheft 5/1964, S. 34 ff.

Bondy, Curt: *Pädagogische Probleme im Jugendstrafvollzug*, Mannheim 1925

Bopp, Karl: *Die Wohlfahrtspflege des modernen deutschen Sozialismus*, Freiburg i. Brsg. 1930

Borchardt, Knut: *Die industrielle Revolution in Deutschland*, Berlin/München 1972

Born, Karl-Erich: *Der soziale Strukturwandel Deutschlands am Ende des 19. Jahrhunderts*, in: Hans-Ulrich Wehler (Hg.), *Moderne deutsche Sozialgeschichte*, 2. Aufl., Köln/Berlin 1968

Brandts, Maximilian/Zimmermann, Jakob: *Die Beteiligung größerer Armenverbände an der Armenlast*, Leipzig 1897 (Schriften des Deutschen Vereins für Armenpflege und Wohltätigkeit, Heft 32)

Braun-Schwarzenstein, Gabriele: *Minna Cauer. Dilemma einer bürgerlichen Radikalen*, in: *Feministische Studien*, Heft 1/Mai 1984, S. 99-116

Brinkmann, Karl: *Ehrenamtliche und berufsamtliche Thätigkeit in der städtischen Armenpflege*, Leipzig 1894 (Schriften des Deutschen Vereins für Armenpflege und Wohltätigkeit, Heft 18), S. 1-40

Brinkmann, Karl: *Die Armenpflege in ihren Beziehungen zu den Leistun-*

gen der Sozialgesetzgebung, Leipzig 1897 (Schriften des Deutschen Vereins für Armenpflege und Wohltätigkeit, Heft 29)

Broicher, Charlotte: *John Ruskin und sein Werk*, Bd. III, Jena 1907

vom Bruch, Rüdiger: *Bürgerliche Sozialreform und Gewerkschaften im späten Deutschen Kaiserreich. Die Gesellschaft für soziale Reform 1901-1914*, in: *Internationale Wissenschaftliche Korrespondenz zur Geschichte der Arbeiterbewegung*, 15. Jg., 1979, S. 581ff.

vom Bruch, Rüdiger: *Wissenschaft, Politik und öffentliche Meinung. Gelehrtenpolitik im Wilhelminischen Deutschland 1890-1914*, Husum 1980

vom Bruch, Rüdiger: *Bürgerliche Sozialreform im deutschen Kaiserreich*, in: vom Bruch, Rüdiger (Hg.), *Weder Kommunismus noch Kapitalismus. Bürgerliche Sozialreform in Deutschland vom Vormärz bis zur Ära Adenauer*, München 1985, S. 61-179

vom Bruch, Rüdiger: *Sozialwissenschaft und Sozialreform im Kaiserreich*, in: Kurt Düwell (Hg.), *Wissenschaft als soziale und politische Innovationskraft im Industriestaat 1870-1914*, Köln/Wien 1986 (im Druck)

Brückner, Nathanael: *Die öffentliche und private Fürsorge. Gemeinnützige Thätigkeit und Armenwesen mit besonderer Berücksichtigung auf Frankfurt am Main*, Frankfurt 1892

Brugger/Finkelstein/Baum: *Die Bekämpfung der Säuglingssterblichkeit*, Leipzig 1905 (Schriften des Deutschen Vereins für Armenpflege und Wohltätigkeit, Heft 74)

Buck, Gerhard: *Gemeinwesenarbeit und Sozialplanung*, Berlin 1982

Bücher, Karl: *Die wirtschaftlichen Aufgaben der modernen Stadtgemeinde*, Leipzig 1898

Buehl, Adolf: *Arbeitseinrichtungen zum Zwecke der offenen Armenpflege*, Leipzig 1899 (Schriften des Deutschen Vereins für Armenpflege und Wohltätigkeit, Heft 43), S. 1ff.

Buehl, Adolf/Flemming, Rudolf: *Die heutigen Anforderungen an die öffentliche Armenpflege im Verhältnis zur bestehenden Armengesetzgebung*, Leipzig 1905 (Schriften des Deutschen Vereins für Armenpflege und Wohltätigkeit, Heft 73)

Carlyle, Thomas: *Der Chartismus*, in: P. Hensel (Hg.), *Socialpolitische Schriften von Thomas Carlyle*, Bd. I, Göttingen 1895

Carlyle, Thomas: *Einst und Jetzt*, in: P. Hensel (Hg.), *Socialpolitische Schriften von Thomas Carlyle*, Bd. III, Göttingen 1899

Carlyle, Thomas: *Sartor Resartus oder: Leben und Meinungen des Herrn Teufelsdröckh*, Halle a. d. Saale 1900

Cauer, Minna: *25 Jahre Verein Frauenwohl Groß-Berlin*, Berlin 1913

Centrale für private Fürsorge: *Bericht über die Kurse im Jahre 1904*, o. O., o. J.

Chuchul, Paul: *Über die Tätigkeit der Frauen, insbes. der vaterländischen Frauenvereine in der öffentlichen Armenpflege*, Berlin 1885

Cleve, Ingrid: *Theorie und Praxis der »Gilde Soziale Arbeit«*, Wissenschaftliche Hausarbeit zur Prüfung für das Lehramt an Sonderschulen, Fachbereich Gesellschaftswissenschaften der Universität Marburg, Manuskript, Marburg 1975

Coit, Stanton: *Nachbarschaftsgilden. Ein Werkzeug sozialer Reform*, Berlin 1893

Colcord, Joanna C. (Hg.): *The Long View. Papers and Addresses of Mary E. Richmond*, New York 1930

Cramon-Daiber, Birgit u. a.: *Frauen und soziale Arbeit – weibliche Praxis mit männlicher Theorie und Politik. Bericht über die Jahrestagung 1980 der Gilde Soziale Arbeit*, in: *Neue Praxis* 2/1981, S. 173-195

Cuno, Willi/Schmidt, Georg: *Die Organisation der Gemeindewaisenpflege*, Leipzig 1900 (Schriften des Deutschen Vereins für Armenpflege und Wohltätigkeit, Heft 47)

Daheim, Hans J.: *Berufssoziologie*, in: *Handbuch der empirischen Sozialforschung*, Bd. 8, Stuttgart 1977, S. 1-100

Davis, Allen F.: *Spearheads for Reform: The Social Settlements and the Progressive Movement*, New York/Oxford 1967

DeClerck-Sachße, Rotraut/Sachße, Christoph: *Sozialarbeit und Sexualität*, in: Sachße/Tennstedt 1981, S. 345-368

Delfs, Hermann: *Aktiver Friede. Gedenkschrift für Friedrich Siegmund-Schultze 1885-1969*, Soest 1972

Denkschrift des Nationalen Frauendienstes Frankfurt am Main. 1914-1919, Frankfurt 1919

Denkschrift des Reichsarbeitsministeriums über die Vorarbeiten zu einem Reichswohlfahrtsgesetz, abgedruckt in: Dünner 1925, S. 74f.

De Schweinitz, Karl: *Englands Road to Social Security*, Philadelphia 1943

De Schweinitz, Karl: *The Art of Helping People out of Trouble*, New York o.J.

Deutscher Berufsverband der Sozialarbeiter und Sozialpädagogen (Hg.): *Ein Berufsverband zwischen Beharren und Verändern. 60 Jahre DBS*, o.O., 1976

Deutscher Verein für öffentliche und private Fürsorge (Hg.): *Materialien zum Reichsjugendwohlfahrtsgesetz vom 9.7.1922*, Bd. I und II, Frankfurt 1961

Ein Deutsches Reichsarmengesetz. Grundlagen und Richtlinien. Bericht des Sonderausschusses zur Vorbereitung eines Reichsarmengesetzes, München/Leipzig 1913 (Schriften des Deutschen Vereins für Armenpflege und Wohltätigkeit, Heft 100)

Dewe, Bernd/Otto, Hans-Uwe: *Professionalisierung*, in: Hanns Eyferth/Hans-Uwe Otto/Hans Thiersch (Hg.), *Handbuch zur Sozialarbeit/Sozialpädagogik*, Neuwied/Darmstadt 1984, S. 775-811

Diefenbach, Friedrich: *Ein Reichsarmengesetz*, Karlsruhe 1920

Dierkopf, Herbert: *Vorgeschichte, Entstehung und Auswirkungen des vaterländischen Hilfsdienstgesetzes vom 5. Dezember 1916*, Diss., Halle 1937

Dietrich, Charlotte: *Die Akademie für soziale und pädagogische Frauenarbeit*, in: *Deutsche Zeitschrift für Wohlfahrtspflege*, 1. Jg., 1925/26, S. 302 ff.

Dietrich, Charlotte: *Die Entwicklung der sozialen Ausbildung in Deutschland*, in: *Die Erziehung*, 2. Jg., 1926/27, S. 217 ff.; 4. Jg., 1928/29, S. 237 ff.

Dietrich, Charlotte: *Zur Entwicklung der sozialen Ausbildung in Deutschland*, in: *Nachrichtendienst des Deutschen Vereins für öffentliche und private Fürsorge* 1955, S. 409 ff.

Düding, Dieter: *Der national-soziale Verein 1896-1903*, München/Wien 1972

Duensing, Frieda: *Ein Buch der Erinnerung*, Hg. von ihren Freunden. Mit Beiträgen von Ricarda Huch, Marie Baum, Ludwig Curtius u. a., Berlin 1922

Dünner, Julia (Hg.): *Reichsfürsorgerecht*, München 1925

Dünner, Julia (Hg.): *Handwörterbuch der Wohlfahrtspflege*, 2. Aufl., Berlin 1929

Dürkop, Marlis: *Erscheinungsformen des Antisemitismus im Bund Deutscher Frauenvereine*, in: *Feministische Studien* 1/Mai 1984, S. 140-150

Dyck, Margarethe/Stieve, Hedwig: *Ein Tag aus dem Leben der Wohlfahrtspflegerin. Ausbildung und Praxis*, Berlin 1926

Die Entstehung und der Aufbau des Wohlfahrtsamtes der Stadt Frankfurt a. M., 2. Aufl., Frankfurt 1920 (Schriften des Frankfurter Wohlfahrtsamtes, Heft VI)

v. Erdberg, Robert: *Settlements*, in: Johannes Conrad u. a. (Hg.), *Handwörterbuch der Staatswissenschaften*, Bd. 7, Jena 1911, S. 475 ff.

Erhardt, Justus: *Straßen ohne Ende*, Berlin/Wien 1931

Eulenburg, Franz: *Die sozialen Wirkungen der Währungsverhältnisse*, in: *Jahrbuch für Nationalökonomie und Statistik*, 122. Band/1924, S. 748-794

Evans, Richard J.: *The Feminist Movement in Germany 1894-1933*, London/Beverly Hills 1976

Evans, Richard J.: *Liberalism and Society. The Feminist Movement and Social Change*, in: ders. (Hg.), *Society and Politics in Wilhelmine Germany*, London/New York 1978, S. 186 ff.

Evans, Richard J.: *Sozialdemokratie und Frauenemanzipation im Deutschen Kaiserreich*, Berlin/Bonn 1979

Faust, Anselm: *Der Staat und die Arbeitslosigkeit 1890-1918. Arbeitsvermittlung, Arbeitsbeschaffung und Arbeitslosenversicherung*, in: Wolfgang J. Mommsen/Wolfgang Mock (Hg.), *Die Entstehung des Wohlfahrtsstaates in Großbritannien und Deutschland*, Stuttgart 1982, S. 159-172

Feld, Wilhelm: *Die akademische Ausbildung für die soziale Arbeit*, in: *Deutsche Zeitschrift für Wohlfahrtspflege*, 1. Jg., 1925/26, S. 357 ff.

Feldmann, Gerald D.: *Wirtschafts- und sozialpolitische Probleme der*

Deutschen Demobilmachung 1918/19, in: Hans Mommsen/Dietmar Petzina/Bernd Weisbrod (Hg.), *Industrielles System und politische Entwicklung in der Weimarer Republik,* Düsseldorf 1974, S. 618-636

Feldmann, Gerald D.: *Gegenwärtiger Forschungsstand und künftige Forschungsprobleme zur deutschen Inflation,* in: Otto Büsch/Gerald Feldmann (Hg.), *Historische Prozesse der deutschen Inflation 1914-1924. Ein Tagungsbericht,* Berlin 1978, S. 3-21

Felisch, Paul: *Ein deutsches Jugendgesetz,* Berlin 1917

Fischer, Alfons: *Geschichte des deutschen Gesundheitswesens,* Bd. I, Berlin 1933 (Reprint Hildesheim 1968)

Fischer, Aloys: *Familie und Gesellschaft,* in: Wilhelm Polligkeit (Hg.), *Familie und Fürsorge,* Langensalza 1927

Fischer, Aloys: *Zur Problematik des Sozialbeamtentums,* in: ders., *Gesammelte Abhandlungen zur Soziologie, Sozialpädagogik und Sozialpsychologie,* München o. J., S. 319-349

Fischer, Thomas A.: *Thomas Carlyle. Eine Geschichte seines Lebens,* in: *Thomas Carlyle, Sartor Resartus.* Übersetzt von Thomas A. Fischer, Leipzig 1882

Fischer, Wolfram: *Industrie und Handwerk 1850-1914,* in: Hermann Aubin/Wolfgang Zorn (Hg.), *Handbuch der deutschen Wirtschafts- und Sozialgeschichte,* Bd. 2, Stuttgart 1976, S. 527-562

Flesch, Karl: *Beiträge zur Kenntnis des Armenwesens in Frankfurt am Main,* Frankfurt 1890

Flesch, Karl: *Vorbericht,* in: *Kommunale Wohlfahrtseinrichtungen,* Berlin 1897 (Schriften der Centralstelle für Arbeiter-Wohlfahrtseinrichtungen Nr. 12), S. 5 ff.

Flesch, Karl: *Sociale Ausgestaltung der Armenpflege,* Leipzig 1901 (Schriften des Deutschen Vereins für Armenpflege und Wohltätigkeit, Heft 54)

Flesch, Karl: *Wohnergänzung, Häuserbau und Wohnungsfürsorge,* in: *Karl Flesch's soziales Vermächtnis,* Frankfurt 1922, S. 133 ff.

Flitner, Wilhelm: *Die Abendvolkshochschule,* Berlin 1924

Flitner, Wilhelm: *Volkshochschule und Erwachsenenbildung,* in: Hermann Nohl/Ludwig Pallat (Hg.), *Handbuch der Pädagogik,* Bd. IV, Langensalza 1928, S. 401-409

Flitner, Wilhelm: *Laienbildung,* Jena 1921

Flitner, Wilhelm/Kudritzki, Gerhard (Hg.): *Die deutsche Reformpädagogik,* Düsseldorf/München 1961

Foerster, Friedrich-Wilhelm: *Christentum und Klassenkampf,* Zürich 1919

Forsthoff, Ernst: *Die Verwaltung als Leistungsträger,* Stuttgart/Berlin 1938

Francke, Paul: *Zur Geschichte des öffentlichen Arbeitsnachweises in Deutschland,* Diss. Halle 1913

v. Frankenberg, Herbert: *Die berufliche und fachliche Ausbildung in der Armenpflege,* Leipzig 1907 (Schriften des Deutschen Vereins für Armenpflege und Wohltätigkeit, Heft 79)

Frankenthal, Käthe: *Zur Reform des öffentlichen Gesundheitswesens*, in: *Die Gemeinde*, 7. Jg., 1930, S. 774 ff.

Frazer, Derek (Hg.): *The New Poor Law in the Nineteenth Century*, London 1976

Freund, Richard: *Prüfung der Frage, in welcher Weise die neuere soziale Gesetzgebung auf die Aufgaben der Armengesetzgebung und Armenpflege einwirkt*, Leipzig 1895 (Schriften des Deutschen Vereins für Armenpflege und Wohltätigkeit, Heft 21), S. 1-102

Friedeberg, Edmund/Polligkeit, Wilhelm: *Das Reichsgesetz für Jugendwohlfahrt. Kommentar*, Berlin 1923

Friedenthal: *Verbindung zwischen der behördlichen Armenpflege und der Tätigkeit der Frauenvereine*, Berlin 1881

Friedländer, Walter: *Methoden der Fürsorge*, in: Hauptausschuß für Arbeiterwohlfahrt e. V. (Hg.), *Lehrbuch der Wohlfahrtspflege*, o. O., 1930

Friedländer, Walter: *Helene Simon. Ein Leben für soziale Gerechtigkeit*, Bonn 1962

Friess, Horace L.: *Felix Adler and Ethical Culture. Memories and Studies*, New York 1981

Fuchs, Carl-Johannes: *Wohnungsfrage*, in: Johannes Conrad u. a. (Hg.), *Handwörterbuch der Staatswissenschaften*, 8. Bd., 3. Aufl., Jena 1911, S. 873-928

Fuld, Ludwig: *Die Grenzen der Wohltätigkeit*, Leipzig 1888 (Schriften des Deutschen Vereins für Armenpflege und Wohltätigkeit, Heft 8), S. 281 ff.

Gall, Lothar: *Bismarck. Der weiße Revolutionär*, Frankfurt/Berlin/Wien 1980

Gebert, Martha: *Die Idee der Mütter- und Kindergärtnerinnenbildung bei Friedrich Fröbel*, Diss., Jena o. J.

Geisel, Eike: *Im Scheunenviertel. Bilder, Texte, Dokumente*, Berlin 1981

v. Gemmingen, E. Freiherr: *Kleinrentnerfürsorge*, in: Dünner 1929, S. 411-414 (1929a)

v. Gemmingen, E. Freiherr: *Sozialrentner*, in: Dünner 1929, S. 625 (1929b)

Gerhard, Ute: *Verhältnisse und Verhinderungen. Frauenarbeit, Familie und Rechte der Frauen im 19. Jahrhundert*, Frankfurt 1978

Gerhard, Ute: *»Bis an die Wurzeln des Übels«. Rechtsgeschichte und Rechtskämpfe der Radikalen*, in: *Feministische Studien*, 1/Mai 1984, S. 77-98

Gerhard, Ute/Hannover-Drück, Elisabeth/Schmitter, Romina (Hg.): *»Dem Reich der Freiheit werb' ich Bürgerinnen«. Die Frauenzeitung von Louise Otto*, Frankfurt 1980

Gerhardt, Martin: *Ein Jahrhundert Innere Mission*, Band 1 u. 2, Gütersloh 1948

Gerloff, Wilhelm: *Die Finanz- und Zollpolitik des Deutschen Reiches,* Jena 1913

Germain, Carel: *Soziale Einzelhilfe und Wissenschaft. Eine historische Auseinandersetzung,* in: Robert W. Roberts/Robert H. Nee (Hg.), *Konzepte der sozialen Einzelhilfe,* Freiburg 1974, S. 17-46

v. Gerstorff, Ursula: *Frauen im Kriegsdienst,* Stuttgart 1969

Gerth, Franz-Jakob: *Bahnbrechendes Modell einer neuen Gesellschaft,* Hamburg 1975

Die Gesundheitsverhältnisse Hamburgs im 19. Jahrhundert, Hamburg 1901

Geyer, Michael: *Ein Vorbote des Wohlfahrtsstaates. Kriegsopferversorgung in Frankreich, Deutschland und Großbritannien nach dem 1. Weltkrieg,* in: *Geschichte und Gesellschaft* 2/1983, S. 230-277

Giesecke, Hermann: *Vom Wandervogel bis zur Hitlerjugend,* München 1981

Gilde Soziale Arbeit (Hg.): *50 Jahre Gilde Soziale Arbeit. 1925-1975, Sonderheft des Rundbriefs der Gilde Soziale Arbeit,* 30. Jg., Nr. 2/1975

Gilg, Peter: *Die Erneuerung des demokratischen Denkens im Wilhelminischen Deutschland,* Wiesbaden 1965

Glaser, Georg: *Schluckebier,* Berlin 1932

Gleichmann, Peter: *Die Verhäuslichung körperlicher Verrichtungen,* in: Gleichmann/Goudsblom/Korte 1979, S. 254 ff.

Gleichmann, Peter/Goudsblom, Johan/Korte, Hermann (Hg.): *Materialien zu Norbert Elias' Zivilisationstheorie,* Frankfurt 1979

Goeschel, Dieter/Sachße, Christoph: *Theorie und Praxis in der Sozialarbeit,* in: Sachße/Tennstedt 1981, S. 422-443

Gorges, Irmela: *Sozialforschung in Deutschland 1872 bis 1914. Gesellschaftliche Einflüsse auf Themen- und Methodenwahl des Vereins für Sozialpolitik,* Königstein/Ts. 1980

Goudsblom, Johan: *Zivilisation, Ansteckungsangst und Hygiene. Betrachtungen über einen Aspekt des europäischen Zivilisationsprozesses,* in: Gleichmann/Goudsblom/Korte 1979, S. 215 ff.

Greven-Aschoff, Barbara: *Die bürgerliche Frauenbewegung in Deutschland 1894-1933,* Göttingen 1981

Grundtvig, N. F. S.: *Die Volkshochschule,* Jena 1927

Gut, Albert (Hg.): *Der Wohnungsbau in Deutschland nach dem Weltkriege. Seine Entwicklung unter der unmittelbaren und mittelbaren Förderung durch die deutschen Gemeindeverwaltungen,* München 1928

Gut, Albert: *Wohnungsaufsicht,* in: Dünner 1929, S. 727-791 (1929a)

Gut, Albert: *Wohnungsaufsicht,* in: Dünner 1929, S. 791-793 (1929b)

Gut, Albert: *Wohnungsaufsicht und Wohnungspflege,* in: Albrecht u. a. 1930, S. 781 ff. (1930a)

Gut, Albert: *Wohnungsamt,* in: Albrecht u. a. 1930, S. 772 ff. (1930b)

Gut, Albert: *Kommunale Wohnungsfürsorge,* in: Albrecht u. a. 1930,

S. 433 ff. (1930 c)

Guttmann, Mathilde: *Die Kriegsfürsorge des Lieferungsverbandes Charlottenburg*, Berlin 1917

Habermas, Jürgen: *Strukturwandel der Öffentlichkeit*, 3. Aufl., Neuwied/Berlin 1968

Hack, Leo: *Die öffentliche Fürsorge in ihrer Organisation und ihren Leistungen mit Beziehung auf das Wohlfahrtsamt der Stadt München*, in: *Blätter für öffentliche Fürsorge und soziale Versicherung*, 11. Jg., 1926, Heft 20, S. 233-243

Haedrich, Bernd: *Zur Ausbildung der Sozialarbeit in Deutschland*, Diss. München 1967

Hagen, Wilhelm: *Die Gesundheitsfürsorge einer Industriestadt. Erörtert am Beispiel der Stadt Höchst a. M.*, Frankfurt 1925

Handbuch des städtischen Wohlfahrtsamtes und des städtischen Jugendamtes zu Frankfurt am Main 1919, Frankfurt 1919

Handbuch des städtischen Wohlfahrtsamtes und des städtischen Jugendamtes und des Stadtgesundheitsamtes zu Frankfurt-M. 1926, Frankfurt o. J.

Hansen, Eckart/Heisig, Michael/Leibfried, Stephan/Tennstedt, Florian (Hg.): *Seit über einem Jahrhundert... Verschüttete Alternativen in der Sozialpolitik*, Köln 1981

Hardach, Karl-Willy: *Die Bedeutung wirtschaftlicher Faktoren bei der Wiedereinführung der Eisen- und Getreidezölle 1879*, Berlin 1967

v. Harnack, Agnes: *Der Krieg und die Frau*, Berlin 1915

Harteck, Max: *Damaschke und die Bodenreform. Aus dem Leben eines Volksmannes*, Berlin 1929

Hartmann, Heinz: *Arbeit, Beruf, Profession*, in: *Soziale Welt*, 1968, S. 197-212

Hartmann, Paul: *Die Einrichtung von Notstandsarbeiten und ihre Erfolge*, Leipzig 1902 (Schriften des Deutschen Vereins für Armenpflege und Wohltätigkeit, Heft 48), S. 1 ff.

Hasenclever, Christa: *Jugendhilfe und Jugendgesetzgebung seit 1900*, Göttingen 1978

Hausen, Karin: *Die Polarisierung der »Geschlechtscharaktere« – eine Spiegelung der Dissoziation von Erwerbs- und Familienleben*, in: Heidi Rosenbaum (Hg.), *Seminar: Familie und Gesellschaftsstruktur*, 2. Aufl., Frankfurt 1981, S. 161 ff.

Hauser, Wilhelm/Münsterberg, Emil: *Die Fürsorge für Wöchnerinnen und deren Angehörige*, Leipzig 1897 (Schriften des Deutschen Vereins für Armenpflege und Wohltätigkeit, Heft 30)

Hecker, Margarete: *Die Entwicklung der englischen Settlementbewegung und der Wandel ihrer Arbeitsformen*, Erlangen 1968

Heinen, A.: *Ethische Grundlinien in der Ausbildung der Wohlfahrtsbeamtinnen*, in: Klumker/Schmittmann 1920, S. 115-132

Heinze, Rolf G./Olk, Thomas: *Die Wohlfahrtsverbände im System sozialer*

Dienstleistungsproduktion, in: *Kölner Zeitschrift für Soziologie und Sozialpsychologie*, 1/1981, S. 94-114

Hempelmann, Hildegard: *Beiträge zur Geschichte der Frauenarbeit im Weltkriege*, Münster 1938

Henderson, Charles Richmond: *Social Settlements*, New York 1890

Henning, Friedrich-Wilhelm: *Die Industrialisierung in Deutschland. 1800-1914*, 3. Aufl., Paderborn 1976

Henning, Hansjoachim: *Arbeitslosenversicherung vor 1914: Das Genter System und seine Übernahme in Deutschland*, in: Hermann Kellenbenz (Hg.), *Wirtschaftspolitik und Arbeitsmarkt*, München 1974, S. 271-287

Henning, Max: *Handbuch der freigeistigen Bewegung Deutschlands, Österreichs und der Schweiz*, Frankfurt/M. 1914

Herrmann, Gertrud: *Die sozialpädagogische Bewegung der zwanziger Jahre*, Weinheim/Berlin 1956

Herrmann, Walter: *Das Hamburgische Jugendgefängnis Hahnöversand*, 2. Aufl., Berlin/Leipzig 1926

Heyde, Ludwig: *Wilhelm Merton und das Berliner Büro für Sozialpolitik*, in: Soziales Museum 1926, S. 72 ff.

Heynacher, Martha: *Die Berufslage der Fürsorgerinnen*, Karlsruhe 1925 (Schriften des Deutschen Vereins für öffentliche und private Fürsorge n. F., Heft 6)

Hildebrand, Hermann: *Die Stellung der ehrenamtlichen Organe in der Armenpflege*, Leipzig 1900 (Schriften des Deutschen Vereins für Armenpflege und Wohltätigkeit, Heft 49)

Hilpert, Christiana: *Die Geschichte des deutsch-evangelischen Frauenbundes 1899-1914*, ungedruckte Magisterarbeit, Ruhruniversität Bochum, 1982

v. Hippel, Theodor-Gottlieb: *Über die bürgerliche Verbesserung der Weiber*, Berlin 1792 (Reprint Frankfurt 1977)

Hirsch, Paul: *25 Jahre sozialdemokratische Arbeit in der Gemeinde*, Berlin 1908

Hirsch, Paul: *Kommunale Kriegsfürsorge*, Berlin 1915

Hirsch, Paul: *Aufgaben der deutschen Gemeindepolitik nach dem Kriege*, Berlin 1917

Hirschfeld, Dorothea: *Die Frauen in der Armen- und Wohlfahrtspflege Deutschlands*, Berlin 1909

Hirschfeld, Dorothea/Dünner, Julia: *Kriegshinterbliebenenfürsorge*, in: Karstedt 1924, S. 271-277

Hirtsiefer, Heinrich: *Die staatliche Wohlfahrtspflege in Preußen 1919-1923*, Berlin 1924

Hoffmann, Erika: *Henriette Schrader-Breymann*, 2. Aufl., Weinheim 1962

Hoffmann, Walter G. u. a.: *Das Wachstum der deutschen Wirtschaft seit der Mitte des 19. Jahrhunderts*, Heidelberg 1965

Hofmann, Albert/Leibfried, Stephan: *Warenkorb und Regelsatz – Zur historischen Durchsetzung der Rationalisierung in der Armenpflege und zum Ausblenden von Alternativen*, in: Neue Praxis, 3/1980, S. 260ff.

v. Holbeck, Otto: *Grundzüge der Organisation der freien Wohlfahrtspflege in Deutschland*, Berlin 1925

v. Hollander, Eduard: *Die Fürsorge für Erhaltung des Haushalts, insbesondere durch Hauspflege*, Leipzig 1901 (Schriften des Deutschen Vereins für Armenpflege und Wohltätigkeit, Heft 55)

v. Hollander, Eduard/Sperling, Karl/Thode, Karl: *Die gesetzliche Regelung der Aufgaben der öffentlichen Armenpflege*, München/Leipzig 1912 (Schriften des Deutschen Vereins für Armenpflege und Wohltätigkeit, Heft 97)

Israel, Gertrud: *Berufliche Organisation und soziale Hilfsarbeit*, in: Die Frauenfrage, 1916, S. 58ff.

Israel, Gertrud: *10 Jahre sozialer Berufsverband*, in: Die Frau, 33. Jg., 1925/26, S. 556ff.

Jacobi, Adolf: *Von Ost-Londoner Settlements*, in: Die Eiche, 2. Jg., 1914, Heft 2, S. 78ff.

Jacobsohn, Margarete: *Die Arbeiter in der öffentlichen Armenfürsorge*, Leipzig 1911

Jannasch, Hans W.: *Alarm des Herzens. Aus den Papieren eines Helfers*, Stuttgart 1928

Jastrow, Ignaz: *Sozialpolitik und Verwaltungswissenschaft*, Bd. I, Berlin 1902

Jastrow, Ignaz: *Flesch †*, in: Zeitschrift für das Armenwesen, 16. Jg., 1915, S. 328-334

Jastrow, Ignaz: *Die Gestaltung der Wohlfahrtspflege nach dem Kriege*, Berlin 1918

Jastrow, Ignaz: *Merton als Erzieher*, in: Soziales Museum 1926, S. 68ff.

Jeserich, Kurt: *Das soziale Referendariat*, in: Soziale Praxis, 28. Jg., 1929, Spalte 1058

Jodl, Friedrich: *Was heißt ethische Kultur?*, in: ders., Vom Lebenswege. Gesammelte Vorträge und Aufsätze, 2. Bd., Stuttgart/Berlin 1917, S. 172ff.

Jones, Gareth Stedman: *Outcast London. A Study in the Relationship Between Classes in Victorian Society*, 2. Aufl., New York 1984

Juchacz, Marie/Heymann, Johanna: *Die Arbeiterwohlfahrt. Voraussetzungen und Entwicklung*, Berlin 1924

Kaiserliches Statistisches Amt (Hg.): *Statistik des Deutschen Reiches*, Neue Folge, Bd. 29, Berlin 1887

Kaiserliches Statistisches Amt (Hg.): *Statistik der Frauenorganisationen im Deutschen Reich*, Berlin 1909

Kaiserlich Statistisches Amt: *Erhebung über Arbeitsnachweise im Deutschen Reiche nach dem Stande von 1912.* Bearbeitet im Kaiserlich

Statistischen Amte, Abt. für Arbeiter Statistik (Sonderbeilage zum Reichs-Arbeitsblatte Nr. 6), Berlin 1913

Kalle, Fritz: *Die Wohnungsfrage vom Standpunkt der Armenpflege*, Leipzig 1888 (Schriften des Deutschen Vereins für Armenpflege und Wohltätigkeit, Heft 6)

Kaplan, Marion: *Die jüdische Frauenbewegung in Deutschland*, Hamburg 1981

Karstedt, Oskar (Hg.): *Handwörterbuch der Wohlfahrtspflege*, Berlin 1924

Kaznelson, Siegmund: *Juden im deutschen Kulturbereich*, Berlin 1959

Kayser, Karl: *Die Stellung der ehrenamtlichen Organe in der Armenpflege*, Leipzig 1900 (Schriften des Deutschen Vereins für Armenpflege und Wohltätigkeit, Heft 49)

Kellog, Paul U.: *Social Settlements*, in: Edwin R. A. Seligmann (Hg.), *Encyclopedia of the Social Sciences*, Bd. 13, New York 1934, S. 157-162

Kemp, Wolfgang: *John Ruskin. Leben und Werk*, München 1983

Kesten-Conrad, Else: *Verein für Sozialpolitik*, in: Johannes Conrad u. a. (Hg.), *Handwörterbuch der Staatswissenschaften*, 8. Band, 3. Aufl., Jena 1911, S. 144-152

Kirchheimer, Otto: *Weimar: und was dann?*, in: ders., *Politik und Verfassung*, Frankfurt 1964, S. 9-56

Kleeis, Friedrich: *Die Geschichte der Sozialversicherung in Deutschland*, Berlin 1928 (Nachdruck mit einer Einführung von Florian Tennstedt, Berlin/Bonn 1981)

Klöhn, Sabine: *Helene Simon (1862-1947)*, Frankfurt/Bern 1982

Kluke, Paul: *Die Stiftungsuniversität Frankfurt am Main. 1914-1932*, Frankfurt 1972

Klumker, Christian-Jasper: *Fürsorgewesen. Einführung in das Verständnis der Armut und der Armenpflege*, Leipzig 1918

Klumker, Christian-Jasper: *Hochschule und Ausbildung zu sozialen Berufen*, in: *Archiv für Sozialwissenschaften und Sozialpolitik*, Band 62, Heft 3, Tübingen 1929, S. 589 ff.

Klumker, Christian-Jasper: *Vom Werden deutscher Jugendfürsorge*, Berlin 1931

Klumker, Christian-Jasper/Petersen, Johannes: *Berufsvormundschaft (Generalvormundschaft)*, Leipzig 1907 (Schriften des Deutschen Vereins für Armenpflege und Wohltätigkeit, Heft 81)

Klumker, Christian-Jasper/Schmittmann, Benedikt (Hg.): *Wohlfahrtsämter*, Stuttgart 1920

Kniffka, Jörg: *Das kirchliche Leben in Berlin-Ost in der Mitte der zwanziger Jahre*, Diss. phil., Münster 1971

Koch, Maria: *Die Gestaltung der öffentlichen Verwahrlostenfürsorge unter dem Einfluß weltanschaulicher Kräfte im ausgehenden 19. Jahrhundert*, Düren 1936

Kocka, Jürgen: *Klassengesellschaft im Kriege. 1914-1918*, Göttingen 1973

Koebner, Thomas/Janz, Rolf-Peter/Trommler, Frank (Hg.): »*Mit uns zieht die neue Zeit*«. *Der Mythos Jugend*, Frankfurt a. M. 1985

Koepp, Lina: *Frieda Duensing als Führerin und Lehrerin*, Berlin 1927

Kolb, Eberhard (Hg.): *Vom Kaiserreich zur Weimarer Republik*, Köln 1972

v. Kondratowitz, Hans-Joachim: *Soziales Ehrenamt und gesellschaftliche Rationalisierung. Historische Entwicklungslinien ehrenamtlicher sozialer Arbeit in Deutschland*, in: Roland Schmidt (Hg.), *Ehrenamtliche Dienste in der Altenhilfe*, Berlin 1983

Kopp, Georg: *Das Kleinrentnerproblem*, Berlin 1926

Kouri, E. I.: *Der deutsche Protestantismus und die Soziale Frage. Zur Sozialpolitik im Bildungsbürgertum*, Berlin/New York 1984

Krabbe, Friedrich: *Die geschichtliche Entwicklung der Aufgaben der Gesundheitsämter*, in: Akademie für Staatsmedizin Düsseldorf, *Jahrbuch 1961*, S. 89-126

Krabbe, Wolfgang R.: *Munizipalsozialismus und Interventionsstaat*, in: *Geschichte in Wissenschaft und Unterricht*, 5/1979, S. 265 ff.

Krabbe, Wolfgang R.: *Die Entfaltung der kommunalen Leistungsverwaltung in deutschen Städten des späten 19. Jahrhunderts*, in: Hans-Jürgen Teuteberg (Hg.), *Urbanisierung im 19. und 20. Jahrhundert*, Köln/Wien 1983, S. 373 ff.

Kracht, Ernst: *Wohlfahrtsämter*, in: Karstedt 1924, S. 433-439

Krautwig, Peter: *Organisation der Wohlfahrtpflege der Städte*, Berlin 1913

Krautwig, Peter: *Alters- oder Fachgliederung als Einteilungsprinzip für die sozialen Ämter einer Stadtverwaltung*, in: Deutscher Verein für öffentliche und private Fürsorge (Hg.), *Wohlfahrtsamt und Familienfürsorge*, o. O., o. J. (Frankfurt 1921), S. 7-13

Krautwig, Peter: *Die Organisation der Gesundheitsfürsorge*, in: Adolf Gottstein/Arthur Flassmann/Ludwig Teleky (Hg.), *Handbuch der Sozialhygiene und Gesundheitsfürsorge*, 1. Band, Berlin 1925, S. 439-495

Krieger, Helene: *Die Aufgaben der beamteten Frau in der öffentlichen Wohlfahrtspflege und ihre Stellung im Beruf*, in: *Die Frau*, 32. Jg., 1924/25, S. 204 ff.

Krüger, Dieter: *Nationalökonomen im Wilhelminischen Deutschland*, Göttingen 1983

Krug v. Nidda, Carl-Ludwig: *Entwicklungstendenzen und gegenseitige Beziehungen der öffentlichen und freien Wohlfahrtspflege in Deutschland in der Epoche des Übergangs von der Armenpflege zur Fürsorge*, in: Hans Muthesius (Hg.), *Beiträge zur Entwicklung der deutschen Fürsorge. 75 Jahre Deutscher Verein*, Köln/Berlin 1955, S. 133-349

Krug v. Nidda, Carl-Ludwig: *Wilhelm Polligkeit. Wegbereiter einer neuzeitigen Fürsorge*, Köln 1961

Kühn, Brigitte: *Die neuere Entwicklung des städtischen Fürsorgewesens*,

Leipzig 1926

Künzer, Franz: *Die Bestrebungen der Privatwohltätigkeit und ihre Zusammenfassung*, Leipzig 1894 (Schriften des Deutschen Vereins für Armenpflege und Wohltätigkeit, Heft 19)

Labisch, Alfons: *Entwicklungslinien des öffentlichen Gesundheitsdienstes in Deutschland. Das öffentliche Gesundheitswesen 1982*, S. 745 ff.

Labisch, Alfons/Tennstedt, Florian: *Der Weg zum »Gesetz über die Vereinheitlichung des Gesundheitswesens vom 3. Juli 934«*, Düsseldorf 1985 (Schriftenreihe der Akademie für öffentliches Gesundheitswesen Bd. 12)

Lamprecht, Karl: *Deutsche Geschichte*, 1. Ergänzungsband, 4. Aufl., Berlin 1922; 2. Ergänzungsband, 4. Aufl., Berlin 1921

Landwehr, Rolf: *Alice Salomon und ihre Bedeutung für die soziale Arbeit*, Berlin 1981

Landwehr, Rolf: *Funktionswandel der Fürsorge vom Ersten Weltkrieg bis zum Ende der Weimarer Republik*, in: Rüdeger Baron/Rolf Landwehr (Hg.), *Geschichte der Sozialarbeit*, Weinheim/Basel 1983, S. 73-138

Lange, Helene: *Das Endziel der Frauenbewegung*, Berlin 1904

Lange, Helene: *Lebenserinnerungen*, Berlin 1921

Lapinski, P.: *Der »Sozialstaat«. Etappen und Tendenzen seiner Entwicklung*, in: *Unter dem Banner des Marxismus*, H. 4, 1928/29, S. 377-418

Laqueur, Walter: *Die deutsche Jugendbewegung*, Köln 1962 (unveränderte Studienausgabe: Köln 1978)

Lebendige Ökumene. Festschrift für Friedrich Siegmund-Schultze zum 80. Geburtstag, hg. unter Mitwirkung der Evangelischen Akademie Westfalens und des ökumenischen Archivs in Soest, Witten 1965

Lee, Porter: *Wie kann die innere Schwungkraft des Sozialarbeiters, die mit der Wandlung der Sozialen Arbeit zu einem Beruf abzunehmen pflegt, erhalten bleiben?*, in: *Internationale Konferenz für Wohlfahrtspflege und Sozialpolitik*, Paris, 9.-13. Juni 1928, 2. Sektion, Karlsruhe 1928

Lehnert, Salomon: *Jüdische Volksarbeit*, in: *Der Jude*, 1. Jg., 1916/17, S. 105 ff.

Leibfried, Stephan: *Die Institutionalisierung der Arbeitslosenversicherung in Deutschland*, in: *Kritische Justiz*, 3/1977, S. 289 ff.

Leibfried, Stephan/Tennstedt, Florian (Hg.): *Kommunale Gesundheitsfürsorge und sozialistische Ärztepolitik zwischen Kaiserreich und Nationalsozialismus*, Bremen 1981 (Arbeitsbericht zu verschütteten Alternativen in der Gesundheitspolitik, Nr. 3, Forschungsschwerpunkt Reproduktionsrisiken, soziale Bewegungen und Sozialpolitik der Universität Bremen)

Leiby, James: *A History of Social Welfare and Social Work in the United States*, New York 1978

Leitner, Ute: *Sozialarbeit und Soziologie in Deutschland*, Weinheim/Basel 1981

Lemm, Alfred: *Großstadtunkultur und Juden*, in: *Der Jude*, 1. Jg., 1916/17, S. 319ff.

Lensch, Armgard: *Die freie Wohlfahrtspflege in Berlin*, Diss., Berlin 1918

Levy, Albert: *Die berufliche und fachliche Ausbildung in der Armenpflege*, Leipzig 1907 (Schriften des Deutschen Vereins für Armenpflege und Wohltätigkeit, Heft 79)

Lewis, Verl S.: *Stephen Humphrey Gurteen and the American Origins of Charity Organization*, in: *Social Service Review*, 40/Juni 1966, S. 190-201

Lexis, Wilhelm: *Kathedersozialismus*, in: Johannes Conrad u. a. (Hg.), *Handwörterbuch der Staatswissenschaften*, 5. Bd., 3. Aufl., Jena 1910, S. 804-806

Lichtenstein, Franz: *Vom Jüdischen Volksheim in Berlin*, in: *Zeitschrift für jüdische Wohlfahrtspflege und Sozialpolitik*, 1. Jg., 1930, S. 285ff.

Lindemann, Hugo: *Städteverwaltung und Munizipalsozialismus in England*, Stuttgart 1897

Lindemann, Hugo: *Die deutsche Städteverwaltung*, Stuttgart 1906

Lindemann, Hugo: *Die deutsche Stadtgemeinde im Kriege*, Tübingen 1917

Lindemann, Hugo/Schwander, Rudolf/Südekum, Albert: *Kommunales Jahrbuch. Kriegsband*, Jena 1919

Lindenlaub, Dieter: *Richtungskämpfe im Verein für Sozialpolitik*, Teil 1 und 2, Wiesbaden 1967

Link, Charlotte: *Die Geschichte der Familienfürsorge*, in: *Archiv für Wissenschaft und Praxis der sozialen Arbeit*, 7. Jg., 1976, S. 320-333

Lohse, Otto: *Die Privatwohltätigkeit und ihre Organisation*, Hamburg 1914

Lorenz, Charlotte: *Die gewerbliche Frauenarbeit während des Krieges*, in: Paul Umbreit/Charlotte Lorenz, *Der Krieg und die Arbeitsverhältnisse*, Berlin/Leipzig 1928

Lubinski, Georg: *Erinnerungen an das Jüdische Volksheim Berlin*, in: *Der Junge Jude*, 3. Jg., Juli/August 1930

Lubove, Roy: *The Professional Altruist. The Emergence of Social Work as a Career*, Cambridge/Mass. 1965

Lübbe, Hermann: *Politische Philosophie in Deutschland. Studien zu ihrer Geschichte*, Basel 1963

Ludwig-Wolf, Leo: *Ausübung vormundschaftlicher Funktionen durch die Armenbehörden*, Leipzig 1892 (Schriften des Deutschen Vereins für Armenpflege und Wohltätigkeit, Heft 16)

Lüders, Else: *Der linke Flügel. Ein Blatt aus der Geschichte der Frauenbewegung*, Berlin o. J. (1904)

Lüders, Marie-Elisabeth: *Das unbekannte Heer*, Berlin 1937

Luhmann, Niklas: *Formen des Helfens im Wandel gesellschaftlicher Bedingungen*, in: Hans-Uwe Otto/Siegfried Schneider (Hg.), *Gesellschaftliche Perspektiven der Sozialarbeit*, Bd. 1, 3. Aufl., Neuwied/Darmstadt, 1975, S. 21-43

Luppe, Hermann: *Das Wesen und die Aufgabe der Kriegshinterbliebenen-fürsorge im Deutschen Reiche*, Leipzig/Berlin 1918 (1918a)

Luppe, Hermann: *Die Neuordnung der Wohlfahrtspflege in Frankfurt a. M.*, Hamburg 1918 (1918b)

Luppe, Hermann: *Die Vereinheitlichung des materiellen Fürsorgerechts*, in: Soziale Praxis und Archiv für Volkswohlfahrt, 33.Jg., 1924, Sp. 761 ff.

Lyschinska, Mary J.: *Henriette Schrader-Breymann. Ihr Leben aus Briefen und Tagebüchern zusammengestellt und erläutert*, 2 Bde., Berlin/Leipzig 1922

Mädchen- und Frauengruppen für soziale Hilfsarbeit in Berlin, in: Soziale Praxis, 2/1900, Spalte 44

Mädchen- und Frauengruppen für soziale Hilfsarbeit: *Denkschrift anläßlich des 10jährigen Bestehens, o. O., o.J. (Berlin 1903)*

Maier, Hans: *Das städtische Wohlfahrtsamt*, in: Klumker/Schmittmann 1920, S. 11-28

Maier, Hans: *Karl Flesch's soziales Vermächtnis*, in: Karl Flesch's soziales Vermächtnis, Frankfurt 1922 (Schriften des Frankfurter Wohlfahrtsamtes, Bd. IX), S. 7-14

Marx, Karl: *Das Kapital*, Bd. 1, Berlin 1969 (MEW Bd. 23)

Mayer-Kulenkampff, Lina: *Ausbildungsstätten für weibliche soziale Berufe*, in: Hermann Nohl/Ludwig Pallat (Hg.), *Handbuch der Pädagogik*, Bd. IV, Langensalza 1928

Memelsdorff, Franz: *Der Aufbau des Wohlfahrtsamtes in einer größeren Stadt*, Berlin 1926

Mende, Käthe: *Die amerikanische Methode des social case study*, in: Zentralblatt für Jugendrecht und Jugendwohlfahrt, 3/1925, S. 60-64

Michel, Max: *Wohlfahrtsämter, städtische*, in: Dünner 1929, S. 768-771

Militzer-Schwenger, Lisgret: *Armenerziehung durch Arbeit*, Tübingen 1979

Moeller, Robert G.: *The Kaiserreich Recast? Continuity and Change in Modern German Historiography*, in: Journal of Social History, Vol. 17 (1984), Heft 4, S. 655-683

Möllers, Bernhard (Hg.): *Gesundheitswesen und Wohlfahrtspflege im Deutschen Reiche*, Berlin/Wien 1930

Mommsen, Wolfgang J.: *Wandlungen der liberalen Idee im Zeitalter des Imperialismus*, in: Karl Holl/Günther List (Hg.):, *Liberalismus und imperialistischer Staat*, Göttingen 1975, S. 109-147

Monat, Anneliese: *Sozialdemokratie und Wohlfahrtspflege*, Stuttgart 1961

Müller, Burkhard: *Die Last der großen Hoffnungen. Methodisches Handeln und Selbstkontrolle in der sozialen Arbeit*, München 1985

Müller, C. Wolfgang: *Wie Helfen zum Beruf wurde. Eine Methodengeschichte der Sozialarbeit*, Weinheim/Basel 1982

Münchmeier, Richard: *Zugänge zur Geschichte der Sozialarbeit*, München 1981

Münsterberg, Emil: *Die Verbindung der öffentlichen und privaten Armenpflege,* Leipzig 1891 (Schriften des Deutschen Vereins für Armenpflege und Wohltätigkeit, Heft 14), S. 19 ff.

Münsterberg, Emil: *Die Fürsorge für Obdachlose in den Städten,* Leipzig 1895 (Schriften des Deutschen Vereins für Armenpflege und Wohltätigkeit, Heft 22)

Münsterberg, Emil: *Die Armenpflege. Die Einführung in die praktische Pflegetätigkeit,* Berlin 1897

Münsterberg, Emil: *Das Elberfelder System. Festbericht aus Anlaß des 50jährigen Bestehens der Elberfelder Armenordnung,* Leipzig 1903 (Schriften des Deutschen Vereins für Armenpflege und Wohltätigkeit, Heft 63)

Münsterberg, Emil: *Generalbericht über die Tätigkeit des Deutschen Vereins für Armenpflege und Wohltätigkeit während der ersten 25 Jahre seines Bestehens. 1880-1905,* Leipzig 1905 (Schriften des Deutschen Vereins für Armenpflege und Wohltätigkeit, Heft 72)

Münsterberg, Emil: *Das amerikanische Armenwesen,* Leipzig 1906 (Schriften des Deutschen Vereins für Armenpflege und Wohltätigkeit, Heft 77)

Münsterberg, Emil: *Armenpflege,* in: Johannes Conrad u. a. (Hg.), *Handwörterbuch der Staatswissenschaften,* Bd. 2, 3. Aufl., Jena 1909, S. 143 ff.

Münsterberg, Emil: *Die leitenden Ideen der modernen Armenpflege,* in: Peter Schmidt (Hg.), *Am Born der Gemeinnützigkeit. Festgabe für Victor Böhmert zum 80. Geburtstag,* Dresden 1909

Muthesius, Hans: *Die Wohlfahrtspflege,* Berlin 1928 (1928 a)

Muthesius, Hans: *Fürsorgerecht,* Berlin 1928 (1928 b)

Muthesius, Hans (Hg.): *Alice Salomon. Die Begründerin des sozialen Frauenberufs in Deutschland,* Köln/Berlin 1958

Nationaler Frauendienst Frankfurt am Main: *Entstehungsgeschichte und Tätigkeit im ersten Vierteljahr des Krieges 1914,* o. O., o. J. (Frankfurt 1915)

Neundörfer, Karl: *Widerstreitende Mächte in dem Reichsgesetz für Jugendwohlfahrt,* in: *Hochland,* 20. Jg., 1923, S. 509-529

Niggemann, Heinz: *Emanzipation zwischen Sozialismus und Feminismus,* Wuppertal 1981

Nipperdey, Thomas: *Deutsche Geschichte 1800-1866. Bürgerwelt und starker Staat,* München 1983

Nitsch, Harry: *Sozialwirtschaft zwischen Soll und Haben. Bilanz eines halben Jahrhunderts,* Berlin/Köln 1973

Nitzschke, Emil: *Gemeindepolitik und Sozialdemokratie,* 2. Aufl., Dresden, o. J. (1914)

Nohl, Herrmann: *Der männliche Sozialbeamte und die Sozialpädagogik in der Wohlfahrtspflege,* in: Nohl 1949 b, S. 143-150 (1949 a)

Nohl, Herrmann: *Pädagogik aus dreißig Jahren*, Frankfurt 1949 (1949 b)

Die Not in Berlin. Tatsachen und Zahlen zusammengestellt von Oberbür-germeister Böß, Berlin 1923

Oberschall, Anthony: *Empirical Social Research in Germany 1848-1940*, Paris/Den Haag 1965

Oberschall, Anthony: *Paul F. Lazarsfeld und die Geschichte der empiri-schen Sozialforschung*, in: Wolf Lepenies (Hg.), *Geschichte der Soziolo-gie*, Bd. 3, Frankfurt 1981, S. 15-30

Die öffentliche Armenpflege nach dem Kriege. Verhandlungen des Zentral-ausschusses des Deutschen Vereins für Armenpflege und Wohltätigkeit am 19. und 20. Januar 1917 in Berlin, Beilage zu: *Stenographischer Bericht über die Verhandlungen der 34. Jahresversammlung des Deut-schen Vereins für Armenpflege und Wohltätigkeit am 15. und 16. Septem-ber 1916 in Leipzig*, München/Leipzig 1917 (Schriften des Deutschen Vereins für Armenpflege und Wohltätigkeit, Heft 105)

Oestreich, Gisela: *Nachbarschaftsheime gestern, heute – und morgen?*, Basel 1965

Offenberg, Maria: *Die Wohlfahrtsschule als Lebensgemeinschaft*, in: Preu-ßisches Ministerium für Volkswohlfahrt 1926, S. 95 ff.

Offenberg, Maria: *Die sozialpädagogische Bedeutung der Familie und die Familienfürsorge*, in: Herrmann Nohl/Ludwig Pallat (Hg.), *Handbuch der Pädagogik*, Bd. V, Langensalza 1929, S. 29-38 (1929 a)

Offenberg, Maria: *Wohlfahrtspfleger(innen)*, in: Dünner 1929, S. 779-781 (1929 b)

Ohly, Albrecht/Eberty, Eduard Gustav: *Fürsorge für verwahrloste Kinder und jugendliche Personen, welchen noch keine Übertretung des Strafge-setzes zur Last fällt. Bericht für die 5. Jahresversammlung des Deutschen Vereins für Armenpflege und Wohltätigkeit*, Berlin 1885

Olk, Thomas/Heinze, Rolf G.: *Die Bürokratisierung der Nächstenliebe. Am Beispiel von Geschichte und Entwicklung der »Inneren Mission«*, in: Sachße/Tennstedt 1981, S. 233-271

Ollendorf, Friedrich: *Zur Organisation der Familienfürsorge unter beson-derer Berücksichtigung großstädtischer Verhältnisse*, in: Wilhelm Pollig-keit (Hg.), *Familie und Fürsorge*, Langensalza 1927, S. 141-151

Orthband, Eberhard: *Der Deutsche Verein in der Geschichte der deutschen Fürsorge. 1880-1980*, Frankfurt 1980

Osius, Rudolf/Chuchull, Paul: *Die Heranziehung von Frauen zur öffentli-chen Armenpflege*, Leipzig 1896 (Schriften des Deutschen Vereins für Armenpflege und Wohltätigkeit, Heft 25)

Oswalt, August: *Berliner Seminar für Sozialarbeiter. Pestalozzi-Froebel-Haus IV*, in: *Nachrichtenblatt des 5. Wohlfahrtsverbandes*, 5. Jg., Nr. 1/1932, S. 1 ff.

Ottenheimer, Hilde: *Soziale Arbeit*, in: Katznelson 1959, S. 836-838

Pankoke, Eckart: *Sociale Bewegung – Sociale Frage – Sociale Politik*,

Stuttgart 1970

Papajewsky, Helmut: *Zur Erkenntnis des Gehalts von Ruskins Unto this Last,* Breslau 1930

Peters, Dietlinde: *Mütterlichkeit im Kaiserreich. Die bürgerliche Frauen-bewegung und der soziale Beruf der Frau,* Bielefeld 1984

Peters, Helge: *Moderne Fürsorge und ihre Legitimation,* Köln/Opladen 1968

Petersen, Johannes: *Die öffentliche Fürsorge für die hilfsbedürftige Jugend,* Leipzig 1907

Petzina, Dietmar: *Die deutsche Wirtschaft in der Zwischenkriegszeit,* Wiesbaden 1977

Peyser, Dora: *Alice Salomon. Ein Lebensbild,* in: Muthesius 1958, S. 9-121

Picht, Werner: *Toynbee Hall und die englische Settlement-Bewegung,* Tübingen 1913

Picht, Werner: *Die deutsche Volkshochschule der Zukunft,* Leipzig 1919

Pimlott, John Alfred Ralph: *Toynbee Hall: Fifty Years of Social Progress 1884-1934,* London 1935

Pittmann-Munke, Peggy: *Mary Richmond: The Philadelphia Years,* in: *Social Casework,* Vol. 66, Nr. 3, März 1985, S. 160-166

Polligkeit, Wilhelm: *Strafrechtsreform und Jugendfürsorge,* Langensalza 1905 (Beiträge zur Kinderforschung und Heilerziehung, Heft XII)

Polligkeit, Wilhelm: *Wie ist in der Armenpflege und Wohltätigkeit die Übergangszeit nach dem Kriege zu gestalten?,* in: *Zeitschrift für das Armenwesen,* 18. Jg., 1917, S. 24 ff.

Polligkeit, Wilhelm: *Zur gesetzlichen Neuregelung der öffentlichen Wohl-fahrtspflege. Bericht über eine Tagung des Hauptausschusses des Deut-schen Vereins für öffentliche und private Fürsorge in Frankfurt a. M.,* in: *Soziale Praxis und Archiv für Volkswohlfahrt,* 31. Jg., 1922, Heft 26, Spalte 705 ff.

Polligkeit, Wilhelm: *Die Zentrale für private Fürsorge in den ersten 25 Jahren ihrer Tätigkeit,* in: *Jubiläumsbericht der Zentrale für private Fürsorge in Frankfurt/Main. 1899-1924,* o. O., o. J.

Polligkeit, Wilhelm: *Das Lernziel der staatlich anerkannten Wohlfahrts-schulen unter besonderer Berücksichtigung der praktischen Anforderun-gen an den Beruf,* in: Preußisches Ministerium für Volkswohlfahrt 1926, S. 5-16 (1926a)

Polligkeit, Wilhelm: *Vom Wohltäter zum Sozialreformer,* in: Soziales Museum 1926 (1926b)

Polligkeit, Wilhelm: *Aus der Geschichte des Deutschen Vereins für öffentli-che und private Fürsorge (1930),* in: Krug von Nidda 1961, S. 346-362

Preller, Ludwig: *Sozialpolitik in der Weimarer Republik,* Düsseldorf 1949 (Neudruck Kronberg/Düsseldorf 1978)

Preußisches Ministerium für Volkswohlfahrt (Hg.): *Fünf Jahre produkti-ver Erwerbslosenfürsorge in Preußen,* Berlin 1925

Preußisches Ministerium für Volkswohlfahrt (Hg.): *Grundsätzliche Fragen zur Ausgestaltung der staatlich anerkannten Wohlfahrtsschulen*, Berlin 1926

Preußisches Ministerium für Volkswohlfahrt (Hg.): *Richtlinien für die Lehrpläne der Wohlfahrtsschulen*, Berlin 1930

Preußisches Ministerium für Volkswohlfahrt (Hg.): *Beiträge zur Methodenfrage der Wohlfahrtsschulen*, Berlin 1931

Pütter, Ernst: *Das Ziehkinderwesen*, Leipzig 1902 (Schriften des Deutschen Vereins für Armenpflege und Wohltätigkeit, Heft 59)

Pumphrey, Muriel W.: *Mary Richmond and the Rise of Professional Social Work in Baltimore*, Diss. Columbia University, New York 1956

Quandt, Otto: *Die Anfänge der Bismarck'schen Sozialversicherung und die Haltung der Parteien. Das Unfallversicherungsgesetz. 1881-1884*, Berlin 1938

Ratz, Ursula: *Sozialreform und Arbeiterschaft. Die »Gesellschaft für Soziale Reform« und die sozialdemokratische Arbeiterbewegung von der Jahrhundertwende bis zum Ausbruch des Ersten Weltkriegs*, Berlin 1980

Reclam, Carl: *Die heutige Gesundheitspflege und ihre Aufgaben*, in: *Deutsche Vierteljahresschrift für öffentliche Gesundheitspflege*, 1/1869, S. 2 f.

Reichsarbeitsministerium (Hg.): *Deutsche Sozialpolitik 1918-1928*, Berlin 1929

Reichsarbeitsministerium (Hg.): *52. Sonderheft zum Reichsarbeitsblatt. Jahrbuch der Berufsverbände im Deutschen Reich*, Berlin 1930

Reichsarbeitsverwaltung (Hg.): *30. Sonderheft zum Reichsarbeitsblatt. Jahrbuch der Berufsverbände im Deutschen Reich*, Berlin 1925

Reichsausschuß für das ärztliche Fortbildungswesen (Hg.): *Gesundheitswesen und soziale Fürsorge im Deutschen Reich*, Berlin 1928

Reschke, Hans (Hg.): *Friedrich Siegmund-Schultze als Wegbereiter sozialer Arbeit*, Frankfurt 1966 (Schriften des Deutschen Vereins für öffentliche und private Fürsorge, Heft 236)

Reyer, Jürgen: *Wenn die Mütter arbeiten gingen... Eine sozialhistorische Studie zur Entstehung der öffentlichen Kleinkinderziehung im 19. Jahrhundert in Deutschland*, Köln 1983

Reyer, Jürgen: *Familie, Kindheit und öffentliche Kleinkinderziehung: Die Entstehung »geteilter Sozialisationsfelder« im 19. Jahrhundert in Deutschland*, in: Sachße/Tennstedt 1981, S. 299 ff.

Rich, Margaret E.: *Mary E. Richmond: Social Worker 1861-1928*, in: *Social Case Work*, 1952, S. 363-370

Richebächer, Sabine: *Uns fehlt nur eine Kleinigkeit. Deutsche proletarische Frauenbewegung 1890-1914*, Frankfurt 1982

Richmond, Mary E.: *Friendly Visiting Among the Poor*, New York/London 1899

Richmond, Mary E.: *Social Diagnosis*, New York 1917

Richmond, Mary E.: *What is Social Case Work?*, New York 1922

Richmond, Mary E.: *The Training of Charity Workers*, in: Colcord 1930 (1930a)

Richmond, Mary E.: *The Need of a Training School in Applied Philanthropy*, in: Colcord 1930 (1930b)

Richter, Lothar: *Kreiswohlfahrtsamt und ländliche Wohlfahrtspflege*, Berlin 1919

Richter, Lothar: *Kriegsbeschädigtenfürsorge*, in: Karstedt 1924, S. 263-267

Ried, Ursula: *Zur Geschichte der Katholischen Sozialen Frauenschulen*, in: *Caritas* 6/1925, S. 175 ff.; 7/1925, S. 216 ff.

Rieden, Charlotte: *Helene Weber als Gründerin der Katholischen Schule für Sozialarbeit in Köln und als Sozialpolitikerin*, in: Rüdeger Baron (Hg.), *Sozialarbeit und soziale Reform*, Weinheim/Basel 1983, S. 110-143

Riemann, Ilka: *Soziale Arbeit als Hausarbeit. Von der Suppendame zur Sozialpädagogin*, Frankfurt 1985

Ringer, Fritz K.: *Die Gelehrten. Der Niedergang der deutschen Mandarine 1890-1933*, Stuttgart 1983

Ritter, Gerhard A.: *Staat, Arbeiterschaft und Arbeiterbewegung in Deutschland*, Berlin/Bonn 1980

Rocholl, Carl: *System des deutschen Armenpflegerechts*, Berlin 1873

Roestel, Hugo: *Organisation der freien Wohltätigkeit, Anlehnung derselben an die öffentliche Armenpflege*, in: *Stenographischer Bericht* 1881, S. 21 ff.

Rose, Michael E.: *The English Poor Law 1780-1930*, Newton Abbot 1971

Rose, Michael E.: *Die Krise der Armenfürsorge in England 1860-1890*, in: Wolfgang J. Mommsen/Wolfgang Mock (Hg.), *Die Entstehung des Wohlfahrtsstaates in Großbritannien und Deutschland 1850-1950*, Stuttgart 1982, S. 57-78

Rosenbaum, Heidi: *Formen der Familie*, Frankfurt 1982

Rosenberg, Arthur: *Geschichte der Weimarer Republik*, 19. Aufl., Frankfurt 1978

Rosenberg, Hans: *»Große Depression« und Bismarckzeit. Wirtschaftsablauf, Gesellschaft und Politik in Mitteleuropa*, 2. Aufl., Berlin 1976

Rothert, W.: *Die Innere Mission in Hannover in Verbindung mit der sozialen und provinzialen Wohlfahrtspflege*, Gütersloh 1909

Ruland, Heinrich: *Das System der Armenpflege in Alt-Deutschland und den Reichslanden*, Leipzig 1896 (Schriften des Deutschen Vereins für Armenpflege und Wohltätigkeit, Heft 27)

Ruppert, Fritz: *Zur Einführung in die Zuständigkeitsregelung der Verordnung über die Fürsorgepflicht*, in: *Soziale Praxis und Archiv für Volkswohlfahrt*, 33. Jg., 1924, Spalte 332 ff., 356 ff.

Ruskin, John: *The Political Economy of Art*, London 1857

Ruskin, John: *Diesem Letzten*, Leipzig 1902

Sachs, Hildegard: *Jeanette Schwerin,* in: Deutscher Lyzeumsclub (Hg.), *Bahnbrechende Frauen,* Berlin 1912, S. 205 ff.

Sachße, Christoph: *Fremdhilfe als Selbsthilfe – Die bürgerliche Frauenbewegung und die Entstehung beruflicher Sozialarbeit,* in: *Neue Praxis,* 1/1983, S. 30-36

Sachße, Christoph: *Die Pädagogisierung der Gesellschaft und die Professionalisierung der Sozialarbeit,* in: Siegfried Müller/Hans Uwe Otto/Hilmar Peter/Heinz Sünker (Hg.), *Handlungskompetenz in der Sozialarbeit/Sozialpädagogik,* Bd. II, Bielefeld 1984, S. 283-295

Sachße, Christoph/Tennstedt, Florian: *Geschichte der Armenfürsorge in Deutschland. Vom Spätmittelalter bis zum Ersten Weltkrieg,* Stuttgart 1980

Sachße, Christoph/Tennstedt, Florian (Hg.): *Jahrbuch der Sozialarbeit 4. Geschichte und Geschichten,* Reinbek 1983

v. Saldern, Adelheid: *Die Gemeinde in Theorie und Praxis der deutschen Arbeiterorganisationen 1863-1920,* in: *Internationale wissenschaftliche Korrespondenz zur Geschichte der deutschen Arbeiterbewegung,* 1/1976, S. 295-352

v. Saldern, Adelheid: *Sozialdemokratische Kommunalpolitik in Wilhelminischer Zeit,* in: Karl-Heinz Naßmacher (Hg.), *Kommunalpolitik und Sozialdemokratie,* Bonn/Bad Godesberg 1977, S. 18-62

Salomon, Alice: *Jeanette Schwerin,* in: *Centralblatt des Bundes Deutscher Frauenvereine,* 1. Jg./1899, Nr. 10, S. 73 ff.

Salomon, Alice: *Die Frau in der sozialen Hilfsthätigkeit,* in: Helene Lange/Gertrud Bäumer (Hg.), *Handbuch der Frauenbewegung,* Teil II, Frauenbewegung und soziale Frauenthätigkeit nach Einzelgebieten, Berlin 1901 (Reprint Weinheim/Basel 1981), S. 1-257

Salomon, Alice: *Soziale Frauenbildung,* Leipzig/Berlin 1908 (1908 a)

Salomon, Alice: *Zur Eröffnung der Sozialen Frauenschule,* in: *Die Frau,* 16. Jg./1908, S. 103-107 (1908 b)

Salomon, Alice: *Mutterschutz und Mutterschaftsversicherung,* Leipzig 1908 (Schriften des Deutschen Vereins für Armenpflege und Wohltätigkeit, Heft 84) (1908 c)

Salomon, Alice: *Die Frau und die Arbeit,* in: dies., *Was wir uns und anderen schuldig sind. Ansprachen und Aufsätze für junge Mädchen,* Leipzig/Berlin 1912, S. 89-117

Salomon, Alice: *20 Jahre Soziale Hilfsarbeit,* Karlsruhe 1913 (1913 a)

Salomon, Alice: *Soziale Settlements,* in: *Der Kunstwart,* September 1913, S. 427 ff. (1913 b)

Salomon, Alice: *Die englische Settlement-Bewegung,* in: *Zeitschrift für das Armenwesen,* 15. Jg., 1914, S. 207 ff.

Salomon, Alice: *Die Fürsorge für Angehörige der Freien Berufe des Nationalen Frauendienstes in Berlin,* in: *Zeitschrift für das Armenwesen,* 17. Jg., 1916, Heft 9/10, S. 263 ff.

379

Salomon, Alice: *Leitfaden der Wohlfahrtspflege*, Berlin 1921

Salomon, Alice: *Soziale Diagnose*, Berlin 1926 (1926a)

Salomon, Alice: *Die Vereinheitlichung des Lehrstoffs*, in: Preußisches Ministerium für Volkswohlfahrt 1926, S. 41 ff. (1926b)

Salomon, Alice: *Die Ausbildung zum sozialen Beruf*, Berlin 1927

Salomon, Alice: *Typenwandel der Sozialbeamtin und Struktur des sozialen Berufs*, in: *Freie Wohlfahrtspflege*, 1/1930, S. 1-8

Salomon, Alice: *Jugend- und Arbeitserinnerungen*, in: Elga Kern (Hg.), *Führende Frauen Europas*, 1. Folge, München 1933, S. 3 ff.

Salomon, Alice: *Die Deutsche Akademie für soziale und pädagogische Frauenarbeit im Gesamtaufbau des deutschen Bildungswesens*, in: Muthesius 1958, S. 240-248

Salomon, Alice: *Charakter ist Schicksal. Lebenserinnerungen*, hg. von Rüdeger Baron und Ralf Landwehr. Mit einem Nachwort von Joachim Wieler, Weinheim/Basel 1983

Samter/Kohlhardt: *Die Aufgaben der Armenpflege bei der Bekämpfung der Tuberkulose*, Leipzig 1904 (Schriften des Deutschen Vereins für Armenpflege und Wohltätigkeit, Heft 68)

Saul, Klaus: *100 Jahre Sozialversicherung. Wirtschafts- und sozialpolitische Grundlagen*, in: *Zeitschrift für die gesamte Versicherungswirtschaft*, 1980, S. 177-198

Schäfer, Dieter: *Die Rolle der Fürsorge im System der sozialen Sicherung*, Frankfurt 1966

Schäfer, Ulla G.: *Historische Nationalökonomie und Sozialstatistik als Gesellschaftswissenschaften*, Köln/Wien 1971

Scheibe, Wolfgang: *Die reformpädagogische Bewegung 1900-1932*, 5. Aufl., Weinheim/Basel 1976

Schenk, Herrad: *Die feministische Herausforderung*, 2. Aufl., München 1981

Scherpner, Hans: *Die Ausbildung des Akademikers für die soziale Fürsorge*, in: *Zentralblatt für Jugendrecht und Jugendwohlfahrt*, 1929, S. 305 ff.

Scherpner, Hans: *Formen persönlicher Fürsorge in den Vereinigten Staaten (Social Casework)*, Berlin, o. J.

Scherpner, Hans: *Geschichte der Jugendfürsorge*, 2. Aufl., Göttingen 1979

Schiller, Friedrich/Schmidt, Heinrich/Köhne, Paul: *Zwangs(fürsorge)erziehung und Armenpflege*, Leipzig 1903 (Schriften des Deutschen Vereins für Armenpflege und Wohltätigkeit, Heft 64)

Schirmel, Otto: *Der gegenwärtige Stand der öffentlichen großstädtischen Wohlfahrtspflege*, Diss. Berlin 1927

Schmidt, Georg: *Die Organisation der Jugendfürsorge*, Leipzig 1910 (Schriften des Deutschen Vereins für Armenpflege und Wohltätigkeit, Heft 92)

Schmoller, Gustav: *Grundriß der allgemeinen Volkswirtschaftslehre*, Teil 1, Leipzig 1900

Schmoller, Gustav: *Volkswirtschaft, Volkswirtschaftslehre und -methode,* in: Johannes Conrad u. a. (Hg.), *Handwörterbuch der Staatswissenschaften,* Bd. 8, 3. Aufl., Jena 1911, S. 426-501

Schnapper-Arndt, Gottfried: *Zur Methodologie sozialer Enquêten,* Frankfurt 1888

Schneider, Heinz: *Die öffentliche Jugendhilfe zwischen Eingriff und Leistung,* Berlin Neuwied 1964

Schreiber, Adele: *Settlements. Ein Weg zum sozialen Verständnis,* Leipzig 1904

Schreiber, Adele: *Settlements,* in: Ludwig Clostermann u. a. (Hg.), *Enzyklopädisches Handbuch des Kinderschutzes und der Jugendfürsorge,* 2. Aufl., Leipzig 1930, S. 726 ff.

Schulze, Hagen: *Weimar,* 2. Aufl. Berlin 1983

Schütze, Fritz: *Zur Relevanz kommunikativer Sozialforschung in der Supervision,* in: Norbert Lippenmeier (Hg.), *Beiträge zur Supervision,* Kassel 1984, S. 262-389

v. Schulze-Gaevernitz, Gerhard: *Zum socialen Frieden. Eine Darstellung der socialpolitischen Erziehung des englischen Volkes,* Leipzig 1890

v. Schulze-Gaevernitz, Gerhard: *Thomas Carlyle's Welt- und Gesellschaftsanschauung,* Berlin 1894

Schwab, Dieter: *Familie,* in: Otto Brunner/Werner Conze/Reinhard Koselleck (Hg.), *Geschichtliche Grundbegriffe,* Bd. 2, Stuttgart 1975, S. 253 ff.

Schwan, Bruno: *Die Wohnungsnot und das Wohnungselend in Deutschland,* Berlin 1929

Schwander, Rudolf: *Das Armenrecht in Elsaß-Lothringen,* Freiburg 1899

Schwander, Rudolf: *Die Armenpolitik Frankreichs während der großen Revolution,* Straßburg 1904

Schwander, Rudolf: *Die heutigen Anforderungen an die öffentliche Armenpflege im Verhältnis zur bestehenden Armengesetzgebung,* Leipzig 1905 (Schriften des Deutschen Vereins für Armenpflege und Wohltätigkeit, Heft 73), S. 147 ff. (1905 a)

Schwander, Rudolf: *Die heutige Gesetzgebung und Organisation der öffentlichen Armenpflege in Elsaß-Lothringen,* Leipzig 1905 (Schriften des Deutschen Vereins für Armenpflege und Wohltätigkeit, Heft 73), S. 169 ff. (1905 b)

Schwander, Rudolf: *Bericht über die Neuordnung der Hausarmenpflege.* Im Auftrag des Armenrates erstattet durch den Beigeordneten Dr. Schwander, Straßburg 1905 (1905 c)

Seitz, Walter: *Kommunale Wohnungspolitik im Kaiserreich. Am Beispiel der Stadt Frankfurt am Main,* in: Hans Jürgen Teuteberg (Hg.), Urbanisierung im 19. und 20. Jahrhundert, Köln/Wien 1983, S. 393 ff.

Sheehan, James J.: *Liberalism and the City in 19th Century Germany,* in: *Past and Present,* 51/1971, S. 126-137

Sheehan, James J.: *German Liberalism in the 19th Century*, Chicago/London 1978

Shorter, Edward: *Die Geburt der modernen Familie*, Reinbek 1977

Siebe, Josephine/Prüfer, Johannes: *Henriette Goldschmidt. Ihr Leben und Schaffen*, Berlin 1922

Siegmund-Schultze, Friedrich: *Toynbee Hall*, in: *Die Eiche*, 2.Jg., 1914, Heft 2, S. 85 ff.

Silbergleit, Heinrich: *Preußens Städte*, Berlin 1908

Simmel, Georg: *Weibliche Kultur*, in: ders., *Philosophische Kultur*, Berlin 1983, S. 207-241 (Erstausgabe Potsdam 1911)

Simmel, Monika: *Erziehung zum Weibe*, Frankfurt/New York 1980

Simmel, Monika: *Alice Salomon. Vom Dienst der bürgerlichen Tochter am Volksganzen*, in: Sachße/Tennstedt 1981, S. 369-402

Simon, Helene: *Das Jugendrecht. Ein soziologischer Versuch*, in: *Schmollers Jahrbuch für Gesetzgebung, Verwaltung und Volkswirtschaft*, 39. Jg., 1915, Heft 1, S. 227-281

Simon, Helene: *Aufgaben und Ziele neuzeitlicher Wohlfahrtspflege*, Berlin 1922

Singer, Karl: *Die Errichtung eines Instituts für soziale Arbeit und die Organisation der Wohltätigkeit in München*, München 1906

Skiba, Ernst-Günther: *Der Sozialarbeiter in der gegenwärtigen Gesellschaft*, Weinheim/Basel 1969

Smith, Majorie J.: *Professional Education for Social Work in Britain*, London 1965

Soll die Staatsaufsicht über die freie Wohlfahrtspflege in die Friedenszeit hinübergenommen werden? Denkschrift des Caritas-Verbandes für das Katholische Deutschland, Freiburg i. Brsg. 1917

Soziales Museum (Hg.): *Wilhelm Merton und sein soziales Vermächtnis*, Frankfurt 1926

Spann, Othmar: *Untersuchungen über die uneheliche Bevölkerung in Frankfurt am Main*, Dresden 1905

Spann, Othmar: *Die unehelichen Mündel des Vormundschaftsgerichts in Frankfurt am Main*, Dresden 1909

Spranger, Eduard: *Die Idee einer Hochschule für Frauen und die Frauenbewegung*, Leipzig 1916

Spree, Reinhard: *Soziale Ungleichheit vor Krankheit und Tod*, Göttingen 1981

Stadtbund der Vereine für Armenpflege und Wohltätigkeit (Hg.): *Die private Fürsorge in Frankfurt am Main. Ein Hand- und Nachschlagebuch*, Frankfurt 1901

Statistik des Deutschen Reiches, Band 402. Volks-, Berufs- und Betriebszählung vom 16.6. 1925. Die berufliche und soziale Gliederung der Bevölkerung des Deutschen Reiches, Berlin 1927

Statistik des Deutschen Reiches, Bd. 421, Die öffentliche Fürsorge im Deutschen Reich in den Rechnungsjahren 1927-1931, Berlin 1933

Statistik des Deutschen Reiches, Band 435, Teil 2, Berlin 1936

Statistisches Bundesamt (Hg.): *Bevölkerung und Wirtschaft 1872-1972*, Stuttgart/Mainz 1972

Stenographischer Bericht über die Verhandlungen in der Armenpfleger-Konferenz zu Berlin am 26. und 27. November 1880, o.O., o.J. (Berlin 1881)

Stenographischer Bericht über die Verhandlungen der 12. Jahresversammlung des Deutschen Vereins für Armenpflege und Wohltätigkeit am 24. und 25. September 1891 in Hamburg, Leipzig 1891 (Schriften des Deutschen Vereins für Armenpflege und Wohltätigkeit, Heft 15)

Stenographischer Bericht über die Verhandlungen der 14. Jahresversammlung des Deutschen Vereins für Armenpflege und Wohltätigkeit am 25. und 26. September 1894 in Köln, Leipzig 1894 (Schriften des Deutschen Vereins für Armenpflege und Wohltätigkeit, Heft 20)

Stenographischer Bericht über die Verhandlungen der 16. Jahresversammlung des Deutschen Vereins für Armenpflege und Wohltätigkeit am 24. und 25. September 1896 in Straßburg, Leipzig 1896 (Schriften des Deutschen Vereins für Armenpflege und Wohltätigkeit, Heft 28)

Stenographischer Bericht über die Verhandlungen der 20. Jahresversammlung des Deutschen Vereins für Armenpflege und Wohltätigkeit am 20. und 21. September 1900 in Mainz, Leipzig 1901 (Schriften des Deutschen Vereins für Armenpflege und Wohltätigkeit, Heft 51)

Stenographischer Bericht über die Verhandlungen der 23. Jahresversammlung des Deutschen Vereins für Armenpflege und Wohltätigkeit am 24. und 25. September 1903 in Elberfeld, Leipzig 1903 (Schriften des Deutschen Vereins für Armenpflege und Wohltätigkeit, Heft 67)

Stenographischer Bericht über die Verhandlungen der 25. Jahresversammlung des Deutschen Vereins für Armenpflege und Wohltätigkeit am 21. und 22. September 1904 in Mannheim, Leipzig 1905 (Schriften des Deutschen Vereins für Armenpflege und Wohltätigkeit, Heft 75)

Stenographischer Bericht über die Verhandlungen der 27. Jahresversammlung des Deutschen Vereins für Armenpflege und Wohltätigkeit am 19. und 20. September 1907 in Eisenach, Leipzig 1907 (Schriften des Deutschen Vereins für Armenpflege und Wohltätigkeit, Heft 83)

Stenographischer Bericht über die Verhandlungen der 32. Jahresversammlung des Deutschen Vereins für Armenpflege und Wohltätigkeit am 17. und 18. September 1912 in Braunschweig, München/Leipzig 1913 (Schriften des Deutschen Vereins für Armenpflege und Wohltätigkeit, Heft 99)

Stenographischer Bericht über die Verhandlungen der 33. Jahresversammlung des Deutschen Vereins für Armenpflege und Wohltätigkeit am 25. und 26. September 1913 in Stuttgart, München/Leipzig 1914 (Schriften des Deutschen Vereins für Armenpflege und Wohltätigkeit, Heft 101)

Stenographischer Bericht über die Verhandlungen der 34. Jahresversammlung des Deutschen Vereins für Armenpflege und Wohltätigkeit am 15. und 16. September 1916 in Leipzig, München/Leipzig 1917 (Schriften des Deutschen Vereins für Armenpflege und Wohltätigkeit, Heft 105)

Stenographischer Bericht über die Verhandlungen des 35. Armenpflegetages des Deutschen Vereins für Armenpflege und Wohltätigkeit am 21. und 22. September 1917 in Berlin, München/Leipzig 1918 (Schriften des Deutschen Vereins für Armenpflege und Wohltätigkeit, Heft 107)

Stenographischer Bericht über die Verhandlungen der Tagung »Soziale Fürsorge für Kriegerwitwen und Kriegerwaisen am 16. und 17. April 1915 in Berlin, München/Leipzig 1915 (Schriften des Deutschen Vereins für Armenpflege und Wohltätigkeit, Heft 103)

Steinhilber, Wilhelm: *25 Jahre Straßburger System*, in: *Deutsche Zeitschrift für Wohlfahrtspflege*, 7. Jg., 1931, S. 61 ff.

Stieda, Wilhelm: *Enquête*, in: Johannes Conrad u. a. (Hg.), *Handwörterbuch der Staatswissenschaften*, 3. Bd., 3. Aufl., Jena 1909, S. 949-955

Stier-Somlo, Fritz: *Frauen-Hochschulstudium für soziale Berufe an der Hochschule für kommunale und soziale Verwaltung, Cöln*, Köln 1916

Stieve, Hedwig: *Tagebuch einer Fürsorgerin*, Berlin 1925 (Neudruck Weinheim/Basel 1983)

Stoehr, Irene: *»Organisierte Mütterlichkeit«. Zur Politik der deutschen Frauenbewegung um 1900*, in: Karin Hausen (Hg.), *Frauen suchen ihre Geschichte*, München 1983, S. 221-249

Stolleis, Michael: *Die Sozialversicherung Bismarcks. Politisch-institutionelle Bedingungen ihrer Entstehung*, in: Hans F. Zacher (Hg.), *Bedingungen für die Entstehung und Entwicklung von Sozialversicherung*, Berlin 1979

Studders, Herbert: *Das Taubesche System der Ziehkinderüberwachung in Leipzig*, Stuttgart 1919

Stürmer, Michael: *Das ruhelose Reich. Deutschland 1866-1914*, Berlin 1983

Stürzbecher, Manfred: *Zur Geschichte des öffentlichen Gesundheitswesens in Deutschland*, in: J. Daniels u. a. (Hg.), *Das öffentliche Gesundheitswesen*, Bd. I, Gesundheitsverwaltung, Stuttgart 1966

Stürzbecher, Manfred: *Einige Bemerkungen über die Anfänge der Gesundheitsämter im rheinisch-westfälischen Industriegebiet*, in: *Das öffentliche Gesundheitswesen*, 40/1978, S. 763 f.

Tätigkeitsbericht der Zentrale für private Fürsorge e. V., Berlin 1911

Tennstedt, Florian: *Fürsorgegeschichte und Vereinsgeschichte. 100 Jahre Deutscher Verein in der Geschichte der deutschen Fürsorge*, in: *Zeitschrift für Sozialreform*, 2/1981, S. 72 ff. (1981 a)

Tennstedt, Florian: *Vorgeschichte und Entstehung der Kaiserlichen Botschaft vom 17. November 1881*, in: *Zeitschrift für Sozialreform*, 11/1981, S. 663 ff. (1981 b)

Tennstedt, Florian: *50 Jahre von 100. Wilhelm Polligkeit und der Deutsche Verein*, in: Sachße/Tennstedt 1981, S. 445 ff. (1981 c)

Tennstedt, Florian: *Vom Proleten zum Industriearbeiter. Arbeiterbewegung und Sozialpolitik in Deutschland 1800-1914*, Köln 1983

Tennstedt, Florian: *Bürger, Junker, Soziologen*, in: *Soziologische Revue* 1/1986

Thissen, Otto/Trimborn, Carl: *Soziale Tätigkeit der Stadtgemeinden*, Mönchen-Gladbach 1910

Thönnessen, Werner: *Frauenemanzipation. Politik und Literatur der deutschen Sozialdemokratie zur Frauenbewegung 1863-1933*, 2. Aufl., Frankfurt 1976

Thorun, Walter: *Die Gilde Soziale Arbeit und ihre Gründer, Rundbrief der Gilde Soziale Arbeit*, Nr. 2/1982

Toren, Nina: *Social Work – The Case of a Semi-Profession*, Beverly Hills/London 1972

Toynbee, Arnold: *Lectures on the Industrial Revolution of the 18th Century in England*, London 1928

Trattner, Walter J.: *From Poor Law to Welfare State*, 2. Aufl., New York 1979

Truhel, Käthe: *Sozialbeamte. Ein Beitrag zur Sozioanalyse der Bürokratie*, Sagan 1934

Tugendreich, Gustav: *Die Mutter- und Säuglingsfürsorge*, Stuttgart 1910

Twellmann, Margit: *Die deutsche Frauenbewegung. Ihre Anfänge und erste Entwicklung 1843-1889*, Kronberg 1976

Uhlig, Günther: *Sozialisierung und Rationalisierung im »Neuen Bauen«*, in: *arch.* + 45/1979, S. 5-8

Umbreit, Paul: *Die deutschen Gewerkschaften im Kriege*, in: Paul Umbreit/Charlotte Lorenz (Hg.), *Der Krieg und die Arbeitsverhältnisse*, Leipzig/Berlin/New Haven 1928, S. 1-305

Verhandlungen des 36. Deutschen Fürsorgetages am 24. und 25. September 1920, Karlsruhe 1921 (Schriften des Deutschen Vereins für öffentliche und private Fürsorge, n. F., Heft 1)

Verwaltungsbericht des Magistrats der Stadt Frankfurt am Main für das Jahr 1916. Beilage: Betrifft Kriegsmaßnahmen, Frankfurt 1917

Vogel, Walter: *Bismarcks Arbeiterversicherung*, Braunschweig 1951

Wachenheim, Hedwig: *Die Berufsorganisation der sozialen Hilfsarbeiterin*, in: *Blätter für soziale Arbeit*, 8. Jg., 1916, Heft 4, S. 21 ff.

Wachenheim, Hedwig: *Vom Großbürgertum zur Sozialdemokratie*, Berlin 1973

Wachsmuth, Richard: *Die Gründung der Universität Frankfurt*, Frankfurt 1929

Watson, Frank Dekker: *The Charity Organization Movement in the United States. A Study in American Philanthropy*, New York 1922

Webb Sidney/Webb, Beatrice: *The Prevention of Destitution*, London 1911

Webb, Sidney: *The Extension Ladder Theory*, in: *Survey*, 31/1914, S. 703 ff.

Weber, Helene: *Sozialbeamtin, Sozialbeamter, Wohlfahrtspfleger*, in: Karstedt 1924, S. 356 ff.

Weil, Gertrud: *Vom Jüdischen Volksheim in Berlin*, in: *Zeitschrift für Jüdische Wohlfahrtspflege und Sozialpolitik*, 1. Jg., 1930, S. 281 ff.

Weitensteiner, Hans-Kilian: *Karl Flesch – Kommunale Sozialpolitik in Frankfurt am Main*, Frankfurt 1976

Wehler, Hans-Ulrich: *Das Deutsche Kaiserreich 1871-1914*, 2. Aufl., Göttingen 1975

Wehler, Hans-Ulrich: *Bismarck und der Imperialismus*, 4. Aufl., Köln 1976

Weller, Bernhard: *Arbeitslosigkeit und Arbeitsrecht*, Stuttgart 1969

Wendenburg, Friedrich: *Soziale Hygiene*, Berlin 1929

Wermel, Michael/Urban, Roswitha: *Arbeitslosenfürsorge und Arbeitslosenversicherung in Deutschland*, Teil I und II, München 1949

Werner, Gerhard: *100 Jahre Hilfe von Mensch zu Mensch. 100 Jahre Elberfelder Armenpflege-System, 1853-1953*, Wuppertal 1953, S. 16-78

Westerkamp, Alix: *Geschichte der Großstadtsiedlung in Deutschland*, in: *Neue Nachbarschaft*, 12. Jg., 1929, Heft 5/6, S. 85 ff.

Wex, Else: *Die Entwicklung der sozialen Fürsorge in Deutschland (1914-1927)*, Berlin 1929

Weyer, Adam: *Kirche im Arbeiterviertel*, Gütersloh 1971

Williams, Carel: *From Pauperism to Poverty*, London 1981

Wirminghaus, Alexander: *Binnenwanderung*, in: Johannes Conrad u. a. (Hg.), *Handwörterbuch der Staatswissenschaften*, 3. Bd., 3. Aufl., Jena 1909, S. 31 ff.

Wischermann, Ulla: *Die Presse der radikalen Frauenbewegung*, in: *Feministische Studien*, 1/Mai 1984, S. 39-62

Witt, Peter-Christian: *Finanzpolitik und sozialer Wandel in Krieg und Inflation. 1918-1924*, in: Hans Mommsen/Dietmar Petzina/Bernd Weisbrod (Hg.), *Industrielles System und politische Entwicklung in der Weimarer Republik*, Düsseldorf 1974, S. 395-425

Wittrock, Christine: *Weiblichkeitsmythen. Das Frauenbild im Faschismus und seine Vorläufer in der Frauenbewegung der 20er Jahre*, Frankfurt 1983

Wölz, Otto: *Wohnungsgesetzgebung*, in: Albrecht u. a. 1930, S. 809-814

Wolffheim, Nelly: *Henriette Schrader-Breymann. Ein Leben im Dienste einer Idee*, unveröffentl. Manuskript, Oxford 1948/49

Wolfram, Heinz: *Vom Armenwesen zum heutigen Fürsorgewesen*, Greifswald 1930

Woodroofe, Cathleen: *From Charity to Social Work in England and the United States*, Toronto/Buffalo 1974

Wronsky, Siddy: *Methoden der Fürsorge*, Berlin 1930

Wronsky, Siddy/Salomon, Alice: *Soziale Therapie. Ausgewählte Akten aus der Fürsorgearbeit,* Berlin 1926

Wronsky, Siddy/Kronfeld, Arthur: *Sozialtherapie und Psychotherapie in den Methoden der Fürsorge,* Berlin 1931

Young, A. F./ Ashton, E. T.: *British Social Work in the Nineteenth Century,* London 1956

Zadow, Emilie: *Kinder des Staates,* Hamburg 1929

v. Zahn-Harnack, Agnes: *Die Frauenbewegung,* Berlin 1928

Zentrale für private Fürsorge in Berlin (Hg.): *Die Wohlfahrtseinrichtungen von Groß-Berlin,* 4. Aufl., Berlin 1910

Zentrale für private Fürsorge in Berlin (Hg.): *Handbuch der Kriegsfürsorge im Deutschen Reich,* Berlin 1917

Zepler, Wally: *Die Frauen und der Krieg,* Berlin 1916

Zietz, Luise: *Kinderarbeit, Kinderschutz und die Kinderschutzkommissionen,* Berlin 1912

Zietz, Luise: *Die sozialdemokratischen Frauen und der Krieg,* Berlin 1915

Zimmermann, Jakob: *Ehrenamtliche und berufsamtliche Thätigkeit in der städtischen Armenpflege,* Leipzig 1894 (Schriften des Deutschen Vereins für Armenpflege und Wohltätigkeit, Heft 18)

Zimmermann, Waldemar: *Wohlfahrtspflege (Soziale Fürsorge) und Wohnungswesen,* in: Albrecht u. a. 1930, S. 765-770

Zmarzlik, Hans-Günther: *Das Kaiserreich in neuer Sicht?,* in: *Historische Zeitschrift,* 1976, S. 105-126

Abbildungsverzeichnis

edition suhrkamp. Neue Folge

edition suhrkamp. Neue Folge